제5판

초등 영어 교육

English Teaching in Elementary School

제5판

초등 영어 교육

English Teaching in Elementary School

박선호
김혜련
최희경
심창용
이동환
강정진
황필아
성민창
박지현
조규희
남보라
지음

KM 경문사

머리말

1997년도부터 우리나라의 초등학교 교육과정에 영어교육이 도입된 이후로 의사소통 능력 함양을 위한 다양한 초등영어교수법이 도입 · 개발되었다. 초등영어의 정규 교육과정을 도입하며 설정한 영어교육의 핵심 목표는 지금까지 모든 영어교육의 근간을 이루어 왔다. 그러나 오늘날 영어의 위상은 외국어, 제 2언어, 혹은 지구어로서의 영어(English as a Global Language) 수준을 뛰어 넘는 의미를 지니고 있다. 길거리 간판, 영화 제목, 끊임없이 생겨나는 영어식 외래어들에서 확인할 수 있듯이, 우리의 일상생활은 수많은 영어 표현들로 포위되어 있다고 보아도 과언이 아니다. 영어를 모른다는 것은 단지 외국인과 접촉하며 불편함을 느끼는 차원을 뛰어넘어 일상생활 자체가 곤란해짐을 뜻하는 것이다. 게다가, SNS 등을 활용한 온라인 기반 의사소통이 일반화되면서 영어를 통한 외국인과의 실시간 의사소통 필요성도 증대되는 실정이다. 이처럼 일상적 삶을 영위하기 위한 토대를 제공한다는 점에서, 영어는 다른 모국어 화자와 간헐적으로 선택적인 의사소통을 하는 수단 이상의 의미를 지닌다.

초등학교 영어교육의 목표는 영어에 관한 아동들의 흥미와 자신감을 고취시켜 의사소통의 기본 능력을 기르는 동시에 외국 문화를 이해함으로써 우리 문화를 새롭게 인식하고 올바른 가치관을 가지도록 하는 것이다. 유능한 영어교사를 확보하는 것은 이런 목표 실현을 위해 가장 긴요한 일이다. 특히 초등영어교육을 담당할 교사들은 초등학교 교육과정과 아동의 언어습득에 대한 이해를 기반으로 하여 영어의 언어적 특성, 영어권 문화에 대한 폭넓은 배경지식, 아동에 적절한 영어교수법, 그리고 교실영어 지식을 갖추는 동시에 이들을 상황에 맞추어 활용할 수 있어야 한다.

이 책은 현장 영어교사와 예비교사들이 위와 같은 능력을 갖추기 위한 내용을 담고 있다. 이 책은 크게 세 부분으로 구성되어 있다. 1부는 초등영어교육과 관련된 이론적 배경을 다루고 있다. 특히 1부에서는 지구촌에서 영어가 지니는 위상과 초등영어교육의 세계적 추세, 초등영어교육의 성과와 과제, 의사소통 능력과 언어습득 이론, 언어학습과 관련된 아동의 특성, 초등학교 영어 교사의 자질과 역할 및 영어교수법 이론을 상세히 기술하였다.

2부는 초등영어 기능별 지도에 대해 살펴본다. 구체적으로, 2부에서는 2022 개정 교과과정의 틀에 맞춰 듣기, 읽기, 보기를 아우르는 이해 지도, 말하기, 쓰기, 제시하기를 아우르는 표현하기 기능으로 구분하여 각 기능의 특성, 지도 단계 및 전략, 수업 자료, 그리고 활동의 구성과 유형을 설명한다. 3부에서는 언어 어휘, 발음, 문법, 문화 요소를 지도하는 것이 지니는 의미와 각 요소의 특성을 세밀하게 제시하였다. 마지막으로 4부에서는 이러한 영어지도를 초등학교 환경에 맞게 효과적으로 적용하기 위해 수업 계획 작성 및 교실 영어 사용이라는 교실 맥락에 적용하는 양상을 제시하였다.

초등영어교육에서는 아동의 특성을 이해하면서 노래, 게임, 그림책 등을 활용하여 자연스럽게 영어를 익히도록 해야 한다. 이 책의 저자들은 이러한 점을 염두에 두면서 초등영어교육에 적합한 이론과 실제의 조화를 꾀할 수 있도록 집필하였다. 또한 기술과 미디어의 발달에 따라 시공간에 대한 제약이 줄어든 만큼 초등영어 수업에서도 이러한 변화를 이해하고 최대한 수업에 적용할 필요가 있다. 이 책은 시대적 요구에 맞춰 초등영어 수업에서 고려하고 반영해야 할 기술과 미디어 소양에 대해서도 다루고 있다. 따라서 이 책은 초등영어 교사, 영어교육 연구자와 학생들, 그리고 초등영어교육에 관심을 가진 모든 사람들에게 이론과 실제에 있어서 두루 도움을 줄 수 있는 책일 것이다.

위와 같은 저자들의 노력에도 불구하고 부족한 점은 언제라도 발견될 것이다. 저자들은 이 책을 이용하는 분들이 내용을 지속적으로 보완할 수 있도록 좋은 의견을 주시기를 간곡히 부탁드리는 바이다. 끝으로 이 책이 발간되기까지 애써주신 경문사 편집부 여러분에게 깊이 감사드린다.

2023년 1월

저자 일동

차례

CONTENTS

제 3 부 초등영어 요소 지도

제 7 장 어휘 지도

제 8 장 발음 지도

제 9 장 문법 지도

제10장 문화 지도

제 4 부 초등영어 수업의 실제

제11장 초등영어 교실 발화

제12장 초등영어 수업 계획과 관찰

제 1 부

초등영어교육의 이론적 배경

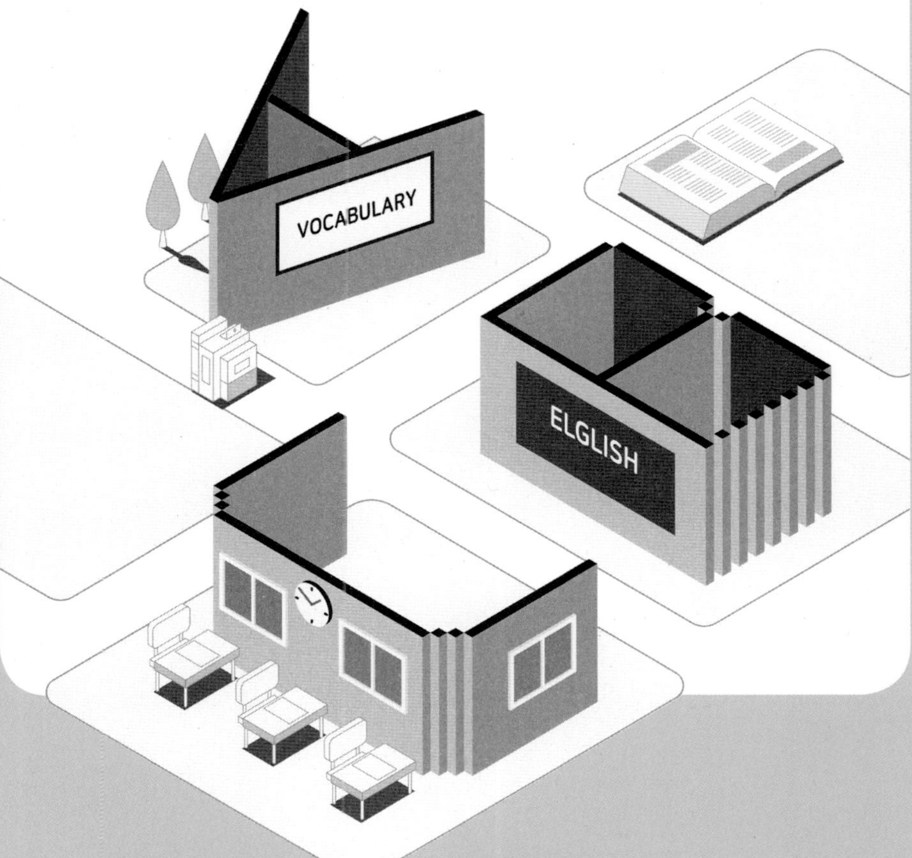

제 1 장
초등영어교육의 이해

1. 영어와 영어교육의 의미
2. 영어교육 변화와 초등영어교육

영어는 영어권 이외의 다양한 사람들 간의 의사소통 수단으로 가장 많이 사용되고 있을 뿐만 아니라 전 세계적으로 정보의 대부분이 영어로 통용된다는 점에서 공용어(lingua franca)로서의 위상을 지니고 있다. 이런 의미에서 영어교육의 중요성 또한 점점 커지고 있다. 이 장에서는 지구어로서의 영어의 위상과 우리나라 교육과정의 변천과정에서 초등영어교육의 변화를 먼저 살펴본다. 그리고 초등영어교육 실시에 대하여 오랜 찬반 논란 끝에 1997년부터 초등학교에서 영어를 정규 과목으로 가르치게 된 경과를 알아본다. 끝으로 초등학교 영어교육의 방향과 목표를 올바로 정립하기 위하여 초등영어교육의 과제에 대하여 조망해 보고자 한다.

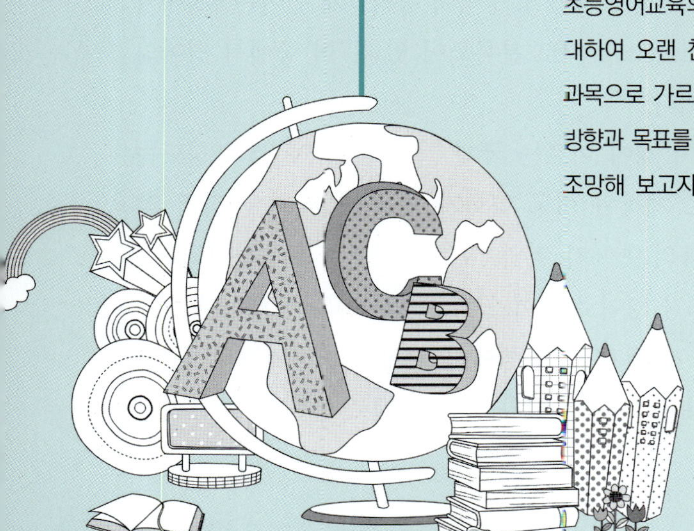

1 영어와 영어교육의 의미

국제 정치, 경제, 과학 등의 영역에서 영어의 영향력이 커지면서 영어는 그 사용 범위가 전 세계의 각 분야로 확산되고 있다. 이처럼 영어를 모국어(mother tongue, the first Language 혹은 L1)로 사용하는 사람들보다 이중언어로 사용하는 사람들(bilingual speakers)의 수가 더 많아지면서 이제 영어는 일부 국가에서 모국어로 사용하는 언어가 아니라, 민족이 다른 사람들이 서로 의사소통을 하기 위하여 사용하는 국제어 또는 지구어가 되었다. 따라서 종전의 영어교육과는 달리 지구어로서의 영어교육에서는 영어 원어민의 개념, 달성하고자 하는 목표 수준 및 교수방법 등에 대하여 다시 고려할 점들이 많다.

1 지구어로서의 영어(English as a Global Language: EGL)

지구상에는 6,000여 개가 넘는 언어가 있지만, 영어는 사용자 규모도 클 뿐 아니라 외교, 경제, 과학기술, 예술 등의 분야에서 압도적 영향력을 행사하는 언어이다. Graddol(1997: 13)은 세계 언어를 사용 범위와 영향력에 따라 피라미드 구조로 배열한다. 가장 아래에는 그 사용범위가 지역으로 한정된 6,000여 개의 토착어가 있고 최상층에는 국제어로 쓰이는 영어와 프랑스어가 있다. 세계의 국가들이 지방마다 사용하는 토속어(local vernacular languages)는 6,000여 개가 넘으며, 민족마다 사용하는 언어는 약 600여 개에 이른다. 이보다 상위 단계에서는 80여 개의 언어가 180여 국가에서 사용되고 있으며, 그중에서 영어, 프랑스어, 스페인어, 중국어 등의 7개 언어는 UN에서 공식언어로 사용하는 주요 언어(big languages)로 분류되어 있다. 이 중에서 영어의 위상이 타 언어보다 강해지는 추세이다.

영어의 확산 실태를 보면, 13,000여 개에 이르는 국제 기구 중에 약 85% 정도는 영어를 공식언어로 사용하며, 영어로 제작된 미국 영화가 전 세계 영화 시장의 약 85%를 점유하고, 세계 대중음악 그룹의 99%가 거의 대부분 영어로 활동하고 있다. 또한 컴퓨터에 저장된 정보의 약 80%가 영어로 되어 있고, 웹(web)의 홈페이지 중에 약 70%는 영어로 제작되어 있으며, 전 세계 서적 중에서 영어로 출판되는 책은 약 28%에 이른다(Crystal, 1997; Graddol, 1997). 이와 같은 추세로 인해서 1995년에

[표 1-1] 주요 언어의 모국어 사용자 수

Mandarin	9억 2천 9백만
Spanish	4억 7천 4백만
English	3억 7천 3백만
Hindi	3억 4천 3백만
Arabic	2억 7천 4백만
Bengali	2억 3천 3백만
Portuguese	2억 3천 2백만
Russian	1억 5천 4백만
Japanese	1억 2천 5백만
Vietnamese	8천 4백만
Turkish	8천 2백만
Korean	8천 1백만
French	7천 9백만
German	7천 5백만

[그림 1-1] 세계 언어의 영향력 위계

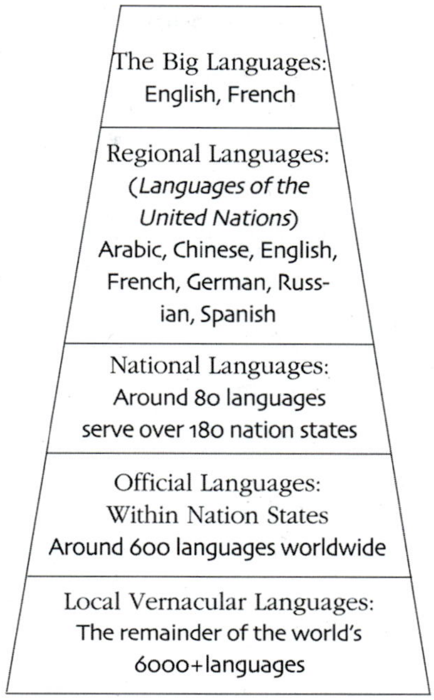

영어가 차지하는 세계적 영향력을 100으로 볼 때, 세계 주요 언어들의 영향력은 크더라도 50을 넘지 못한다(Graddol, 1997: 59).

영어 사용자는 크게 보아 모국어인 제1언어(L1: First Language) 사용자, 일상에서 영어를 빈번히 사용하지만 모국어가 영어가 아닌 제2언어(L2: Second Language) 사용자, 그리고 일상에서 사용하지 않고 필요할 경우에만 구사하는 외국어(English as a Foreign Language: EFL) 사용자로 구분된다. 언어 관련 통계를 다루는 연간지 『Enthnologue』의 자료(2022)에 따르면, 영어를 모국어로 사용하는 사람은 3억 7천만 명 정도이지만, 영어를 일상이나 공적 영역에서 제2언어로 사용하는 사람들까지 합하면 14억 5천만 명가량 되기 때문에 중국어 사용자보다 많다. 학자들처럼 직업적 필요로 인해 상당한 수준의 영어를 구사할 줄 아는 사람들까지 포함하면 영어 사용자수가 20억 명에 이를 것으로 추정된다.

Kachru(1985)는 세계 각국에서 사용되는 영어의 역할에 따라서 국가들을 내부집단(inner circle), 외부 집단(outer circle), 확대 집단(expending circle) 세 가지 유형으로 구분하였다. 내부 집단(inner circle)에는 영어가 모국어로 사용되는 국가들(미국, 영국, 호주, 캐나다 등)이 있고, 외부 집단(outer circle)에는 다언어 국가로서

[표 1-2] 주요 언어의 세계적 영향력

1. English	100
2. German	42
3. French	33
4. Japanese	32
5. Spanish	31
6. Chinese	22
7. Arabic	8
8. Portuguese	5
9. Malay	4
10. Russian	3
11. Hindi/Urdu	0.4
12. Bengali	0.09

[그림 1-2] 영어 사용자의 세 유형

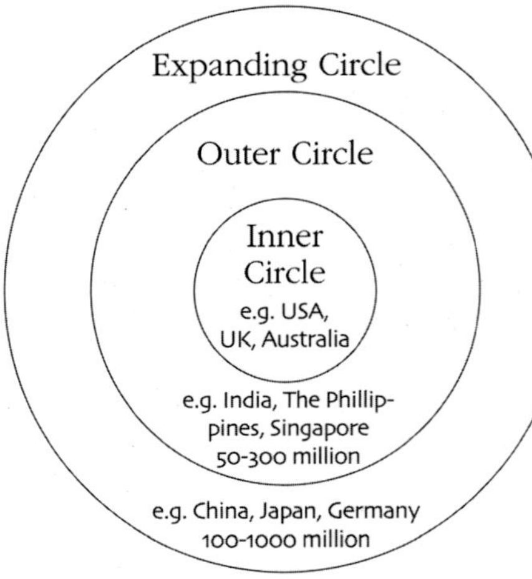

영어가 제2언어로 사용되는 국가들(인도, 필리핀, 싱가포르 등)이 포함되며, 확대 집단(expanding circle)에는 영어를 외국어로 배우는 많은 국가들(중국, 일본, 한국, 독일 등)이 포함된다. 집단별로 영어 사용자 수를 보면, 내부 집단에는 3억 7천만 명 정도가 속하고, 외부 집단에는 약 10억 5천만 명이 해당되며, 확대 집단에는 영어 능력을 어떻게 정의하느냐에 따라 적게는 1억 명부터 많게는 10억 명이 속한다 (Crystal, 1997).

영어를 제2언어나 외국어로 사용하는 사람과 국가의 규모는 모국어로 사용하는 경우를 능가한다. 뿐만 아니라, 세대가 흐르면서 제2언어와 외국어 사용자의 후손들이 모국어 집단에 편입되는 경향을 보이기도 한다. 실제로 영어 사용자 수는 다양한 원인으로 계속 증가하는 추세이다. 내부 집단은 이민의 유입으로 인하여 영어 사용자가 증가하고, 외부 집단은 모국어 인구 축소와 사회적 경제적 필요성 증가 등의 이유로 일상에서 영어 사용이 늘어나며, 확대 집단은 외국어로서 영어를 배우는 사람들의 수가 증가하면서 집단이 확대되고 있다. 국가적으로도 EFL 사용 국가에서 L2 사용국으로 변하는 나라들이 있는데, Argentina, Belgium, Denmark, Ethiopia, Lebanon, Myanmar, Nepal, Netherlands, Norway, Somalia, Sweden, Switzerland, UAE 등이 여기에 속한다. L2 사용 국가들을 합치면 인구가 매우 많기 때문에 영어 사용 인구의 비율이 조금만 증가해도 세계적으로 L2 사용 인구는 현저하게 증가한다. L2 국가들에서는 전문직이나 고등 교육기관에서 영어를 이중언어로 사용하고 있으며, L2 사용자들이 가정에서도 영어를 사용하게 되면 L1 사용자로 변화하게 된다.

영어가 공용어로 자리매김한 배경은 다음과 같이 설명될 수 있을 것이다. 첫째, 영어는 과거 영국의 식민지 지배를 통해 인도를 비롯한 세계 곳곳에 퍼졌다. 때때로 토착어와 영어가 섞여 pidgin이나 creole과 같은 영어 변이가 출현하기도 했다. 영국을 본받아 근대화에 성공한 일본도 한국에 영어 열기를 이식하였다. 영어는 일제강점기부터 시험 합격 등 입신양명의 필수 자격처럼 간주되었다. 둘째, 영어는 북유럽계열 언어이지만 남유럽 라틴계 어휘를 다수 수용한 혼종 정체성을 지니고 있어서 여러 언어들과 접점이 많다는 점을 들 수 있다. 1066년에 프랑스 북부에 살던 노르만족이 영국을 점령하면서 프랑스어가 대거 영어에 유입되었다. 그 결과, 영어는 국제적 성격을 갖춘 언어라는 위상에 한 걸음 다가갔다. 셋째, 20세기 이후 영국을 대신하여 미국이 정치, 경제, 사회, 문화, 학술 등 모든 분야에서 세계에 막강한 영향력을 미친 점을 간과할 수 없다. 한국에서 미국 대중문화를 즐기는 현상뿐 아니라, 한국의 대중문화 산물에서도 영어 가사, "~했어 ~였어 ~없어"처럼 각운을 기본으로 한 영시 율격을 모방한 힙합 등을 통해 영어권 문화의 흔적을 발견할 수 있다.

이런 맥락에서, 영어는 미래사회에서도 일상의 소통 도구로서의 역할 이외에도 사회, 경제, 문화, 학술 등에서 지속적으로 중요한 위치를 점할 것으로 예상된다. 영어가 타 언어보다 월등히 강한 영향력을 행사하는 상황을 염두에 둔다면, 간단한 의사소통의 보조수단으로 기계번역을 활용하는 수준을 뛰어넘는 영어교육의 필요성 또한 커진다고 볼 수 있다.

2 영어교육의 필요성

오늘날 세계는 정치적, 경제적, 사회적, 문화적, 과학적 교류를 통하여 하나의 지구촌이 되어 가고 있다. 따라서 인종과 언어가 서로 다른 사람들과의 교류에서 공통적인 의사소통 수단인 국제어로서의 영어(English as an International Language)의 중요성이 날로 부각되고 있다. 영어를 배우고 가르쳐야 하는 필요성을 구체적으로 살펴보면 다음과 같다.

첫째, 국제화, 세계화, 개방화 시대에서는 급속하게 변화하는 국제 정치, 외교, 경제 등의 분야에서 협조와 경쟁을 하면서 국익을 지켜야 한다. 외국과의 협상에서 국익을 대변하여 유리한 협상을 이끌고, 무역 상담을 통하여 외화를 벌어들일 수 있도록 우수한 영어 의사소통 능력을 갖춘 전문인력을 양성하기 위하여 영어교육이 필요하다. 따라서 정부는 1993년부터 국제화, 세계화를 추진하면서 외국어(영어) 교육을 강화하게 되었다.

둘째, 과학 기술이 급속하게 발달하는 정보화 시대에 세계 정보의 85% 이상이 영어로 통용되고 있다. 지식기반 사회에서는 각 개인이 영어로 유통되는 선진 정보를 효과적으로 수집, 가공하여 자신의 지식을 구성해야 하기 때문에 영어 능력이 필요하다. 따라서 선진 과학 기술 정보와 학술적 연구 결과를 입수하여 이해하고 적용함으로써 개인과 사회 및 국가의 국제 경쟁력을 키우기 위하여 영어교육이 중요하다.

셋째, 영어교육은 외국인과 의사소통을 하고 선진 지식과 정보를 입수할 수 있는 영어 사용능력을 기르기 위해 필요할 뿐만 아니라 문화교육을 위해서도 필요하다. 외국 문화를 이해하지 않고서는 외국인과 원활하게 의사소통하는 것이 불가능하기 때문이다. 따라서 외국 문화를 이해하고 우리 문화를 외국에 바르게 소개할 수 있는 능력을 기르기 위하여, 우리나라 초 · 중 · 고등학교 영어과 교육목표에서도 문화교육을 목표의 하나로 설정하고 있다.

넷째, 영어로 된 각종 일상용품을 사용하고 대중문화를 향유하기 위해서라도 일정 수준 이상의 영어 이해 능력이 필요하다. 오늘날의 일상은 영어 표현으로 둘러싸여 있다고 해도 과언이 아니다. 매일 접하는 기계들의 명칭 또한 컴퓨터, 커피머신과 같은 외래어로 되어 있는 경우가 많다. 영어를 모르는 것은 단순히 특정 언어로 의사소통이 되지 않는다는 의미를 뛰어넘는 기초적인 일상의 안락함조차 보장받지 못할 수 있다는 뜻이다.

다섯째, 언어와 사고는 매우 긴밀한 관계에 있기 때문에 또 하나의 언어인 영어를 배우면, 사고의 폭과 세계관을 넓힐 수 있고 국어를 올바르게 이해하고 사용하는 데 도움이 된다. 따라서 영어를 배우면서 영어 문화권의 새로운 개념에 대한 이해를 확충하고, 우리 말과 문화의 소중함을 알게 하기 위해 영어교육이 필요하다.

위에서 언급한 영어교육에 대한 일반적 필요성 이외에도 초등학교 과정에서 영어교육이 필요한 이유를 다음과 같이 덧붙일 수 있다. 첫째, 국제화 시대에는 인종과 피부색 및 언어가 다른 사람들과 접촉하는 경우가 많다는 점에서 개방된 사고를 가지는 것이 중요하다. 따라서 어릴 때부터 세계인들과 더불어 살 수 있는 국제적 안목과 소양을 기르기 위하여 초등영어교육이 필요하다.

둘째, 종전에는 영어를 '교과'로 가르치고 배우는 경향이 있었으나, 그보다 영어를 좋아하고 영어에 관심을 가지는 태도를 먼저 기르는 것이 중요하다. 따라서 초등학교에서 영어에 대한 친숙감과 자신감을 심어주고, 영어에 대한 흥미와 관심을 지속적으로 유지하여 향후 중·고등학교 영어교육에서 영어 구사능력을 향상시키는 밑거름을 주기 위하여 초등영어교육이 필요하다.

셋째, 미국 외교연구소(Foreign Service Institute)의 연구에 의하면, 외국어로 업무를 수행할 수 있는 외국어 전문가를 양성하기 위해서는 적어도 4,300시간 이상의 교육이 필요하다고 한다. 그러나 우리나라의 경우 초중등학교 영어 시간과 대학의 교양영어 시간까지 모두 합해도 900여 시간에 불과하다. 이 정도의 영어 시수로는 비록 효과적인 영어교육을 실시한다고 해도 영어 능력이 우수한 전문가를 양성할 수 없기 때문에, 초등영어교육을 통한 영어시수 확대가 필요하다.

세계화, 정보화라는 시대적 요청에 의해 '국제 사회에서 활동할 수 있는 전문적인 능력과 소양을 갖춘 국제인의 양성이 최우선적으로 필요'하다는 인식이 있으며 이에 따라 외국어교육은 강화되고 있다. 이제 영어는 영어영문학자나 특정 전문인만이 배우고 사용하는 언어가 아니라 일반인들의 생존 수단이기 때문에 시대의 요구를 반영하여 뚜렷한 교육 목표를 세워서 영어교육을 실시해야 한다. 세계 주요 국가들에서도 이런 시대 변화에 따라 1990년대부터 영어를 초등학교 정규교과목으로 가르치는 상태이다. 중국에서는 1981년부터 초등영어교육이 실시되었고, 영어 공교육에 소극적이던 일본마저도 2020년부터 초등영어교육을 도입하였다.

2 영어교육 변화와 초등영어교육

1883년에 육영공원을 설치하여 통역관 양성과 정부관리 교육을 위한 영어교육이 실시된 이래로 한국 영어교육의 역사는 130년을 넘었으며 광복 이후 본격적으로 영어를 필수과목으로 가르친 지도 거의 70여 년이 되었다. 아래에서는 시기별로 영어교육의 특징을 개관한 후 초등영어교육의 실시 과정에 대하여 알아보도록 한다.

1 영어과 교육과정의 변천

(1) 초창기

광복 이후 미군정이 발표한 '교육방침'과 '교수요목'에 따라 운영된 교수요목기(1945년 고시~1954)는 종합적인 교육과정이 미처 마련되지 못한 상태에서 교과목별 분과주의에 입각한 교과활동이 이루어지던 시기이다. 이 시기에는 영어가 급격히 밀려들어와 영어교육의 방향을 뚜렷이 세우지 못하여 일본의 교육과정과 교과서의 전통이 그대로 답습되었고, 문법 번역식 수업(Grammar-Translation)이 고착화되었다.

(2) 제1~3차 교육과정

이 시기는 영어교수법을 전공한 학자가 점증하여 영어교육과정이 제정되었고, 교과서가 검인정 제도에 의해서 다양하게 출판되었으며, 언어실습실이 설치되면서 청화식 교수방법(audiolingual method)이 권장되었던 시기이다. 제1차 교육과정기(1954년 고시~1963)에는 '교과 과정 시간 배당 기준령(1954. 4. 20 공포)에 따라 교과 분과주의가 지양되고, 통합 원리에 의한 교육과정의 틀이 잡히게 되었다. 그리고 교육과정에 '영어의 가치와 목적', '영어 과정 전개의 기본 방침', '영어 과정 전개의 원칙', '학년별 과정' 및 '영어 과정 운영상의 주의사항'을 담고 있다. 제2차 교육과정기(1963년 고시~1973)에는 교육 목표, 지도 내용, 지도상의 유의점을 명시하고 있다. 제3차 교육과정기(1973년 고시~1981)에는 초등학교에서의 영어교육을 공식적으로 논의하고 준비하였다.

(3) 제4~5차 교육과정

제4차 교육과정기(1981년 고시~1987)에는 국제화, 개방화 시대에 걸맞은 '살아있는 생활영어 구사력'을 강조하고, 교육 목표로는 실용성에 역점을 두고 언어의 4기능(듣고, 쓰고, 말하고, 읽기)을 습득하여 활용하고, 그 언어 능력을 매개로 하여 외국 문화를 이해하고 우리 문화의 발전에 기여할 수 있도록 설정하였다. 그리고 초등학교에서 영어 특별 활동을 실시하고, 중 · 고등학교에서 영어 듣기 평가를 실시하였다. 제5차 교육과정기(1987년 고시~1992)에는 의사소통 능력 배양을 강조하고 있다. 따라서 제4차 교육과정이 근본적으로 잘 짜여진 교육과정이라고 보고, 의사소통 능력 신장에 필요한 몇 가지 사항을 수정하였다.

(4) 제6차~2022 교육과정

제6차 교육과정기(1992년 고시~1997)에는 세계화, 개방화 물결을 맞이하여 외국어교육 강화의 필요성이 더욱 부각되었다. 제6차 교육과정에서는 의사소통 기능(communicative functions)을 강조하고, 그것을 이해하고 적용하는 데 필요한 매체로서 언어 기능(language skills)을 제시하고 있다. 그리고 그동안 특별활동으로 실시되어온 초등학교 영어교육을 개선하기 위하여 학교 재량 시간을 설정하여 영어 등을 가르칠 수 있도록 하였다. 이어서 1995년에 초등학교 교육과정을 부분 개정하여 1997년부터 영어를 정규 교과로 가르치도록 하면서 초등영어교육과정이 처음으로 개발 고시되었다. 그리고 제7차 교육과정기(1997년 고시)에는 제6차 교육과정의 기본 틀을 유지하면서 초등학교 영어교육과정을 중학교 교육과정과 연계하여 일관성을 유지하도록 하였다. 제7차 초등학교 영어과 교육과정에서는 성취기준을 명료화하였으며, 심화 · 보충형 수준별 교육을 실시하도록 하였다.

21세기의 영어과 교육과정은 수준별 학습을 반영한 학습자 역량 개발과 새로운 기술을 언어학습에 적용하는 것으로 요약된다. 우선, 2008 교육과정은 제7차 교육과정의 전면 개정이 아닌 수시 개정으로 처음 제시된 교육과정이다. 이 교육과정에서는 수준별 교육과정 관련 내용을 삭제하고 성취기준을 전반적으로 하향 조정했으며 심화 · 기본 과정으로 구분된 내용을 통합하였다. 그리고 초등학교와 중등학교 영어교육 목표를 분리하여 제시하였다. 2009 교육과정에서는 학년군 개념을 도입하여 유연한 교육과정 운영을 각급 학교 단위에서 시도할 수 있도록 하였다. 또한 이 교육과정에서는 통합적 언어 사용 능력 및 이에 관한 평가와 읽기 · 쓰기 성취 기준의 보완이 이루어졌다. 2015 교육과정에서는 핵심 성취기준 선별 및 교수 · 학습 방법 개선을 통하여 의사소통 능력을 강화하였으며, 어휘 목록과 언어 형식을 학교급별로 구분 제시함으로써 학생 발달 수준 및 언어 발달 단계를 고려한 교육과정을 구성하였다. 마지막으로, 2022 교육과정에서는 이모티콘처럼 비언어적인 디지털 매체를 통한 의사소통이 부상하고 기계번역과 챗봇과 같은 인공지능기술 기반으로 영어교육환경이 급변함에 따라 디지털 소양을 반영하는 방향으로 교육과정이 변화하였다.

2 초등영어교육 정당성과 공교육 도입

(1) 초등영어교육의 정당성

1960년대에 한국전쟁의 혼란이 수습되고 경제 발전이 시작되어 미국과 교류가 늘어나자 영어의 사회적 필요성이 증대되었다. 여기에다 아동기 발달 특성상 외국어 학습에 유리하다는 믿음이 퍼지게 되면서 사립초등학교를 중심으로 외국어교육 붐이 일어났다. 그러나 1960년대만 하더라도 제2언어/외국어습득, 교수법 및 교재 등에 대한 연구가 초창기였기 때문에 초등영어교육을 공교육에 도입할 합리적 근거가 많지 않았다. 1970년대부터 영어교육에 관한 연구가 국내 · 외에서 활발해지면서 여러 논의들이 개진되기 시작했다. 이렇게 다양한 연구와 논의가 쌓이면서 취학 전 아동을 대상으로 하는 조기 영어교육이나 초등학교 영어교육 실시의 온당한 근거(rationale)가 사회 · 정치 · 경제적 이유 말고도 다음과 같이 생물학, 신경생리학, 심리학, 언어학과 같은 여러 학문들에서도 활발히 개진되었다.

생물학적 관점에서 보면, 인간이 모국어/외국어를 쉽게 습득할 수 없는 고비로서 결정적 시기(critical period)가 있다고 알려져 있다. 이 시기는 사춘기 무렵에 해당하며, 인간의 성장에 있어서 미리 결정되어 있다고 한다. 초기 결정적 시기 가설에 따르면 이 시기를 지나서는 모국어를 배우는 것과 같은 방식으로 외국어를 배우는 것이 불가하다. 하지만 최근에 와서는 사춘기 이후 학습을 시작한 경우에도 높은 수준의 외국어 성취가 가능함을 보여주는 연구들을 통해 학습 시기를 외국어습득의 절대적인 요인으로 간주하는 기존의 주장을 완화한 민감기(sensitive period) 가설이 더 일반적으로 받아들여지고 있다. 민감기 가설에 따르면 아동 시기를 지나서도 외국어를 습득하는 것은 가능하나 아동 시기부터 습득을 시작하는 것이 상대적으로 유리하다. 아동기가 외국어 습득에 유리한 근거는 다음과 같이 다양한 관점에서 살펴볼 수 있다.

우선 신경생리학적 관점에서 보면, 10세 내외의 사춘기 이후에는 두뇌의 가소성(plasticity)이 떨어지고, 뇌의 좌우 기능이 분화되는 측면화(lateralization)가 완성된다. 두뇌의 측면화가 일어나는 시기를 사춘기보다 훨씬 이전의 시기라고 보기도 하고, 5세 때 완성된다고 보는 학자도 있다. 따라서 사춘기 이후에는 외국어를 유창하게 구사할 수 있는 능력이 쇠퇴하고 원어민과 같은 발음을 습득하지 못하므로 사춘기 이전에 영어교육을 실시하는 것이 유리하다는 근거가 된다.

피아제(J. Piaget)가 주장하는 인지 발달 측면에서 살펴보면, 아동들은 형식적으로 조작할 수 있는 사고(formal operational thought) 능력이 없어도 언어를 잘 배울 수 있다. 따라서 구체적 조작기(concrete operational stage)가 끝나는 11세 이전에 한 번에 한 가지에 집중하고 언어를 배운다는 사실을 의식하지 않을 때, 외국어를 잘 배울 수 있다. 또한 아동들이 개념에 대하여 의문을 가지고 해결해 가는 과정에서 언어 발달과 함께 인지 발달이 활발히 일어난다.

심리학적 관점에서 보면, 사춘기(puberty) 이전의 아동들은 자아방어심(inhibition)과 언어 자아(language ego)가 약하고, 성인들에 비해 외향성(extroversion)이 크며, 외부의 위협이나 수치심에 대한 불안이 낮고, 감정이입(empathy)이 쉽게 이루어지며, 모방해서 말해보려는 적극적인 태도를 가지고 있다. 이러한 정의적 특성들로 인해 아동들이 외국어를 배우는 데 유리하다.

언어학적 관점에서 보면, 아동들은 모국어와 외국어를 함께 배울 때 동일한 학습전략을 사용하면서도 두 언어의 의미 체계를 구별하여 성공적으로 배워간다. 그리고 조기에 두 언어를 배우면 인지 발달에 도움이 된다. 또한 외국어를 배울 때 모국어 학습 전략과 동일한 전략을 사용하면서도 모국어로부터의 간섭 현상(interference)이 거의 일어나지 않는다. 아동들은 외국어를 배울 때 모국어의 구조를 전이(transfer)시켜 사용하지 않고, 모국어를 배울 때처럼 창조적 구성(creative construction) 과정을 거치기 때문이다.

초등영어교육 도입을 결정하는 데에는 위에서 설명한 바와 같은 학문적 배경이 정당성의 근거가 되었지만, 그보다도 정치 · 사회적인 이유에 의하여 정책적으로 결정되는 경우가 대부분이다. 지구어로서의 영어가 지니는 중요성과 국가, 사회 및 개인의 필요에 비추어 초등영어교육의 정당성에 대한 논거는 다음과 같다(허경철 등, 1995, pp. 119-121).

① 국가의 생존과 발전을 위한 도구
② 세계적인 조기 영어교육 보편화에 부응
③ 대다수의 국민들이 초등영어교육 실시를 원하는 국민적 여론에 부응
④ 영어 공교육 실시로 도시와 농어촌 간의 영어학력 격차를 최소화
⑤ 초·중등 영어교육의 연계를 통하여 개인적·국가적 낭비를 최소화
⑥ 개인의 풍부하고 질 높은 삶을 영위하기 위한 토대
⑦ 영어교육을 적기에 실시하여 학습의 효율성을 최대화

위에서 살펴본 바와 같이 조기 또는 초등영어교육의 당위성은 생물학적, 신경생리학적, 심리학적, 언어학적 배경과 정치 · 사회적 관점에서 살펴볼 수 있다. 이와는 달리 다른 측면의 연구 및 관찰 결과를 보면, 초등영어교육이 모든 면에서 좋다고 함부로 단정지을 수 없음을 알 수 있다. 사춘기 이전의 어린이들은 성인에 비해서 발음과 정의적 요소(학습 동기, 모험심 등)에서만 이점이 있을 뿐이고, 인지적 능력에서는 성인들이 우세하기 때문에 결정적 시기가 조기 영어교육의 정당성에 대한 유일한 기준은 아니다. 이와 같은 학문적 이유 이외에도 국가 · 사회적 관점에서 초등영어교육을 반대하는 다음과 같은 논거도 있다(허경철 등, 1995, pp. 121-125).

① 문화 사대주의와 가치관의 혼란 초래
② 초등학교 기초 교육으로서의 국어와 타 교과목 교수·학습의 약화
③ 초등교육 전반과 중등 영어교육에 대한 상대적 관심 부재와 부실한 교육 투자
④ 교육 환경과 시설 및 영어교사의 확보면에서 대도시와 농어촌 간, 공립학교와 사립학교 간의 교육 격차 발생
⑤ 영어교육 과열로 인한 사교육의 지나친 팽창
⑥ EFL 상황에서 조기 영어교육의 비효율성과 비경제성 심화

조기 또는 초등영어교육 회의론자들은 언어습득의 시기보다는 언어습득을 촉발하는 환경이 더 중요한 요소라고 주장한다. 따라서 초등영어교육 실시의 당위성에도 불구하고, 반대론자들이 제기한 문제들에 대해서는 신중하게 고려할 필요가 있다.

(2) 초등영어교육의 공교육 도입

초등영어교육은 1960년대까지만 해도 소수의 사립 초등학교에서만 자율적으로 실시되었으나 1971년부터 정부의 주도하에 공교육 도입 의제에 올랐다. 당시의 문교부(교육부)는 초등학교에서 외국어 시범학교를 정해서 특별활동으로 영어교육을 실시할 계획을 발표(1971. 1. 28)하였으나 공청회 결과 이 계획이 철회되었다. 그리고 제3차 초등학교 교육과정(1973~1981년)을 개정할 때 '영어'교과를 정규 과목으로 추가하려고 시도하였으나 실현되지 못했다. 교육부는 1977년에 또다시 초등학교 5학년부터 영어교육을 실시할 계획을 발표(1977. 12. 22)하였으나, 역시 반대 주장이 많아서 실시되지 못했다.

위에서 본 바와 같이, 상당한 기간 동안 영어교육 이론과 우리의 교육 현실을 중심으

로 찬반의 논란을 거듭하면서 초등영어교육은 공교육으로 실시되지 못하였다. 그리하여 그동안 학부모의 과열된 영어 교육열에 편승하여 사설 유치원 및 학원에서의 조기 영어교육이 극성을 부리면서 유치원과 초등학교 단계에서 막대한 사교육비가 지출되었다. 그리고 사교육으로 영어교육이 확대되어 가는 부정적 현상과 세계와의 교류가 증가하는 현실에 대처해야 하는 현실적 필요에 따라 초등학교에서 공교육으로 영어교육을 실시하자는 주장이 점차 힘을 얻어 갔다.

1981년 10월에 문교부는 '초등학교 영어 특별활동 운영 방향(지침)'에 의하여 초등학교 4학년부터 희망 아동에게 특활시간에 주당 1시간 정도로 외국어로서의 영어교육(Teaching English as a Foreign Language in the Elementary School: TEFLES)을 허용하였으며, 특활영어 교재를 개발하여 듣기 · 말하기 중심의 영어교육을 실시하였다. 이어서 교육방송에서는 1984년부터 라디오로, 1985년부터는 TV로 초등학교 특활영어를 제작 · 방송하였다. 그리고 한국교육개발원(1986)에서는 '초등학교 특활영어'교재를 개발 · 보급하였다. 이처럼 초등학교에서 구어 중심의 특활영어 교육을 실시함으로써 그때까지 중 · 고등학교에서 실시되었던 문어 중심 영어교육에 변화가 생겼고, 1983년부터 중 · 고등학교 영어 듣기능력 평가 실시의 계기가 되었다고 할 수 있다.

제6차 초등학교 교육과정(1992~1997년)에서는 3학년 이상에게 주당 1시간씩 학교재량 시간에 영어, 한문, 컴퓨터 중에서 선택하여 영어를 가르칠 수 있는 길을 열어 놓았다. 이어서 세계화 정책의 일환으로 교육과정을 부분 개정하여 '초등학교 영어과 교육과정'을 고시(1995. 11. 1)하였다. 따라서 1997학년도 3학년부터 연차적으로 주당 2시간씩 영어교육을 받게 되었다. 제6차 교육과정 시기에는 중학교 영어과 교육과정이 먼저 고시되고, 초등학교 영어과 교육과정이 나중에 개발되었기 때문에 내용의 연계성에 문제가 있었다. 이 당시에 초등학교에서 정규 교과목으로 영어를 가르치는 데 대하여 교사의 자질, 교재 및 교수 · 학습 방법의 미흡을 문제 삼아서 우려와 비판이 많이 제기되었다. 그러나 현재까지 이루어진 초등영어교육 실시 현황과 문제점, 초등영어교육의 효과 등에 대한 많은 연구에 따르면, 성공적으로 이루어지고 있는 것으로 나타나고 있다.

제7차 영어과 교육과정은 보충 · 심화형 또는 단계형 수준별 교육과정으로 구성되었는데, 초등학교 영어는 보충 · 심화형 수준별 교육을 적용하고 중등 영어는 단계형 수준별 교육을 적용하고 있다. 이는 학습자의 능력과 요구에 따라 개인차를 고려하여 열린 교육의 방법을 도입하려는 것이다. 그리고 제7차 영어과 교육과정은 초등학교 3학년부터 고등학교 1학년까지 연계성을 확보하도록 개발하여 제6차 교육과정의 문제점을 해소하였다. 그러나 중학교 영어 교과서 개발이 순차적으로 이루어지지 않았기 때문에 학교급 간의 내용연계성에서 미흡한 부분이 있다.

21세기에 들어서서 2008 초등영어교육 과정은 초등영어교육을 내실화하고 효용성을 제고하기 위하여 영어 수업시수를 3·4학년의 경우 주당 1시간에서 2시간으로, 5·6학년의 경우 주당 2시간에서 3시간으로 확대하였다. 그리고 이전에는 읽기를 4학년, 쓰기를 5학년부터 실시하였으나, 이 교육과정에서는 문자언어를 3학년 2학기부터 도입하였다. 2009 초등영어교육 과정에서는 체계적인 문자 지도를 위해 쓰기 성취 기준이 강화되었으며 학생 개인차를 고려한 수준별 수업을 제시하였다. 또한 이 교육과정에서는 기본 어휘 목록 798단어 중 500단어 내외를 초등영어 수업에서 익히도록 하였다. 2015 초등영어교육 과정에서는 듣기와 말하기 영역의 학습 요소를 확대함으로써 실생활 속 영어회화 능력을 강화하고 이전 교육과정과 달리 초등학교 권장 언어 형식을 구분하여 제시하였다. 마지막으로, 2022 초등영어교육 과정은 디지털 전환이라는 의사소통환경 변화 속에서 듣기, 읽기, 쓰기, 말하기가 통합되는 현실을 감안하여 성취기준에서 듣기와 읽기에 보기(viewing)까지 추가하여 이해 기능으로, 말하기와 쓰기에 표현하기(presenting)까지 추가하여 표현 기능으로 통합하였다. 또한, 초등 권장 의사소통 기능 예시문을 삭제함으로써 인공지능기술 발달로 급변한 영어 학습 환경에 따라 노래와 챈트를 통해 언어 요소를 반복 숙달하던 획일적인 영어교육에서 벗어나 교과서마다 다양하고 창의적인 학습이 가능하도록 했다.

(3) 초등영어교육의 성과와 과제

초등영어교육은 1997년에 공교육에 도입된 이래로 교과서와 교재, 교수(기)법, 교육내용, 교사의 영어발화, 교육과정 운영, 중학교 영어교육에 미친 효과 등에 대하여 많은 연구가 이루어졌다. 권오량 등(2006)에서는 ① 초등영어교육에 대한 학문적 연구의 발전, ② 초등영어교육 과정, 교수 자료, 교수 방법의 긍정적 변화, ③ 초등영어교사 양성 교육과정 개선과 연수의 증가, ④ 영어(학습)에 대한 학생들의 인식과 영어 능력에 대한 자기 평가의 긍정적 변화, ⑤ 교사들의 학생 영어 능력과 영어(학습)에 대한 인식의 긍정적 변화, 그리고 ⑥ 중등학생의 영어 능력 향상이라는 측면에서 초등영어교육을 성공적이라고 평가하였다. 이 외에도 초등영어교육의 듣기와 말하기 교육은 문법 위주의 입시 중심으로 편향된 중등 영어교육의 긍정적 개선에도 기여하였다.

초등영어교육은 위와 같은 긍정적 성과를 낸 동시에 사교육 팽창, 유치원에서의 과도한 영어교육 등으로 인한 영어 격차(English divide)라는 부작용을 낳기도 했다. 이런 문제를 해소하려면 공교육에서 다음과 같은 과제를 해결해야 할 것이다. 우선, 초등영어교육에서 유창성과 정확성의 균형적 강조를 통해 올바른 영어를 익히면서 유창하게 구사할 수 있는 토대를 마련함으로써 중등영어교육과 자연스럽게 연결되도록 해야 한다. 아무리 유창하게 영어를 사용하더라도 판에 박힌 발화만 반복하면 상황에 맞는 소통을 지속할 수 없다. 따라서 초등영어교육에서는 학습동기를 꺾지 않는 선에서 학습자의 발화 오류를 짚어주는 노력을 게을리하지 않아야 한다.

또한, 디지털·미디어 러터러시가 부상하는 시대적 흐름을 반영한 창의융합 콘텐츠를 공교육에서 적극 수용함으로써 학습자가 비언어·온라인 매체들과 영어를 결합하여 원활한 의사소통을 수행하는 능력을 갖추도록 해야 한다. 소셜미디어를 활용한 창의적 소통이 대세임을 고려하여 초등영어교육에서도 듣기·읽기·쓰기·말하기를 분절적으로 훈련시키는 교수법에서 탈피하여 디지털스토리텔링이나 숏폼 콘텐츠(short-form content)를 활용한 언어학습을 시도할 필요가 있다.

마지막으로, 챗봇(chatbot)이나 기계번역(machine translation)과 같은 인공지능기술 기반 영어 수업을 통해 학습자의 의사소통 의지를 북돋워야 한다. 챗봇과 번역기를 영어 수업에 이용하면 교사가 일일이 학생들을 확인하지 않더라도 앞서 말한 학습자의 발화 오류를 효과적으로 점검하고 수정할 수 있다. 인공지능기술을 영어 수업에 적용하면 학습자의 수준에 맞는 입력을 적시에 제공하는 동시에 학습자의 언어 산출물을 교사에게 실시간으로 분석하여 전달하기 때문에 별도의 수행평가를 실시하지 않아도 된다. 이에 따라, 교사는 주어진 챗봇과 번역기를 이용하는 수준을 뛰어넘어 자신의 영어 수업 내용을 반영한 챗봇 알고리즘을 설계하는 능력을 갖추어야 할 것이다.

제 2 장

초등영어 학습자와 교사

1. 아동의 특성
2. 아동의 영어 학습과 개인차 변인
3. 아동의 특성을 반영한 영어교육
4. 초등학교 영어교사의 자질
5. 초등학교 영어교사의 역할

성공적인 영어교육은 학습자와 교사의 특성을 이해하는 것으로부터 시작된다. 초등학생들은 언어학습의 결정적 시기에 해당하는 3~4세부터 사춘기 사이의 나이에 속한다는 점에서 이 시기의 언어학습 경험은 평생에 걸쳐 영어 능력의 토대와 영어를 대하는 태도에 중대한 영향을 끼친다. 이런 의미에서 초등교사는 영어를 가르칠 때 학습자의 언어 발달 특성을 이해하여 적합한 교재와 교수법을 선택해야 한다. 이번 장에서는 중등 및 성인 대상 영어교육과 구분되는 초등영어 학습자의 특성과 아동에게 적합한 교수법을 살펴보고, 이를 실천하기 위해 필요한 초등영어교사의 자질과 역할에 대해 알아본다.

1 아동의 특성

1 Piaget와 Vygotsky의 아동 발달 이론

Piaget(1963)에 의하면, 아동은 자신을 둘러싸고 있는 환경과 끊임없이 능동적으로 상호작용하며 당면한 문제를 해결해 가면서 인지능력을 발달시킨다. 처음에는 구체적인 대상과의 접촉을 통해 문제가 내면화되고, 이를 해결하는 행동을 취하는 과정에서 문제의 내면화가 지속된다. 행동이 내면화되면서 사고가 발달한다는 점에서, 사고는 행동으로부터 유도된다고 볼 수 있다. 아동의 사고 발달은 지식과 지적 기능의 점진적인 성장으로 일정한 단계를 거치게 된다. Piaget는 아동의 인지 발달을 생후 2세까지는 감각-운동 지능 단계, 7세까지 전조작적 사고 단계, 11~12세까지 구체적 조작 단계, 그 이후는 형식적 조작 단계로 구분하고 있다. 각 단계는 수행할 수 있는 고유의 기능이 있으며, 이후에 행해질 수 있는 기능은 그 단계에 도달하기 이전에는 행해지기 어렵다고 본다.

이런 Piaget의 주장은 아동의 보편적 인지 발달을 정립하였다는 의의에도 불구하고 아동의 언어와 인지적 성장에 미치는 사회적 영향을 배제시켰다는 한계를 지니고 있다. 언어는 아동이 사회적인 관계를 유지하는 도구를 제공할 뿐 아니라, 일을 행하고 정보를 조직하는 새로운 기회를 열어주면서 사고를 발전시키기도 한다. 사고와 언어는 다른 뿌리이지만 아동이 성장하면서 만났다 헤어지면서 인지 발달에 중요한 역할을 한다. 언어 구조는 사고 구조에 영향을 미치며 사고 구조 역시 언어 구조에 영향을 미친다.

아동의 성장에 미치는 사회적 상호작용에 주목한 Vygotsky(1962)는 아동이 혼자서 행하고 발견해 가는 것보다 그의 주위에 있는 다른 사람과의 관계 속에서 행하는 활동에 주목하였다. 학습은 후천적인 것으로 주변의 대상과 사람들, 특히 부모나 교사 등 보다 성숙하고 유능한 사람들과의 상호작용 속에서 일어나고 그들로부터 어떤 도움을 받느냐에 따라 인지 발달이 촉진된다고 보았다. 즉, 아동은 새로운 과제나 경험을 통하여 스스로 발견하는 학습보다는 성인과의 사회적 관계 속에서 그들이 하는 것을 모방하고 그들의 도움과 언어적 지시를 받고 직접 수행함으로써 필요한 지식과 행동을 내면화하면서 성장해 간다는 것이다.

위와 같은 Vygotsky의 이론은 아동의 실제 발달 수준보다 약간 앞선 수준의 상호작용을 거쳐 언어 능력 향상을 기한다는 점에서 Krashen의 이해 가능한 입력(i+l)과 밀접히 연관되어 있다. 유아가 놀면서 혼자서 내뱉는 독백(self-talk)이나 내적 발화(inner speech)도 단순한 자기중심적 발화(egocentric speech)로 끝나는 것이 아니라 사회적인 관계 속에서 목표 달성을 위한 전략에 따라 자신의 행동을 결정하는 것에 도움을 주는 자신과의 대화로 볼 수 있다. 아동은 내적 발화를 통해 모르거나 어려운 일상의 현실의 이치를 깨닫고 이를 다지기 위해 이전보다 언어와 인지적으로 한 단계 진전된 내적 발화를 수행하게 된다.

2 아동의 언어 발달 특성

일반적으로 아동은 초등학교에 입학하기 전에 주변인의 소리를 모방하며 반응하는 시기(2~4세)를 지나 구체적인 경험이 쌓이면서 사물을 가리키는 표현과 창의적인 이름을 만드는 유아기(5~7세)를 거친다. 초등학교 저학년 시기(8~9세)에는 플롯이 분명한 이야기를 배우고 극화활동 등을 통해 명료한 발음과 억양을 따라 익히는 가운데 듣고 말하는 기능이 발달한다. 초등학교 중학년(10~11세)이 되면 주의 집중력이 늘어나 주변에 대한 관심의 폭이 넓어지고 체계적으로 인과관계를 파악하는 능력이 생겨나 언어 이해와 표현 수준이 한 단계 올라선다. 초등학교 고학년(12~13세)에는 청소년이 되기 전에 신체의 변화를 경험하면서 격한 감정에 휩싸이고, 이에 따라 불안정하기는 해도 자아 개념이 생기면서 주변과 대립하고 독립하려는 경향을 보이기 때문에 활동적인 언어학습에 대한 선호도가 줄어든다.

초등학교 중학년 이전 시기에 언어학습과 관련하여 주목할 만한 아동의 특성 6가지는 다음과 같다(Halliwell, 1992: 3-8).

(1) 의미 파악 능력

아동들은 개별 단어의 의미를 정확하게 파악하지 못하더라도 말의 의미를 전체적으로 파악하는 능력을 이미 갖고 있다. 따라서 아동은 상대방의 억양, 몸짓, 표정, 행동 및 주변 상황들을 이용하여 아직 잘 모르는 단어나 구문이 의미하는 바를 개략적으로 파악한다. 또 아동들은 잘못 알아들었거나 잘 이해하지 못한 말은 자신의 목적에 맞게 되묻거나 확인하는 등의 의사소통 전략을 사용할 줄 안다. 교사는 아동들이 이런 기술을 개발할 수 있도록 뒷받침해야 한다.

(2) 창의적 언어 사용 능력

아동들은 자신들이 이미 익힌 언어자료를 활용하여 자신의 목적에 맞게 창의적으로 이용할 줄 안다. 아동은 종종 자기가 모르는 개념이나 생각을 표현하고 싶을 때 나름대로의 문법이나 개념을 만들어서 장황하게 말하기도 한다. 말을 배우는 아이가 상대방이 전화를 끊지 말고 기다리라는 의미에서 "Don't unring"이라고 말하는 사례를 들 수 있다. 아이는 'hold on'을 모르기 때문에 자기가 알고 있는 제한된 어휘 'ring'에 부정의 접두사 'un'을 붙이고 여기에 또다시 부정명령 'don't'를 사용한 것이다. 또한, 깜깜한 방에 들어선 아동은 불을 켜라는 의미로 "Switch off the dark. I don't like the dark shining."이라고 말하기도 한다. "Turn on the light"가 생각나지 않아 'light'의 반대 개념인 'dark'를 사용하는 것이다.

이러한 창의적 언어사용 현상은 언어 발달 과정에서 흔히 나타나는 현상이라는 점에서, 영어를 가르칠 때 창의적 언어사용 기술을 무가치한 비문법적 표현으로 치부하여 아이의 소통 의지를 꺾지 않아야 한다. 이를 위해, 교사는 아동들에게 ① 의사전달 욕구를 가지고 자신의 의사를 영어로 표현하려고 애쓰는 기회를 많이 제공하고, ② 학습 활동에서 관용적으로 널리 쓰이는 표현만을 골라 사용하지 않고 적극적으로 자신의 영어를 구사하도록 유도해야 한다.

(3) 간접 학습 능력

아동들은 직접적이고 의식적인 학습 상황에서 배우는 것보다 간접적이고 무의식적인 상황에서 효과적으로 배우는 경향을 보여준다. 수업시간에 학습한 내용보다 쉬는 시간에 우연히 벽의 게시판에서 본 영어 표현이 강렬하게 뇌리에 남는 경우를 생각해 볼 수 있다. 일반적으로 아동은 성인에 비해 언어의 형태나 문법 사항들을 분석적이고 의식적으로 학습하는 능력은 덜 발달된 반면에, 간접적인 학습 능력은 뛰어나다. 따라서 편안하고 수용적인 분위기에서 게임 형식으로 단어 학습을 하면, 단어나 어구를 공부한다는 인식 없이 즐기는 가운데 간접적인 학습에 의해 습득이 일어날 수 있다. 직접적 또는 의식적으로 배운 내용은 명시적 지식으로 정확성을 요구하는 상황에서 사용되는 반면에, 간접적 또는 무의식적으로 배운 내용은 암묵적 지식으로 실제의 언어사용 상황에서 즉각적이고 유창하게 사용된다.

(4) 풍부한 상상력과 놀이의 재미 추구

성인들의 눈으로 보면 실제로 존재하지도 않고 실용적인 가치가 없는 가상적인 상황에서의 놀이라도 아동들의 눈에는 재미있는 현실처럼 보인다. 이런 놀이를 유심히 관찰하다 보면 재미 말고도 그 속에서 규칙 또한 발견된다. 놀이는 아동이 원해서 자발적으로 하는 행위이지만 막상 놀이에 참여하다 보면 규칙 때문에 마음대로 할 수 없는 경우가 많다. 자유로운 놀이이면서도 규칙에 따라 자율적 행동을 해야 하기 때문에 욕구 만족을 포기하거나 미루는 것을 배운다. 이런 의미에서, 놀이는 아동의 지적 발달과 규칙 학습에 중요한 역할을 한다.

아동은 놀이를 통해 상상 속으로 들어간다. 공룡이나 반인반마와 같은 괴물을 묘사하는 것이 실생활에서는 있을 수 없지만, 아동은 상상 속의 대상을 그들의 언어(어휘나 문법 등)로 표현한다. 이처럼 아동은 행동과 실체로부터 사고를 분리하여 실물의 의미나 기능과 전혀 다른 의미 또는 기능을 부여하는 능력을 발휘한다. 가령, 직사각형 색종이에 그림을 그려 스마트폰처럼 발화하는 놀이를 통해 추상적 사고가 발달하기도 한다. 아동이 주변의 세계를 이해하고 일정한 패턴을 찾아내 나름대로의 의미를 구성하거나 패턴에서 벗어난 일을 식별하는 능력은 초등학생 이후에 나타난다.

(5) 움직이고 말하고자 하는 충동

아동은 또래와 같이 활동하고 함께 말하기를 본능적으로 좋아한다. 아동은 끊임없이 말하고 움직인다. 이런 아동의 움직임은 극히 정상적인 현상이지만, 전통적인 교사 중심 교육에서는 학습의 방해 요소로 인식되어 이를 억제해 왔다. 그러나 움직임은 아동의 본능적인 특성이기 때문에 이를 억제하기보다는 긍정적으로 받아들여 생산적인 학습에너지로 승화시킬 필요가 있다. 무조건 아동을 움직이지 못하게 하기보다, 짧은 주의집중 시간(attention span)을 반영한 10분 이내의 동적인 영어 수업 활동을 연달아 제시하면서 편안하게 소통하는 분위기를 조성하는 것이 바람직하다.

2 아동의 영어 학습과 개인차 변인(variability)

비슷한 상황에서 외국어를 배우더라도 아동에 따라 성취 수준에서는 차이가 있다. 아동의 영어 학습과 그 과정에서의 개인차에 영향을 주는 변인으로는 인지적, 정의적, 그리고 사회문화적 요소를 들 수 있다. 인지적 요소는 학습자의 인지 발달 정도 이외에도 인성(personality)과 인지(cognition)가 상호작용하면서 사물이나 문제를 인지하는 양식을 의미한다. 정의적 요소는 학습자의 정서적 성향이나 태도를, 사회문화적 요소는 학습자가 목표어 사회문화를 바라보는 방식과 관련된다.

1 인지적 요소

(1) 언어 적성

언어 적성이란 현재의 수준에 관계 없이 동기나 기회가 제공되었을 때 언어를 습득할 수 있는 잠재력을 의미하는 것으로 선척적이고 쉽게 바뀌지 않는다는 특징이 있다(Carroll, 1981: 86). 외국어 학습에 영향을 주는 언어 적성은 청각 능력(auditory ability), 문법적 감각(grammatical sensitivity), 기억 및 회상 능력(memorizing and recalling ability) 및 귀납적 학습 능력(inductive learning ability) 등으로 알려져 있다(Carroll, 1965). 이에 더해 최근 연구에서는 모국어 문해력(음성 · 음운 능력 및 철자 해독 능력) 또한 외국어 적성에 영향을 미치는 요인으로 제시된다(Chan, Skehan & Gong, 2011). 특히 적성은 외국어 학습 초기에 상당히 많은 영향을 미친다고 알려져 있으며(Spolsky, 1989) 학습자의 태도와 언어 입력이 비슷한 학교 환경에서는 적성이 외국어 학습의 성패에 적지 않은 영향을 미친다. 일반인들은 흔히 기억과 회상을 잘하면 지능이 좋고, 지능이 좋으면 외국어를 효과적으로 배울 수 있다고 여기는 경향이 있다. 이에 대해 Jakobovits(1971: 237)는 외국어 학습에 지능이 미치는 영향은 약 20% 정도라고 추정한 바 있다. 그러나 지능에 대한 정의 자체가 다양하다는 사실을 염두에 둔다면 지능과 영어 학습의 관계 역시 명확하지 않다.

(2) 장독립성(field independence)과 장민감성(field sensitivity)

장독립성은 전체와 부분을 잘 구분할 수 있고 주위의 환경에 영향을 비교적 덜 받아

자기 일에 집중할 수 있지만 부분이 전체와 갖는 관계를 용이하게 파악하지 못하는 경향을 지칭한다. 반면에, 장민감성은 전체를 하나의 통일체로 인식하지만 이를 구성하는 각 부분을 독립적으로 인지하지 못하는 경향과 관련된다. 이때, 장독립적 성향은 장민감성이 전혀 없는 것이 아니라 상대적으로 장독립성이 강함을 뜻한다. 일반적으로, 외국인과 만나서 의사소통할 수 있는 자연스럽고 실제적인 언어 환경에서는 장민감적인 인지 양식의 소유자가 유리하고, 교실과 같은 인위적인 학습 환경에서는 장독립적인 인지 양식의 소유자가 유리하다고 알려져 있다. 또한, 아동처럼 장민감성이 강한 경우에는 인위적인 학습 환경보다 자연스러운 환경에서 무의식적으로 언어 기능에 관심을 두는 습득 전략이, 장독립성이 강한 것으로 알려진 성인의 경우에는 인위적인 학습 환경에서 의식적으로 언어 형태에 관심을 두는 학습 전략이 영어 학습에 효과적이다.

(3) 숙고적 인지 양식(reflectivity)과 충동적 인지 양식(impulsivity)

숙고적 인지 양식은 어떤 새로운 사태나 문제에 처해서 모든 가능한 변수를 체계적으로 고려하여 대처하는 유형을 뜻한다. 반면에, 충동적 인지 양식은 그런 사태나 문제에 대해서 직관적이고 충동적으로 해결책을 모색하는 유형이다. 일반적으로, 아동은 체계성이 약하며 경험이 적어 문제 해결에 대한 대안이 적기 때문에 생각해 낼 수 있는 것도 제한적이라는 점에서 성인에 비해 충동성이 강한 편이다. 그렇다고 해서 숙고적 성향이 충동적인 경우보다 언어 학습에서 일방적으로 유리한 것은 아니다. Kagan (1965)은 숙고적 학습자가 충동적 학습자보다 읽기에 있어서 보다 오류가 적다고 제시했지만, Goodman(1970)은 충동적인 학습자의 읽기 속도가 빨라서 전후 내용을 신속히 이어주기 때문에 오류가 발생한다 해도 이해를 방해한다고 단정지을 수 없다고 주장하였다. 외국어를 처음 배우는 단계에서 학습자가 모든 변수를 고려하여 복잡한 언어를 발화하려고 하면 한마디도 말할 수 없다. 완벽한 한마디보다는 오류를 동반한 열 마디가 적어도 외국어를 배우는 데는 효과적일 것이다. 외국어 능력은 오류를 통해 신장되기 마련이다. 특히 초등영어교육에서는 문법의 정확성보다는 의미의 유창성이 강조되어야 하는 이유가 여기에 있다.

(4) 모호함에 대한 관용성(ambiguity tolerance)과 불관용성(ambiguity intolerance)

자신의 믿음이나 자기가 가지고 있는 지식 체계와 구조에 상반되는 관념이나 명제를 비교적 쉽게 수용하는 개방적인 사람이 있는가 하면, 자신의 현존하는 지식 체계와 일치하지 않는 것은 수용하기를 꺼려하는 폐쇄적인 사람이 있다. 일반적으로, 아동은 인지 체계가 완전히 형성되지는 않아 마음의 문을 닫을 필요가 없어서 성인보다 모호성에 대하여 더 관용적이다. 외국어를 학습할 때에는 기존에 갖고 있는 모국어와 상충되는 요소들을 많이 접하게 될 뿐만 아니라 외국어 자체 내에서도 여러 예외적인 규칙이나 이질적인 문화 양상 등을 접하게 된다. Naiman 외(1975)는 모호성을 용인하는 것이 외국어를 배우는 학습자의 성공을 예견하는 중요한 요소 중의 하나로 이해하였다. 외국어 학습에서 모호한 부분을 있는 그대로 받아들이지 않고 문법적으로 맞고 틀린 것으로 구분하려는 성향을 보인다면 성공적으로 언어를 익히기 여간 어려운 일이 아니다. 이런 맥락에서, 관용성이 상대적으로 큰 아동기가 외국어습득에 유리하다고 볼 수 있다.

2 정의적 요소

학습에서 감정의 역할을 무시한 순수한 인지 이론은 거부될 것이라고 한 Hilgard (1963: 267)의 말처럼, 인지만을 고려한 외국어 학습 이론은 인간 행동의 가장 기본적인 측면을 간과하는 것이다. 따라서 최근에는 외국어 교수·학습 연구에서 정의적 요소에 대한 연구가 주목받고 있다. 여기서는 정의적 영역 중에서 자아 관념, 감정이입, 그리고 동기와 태도 등을 살펴보기로 한다.

(1) 자아중심성(ego-centricity)과 자아 방어심(inhibition)

유아는 처음에 자아(ego)를 가지고 있지 않으나 서서히 자신과 주변과의 경험을 토대로 타인과 자기를 구별하게 되고, 아동기를 거치면서 인지 발달과 더불어 정서 체계를 만들기 시작하여 자아를 형성하게 된다. 다른 사람과의 관계에서 자신을 알리고, 자신을 나타냄으로써 인정받고 싶은 욕구, 즉 자존감(self-esteem) 속에서 자아가 성장해 간다. Heyde(1979)는 불어를 외국어로 배우는 미국 대학생들의 자존감이 구두 표현에 미치는 영향을 조사한 결과 상당한 상관관계가 있음을 제시하였다. Hayati와 Ostadian(2008), Koosha 등(2011)도 자존감이 외국어 학습에 중요하다고 보고하였다. Basco와 Han(2016)은 자존감이 높을수록 학습동기가 높고 불안감이 낮은 경향이 있어 언어 학습에 유리하다고 주장한다.

한편, 우리는 새로운 환경에 처하게 되면 자아를 보호하려고 한다. 자아 방어심(inhibition)은 공포, 고민, 근심, 슬픔 등을 유발하는 상황이나 사춘기의 급격한 신체 변화에서 주로 발생한다. Guiora 등(1980)은 언어 자아(language ego)라는 개념을 사용하여 외국어 학습 과정에서 발생하는 문제점을 설명하였다. 이에 따르면, 아동기까지는 자아가 유연하고 친화력이 강하기 때문에 새로운 언어에 대하여 위협이나 거부감을 느끼지 않고 쉽게 적응한다. 그러나 사춘기에 접어들면서부터 강력한 자아 방어심이 발동하면서 발음과 문법 실수가 빈번하여 언어 자아를 위협하는 불완전한 외국어를 멀리하게 된다. 사정이 이러하다면, 자아 방어벽을 낮추어야 성공적으로 외국어를 익힐 수 있다. 즉, 자아 방어벽이 낮은 아동기에 영어를 배워 실수에 대한 심리적 불안감 없이 성공적인 외국어 학습을 촉진할 필요가 있다.

(2) 감정이입(empathy)

감정이입이란 자아 방어벽을 뛰어넘어서 상대방의 입장에서 상대방이 느끼고 이해하는 것을 간접적으로 경험하려는 마음 자세이다. 언어는 감정이입을 실천하는 가장 중요한 도구이다. 다른 사람의 인지적, 정의적인 상태를 이해할 때라야 효과적인 의사소통도 가능하다. 특히 구두표현을 통한 의사 전달은 말이 진행되는 동안이나 끝난 후에 듣는 사람으로부터 즉시 반응을 확인할 수 있기 때문에 언어 발달이 미숙한 아동들의 경우에 감정이입을 수행하기 용이하다. 청자(hearer)가 잘못 알아들었거나, 때로는 화자(speaker)가 전달하려고 하는 내용을 잘 이해하지 못하면 즉시 화자에게 질문을 하여 명확한 의사소통이 이루어지기 때문이다.

감정이입이 언어 학습을 성공적으로 이끈다면, 아동이 언어를 배울 때에도 다른 사람의 반응을 예측할 수 있는 연습과 훈련이 반영된 교수법을 도입해야 한다. 일례로, Curran(1972)의 공동체 언어 학습법(Community Language Learning)은 감정이입을 반영한 교수법 중 하나이다. 학습자들이 협력하여 배울 내용과 언어 표현을 합의하고 만들어 가는 과정이 감정이입을 통한 효과적인 외국어 학습을 촉진하기 때문이다.

(3) 동기(motivation)

동기란 어떤 목표를 향해 특정한 행동을 하도록 하는 내적 충동이나 욕구이다. 학습 동기는 학습자 스스로가 자발적으로 학습하려는 의욕을 갖게 하는 내재적 동기(intrinsic motivation)와 학습자의 외부로부터 학습 활동을 일으키도록 유인하는 외재적 동기(extrinsic motivation)로 나누어진다. 외국어 학습과 관련하여, Gardner와 Lambert(1972)는 학습자의 동기와 태도가 언어 학습 성취도에 어떠한 영향을 미치는지 조사하여 통합적 동기(integrative motivation)와 도구적 동기(instrumental motivation)로 분류하였다. 통합적 동기는 내재적 동기에 해당하는 것으로, 외국어 학습자가 그 언어를 사용하는 집단에 통합되거나 그 사회와 동일시되어 그 사회의 한 구성원이 되고자 하는 동기이다. 반면에 도구적 동기는 원하는 직업이나 고득점을 얻기 위한 수단으로 외국어를 배운다는 점에서 외재적 동기에 해당한다. 위 연구에서는 통합적 동기가 도구적 동기보다 외국어 학습에 전반적으로 유리하다고 보았지만, 영어를 제2언어로 사용하는 나라에서는 외국어 학습이 강요되지 않는 자연스러운 학습 환경이 아닌 경우도 많아서 도구적 동기가 성공적 외국어 학습에 더욱 중요하다는 반론도 만만치 않다. 또한, 도구적·통합적 동기는 입시를 위해 영어를 공부하면서 영어 자체에 대한 관심이 생겨 영어 능력이 비약적으로 향상되는 사례처럼 배타적이라기보다 때때로 상호보완적 관계를 이루어 외국어 학습을 지속하도록 상승작용을 일으키기도 한다.

Gardner와 Lambert(1972) 이후의 외국어 학습 동기이론에서는 학습자가 제2언어 사용자로서 스스로를 어떻게 인식하느냐에 관심을 기울이는 제2언어 동기 자아 체계(L2 Motivational Self System) 개념이 활발히 논의되었다. 이와 관련하여, Dornyei(2005, 2009)는 이상적 제2언어 자아(Ideal L2 Self), 필연적 제2언어 자아(Ought-to L2 Self), 그리고 제2언어 경험(L2 Learning Experience)을 제시하였다. 이상적 제2언어 자아는 원하는 외국어 능력을 갖춤으로써 원만한 공적·사적인 삶을 영위하는 자신의 바람직한 미래 이미지이고, 필연적 제2언어 자아는 입시에서 영어 고득점에 실패하는 것과 같은 자신의 비관적 미래를 회피하려는 모습을 지칭한다. 학습자는 적절한 교수법과 학습 환경을 제공받음으로써 이상적 제2언어 자아와 필연적 제2언어 자아를 유지하여 성공적으로 언어를 습득할 수 있다. 이상적 제2언어 자아와 필연적 제2언어 자아를 유지하도록 하여 성공적으로 언어습득으로 이어질 수 있다.

3 사회문화적 요소

(1) 문화적 고정 관념(cultural stereotype)

문화적 고정 관념은 자신이 속한 문화(heritage culture)를 기준으로 외국 문화와 언어를 잘못되었거나 이상한 것으로 간주해버리는 단순화 과정에서 생긴다. 잘못된 고정 관념은 목표어 사용자에 대하여 부정적 태도를 형성하여 언어적 상호작용을 회피하도록 이끈다는 점에서 외국어습득에 부정적인 영향을 준다. 언어는 문화의 반영이고 문화 표현의 중요한 수단이라는 측면에서 본다면, 외국어 학습자는 외국어 자체와 문화적 요소도 함께 배워야 한다. 그렇지 않으면, 외국어 학습은 언어적 지식만 있고 실제로는 사용할 수 없는 불완전한 것이 된다. 특히, 목표 외국어의 문화와 자신의 문화와의 차이를 긍정적이고 개방적으로 받아들이면 외국어 학습에 긍정적인 효과가 나타난다. 목표 외국어, 목표 문화, 목표 외국어 사용자에 대한 태도가 긍정적인 학습자는 해당 외국어 학습을 성공적으로 수행한다. 따라서 외국어를 가르칠 때는 긍정적인 태도를 심어 줄 수 있는 여러 방법이 모색되어야 할 것이다.

(2) 문화 동화(acculturation)

문화 동화란 자신의 문화와는 다른 새로운 문화를 받아들이고 적응하여 편안함을 느껴 가는 과정이다. 문화동화에 이르는 과정은 4단계를 거친다(Larson & Smally, 1972). 새로운 문화를 접하는 초기 단계에서는 기대감에 감정이 고조되지만, 다음 단계에 이르면 새로운 문화가 자아 속으로 침투해 들어오면서 자신의 문화와 사고방식이 통하지 않기 때문에 문화적 충격(cultural shock)을 받게 된다. 그 다음 단계에서는 자신의 문화와 새로운 문화 사이에 존재하는 여러 가지 차이들을 인식하고 인정하면서 문화적 충격에서 서서히 회복되지만 여전히 문화적 압박(cultural stress)을 느낀다. 그리고 마지막 단계에서는 처음에 매우 이질적이던 문화 요소들에 적응하여 새로운 문화에 동화된다.

목표 언어를 제2언어 환경 속에서 배울 때에는 문화 동화가 위에 언급한 단계별로 진행되지만, 한국에서처럼 목표언어를 외국어 환경 속에서 배울 때에는 자신의 문화 속에서 모국어로 기본적인 의사소통을 하기 때문에 문화 충격과 압박을 크게 느끼지 않는다. 게다가 아동들은 성인들에 비해서 문화 충격을 심하게 느끼지 않으며 회복도 빨라서 외국어습득에 걸림돌이 되지 않는다.

3 아동의 특성을 반영한 영어교육

아동에게 적합한 영어교육을 몇 가지로 단정짓는 것은 불가능하다. 세상에 수많은 교수(기)법이 소개된 까닭도 어느 것도 완전무결한 만병통치약(panacea)이 될 수 없기 때문이다. 학습자 요인이나 학습 환경이 복잡다단하기에 어떤 교수법이 특정 상황에 성공적이었을지라도 다른 경우에도 반드시 성공한다고 보장할 수 없다. 이를 감안하여, 초등영어교사는 자신이 가르치는 학습자의 특성과 요구를 파악하여 거기에 적절하게 처방해야 한다. 일반적인 경우로 국한하였을 때, 아동의 특성을 반영한 6가지 영어교육 원리를 정리하면 다음과 같다.

1 동작과 감각을 이용한 학습

아동의 영어교육에서는 구두로 전달되는 말에만 의존하지 말고, 동작과 감각을 이용하는 활동을 많이 포함해야 한다. 교사는 많은 실물과 그림을 갖추고 주변 환경을 충분히 이용해야 하며, 아동들에게 시범을 많이 보여주어야 한다. 아동들이 점점 나이가 들어갈 때 동작과 감각을 이용하는 비율은 줄어들 수 있지만, 감각을 이용하면 학습에 여전히 적지 않은 도움이 된다. 무엇보다, 아동은 자아에 대한 확신이 없기 때문에 새로운 사태에 노출하여 인정받고 싶은 욕구가 강하다. 따라서 자신의 존재감을 드러내기 위한 신체 동작을 좋아한다. 이러한 면을 고려하여 초등영어교육에서는 일상적인 대화나 언어표현을 역할극, 율동과 음악, 게임과 놀이 등을 통해 동작과 결합하는 것이 효과적이다.

2 놀이 및 게임 중심 학습

아동은 게임과 놀이를 좋아하고, 놀이와 게임은 규칙 속에서 간접적 또는 무의식적으로 영어를 사용하게 한다. 놀이와 게임은 학습에 대한 불안감을 없애 주어 적극적으로 참여할 수 있게 한다. 그러나 능력에 의해서 성패가 정해지는 게임만 하게 되면 능력이 떨어지는 학습자의 참여가 어렵다. 반면에 성패가 행운에 의해서 좌우되는 게임은 모두가 참여할 수 있으나 도전감을 주지 못할 수가 있다. 따라서 게임을 선정할 때에는 학습 분위기를 고려하고 능력을 요하는 게임과 행운을 요하는 게임을 적절히 고려하여야 한다.

3 수업 활동의 지속적 변화

아동들은 집중력과 주의를 기울이는 시간이 짧기 때문에 변화가 없으면 쉽게 싫증을 느끼게 된다. 그들의 관심을 지속적으로 끌기 위해서는 때때로 움직일 수 있는 기회를 주면서 다양한 활동, 속도, 구성 및 목소리를 사용해야 한다. 또한 학습자는 독자적인 학습 스타일을 가지고 있기 때문에 학습 활동을 다양하게 제공해야 한다.

4 틀(routines)을 이용한 수업

아동들은 규칙적인 수업 활동과 익숙한 상황을 접할 때 집중력이 높아지면서 원활하게 학습할 수 있다. 따라서 교사는 다양성을 추구하는 한편 체계적이고 관례적인 수업의 틀을 유지하고, 수업 계획을 작성해야 할 필요가 있다. 또 교사는 아동들이 익숙한 상황과 활동을 이용하고, 이야기와 노래 및 운율 등을 반복적으로 사용하는 점도 기억해야 한다.

5 예시를 통한 자연스러운 언어 규칙 파악

아동들은 10~11세가 될 때까지는 영어 문법을 이해하고 적용할 능력이 없고, 문법에 관하여 이야기할 만큼 성숙하지도 않다. 그러므로 문법, 기능, 구문 등을 전체 아동에게 가르칠 필요가 없고, 최소한의 양을 상급 학년 아동에게만 가르치면 된다. 단순한 문법을 가르칠 때에도 아동이 설명을 요청하거나 교사가 판단해서 아동이 그 문법을 배울 능력이 있다고 생각될 때 가르친다. 그리고 문법을 가르칠 때 예문을 통하여 규칙을 이해하는 귀납적 접근을 사용하며, 어려운 문법 용어를 사용하지 말고 평범하게 설명한다.

6 간접적인 수단을 통한 영어 능력 측정

초등영어교육에서는 학습자에게 부담을 주는 명시적 평가를 지양해야 한다. 이를 위해, 교사 관찰일지나 아동의 학습 활동 기록물 및 자기 평가 등을 장려하며, 필요시 수업 복습 등의 목적으로 이전 차시에서 사용된 챗봇 자료도 이용할 수 있다. 수행평가를 시행해야 한다면, 간단한 말로 기록하고 긍정적인 면을 강조하며 영어에 대한 부정적 선입견이 생기지 않도록 아동이 익히지 못한 부분에 대해 즉각 수정 조치를 취하지 않도록 한다. 무엇보다, 영어 능력을 측정할 때 듣기, 말하기, 읽기, 쓰기의 기능 평가에만 편중되지 않고 영어에 대한 자신감과 흥미 신장을 확인하는 것에도 신경을 써야 한다.

4 초등학교 영어교사의 자질

초등학교 영어교사에게는 언어습득과 외국어 교수·학습의 방법, 아동의 성장 단계에 적합한 외국의 문화, 초등 교육과정을 통합교과로 이해하고 적용하는 방법에 대한 지식과 이해가 요구된다. 특히 외국어의 문자 기능 학습이 모국어의 문자 기능 학습과 함께 일어나기 때문에 이들이 서로 간에 간섭작용이 일어나지 않고 상승작용을 할 수 있는 지도 능력이 필요하다. Curtain과 Pesola는 (1994: 245-250) 초등학교 외국어 교사가 갖추어야 할 능력을 구체적으로 제시하였다. 그중에서 한국의 영어교사에게 특히 요구되는 능력을 정리하자면 다음과 같다.

① 아동기의 제2언어습득과 모국어 발달과의 관계에 대한 이해
② 초등학교의 외국어교육에 적합한 교육 방법에 대한 지식
③ 초등학교의 외국어교육에 적합한 교육자료에 대한 지식
④ 초등학교의 외국어교육에 적합한 평가(assessment and evaluation)에 대한 지식
⑤ 모국어의 문어 기능을 습득하고 있는 학습자에게 외국어의 읽기와 쓰기 기능을 동시에 개발해 줄 수 있는 능력
⑥ 목표 문화에 적합한 아동 문학을 포함하여 성장기 학습자의 욕구와 흥미에 적합한 목표 문화의 제 측면을 가르칠 수 있는 능력

⑦ 유 · 초 · 중 · 고등학교 외국어교육 과정과 초등학교 교육과정 및 내용 영역들 간의 관계에 대한 이해와 초등학교 교육과정 내용을 외국어로 가르치고 통합하고 강화할 수 있는 능력
⑧ 초등학교 교육의 원칙과 실제 및 효과적인 교실 관리 기법에 대한 지식과 이 지식을 외국어 학습에 도움이 되는 정의적, 물리적 환경을 만들도록 적용하는 능력
⑨ 외국어에 대한 언어 능력
⑩ 아동 발달에 대한 지식
⑪ 외국어교육의 역사와 초등학교의 다양한 프로그램 모형의 정당성(rationale)에 대한 지식
⑫ 개인과 전문가로서의 성장의 필요에 대한 인식

이를 바탕으로 여기서는 영어 교사에게 필요한 자질로서 아동에 대한 이해, 영어 교과에 대한 이해, 교수 · 학습 이론의 현장 적용 능력, 영어 구사 능력에 대해 자세히 살펴보도록 할 것이다.

1 아동에 대한 이해

아무리 세상 경험이 부족하다고 해도 아동들의 머리는 결코 비어있는 용기(empty vessel)가 아니다. 아동들은 머리에 언어와 지식이 부어지기만 기다리는 수동적 존재가 아니라 입력자료를 처리하여 자신의 방식대로 내면화하는 능동성이 있다. 이들은 발달 단계에 따라 고유의 특성을 갖고 있을 뿐만 아니라 어느 누구와도 동일하지 않은 개인별 특성도 지니고 있다. 학습 동기, 관심 사항, 성장 배경, 학습 경험, 학습 수준, 그리고 학습 스타일도 제각각이기 때문이다. 따라서 아동의 요구를 이해하지 못하는 교사의 일방적인 교수 방법은 효과적인 학습 결과로 이어지지 못한다. 아동이 영어를 배우며 필요로 하는 바를 파악하기 위해서는 아동의 학습 행위를 세심히 관찰하고 정확히 진단하여 발달상의 문제인지, 아니면 개별적 특성에 기인한 것인지 파악하여 그에 맞는 해법을 제시해야 한다.

2 영어 교과에 대한 이해

교사는 자신이 가르치는 교과목의 내용을 충분히 이해하고 있어야 한다. 초등영어교사는 영어의 통사구조와 음성 및 음운 체계, 언어습득 이론, 영어과 교육과정 및 관련

교수법, 그리고 영어권 문화 상식을 익혀야 한다. Richards(1998)는 제2언어와 외국어를 위한 예비 교사 및 현직 교사 교육 프로그램에 개설되는 교과 내용 과목으로 음성학과 음운론, 영어통사론, 제2언어습득, 교육과정 이해와 설계, 담화 분석, 사회언어학, TESOL 교수법, 평가론 등을 제시하고 있다.

다만, 위의 교과 내용들은 각각 하나의 학문 분야이기 때문에 교사가 모든 분야를 통달하는 것은 불가능하다. 초등학교 영어교사는 위의 분야들에 관한 기본적 지식을 습득한 후 초등영어교육이 학습자 특성이나 교수법 차원에서 중등과 어떻게 차별화되고 연계되는지 이해하는 것이 무엇보다 중요하다. 이에 덧붙여, 여러 교과를 동시에 가르치는 초등교육의 특성을 감안하여 초등영어 교과의 내용이 다른 교과의 주제나 내용과 어떻게 창의적으로 통합하여 학습 효과를 극대화하는 방향으로 다루어질 수 있는지 꿰뚫는 안목을 갖추어야 한다. 이런 능력은 지식 습득만으로 생기지 않고 여러 교과와 관련된 실생활에서 벌어지는 흥미로운 현상에 주목하여 외국어 학습에서 요구되는 영어 학습의 맥락을 지속적으로 궁리하는 노력이 켜켜이 쌓임으로써 형성된다.

3 교수 · 학습 이론의 현장 적용 능력

영어교육의 교수 · 학습 이론은 크게 보아 수업을 전반적으로 어떻게 구성하느냐에 관심을 가진 교수법과 구체적인 4가지 기초 언어사용 기술(듣기, 말하기, 읽기, 쓰기), 문법, 발음, 어휘 등의 언어요소를 효과적으로 가르치는 교수기법(지도법)으로 나누어진다. 연구자가 제안한 교수법과 교수기법은 특정한 영어교육 환경에서 수행된 결과물이기 때문에 현장 여건에 따라 효과적이지 않을 수 있다. 그렇기 때문에 교사는 부단한 자기 연마와 실천 경험을 바탕으로 교수(기)법을 현장 상황에 맞게 바꾸어 적용하는 능력을 갖추어야 한다.

초등영어교육에서는 일상에서 빈번하게 접하는 영어표현을 흥미롭게 배우는 것에 초점을 맞추어 교수(기)법을 적용해야 한다. 아동의 영어 능력 향상도 중요하지만 영어 학습을 대하는 긍정적 태도를 기르는 것이 더 중요하기 때문이다. 이를 위해, 초등영어교사는 교수(기)법의 특성을 정확히 파악한 후 아동들이 관심을 가지는 일상의 현상이나 사실을 영어와 결합하여 효과적으로 배울 수 있는 최상의 교수(기)법을 선별하고 적절히 변형할 줄 아는 안목과 능력을 키워야 한다. 즉, 훌륭한 초등영어교사가 되려면 영어교육의 다양한 교수(기)법 이론 지식과 실무 경험을 통한 안목을 겸비해야 하는 것이다.

4 영어 구사 능력

한국의 초등영어교사는 영어교사이자 초등교사일 뿐 아니라 비원어민 영어 학습자이자 영어교사(learner-teacher)라는 두 가지 차원의 이중정체성을 지니고 있다. 이 중에서 부족하다고 느끼는 영어 능력이야말로 많은 초등영어교사들이 수업에 부담을 갖는 결정적 요인으로 볼 수 있다. 상식적으로 교사의 영어 능력이 부족하면 아동을 제대로 지도하기 어려울 것이다. 수업언어를 영어로 진행함으로써 영어가 단순히 학습 대상어일 뿐 아니라 의사소통의 매체로서 사용되는 것을 보여주려는 소위 '영어를 영어로 가르치기(Teaching English in English: TEE)' 방식은 교사에게 원어민에 가까운 영어 능력을 요구하는 듯 보이기도 한다. 물론, 교사에게 필요한 영어 능력이 어느 정도인지를 단정적으로 말하기는 어렵다. 특히, 초등영어교육에서는 말과 논리로만 사용하기보다 행동이나 다양한 교보재를 사용하는 수행(performance)이 중요하기 때문에 교사의 뛰어난 영어 능력이 반드시 필요하다고 볼 수는 없다.

교사의 영어숙달도(proficiency)는 어느 정도여야 할까? 영어 능력이 높을수록 무조건 좋은 것인가? Koster(1986)는 영어 능력이 높은 중등영어 교사보다 영어 능력이 낮더라도 아동의 특성을 반영하여 가르친 초등교사의 수업이 더 효과적이었다고 주장하였다. 아동이 이해할 수 없는 높은 수준의 중등교사의 영어보다는 아동의 수준보다 약간 높은 초등교사의 영어가 더 효과적이었다는 것이다. 실제로, 모국어습득에서 아이에게 하는 엄마의 말(motherese)도 일반적인 말에 비해 또렷하고 느리며, 짧고 간단하고, 반복이 많다. 만약 영어 능력만 갖추면 훌륭한 영어교사가 될 수 있다고 가정한다면 모든 영어교사는 원어민으로 대체되어야 한다. 그렇지만 아동의 심리적 특성이나 교수법에 무지한 원어민은 영어 입력은 제공할 수 있을지언정 외국인의 입장에서 어떤 학습상의 고충이 있을지 짐작하지 못하기에 아동이 언어 입력을 받아들여 의미 있는 학습을 하도록 이끌지 못한다. 이런 의미에서, Medgyes(1994: 78)는 "원어민이 훌륭한 교사가 되기 위해서는 학습자들의 언어를 익히고 이들의 문화를 이해해야 한다"며 언어 능력만으로 훌륭한 외국어 교사가 될 수 없다고 주장하였다.

초등영어교사는 일정 수준 이상의 영어 능력을 갖춘 후 아동의 눈높이에 맞도록 자신의 말과 신체를 활용하여 영어로 표현할 줄 알아야 한다. 멀티미디어를 사용하여 원어민의 발화와 비언어 메시지를 생동감 있게 제시하는 수준에 그치지 않고 실제적인 의사소통에 어떻게 사용하는지 교사가 몸소 보여줄 때라야 아동의 의사소통 의지를 끌어낼 수 있을 것이다.

5 초등학교 영어교사의 역할

초등영어교사는 아동의 전인적인 성장 발달을 돕기 위하여 초등학교 전 교과를 숙지하고 이를 통합하며, 아동의 특성을 고려한 다양한 교수 방법을 연마하는 동시에 많은 영어 입력 자료를 아동에게 제공할 수 있어야 한다. 여기에서는 초등영어교사가 해야 할 역할을 학습촉진자, 학습도우미, 영어사용자, 교육과정 전문가, 그리고 학습 활동 시연자로 구분하여 짚어보고자 한다.

1 학습촉진자(facilitator)로서의 초등영어교사

초등영어교사는 학습자가 효율적으로 영어를 학습하도록 도와주기 위한 역할을 수행해야 한다. 교사의 역할은 새로운 지식이나 기능을 전달하여 이해할 수 있게 하는 역할(tutor)에서부터 주의를 집중시켜 설명해주는 역할(controller), 학습자가 학습에 적극적으로 참여하여 수행할 수 있는 활동을 조직하는 역할(organizer), 학습자의 학습행위를 관찰하여 적절한 피드백을 주는 역할(observer), 관찰을 근거로 학습 정도를 평가하는 역할(assessor), 개인이나 그룹 활동에서 학습이 진전되지 못하고 있을 때 지원하고 해결해주는 역할(prompter), 학습 활동에 교사도 하나의 참여자로서 끼어들어 학습 행위에 활력을 넣어주는 역할(participant), 학습에 필요한 정보를 알려주거나 그 정보를 얻을 수 있는 방법을 알려주는 역할(resource)까지 다양하다(Harmer, 2001: 57-63).

초등영어교사는 위의 역할들을 수행할 때 학습자의 주체성을 방해하거나 제한하지 않아야 한다. 학습자는 일상에서 외국어가 사용되는 실제적 맥락을 찾기 어렵기 때문에 교사가 제시하는 영어 표현을 암기하는 수동적인 자세로 임하기 쉽다. 따라서, 교사는 가급적이면 영상통화나 소셜미디어 소통처럼 외국어를 구사하는 실제적인 상황을 제공하여 학습자의 적극적 표현 탐색과 소통 의지를 끌어내는 촉진자 역할에 집중해야 한다. 만약 교사가 학습 상황을 통제해야 하는 경우라면 꼭 필요한 순간에 가능한 짧게 개입하도록 하며, 조직할 때에는 학습자의 활동이 왕성하게 일어날 수 있도록 한다. 교사가 학습 진행을 관찰할 때에도 의식적으로 개입하여 학습자를 위축시키지 않도록 해야 한다.

2 학습도우미(learning aid)로서의 초등영어교사

아동은 인지 발달이 아직 성숙되지 않았기 때문에, 상대적으로 잘 발달되어 있는 감각기능을 학습에 활용하는 편이 효과적이다. 따라서 교사는 교재 외에도 학습을 도와줄 수 있는 시각자료, 청각자료 등 감각을 이용하는 다양한 보조자료를 활용해야 한다. 다만, 외국어를 포함한 보조자료를 준비하거나 만드는 일에 많은 시간과 노력이 소요되므로 활용 가능한 학습 자료가 있는지 교실과 주변을 살펴볼 필요가 있다.

교사가 가장 쉽게 활용할 수 있는 학습 자료는 교사의 언어 지식이나 수행능력이다. 학습 자료로서의 교사는 마임과 제스처를 통하여 아동의 이해를 도와줄 수 있고, 때로는 표정과 목소리를 이용하여 주의를 끌고 흥미를 줄 수 있어야 한다. 특히 스토리텔링을 위해서는 감정에 따라서 목소리와 얼굴 표정을 달리하며, 무생물에도 감정과 생명을 불어넣어 아동들 앞에 재현시키기도 한다. 또한 교사는 역할극에서 다양한 역할을 맡아서 실감나게 보여주어야 한다. 그 밖에도 교사의 모습 하나하나가 학습 자료가 될 수 있다. 교사의 옷과 신발 혹은 소지품들도 적절히 활용하면 효과적인 학습 효과를 도모할 수 있다.

3 영어사용자(English language user)로서의 초등영어교사

영어가 하나의 외국어를 뛰어넘어 공용어가 되면서 영어교육의 목표도 더이상 원어민 수준의 언어 능력으로 상정할 수 없게 되었다. 실제로 영어로 의사소통하는 상황이 영어 원어민과 비원어민 간에 일어나는 경우보다 비원어민 상호 간에 일어나는 경우가 더욱 빈번하다(Canagarajah, 1999). 영어를 사용하는 보편적인 상황이 원어민보다 비원어민 간의 대화라면 비원어민이 이해할 수 있는 영어 구사력이 중요하다. 이에 따라, 초등영어교사에게 필요한 영어소통능력도 원어민의 발음이나 세세한 표현을 완벽하게 숙지하기보다 소통에 필요한 언어 능력을 갖추되 의사소통을 하는 비원어민의 문화적 · 심리적 특성을 고려할 줄 아는 능력이다.

초등영어교사는 영어를 사용하면서 영어가 실제적인 의사소통의 매개체로 기능하는 것을 보여주어 아동에게 영어 입력을 제공한다. 교사는 시범을 통해 주어진 역할에 적절한 목소리와 감정을 싣거나 과장하여 말하면서도 자연스러운 영어의 리듬을 유지하여 적절한 속도를 조절할 수 있어야 한다. 또한 교사는 아동의 관심에 유연하게 대응하기 위해 여러 주제의 아동문학 이야기들, 영미문화 배경지식, 그리고 다양한 영어 어휘와 표현을 알고 있어야 한다. 영어의 기본적인 음성과 음운체계와 통사 관계를 알고 아동에게 필요한 언어 지식을 파악하는 점도 교사에게 필요한 영어사용자로서의 능력이다.

4 교육과정 전문가(curriculum specialist)로서의 초등영어교사

초등학교 교육은 단순히 교과 자체만을 위한 교육이 아니라 아동의 성장 발달 전체를 계발시키는 전인교육이다. 그러므로 학습 내용도 아동의 관심과 흥미를 고려하여 주제별로 구성한다. 이들 주제는 아동의 다양한 요구를 충족시키고 그들의 전반적인 성장 발달을 고려하여 통합교과적 혹은 교과교차적(cross-curricular)으로 구성하는 것이 효과적이다. 아동이 경험하는 세계는 교과별로 분리되어 있는 것이 아니라 하나의 현상으로 통합되어 있기 때문이다. 교과교차적 내용 구성은 이와 같은 아동의 관점을 반영하고 있는 것이다.

다른 한편으로, 교과란 상호 보완적일 뿐만 아니라 공통적인 요소를 많이 가지고 있다. 아동은 같은 내용을 둘 이상의 다른 교과에서 경험할 때 학습 내용에 대해 더 신뢰할 수 있으며, 궁극적으로는 자신의 일상적인 삶과 직접적인 관련이 있는 것으로 받아들이게 된다. 다른 교과에서 학습한 내용을 영어에서 다루거나 영어에서 학습한 것을 다른 교과에서 다루면 그 내용에 더욱 신뢰를 가질 뿐만 아니라 학습이 강화되기도 한다(박약우, 1996). 이와 같은 효과를 거두기 위해서 초등영어교사는 종적으로는 영어 교육과정을 이해하여 초등영어교육이 중등 영어교육과 어떻게 연계되어 있는지를 이해하고, 횡적으로는 초등 교육과정에서 타교과 내용들을 충분히 이해하고 분석할 수 있어야 한다.

5 학습 활동 시연자(demonstrator)로서의 초등영어교사

학습 스타일에는 여러 가지가 있다. 학습자는 문화의 영향을 받는 고유의 학습 스타일이 있다. 중국이나 한국의 학습자들이나 초등학교 아동들은 교사가 시연해 보여주는 것을 보고 배우는 학습 스타일을 좋아하는 경향이 강하다. 특히 아동은 인지 발달이 충분하지 않기 때문에 언어와 논리로 하는 추상적인 설명보다는 구체적인 모습을 눈으로 보고 직접 몸으로 모방해 봄으로써 쉽게 이해할 수 있다. 초등영어교육에서도 물리적인 움직임을 수반하는 육체적인 활동이 주를 이루고 있다. 다만, 활동 중심 학습이 효과적이려면 아동이 교사를 보고 따라 할 수 있어야 한다.

초등영어교사의 활동 표현 중에서는 노래를 부르고, 짧은 시간 내에 의도한 사물을 간단히 그린다거나, 역할극과 이야기를 실감 나게 시연할 수 있는 능력이 무엇보다도 중요하다. 대체로 아동에게 노래가 없는 영어 수업은 즐거움을 주지 못한다. 반면 그림을 사용하고 그림을 직접 그리는 영어 수업은 실제적인 의사소통의 상황을 제공해주며, 역할극이나 이야기(storytelling)가 있는 영어 수업은 학습자에게 상상력을 불러 일으켜 긍정적인 학습분위기를 조성한다.

제 3 장
의사소통 능력과 습득 이론

1. 의사소통 능력
2. 언어습득 장치와 결정적 시기/민감기 가설
3. 언어습득 이론
4. 제2언어습득 이론
5. 영어 학습 조건

이 장에서는 의사소통 능력의 개념과 구성 요소를 살펴보고, 언어를 습득하게 되는 양상에 대하여 알아본다. 유아들이 놀랄 만큼 빠른 속도로 모국어를 습득하고, 아동들이 제2언어 또는 외국어를 빨리 습득할 수 있는 것은 언어습득 장치가 있기 때문이다. 이어서 모국어나 제2언어/외국어의 '습득' 또는 '학습'을 설명하는 이론 및 언어습득/학습이 효율적으로 이루어질 수 있는 조건들을 살펴보고자 한다.

1 의사소통 능력(communicative competence)

언어는 언어 사회(speech community)에서 사용되는 것이기 때문에 언어 능력에 대한 규명은 추상적이고 정적인 언어 지식보다는 실제적이고 동적인 의사소통 능력을 밝히는 방향으로 진전되어 왔다. 특히 의사소통 능력 신장을 목표로 하는 외국어교육에서는 그 목표의 달성 여부를 알기 위해 의사소통 능력의 구성 요소를 먼저 밝혀야 한다.

1 언어 능력과 의사소통 능력

Chomsky(1965)는 모국어 화자들이 자기 언어에 대하여 가지고 있는 추상적이고 형식적인 체계에 대한 지식을 언어 능력(competence)이라고 하고, 이들의 실제적 언어 행위를 언어 수행(performance)이라고 하였다. 여기에서 언어 능력이란 언어의 체계에 대한 지식이나 언어학습/습득능력을 지칭하기 때문에 언어적 능력(linguistic competence) 또는 문법적 능력(grammatical competence)을 의미한다. 그리고 언어 수행은 언어 능력이 투영된 것이지만, 여러 가지 상황적 요소에 의하여 제약이 따르기 때문에 종종 말 더듬기, 중간에 문장 바꾸기, 실수 등을 수반하여 불완전하게 나타난다.

언어를 안다는 것은 언어의 구조적 요인뿐만 아니라 의미와 기능에 대하여 알고 활용할 줄 아는 것을 포함해야 하기 때문에 Chomsky(1965)가 정의한 언어 능력은 너무 범위가 좁다는 비판을 받아왔다. 이러한 비난과 함께 1960년대 초반까지 언어 구조(language structure)의 숙달에 중점을 두었던 외국어교육은 국가 간 교류가 증대하고 평생교육이 도입된 1960년대 후반부터는 의사소통 능력 신장에 중점을 두게 되었다. 따라서 다음과 같이 여러 학자들이 의사소통 능력에 대하여 새롭게 조명해 왔다.

2 모국어습득의 관점에서 본 의사소통 능력

Hymes(1972)는 기능주의와 사회언어학을 배경으로 Chomsky(1965)의 언어 능력을 확대하여 모국어 화자의 의사소통 능력(communicative competence)을 새롭게 제안하였다. 의사소통 능력은 '언어 사용을 위하여 화자 · 청자에게 내재된 전반적인 지식과 능력'으로 정의되며 아래와 같이 ① 문법성(grammaticality), ② 심리적 실현가능성(feasibility), ③ 사회적 적합성(appropriateness), ④ 실제적 개연성(probability)에 대한 지식과 그 지식을 사용할 수 있는 능력으로 구성된다.

① Whether (and to what degree) something is formally possible

② Whether (and to what degree) something is feasible in virtue of the means of implementation available

③ Whether (and to what degree) something is appropriate (adequate, happy, successful) in relation to a context in which it is used and evaluated

④ Whether (and to what degree) something is in fact done, actually performed and what its doing entails

위의 첫 번째 구성요소는 Chomsky(1965)가 제시한 언어 능력 측면에서 문법성의 판단에 관한 능력이며, 나머지 세 가지 요소는 언어수행(performance) 측면에서 용인가능성(acceptability)의 판단에 관한 능력이다. 어떤 문장이나 발화가 문법적으로 가능하더라도 심리적, 사회적, 실제적 측면에서 용인할 수 없는 경우들이 있다.

다음에 제시된 두 문장은 문법적이나 용인하기 어렵다. 첫 문장은 의미상 결합에 문제가 있으며 다음 문장은 관계대명사절이 네 개나 포함되어 있어서 머리 속에서 쉽게 정보를 처리할 수 없는 인지·심리적인 한계를 잘 보여준다. 즉, 의사소통 능력이 작동하여 이러한 문장들을 일상생활에서는 사용할 수 없다고 판단하게 되는 것이다.

A colorless green idea sleeps furiously.

The mouse the cat the dog the man the woman married beat chased ate had a white tail.

또한 아래의 두 문장은 헤어질 때 쓰는 표현으로서 문법적, 심리적으로는 용인 가능하지만, 의사소통 능력을 통해 각각의 사용 맥락에 따라 구별하여 사용하게 된다.

Good-bye. May God be with you.

끝으로 아래의 문장은 문법적, 심리적, 사회적으로는 용인 가능하지만, 서구 사회의 일상생활에서 실제로 사용되지 않았을 것이라는 것을 의사소통 능력이 판단한다.

You've got fat.

3 제2언어/외국어 교육의 관점에서 본 의사소통 능력

Canale과 Swain(1980)은 제2언어 교육의 관점에서 의사소통 능력이 문법적 능력(grammatical competence), 사회언어학적 능력(sociolinguistic competence), 담화적 능력(discourse competence), 전략적 능력(strategic competence) 등의 구성 요소를 포괄하는 것으로 보았다.

문법적 능력은 일반적으로 일컫는 문장 구조에 대한 지식을 넘어서서 어휘, 형태소, 통사구조, 의미 및 음운 체계에 관한 지식을 뜻하며, Chomsky(1965)의 언어 능력과 상응한다. 담화적 능력은 문장 수준의 문법적 능력을 보완하는 것으로, 구두언어나 문자언어에서 말이나 글을 조리있게 연결하여 표현할 수 있는 능력을 일컫는다. 사회언어학적 능력은 언어의 사회문화적 규칙에 대한 지식, 즉 언어가 사용되는 상황에서 대화 참가자의 역할, 상호 작용의 기능 등에 따라 발화의 적합성을 판단할 수 있는 능력을 말한다.

전략적 능력의 초기 개념은 상황적 변인이나 언어 능력의 부족으로 인한 대화의 단절(breakdown)을 피하기 위하여 언어적, 비언어적 전략을 사용할 수 있는 보상적 성격의 능력을 의미하였다. 그러나 Swain(1984: 189)은 전략적 능력의 개념을 적극적으로 확대하여 대화 단절의 예방뿐만 아니라 의사소통의 효율성을 기하기 위하여 의사소통 전략을 사용하는 능력으로 정의하였다. 이러한 의사소통 전략에는 회피(avoidance), 반복(repetition), 모국어 직역(예 balloon → airball), 바꾸어 말하기(circumlocution)(예 They toast each other. → They invite to drink.), 풀어 말하기(paraphrase)(예 corkscrew → the thing you open bottles with), 상대방에게 도움 요청(appeal for help)(예 What's this in English?), 말 대신에 몸짓 사용(예 It's about this long.) 등이 있다.

유럽평의회(2001)는 언어학습과 교육 및 평가에 사용할 유럽 공통 기틀(Common European Framework of Reference, CEFR)을 개발하였다. 그리고 언어 사용자들이 상호간에 의사소통하는 데 사용하는 모든 능력을 일반적 능력(general competences)과 의사소통적 언어 능력(communicative language competences)으로 구분하였다. 전자는 언어와는 긴밀한 관계가 적은 반면, 후자는 언어와 긴밀한 관계가 있는 능력이다.

[표 3-1]에서 보는 바와 같이, 일반적 능력(general competences)은 언어 활동(language activities)을 포함한 모든 행동을 할 때 요구되는 일반 소질(capacities)이

며, 선언적 지식(declarative knowledge), 기능과 전문적 지식(skills and knowhow), 실존적 능력(existential competence), 학습 능력(ability to learn)으로 구성되어 있다.

선언적 지식은 세상살이에 필요한 지식이나 상식, 학습자가 이전에 경험하지 않은 사회와 문화에 대한 지식, 자국 문화와 다른 문화와의 관계와 지역과 사회의 다양성에 대한 지식을 포함한다. 기능과 전문적 지식에는 사교, 가사, 직업 및 여가 생활에 필요한

[표 3-1] 우럽평의회(2001)의 언어사용능력

<table>
<tr><th colspan="2">General competences</th></tr>
<tr><td>Declarative knowledge</td><td>knowledge of the world</td></tr>
<tr><td rowspan="3">Skills and know-how</td><td>sociocultural knowledge</td></tr>
<tr><td>intercultural awareness</td></tr>
<tr><td>practical skills and know-how</td></tr>
<tr><td rowspan="2">Existential competence</td><td>intercultural skills and know-how</td></tr>
<tr><td>attitudes</td></tr>
<tr><td rowspan="8">Ability to learn</td><td>motivations</td></tr>
<tr><td>values</td></tr>
<tr><td>beliefs</td></tr>
<tr><td>cognitive styles</td></tr>
<tr><td>personal factors</td></tr>
<tr><td>language and communication awareness</td></tr>
<tr><td>general phonetic awareness and skill</td></tr>
<tr><td>study skills</td></tr>
<tr><th colspan="2">Communicative language competences</th></tr>
<tr><td>Linguistic competences</td><td>lexical competence</td></tr>
<tr><td rowspan="6">Sociolinguistic competences</td><td>grammatical competence</td></tr>
<tr><td>semantic competence</td></tr>
<tr><td>phonological competence</td></tr>
<tr><td>orthographic competence</td></tr>
<tr><td>orthoepic competence</td></tr>
<tr><td>linguistic markers of social relations</td></tr>
<tr><td rowspan="6">Pragmatic competences</td><td>politeness conventions</td></tr>
<tr><td>expressions of folk wisdom</td></tr>
<tr><td>register differences</td></tr>
<tr><td>dialect and accent</td></tr>
<tr><td>discourse competence</td></tr>
<tr><td>functional competence</td></tr>
</table>

기능, 자국 문화와 다른 문화를 상호 관련시켜서 외국인과 교류할 때 전략을 사용하고 문화적 고정관념을 극복할 수 있는 능력 등이 포함된다. 실존적 능력은 학습자 개인의 태도, 동기, 가치, 신념, 인지 양식, 개성 등을 의사소통 활동에 사용하는 능력이다. 끝으로, 학습 능력에는 언어와 언어 사용의 원칙에 대한 지식, 외국인의 발음을 식별하고 발음할 수 있는 능력, 다양한 학습 기회와 자료를 효과적으로 이용하고 자신의 장단점과 목표를 이해하여 학습 전략과 절차를 구성하는 능력이 포함된다.

의사소통적 언어 능력은 의사소통할 때 언어적 수단을 사용하게 하는 능력으로, 언어적 능력(linguistic competences), 사회언어적 능력(sociolinguistic competences), 화용적 능력(pragmatic competences)으로 구성되어 있다.

언어적 능력은 어휘와 단어 관련 문법에 대한 지식과 사용 능력, 문법 요소와 문장 구성 규칙에 대한 지식과 사용 능력, 어휘와 문법 및 화용적 수준에서 의미의 구성에 대한 의식과 통제, 음소와 음절 및 문장 단위에서 음운적 특질에 대한 인식과 발음 능력, 글자와 철자 및 구두점 등에 대한 지식과 사용 능력, 문자언어의 철자와 구두점, 사전의 표기와 단어의 의미 등에 대한 지식 등으로 구성되어 있다.

사회언어적 능력은 대화자 간의 상대적 지위와 친소관계 등 사회적 관계에 따른 표현, 문화에 따라 다른 공손함의 표현 방법, 종사 분야나 격식성에 따른 언어 사용역(register), 계층과 지역 및 직업 등에 따른 방언과 액센트 등에 대한 지식과 사용 능력이다.

화용적 능력에는 의미의 일관성과 논리성을 확보하도록 문장들을 배열하는 능력, 언어 사용 목적에 맞게 의사소통 기능을 수행하여 상호작용하는 능력 등이 포함되어 있다.

CEFR에서는 의사소통 능력 수준을 [표 3-2]와 같이 구분하였다. 즉, 전통적 구분인 기초, 중급, 상급 수준을 각각 기초적 사용자(basic user) 수준, 독립적 사용자(independent user) 수준, 능숙한 사용자(proficient user) 수준으로 명명하고, 각 수준을 상, 하 수준으로 세분하였다.

가장 낮은 수준인 돌파(breakthrough) 수준은 분석 없이 고정된 정형어구(예 Excuse me, Uhm, Oh 등)를 사용하는 능력(formulaic proficiency) 정도의 수준이며, 문전통로(waystage) 수준은 성인 학습자가 문턱 수준에 도달하기 이전의 수준이다. 문턱(threshold) 수준은 일반 초보자가 목표언어 집단의 일원으로서 의사소통 상황에서 적절하게 기능을 발휘할 수 있도록 하는 최소한의 수준이며, 우세(vantage) 수준은 보통 접하는 상황에 적절하게 반응하는 정도의 능력 수준이다. 효율적 조작 능력(effective operational proficiency) 수준은 보다 복잡한 작업과 공부를 할 수 있는 상급 수준, 숙달(mastery) 수준은 언어전문가들의 언어 능력에 문화 간 의사소통 능력이 포함된 가장 높은 수준이다.

[표 3-2] CEFR의 의사소통 능력 수준

Basic user	Breakthrough Waystage
Independent user	Threshold Vantage
Proficient user	Effective Operational Proficiency Mastery

4 언어 평가의 관점에서 본 의사소통 능력

학습자의 의사소통 능력을 제대로 측정할 수 있는 언어 평가를 개발하기 위해서는 측정하려는 능력을 먼저 명확하게 정의해야 한다. Bachman(1990)은 외국어 평가의 관점에서 의사소통적 언어 능력(communicative language ability)을 파악하였다. 의사소통적 언어능력은 ① 언어 능력(language competence), ② 전략적 능력(strategic competence), ③ 심리생리적 기제(psychophysiological mechanisms)로 구성된다.

① Bachman이 의사소통적 언어 능력의 핵심적 구성요소로 이해한 언어 능력은 [그림 3-1]과 같이 구성되어 있다.

구성적 능력(organizational competence)은 문장과 담화 단위의 언어 형태에 관한 규칙과 체계를 다루는 능력을 말하며, 문법적 능력(grammatical competence)과 텍스트 능력(textual competence)을 포함하고 있다. 문법적 능력은 어휘(vocabulary), 형태론(morphology), 통사론(syntax), 음운론/필체(phonology/graphology)에 관한 지식과 사용 능력을 일컬으며 텍스트 능력은 두 개 이상의 발화나 문장을 결합하여 응집성(cohesion)과 수사 구조(rhetorical organization)에 맞게 텍스트를 구성하는 규칙에 관한 지식과 사용 능력을 의미하며 각각 Canale과 Swain(1980)의 문법적 능력과 담화적 능력에 대비된다.

화용적 능력(pragmatic competence)은 Canale과 Swain의 사회언어적 능력과 상

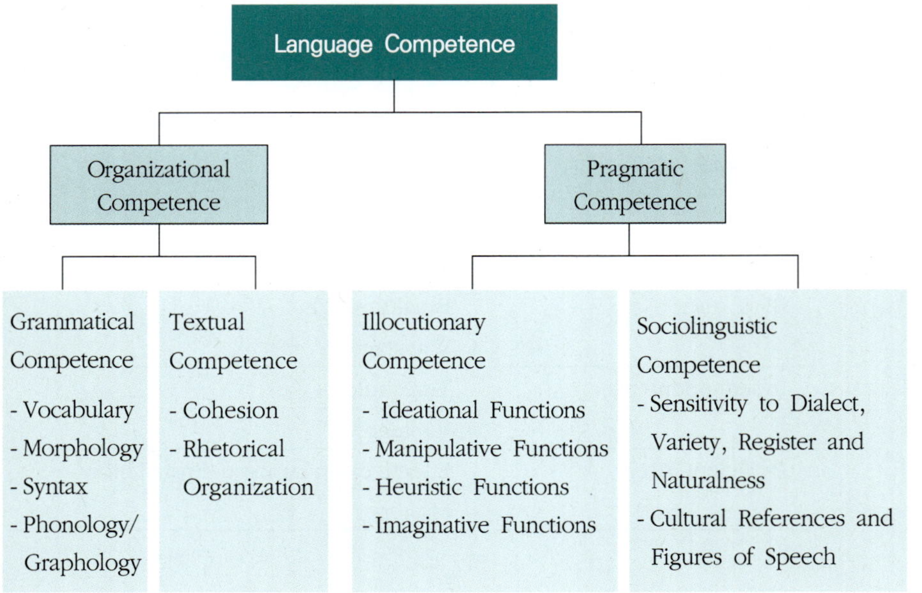

[그림 3-1] Bachman(1990)의 의사소통능력 모델에서 "언어 능력" 구성 요소

응하는 개념이며, 발화 수반 능력(illocutionary competence)과 사회언어적 능력(sociolinguistic competence)으로 세분된다. 발화 수반 능력은 요청하기, 사과하기, 초대하기 등 언어 기능(functions)을 수행하게 하는 화용적 규약(conventions)에 관한 지식이다. 사회언어적 능력은 이러한 언어 기능들이 사회적 맥락 속에서 적절하게 수행되도록 하는 능력을 말하며, 다양한 방언/변이형이나 언어 사용역의 차이, 자연스러움, 문화적 지시어나 비유 등을 이해하여 사용하는 능력이다.

② Bachman이 여기에서 말하는 전략적 능력은, 언어 능력 부족을 메우는 비언어적 전략과 같은 보상적 성격으로 풀어낸 Canale과 Swain(1980)과는 달리, 의사소통 목적에 맞게 언어 지식을 효과적으로 사용하기 위하여 상황을 판단(assessment)하여 표현할 말을 계획(planning)한 후에 발화의 표현이나 이해를 실행(execution)하는 능력을 의미한다. 다시 말해서, 전략적 능력은 언어 사용자의 언어 능력을 상황 맥락(context of situation)과 세상살이 지식(knowledge of the world)에 관계 지워주는 기능을 하는 것이다.

③ 심리생리적 기제는 언어 능력의 실행 단계에서 관여하는 신경조직적, 심리적 과정을 말한다. 즉, 언어를 사용할 때 시각과 청각 정보를 이용하여 이해하며, 정확하게 발음하기 위하여 조음 기능(articulatory skill)을 이용하는 과정을 의미한다.

Bachman과 Palmer(1996)는 Bachman(1990)의 세 가지 기본 요소를 유지하면서 의사소통 능력을 언어지식(language knowledge), 전략적 능력(strategic competence), 주제 지식(topical knowledge)과 정의적 스키마(affective schemata)로 구성되어 있다고 제안하였다. 여기에서는 언어 능력에서 'competence'라는 용어를 'knowledge'로 바꾸고, 화용적 지식의 하위 요소인 발화 수반 능력을 언어기능 지식(functional knowledge)으로 개칭하였다. 그리고 언어를 사용할 때에는 언어 지식과 전략적 능력만 발동하는 것이 아니라, 개인의 내면세계에 해당하는 배경지식이나 정의적 스키마도 활용한다고 하였다.

지금까지 살펴본 바와 같이 의사소통 능력을 규명하려는 노력이 다양하게 이루어졌는데, 우리의 상황에 비추어 외국어 학습과 평가의 관점에서 제시된 의사소통 능력을 잘 이해할 필요가 있다.

5 문화 간 의사소통 능력

영어는 이제 세계어가 되었기 때문에 영어 학습자들은 영어 원어민뿐만 아니라 영어를 외국어로 배우는 사람들과도 제3의 언어인 영어를 매개로 문화 간 의사소통(intercultural communication) 행위를 하게 된다. 이처럼 비원어민간의 의사소통 과정에서는 교류 당사자 중 어느 한쪽의 언어 사용 규범을 다른 한쪽이 일방적으로 수용 또는 강요하기보다는, 서로의 문화적 특성이 다르다는 것을 인정하고 서로를 이해하여 갈등을 조절해 나가는 자세와 능력, 즉 문화 간 의사소통 능력(intercultural communicative competence)이 요구된다. Chen과 Starosta(1998)는 문화 간 화자(intercultural speaker)가 영어로 국제적인 의사소통을 할 때 문화적인 차이에 대처하는 데 도움을 줄 수 있는 능력을 문화 간 의사소통 능력이라고 정의하고, [표 3-3]과 같이 구성 요소들을 제시하였다.

문화 간 의사소통 능력은 4개의 차원에서 16개의 구성 요소를 포함하고 있다. 그리고 이전의 의사소통 능력 개념에서는 언어 능력이 핵심적 요소인 데 비해, 문화 간 의사소통 능력은 개인의 개성, 의사소통 기술, 심리적 자질 및 문화적 인식으로 구성되는 것으로 보기 때문에 언어 능력보다는 언어를 사용할 때 발휘되는 개인적 특성과 기능을 중요시하고 있다. 개인적 자질(personal attributes)은 자아를 표현하고 의식하며, 사교적으로 긴장을 완화하는 특질을 의미한다. 의사소통 기술(communication skills)은 전달할 내용을 다루는 사교적 기술과 융통성 및 상호 교류를 잘 관리하는 능력을 포함한다. 심리적 적응력(psychological adaptation)은 좌절, 스트레스, 고립감 및 모호함 등에 잘 대처하는 능력을 의미하고, 문화적 의식(cultural awareness)은 사회의 가치, 관습, 규범 및 체제를 인식하는 능력을 포함한다.

[표 3-3] 문화 간 의사소통 능력(intercultural communicative competence)의 구성 요소

Dimensions	Components
Personal attributes	Self-disclosure
	Self-awareness
	Self-concept
	Social relaxation
Communication skills	Message skills
	Social skills
	Flexibility
	Interaction management
Psychological adaptation	Frustration
	Stress
	Alienation
	Ambiguity
Cultural awareness	Social values
	Social customs
	Social norms
	Social systems

2 언어습득 장치와 결정적 시기/민감기 가설

언어습득 장치(Language Acquisition Device: LAD)와 결정적 시기(critical period)/민감기(sensitive period)는 아동의 모국어습득 현상을 설명하기 위한 가설로 제안되었으며, 아동에 대한 관찰과 자연적 실험을 통해 널리 받아들여지고 있다.

1 언어습득 장치

인간은 처음 접하는 문장을 이해할 수 있을 뿐만 아니라 새로운 문장을 무한히 만들어낼 수도 있다. 언어의 창조성과 무한성은 후천적 언어습득 이론으로는 설명할 수가 없기 때문에 변형 생성 문법 이론은 인간의 언어 능력과 언어습득을 새로운 각도에서 규명한다. Chomsky(1965)는 언어 능력을 선천적인 것으로 보고, 일반적인 인지와 구분되는, 언어습득에 특화된 습득 장치(LAD)를 가지고 태어난다고 본다. [그림 3-2]에서 보는 바와 같이, LAD에는 인간 언어에서 가능한 규칙들로 이루어진 '보편 문법(Universal Grammar)'이 미리 프로그램되어 있으며, 이는 외부로부터 받는 극히 제한적이고 불완전한 일차적 언어자료를 가지고도 그 언어의 문법 규칙을 형성하고, 이 규칙을 사용하여 무한한 문법적인 문장을 이해하고 사용할 수 있게 한다는 것이다.

Chomsky(1965)를 비롯하여 Slobin(1966), McNeil(1966) 등에 의하면 어린이는 선천적으로 LAD를 갖고 태어난다. 언어학자들은 LAD가 1세~6세 사이에 가장 왕성하게 작용하여 이 기간에는 어린이가 언어 환경에 자연스럽게 노출되기만 하면 언어 능력이 성장하여 몇 개의 언어라도 모국어와 같이 쉽게 배울 수 있다고 하였다. 유아들의 모국어습득 과정을 시기별로 살펴보면 다음과 같다.

[그림 3-2] Chomsky의 LAD 이론

3~6개월	: 옹알이(babbling)
6~9개월	: 음의 부정확한 발음(lallation)
9~12개월	: 자주 듣는 단어 이해 및 한 마디 말 모방(imitation)
15개월	: 알아들을 수 없는 두 단어 연속(jargon)
18개월~2세	: 2~3단어로 된 문장 발화(telegraphic utterances)
4세	: 성인의 말을 이해하고 문법 체계 습득(loquacity)

이와 같이 인지 발달이 완성되지 않은 아동들이 놀랄 만큼 빠른 속도로 복잡한 언어를 습득할 수 있는 것은 언어습득 장치가 있기 때문이다. LAD가 선천적으로 어린이들에게 장치되어 있다는 실례는 많이 볼 수 있다.

첫째, 인도가 영국의 식민지 시절에 인도에 거주하던 영국 가족의 사례이다(Tomb, 1925). 인도에서 태어난 3~4세 된 어린이들은 대화 상대자에 따라 English, Bengali, Santali, Hindustani를 자유롭게 구사한 반면, 교사를 두고 Hindustani를 열심히 익힌 그들의 부모는 하인들이 Hindustani로 하는 말을 이해하지도 못하여 4~5세 된 영국 아이를 통역자로 데리고 다녀야 했다.

둘째, 독일에 주둔했던 Smith라는 미국 소령 가족의 사례이다(Doman, 1964). Smith는 부인과 4세 된 아들을 데리고 30세 되던 해에 독일로 갔다. 그는 독일에서 훌륭한 시설과 교수 밑에서 독일어를 열심히 배웠고 집에서도 복습을 하였지만, 1년 후까지 독일어를 말할 수는 없었다. 반면 5세 된 그의 아이는 독일어를 말하는 하녀와 집에 있었다는 사실 외에는 누구로부터도 교육받지 않았지만, 자연스럽게 독일어를 구사하였다. 또한 주목할 사실은 Smith 부인도 그 아이와 함께 생활하였으나, 그 부인은 남편보다도 부족했을 뿐만 아니라 아들보다도 훨씬 못했다는 사실이다.

셋째, 우리나라 아이들에게도 LAD의 존재에 관한 사례가 제시되었다(이옥로, 1982: 81). 부모와 함께 미국에 이민 간 세 살밖에 안 되는 한국 아동이 1년 후엔 한국 교포 가정에 없어서는 안 될 통역원 역할을 하게 되었다. 이 아이의 부모는 중·고등학교에서 6년, 대학에서 영문학을 전공하면서 4년, 대학을 졸업한 후에도 미국에 이민 가기 전에 학원에 다니면서 수년 동안 열심히 영어를 배웠고, 미국에 가서도 영어를 배우기 위해 상당히 노력하였다. 그러나 영어 학원이나 학교에 한 번도 가 본 적이 없는 이제 겨우 네 살 난 이 어린이가 부모보다도 더 영어를 잘하게 되었다.

이러한 사례들은 분명히 어린이들이 선천적으로 언어습득 능력을 가지고 있음을 시사하는 것이다. 그러나 다수의 연구에 따르면 아동기의 언어습득 능력이 사춘기(puberty)가 지나면 급격히 떨어지는 경향이 있다(DeKeyser, 2000; Granena & Long, 2010; Rocca, 2007). 이는 외국어교육을 사춘기 이전에 실시해야 한다는 주장을 뒷받침하고 있다.

2 결정적 시기와 민감기

Lenneberg(1967)는 아동들의 언어습득 능력은 무한히 지속되는 것이 아니라 일정 기간이 지나면 사라지고, 격리 상태나 청각 장애로 인하여 언어를 제때에 배우지 못한 아동들은 언어를 배울 수 없다고 하였다. 그리고 결정적 시기(critical period)라고 불리는 시기 이전에 LAD가 자극을 받아야 이것이 제대로 작동한다고 주장하였다.

결정적 시기의 존재 여부를 알아보기 위하여 인간을 대상으로 과학적 실험을 할 수는 없지만, 다음과 같이 결정적 시기의 존재를 지지하는 자연적 실험 결과가 발견되었다.

첫째, 프랑스 Aveyron 지방에서 늑대에 물려가 숲 속에서 인간과 접촉하지 못하고 살다가 1799년에 12살 때 발견된 소년인 Victor의 사례이다. 그는 발견된 후 5년 동안 사회 적응 교육과 언어 교육을 받으면서 사교성, 기억력, 판단력 및 감각은 어느 정도 익혔으나, 인간의 발성을 거의 듣지 못하고 두 단어밖에 말하지 못했다.

둘째, 부모의 학대로 인해 골방에 갇혀서 영어를 듣지 못하고 친구들과 어울리지 못하다가 1970년에 13살에 발견된 미국 소녀인 Genie의 사례이다. 그녀는 발견된 후 잠시 재활교육을 받고 양육 가정과 특수학교에서 5년 동안 언어 학습을 받으면서, 사교성이나 지적 능력은 상당히 발전하였으나 정상적인 수준의 영어를 익히지 못했다.

위와 같은 사례를 근거로 언어습득의 결정적 시기 이론을 주장하기도 하지만, 위의 사례를 두고 영양상태나 지적 자극, 그리고 사회적 교류를 받지 못한 것으로 해석하는 경우도 있다. 또한 위 사례는 모국어습득과 관련된 것으로, 외국어습득에 있어서는 습득 연령에 따른 언어습득 능력의 감소가 점진적으로 이루어지며 개인차가 크다는 점에서 결정적 시기 대신 민감기(sensitive period)라는 용어가 더욱 권장되고 있다(Granena & Long, 2013). 습득 능력 감소의 원인 또한 결정적 시기를 주창한 Lenneberg(1967)가 제기한 바와 같이 LAD 기능의 소실로 보기보다는, 인지 · 심리 · 사회언어학적 관점에서 다방면으로 설명하려는 시도가 이루어지고 있다(2장 참고).

다만 분명한 것은, 초등학생 연령대에 영어를 배우기 시작하는 것이 일반적으로 유리하다는 것이며 이는 아동학습자의 특성에 귀인하는 것으로 이러한 관점에서 초등영어교육의 필요성과 특성을 잘 인지해야 할 것이다.

3 언어습득 이론(Language Acquisition Theories)

아동들의 모국어습득을 설명하는 이론들은 행동주의적 관점, 인지주의/생득론적 관점, 기능주의적 관점에 따라 제시되었다.

1 행동주의 이론 (Behaviorist theory)

행동주의 이론에서는 자극에 대하여 정확한 반응들을 하고, 특정한 반응이 강화를 받으면 습관화/조건화되면서 행동이 습득된다고 하였다. Skinner(1957)는 모국어습득도 이와 같이 모방-암기(mimicry-memorization)를 통한 습관 형성(habit formation) 과정이라고 하였다. 그러나 Skinner의 모형은 언어습득 능력, 언어 발달 과정, 언어의 추상적 본질, 의미 이론 등을 설명하지 못한다는 비판을 받았다. Osgood(1957)은 수정된 이론인 조정 이론(mediation theory)을 제시하였는데, 이 이론에서는 단어나 문장의 형태로 된 언어 자극이 학습자에게 그대로 받아들여지는 것이 아니라 조정반응(mediating response)을 일으킨다고 하였다. 이와 같은 행동주의적 심리학의 언어습득 이론과 구조주의 언어학(structural linguistics)이 결합하여 청화식 교수법(Audiolingual Method)이 탄생하게 되었다. 그러나 이 이론도 언어의 추상적 본질을 설명하지 못하는 한계를 가지고 있으며 이는 4장에서 다루고 있다.

2 언어 생득론(Linguistic nativism)과 인지주의 이론(Cognitive theory)

행동주의적 자극-반응 이론으로는 어린이들이 새로운 문장을 무한히 생성할 수 있도록 해주는 추상적인 언어 체계를 습득하는 현상을 설명할 수 없다. 따라서 Chomsky

(1965)는 LAD의 존재를 주장하였고, Lenneberg(1967)는 언어란 인간에게만 존재하는 행동(species-specific behavior)이며 언어습득과 관련된 기제는 태어나면서 생물학적으로 미리 프로그램되어 있다고 하였다. 변형생성 문법(Generative-transformational grammar) 이론에서 언어습득은 인지적 규칙 학습(cognitive code learning) 과정이고, 어린이의 언어 행위는 규칙에 의해 지배되는 창조성(rule-governed creativity)의 소산이라고 하였다. Chomsky는 이후의 언어습득 이론에서 보편적인 원리들로 언어가 구성되어 있다는 보편 문법(UG: Universal Grammar)을 주장하였다. 그는 어린이들이 어떤 언어에 노출되더라도 그것을 쉽게 습득하는 것은 보편 문법의 규칙 체계를 가지고 있기 때문이라고 주장하면서 LAD 이론을 발전시켰다. 보편 문법은 태어나면서 가지고 있는 것으로 원리와 매개변수(parameters)들로 구성되어 있다. 어린이들이 특정 언어 자료에 노출되면 해당언어와 관련된 UG 속의 특정 매개변수가 고정됨으로써 그 언어의 올바른 규칙을 습득한다.

언어 생득론이 일반 인지와는 구분되어 독립적으로 언어습득에 관여하는 LAD를 주장했다면, 인지주의 이론에서는 언어습득을 선천적으로 타고난 인지 구조를 통한 사고 발달로 설명하며, 따라서 언어학습은 다른 모든 학습 행위와 동일하다고 본다. 이 이론은 사고의 개념화가 언어습득보다 먼저 이루어져서 인지적 토대를 형성한다고 본다. Spolsky(1989: 149)에 의하면, 문장은 여러 수준의 언어 규칙과 정의적, 사회언어적, 전략적 속성들이 순차적으로(serially) 적용되어 생성되는 것이 아니라, 동시에 병렬적으로 처리(parallel distributed processing)되어 생성된다.

3 기능주의 이론(Functional theory)

생득론과 인지주의 이론에서는 언어의 형태(forms)와 형태를 지배하는 규칙에만 관심이 있고, 사회적 맥락에서 구성된 의미의 기능적 측면을 다루지 않았다. 기능주의 이론에서는 언어습득을 설명하기 위하여 언어 능력(competence)으로부터 언어 수행(performance)의 영역으로 관심을 확장하였다. 어린이가 부모나 성인과의 사회적 상호작용 속에서 언어를 배우며 언어 수행에 관심을 갖고 설명하려는 이런 노력은 의사소통적 교수법의 중요한 이론적 기반의 하나가 되었다. 이러한 상호작용적 의사소통 과정에서 화용적 기능을 습득한다.

4 제2언어습득 이론

제2언어습득(SLA: Second Language Acquisition)은 학습자의 나이와 환경과 같은 다양한 요인들이 개입되어 언어자료를 이해하고 사용할 수 있게 되는 복잡한 과정이다. 따라서 제2언어습득 이론을 이해하려면 학습자의 언어 이해 및 사용과 관련한 주요 개념들인 입력(input), 출력(output), 수용(intake), 의식적 수용(uptake)에 대해 알고 있어야 한다. 우선, 입력은 학습자에게 노출된 음성 또는 문자 언어자료를 의미한다. 즉, 우리가 듣고 읽는 언어자료가 입력이 되는 것이다. 반면에 출력은 학습자가 의사소통을 위해 음성 또는 문자언어를 사용하여 표현한 것이다. 수용(intake)은 학습자의 머릿속에서 처리되어 언어 발달에 영향을 준 언어자료를 의미하는 것으로, 인지적 처리 여부와 상관없이 학습자에게 노출된 모든 언어자료를 뜻하는 입력과 구분된다(Corder, 1967). 예를 들어, 원어민 화자가 매우 빠르게 영어 문장들로 말하고 있고 이 중 일부만 학습자의 머릿속에서 처리되었다고 하였을 때, 학습자들에게 노출된 모든 문장은 입력이며, 이 중 학습자의 머릿속에서 처리된 문장만 수용된다. 의식적 수용(uptake)은 학습자가 입력자료들 중에서 의식적으로 주의를 기울여 머릿속에서 처리하고 수용한 것으로서, 화자의 의식적인 주의집중과 상관없는 개념인 수용과 구분된다. 예를 들어, 학습자는 아래의 대화에서 자신의 오류에 대해 의식적으로 주목한 후 고쳐서 발화하고 있다. 이처럼 수용 중에서도 학습자의 의식적인 주의집중이 들어간 것이 의식적 수용(uptake)에 해당한다.

S: Yesterday, I buy a car.
T: You bought a car!
S: Yes, I bought a car.
T: That's great!

SLA 이론은 입력, 출력, 수용, 의식적 수용을 바라보는 입장에 따라서 생득적 이론, 인지주의적 이론, 사회적 상호작용 이론(social interaction theory)으로 구분된다. 아래에 제시된 내용들은 위의 세 입장의 대표적인 이론들을 소개한 것이다.

1 Krashen(1981)의 생득론적 이론

Krashen(1981)은 제2언어습득 이론을 습득과 학습의 구분 가설, 자연적 순서 가설, 감시자 가설, 입력 가설, 정의적 여과장치 가설로 설명하였다.

(1) 습득(Acquisition)과 학습(Learning) 구분 가설

성인 학습자는 습득(acquisition)이나 학습(learning)이라는 서로 다른 방법을 사용하여 외국어를 내재화해 간다. 습득은 어린이가 모국어를 배울 때 언어를 터득해가는 것처럼 제2언어 체계를 구성해가는 무의식적이고 직관적인 과정이다. 학습은 학습자가 제2언어의 형태에 주의를 기울여서 규칙을 깨닫는 의식적인 과정이다. 이 가설에 따르면 자동적이고 자연스러운 언어 사용을 위해서는 습득이 이루어져야 하며 학습된 내용은 습득으로 전환될 수 없다. 따라서 어린이들이 모국어를 습득할 때 사용하는 것과 같은 무의식적이고 직관적인 과정을 통해 영어를 배울 수 있는 기회를 제공하는 것이 중요하다.

(2) 감시자 가설(monitor hypcthesis)

학습된 지식은 감시자라는 제한적인 역할을 수행하는데, 이는 목표언어를 정확하게 생성하거나 해석하기 위하여 이미 배운 규칙을 작동하는 것이다. 감시자는 화자가 규칙을 알고, 규칙을 생각하여 적용할 시간이 있으며, 언어 형태에 초점을 맞추는 환경 하에서 이미 저질러진 실수를 인지하거나 실수를 발화하는 것을 방지하지 위하여 작동한다. 따라서 자동적인 언어 처리가 요구되는 자연스러운 대화 상황보다는 비실시간적인 언어 교정 시 감시자의 역할이 두드러지게 된다.

[그림 3-3]은 영어를 말하는 스누피(Snoopy)가 프랑스어를 정확하게 말하려고 자꾸 문법 규칙을 생각하다가 의사소통의 기회를 상실하는 상황을 보여준다.

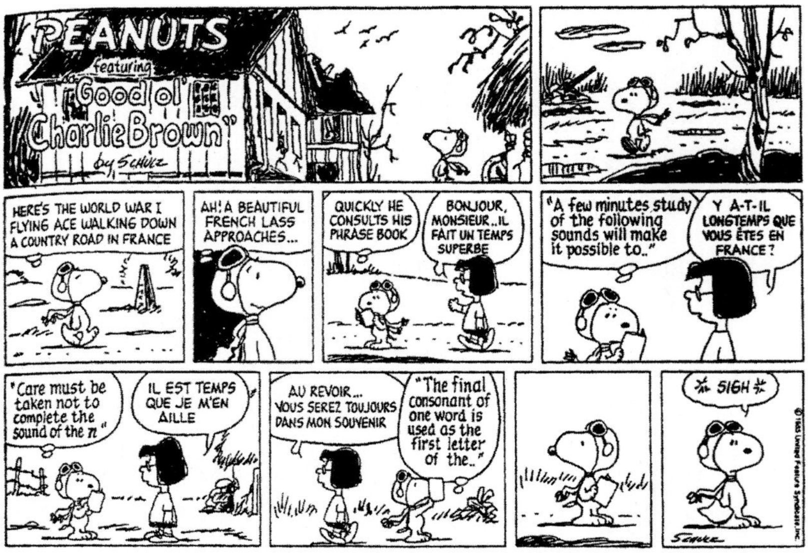

[그림 3-3] 정확성과 의사소통 장애

(3) 자연적 순서 가설(natural order hypothesis)

학습자들은 예측할 수 있는 자연적 순서에 따라 언어 규칙을 습득하는 경향이 있다. 따라서 언어 구조는 교실과 같은 공식적 환경에서 제시되는 내용의 순서와는 무관하게 언어마다 일정한 순서로 습득된다. Krashen과 Terrell(1983)은 제2언어로서 영어를 습득하는 아동들과 성인들에 대한 실험연구 결과 [그림 3-4]와 같은 습득 순서를 제시하였다.

-ing (진행형) -s (복수형) 연결 계사 be 동사	➡	조동사 be(진행형) a, the (관사)	➡	불규칙 과거 동사	➡	규칙 과거 동사 -s (3인칭 단수) 's (소유격)

[그림 3-4] ESL 학습자의 문법 형태소 습득 순서

네모 안에 함께 제시된 형태소들은 비슷한 시기에 함께 습득되고, 학습자마다 습득 순서가 다소 다를 수도 있기 때문에 집단으로 묶어서 표기되었다. 이 가설은 학습자의 발달 단계에 맞지 않는 교수 및 환류는 효과가 없음을 시사한다.

(4) 입력 가설(input hypothesis)

언어습득이 잘 이루어지도록 하기 위해서는 학습자의 현재 언어 능력 수준을 약간 상회하는 입력, 즉 이해 가능한 입력(comprehensible input)을 제공하는 것이 중요하다. 만약 학습자가 i 단계에 와 있다면, 효과적인 입력자료는 이보다 조금 높은 입력수준 즉 $i+1$이라는 것이다. 입력 가설에서 또 하나 중요한 것은 학습자가 충분한 이해 입력을 구축하고 나면 말(speech), 즉 생성 능력(production ability)은 저절로 출현한다는 것이다. 따라서 표현 능력을 기르는 최선의 길은 학습자에게 이해 가능한 입력을 많이 제공하는 것이다. 이를 위하여 교실에서는 전적으로 목표언어만을 사용하여 수업해야 하고, 비록 학습자가 전달하려는 메시지의 모든 단어를 이해하지 못하더라도 제스처, 예문, 예시나 경험을 사용하여 항상 이해할 수 있도록 해야 한다. 영어를 처음 배우는 초등학교 학생들이 좌절을 하지 않도록 하기 위해서는 이해 가능한 입력을 제공하는 것이 매우 중요하므로 입력 가설은 초등학교 영어 교실에서 가장 직접적으로 적용된다.

(5) 정의적 여과장치 가설(affective filter hypothesis)

학습자는 영어 학습에 부담을 느끼면 정의적 여과 장치가 높아져서 학습을 거부한다. 최선의 학습은 불안감이 적고 방어심이 없으며 자신감이 충만하여 학습 동기가 높은 상태, 즉 정의적 여과 장치가 낮을 때 일어난다. 제2언어나 외국어를 배울 때 초기부터 말을 하도록 압력을 받으면 불안이 높아지기 때문에 모험심, 자신감, 학습 동기를 기를 수 있도록 학습 불안이 적고 도움을 주는 학습 분위기를 조성해주어야 한다.

Krashen의 이론은 단순하면서도 구체적인 아이디어로 SLA 연구자들과 교사들의 관심을 많이 받았으며, 의사소통적 교수법(communicative language teaching)의 토대가 되었다. 그러나 습득과 학습의 구분, 입력(input)과 수용(intake)의 관계 등을 지나치게 단순화하며, 검증 및 구체적인 실현이 어렵다는 점에서는 가설이 아닌 교육원리로 봐야 한다는 비판도 받아왔다.

2 인지주의적 이론

McLaughlin 등(1983)의 정보 처리(information processing) 이론에서는 제2언어 습득을 언어의 표현과 이해가 자동적으로 이루어지도록 지식 체계를 키워가는 과정으로 보았다. 그리고 제2언어의 수행능력이 발달하는 과정을 정보처리 기제와 주의를 기울이는 언어 형태에 따라 [표 3-4]와 같이 4개의 상한으로 구분하여 설명하였다.

[표 3-4] 정보 처리 모형에 따른 언어 수행

정보 처리 / 주의를 기울이는 형태	통제적(controlled) 처리	자동적(automatic) 처리
핵심적(focal) 형태	명시적 규칙 학습을 기반으로 한 수행	시험(test) 상황에서의 수행
주변적(peripheral) 형태	암시적/유추적 학습을 기반으로 한 수행	의사소통 상황에서의 수행

언어 학습 초기에는 중요한 언어 형태(예 주요 단어)에 초점을 두고 통제된 방식으로 정보 처리를 수행하며, 연습이 반복되면서 주변적 언어 형태(예 문법적 형태소)까지 자동적으로 처리하게 된다. 초기 언어학습단계에서는 규칙 동사의 과거형에 무게중심을 두고 각각의 단어를 천천히 적용하여 어형을 바꾸다가, 점차 익숙해지면서 속도가 빨라지고 상대적으로 영구적인 규칙을 익혀 마침내 이를 의식하지 않는 자동화단계(automatic process)로 넘어가는 것이 한 가지 예이다. 그러나 연습에 의한 언어 발달 이외에 언어 요소들을 통합하는 재구성(restructuring) 과정을 거치면서 언어 능력이 폭발적으로 발달하기도 하고, 영어 불규칙 동사의 습득에서 'saw → seed/sawed'로 변하는 것처럼 퇴보가 일어나기도 한다.

이와 관련하여 Bialystok(1978, 1982)은 제2언어 학습 과정을 암시적(implicit)/명시적(explicit) 지식과 자동적/비자동적 정보 처리로 설명하였다. 명시적 지식은 언어에 대한 분석된 지식을 말하고, 암시적 지식은 언어를 사용할 때 자동적이고 자발적으로 사용되는 분석되지 않은 지식이다. 발화 준비 시간은 명시적/암시적 언어 지식을 적절히 사용하여, 유창성과 정확성을 두루 유지하는 가운데 최적화된다. 이처럼 쉽고 빠르게 언어 지식을 활용하여 발화를 이해하고 표현하게 된 상태를 자동화(automaticity, automaticization)라 부른다.

3 사회적 상호작용 이론(social interaction theory)

아동은 언어를 배워가면서 사회 속에서 기능할 수 있고, 그런 과정을 거치면서 더 많은 언어를 배워간다. 그리고 언어습득에 있어서 사회적 상황은 매우 중요한 역할을

한다. 또한 Vygotsky(1962)에 의하면 제2언어 학습자는 자신보다 언어 지식이 풍부한 대화자, 즉 교사나 원어민과 상호 협력하거나 교류할 때 습득이 촉진된다. Long(1983)은 제2언어습득은 사회적 상호작용을 통해 이루어지며, 학습자와 원어민 간의 수정된 상호작용(modified interaction)을 통해 이해가능한 입력이 제공되어야 습득이 촉진된다고 하였다. 수정된 상호 작용은 언어의 단순화나 정교화, 말을 천천히 해주거나 제스처 사용하기, 이해 점검, 명료화 요구 등을 예로 들 수 있다. 이런 과정을 거치면서 대화자들 사이의 공감대가 형성되고 서로가 동의할 수 있는 모종의 의미가 산출되면서 소위 의미협상(negotiation of meaning)이 일어나는 것이다.

5 영어 학습 조건

1 영어 학습에 영향을 미치는 요인

사회적 맥락 속에서 들여다볼 때 영어교육에서는 학습자, 교사, 교재의 세 가지 요소가 중요하게 작용한다(Graves, 2000: 33). 우리나라와 같은 EFL 상황에서 대부분의 학습자들은 교실에서 영어를 학습하는데, 저마다 독자적인 학습자의 특성에 따라 성취도가 달라진다. 그리고 교사 측면에서는 개인마다 자질과 영어 능력 및 교사 운영제도가 학습 효과에 영향을 미칠 수 있다. 또한 교재의 내용과 구성에 따라 교수 방법이 달라질 수 있으므로 영향을 미칠 수 있다.

학습자 요인으로는 인지적 요인(cognitive factors), 정의적 요인(affective factors), 사회문화적 요인(socio-cultural factors)을 들 수 있다. 인지적 요인은 지능, 적성, 학습 양식(learning styles)과 전략(strategies)등이 있다. 정의적 요인으로는 자아 존중심(self-esteem), 자아 방어심(inhibition), 모험심(risk-taking), 불안감(anxiety), 감정이입(empathy), 외향성(extroversion) 및 동기(motivation)와 태도(attitude)를 들 수 있다. 그리고 사회문화적 요인으로는 문화적 고정관념(cultural streotype), 외국어와 문화에 대한 태도, 사회적 거리(social distance), 언어 정책(language policy) 등을 들 수 있다(2장 참조).

교사 요인으로는 교사의 개인적 특성, 영어 교사로서의 자질, 영어 지식과 사용 능력,

영어 담당 교사의 운영제도(담임제와 교과 전담제 등) 등이 영어교육에 영향을 미친다. 교재 요인으로는 교재 개발의 기반이 된 영어교육 이론, 교수요목의 내용과 수준, 활동(activity)의 다양성 등을 들 수 있다.

또한 사회에서 영어교육 과정에서 영어의 비중에 따라 영어교육의 성패가 크게 좌우된다. Curtain과 Pesola(1994)는 영어 학습의 성공 요건으로 노출(exposure)과 학습 강도(intensity)를 들고 있다. 우리나라는 이 두 가지 요건에 있어서 매우 미흡한 편이었으나 최근 다양한 미디어의 발달과 지속적인 해외 컨텐츠에 대한 관심 증가로 개인에 따라 노출면에서는 개선이 가능해졌다.

2 영어습득/학습의 주요 조건

언어습득/학습에 영향을 주는 여러 요인들 중에서 특히 중요한 요소들을 선별한다면 관점에 따라서 차이가 있을 수 있으나 언어습득 장치(LAD)와 언어 입력(input) 및 언어습득의 필요(need)를 필수 요소로 볼 수 있다. 제2언어습득의 세 요인 중에서 LAD가 선천적이고 내부적인 요소라면, 언어 입력과 언어 필요는 보다 후천적이고 외부적인 요소이다. 앞에서 언어습득 장치와 언어 입력에 대해서는 상세하게 설명하였기 때문에 여기에서는 언어습득의 필요를 중심으로 논하고자 한다.

언어습득의 필요는 언어습득에 중요한 영향을 미치는 학습자의 심리적 요소를 가리킨다. 즉, 학습자가 태어나면서 가지고 있는 언어습득 장치에 언어 입력이 들어와도 학습자가 목표언어인 제2언어를 사용해야 하는 강한 심리적 압박을 느끼지 않으면 습득이 쉽게 일어나지 않는다. 가령 동료사회로부터 목표언어를 사용하도록 하는 강한 집단압력을 받는다든지, 목표언어를 사용하는 것이 생존에 직결된다든지, 자기 삶을 확장해 나가는 데 목표언어를 사용하는 것이 꼭 필요하다고 느끼는 등 외적 동기가 강하게 작동한다면 그만큼 목표언어의 습득이 촉진된다. 그러한 심리적 압박을 비교적 약하게 느끼거나 거의 느끼지 않는다면 그만큼 목표언어 습득은 지연되거나 저해된다.

언어교육학자들은 위의 세 가지 요소 중에서 어느 하나라도 제대로 갖춰지지 않으면 제2언어습득에 지장이 초래될 수 있다는 데 거의 의견이 일치하고 있다. 제2언어습득은 선천적인 언어 능력에 의해서만 이루어지는 것은 아니며, 거기에는 언어 입력과 언어 필요가 중요한 요인으로 작용한다. 그리고 이러한 요소들은 각기 개별적으로 제2언어습득에 영향을 미치기보다는 서로 상호작용하면서 제2언어습득에 영향을 주는 것으로 보는 것이 타당하다. 제2언어 습득자들은 선천적으로 LAD 요소를 갖추고 있으며, 언어 입력을 많이 접하는 가운데 언어 필요를 강하게 느끼기 때문에 세 요소 간에 균형을 이루고 있다. 종전의 언어습득 이론에서는 사춘기 이후에 LAD가 상실되거나 무력해지기 때문에 결정적 시기 이전에 제2언어 또는 외국어교육을 해야 한다고 하였다. 그러나 Ellis(1985: 201), Granena와 Long(2013) 등의 이론에서는 아동이나 성인의 LAD에는 변화가 없다고 하여 언어습득 능력의 차이에 대한 이유를 사회적 · 심리적 요인들에서 찾으려고 하고 있다.

ESL 상황에서의 언어습득 요소 간의 관계는 [그림 3-5]와 같이 나타내 볼 수 있다(안수웅, 1992: 96).

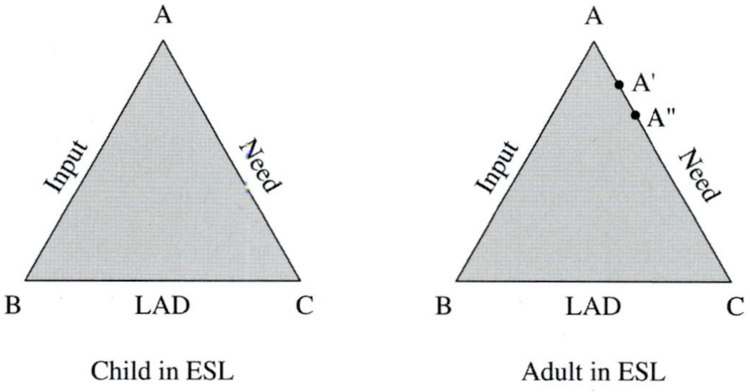

[그림 3-5] ESL 습득의 세 요인

ESL 상황에서 아동의 영어교육은 영어습득을 위한 세 요소 — LAD, 언어 입력, 언어 필요 —가 균형 있게 충족된 상태이다. 다시 말하면, LAD를 가동시키는 요소로서 언어 입력과 언어 필요가 자연적인 상태에서 갖추어져 있기 때문에 영어 조기교육론이 설득력 있게 받아들여진다. 다만 성인들의 경우에는 제2언어습득에 대한 태도, 동기 및 감정이입 등 정의적 요소의 차이로 인하여 제2언어습득 필요의 변인이 A′ 나 A″ 처럼 가변적일 수 있으며, 그에 따라 습득의 속도와 양도 달라진다.

EFL 상황에서의 언어습득 요소 간의 관계는 [그림 3-6]과 같이 나타내 볼 수 있다(안수웅, 1992: 98-99).

우리나라처럼 EFL 환경에 있는 아동의 경우에 언어 입력은 교사로부터만 약간 제공되며, 언어습득의 필요는 시험 또는 선발에 대비하는 것 이외에는 지극히 미약하다. 따라서 EFL 상황에서 영어 조기교육은 ESL 상황에서의 영어교육보다 효과가 미흡한 것은 사실이다. 이때 A점의 위치는 입력의 양과 언어 필요에 따라서 오른쪽 또는 왼쪽으로 이동하게 될 것이다. 성인의 경우에는 언어 입력은 여전히 적지만, 직장이나 사회에서 받는 보상의 차이로 인해 아동에 비해 영어 학습의 필요가 커진다.

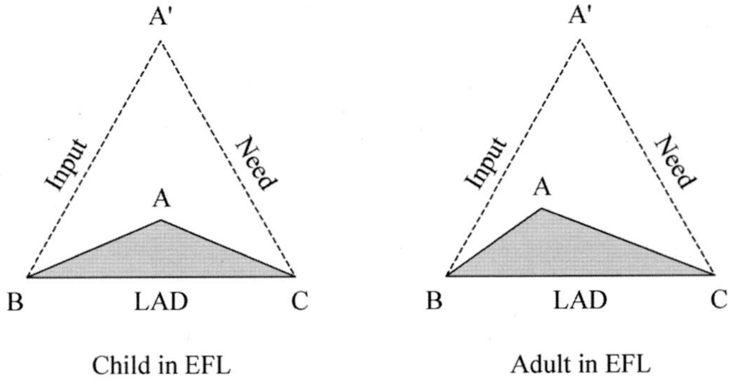

[그림 3-6] EFL 습득의 세 요인

위에서 본 바와 같이, 언어 입력과 언어 필요가 미약한 EFL 상황에서는 영어교육의 환경 구비에 특히 노력해야 한다. 여기에서 환경 구비란 우수한 영어교육 담당 교사의 양성 및 재교육 프로그램의 마련, 그에 대한 행·재정적 지원 체제의 정비, 학습자의 특성에 대한 이해와 적절한 교수-학습 방법의 개발, 각급 학교 체제 간의 연계성을 충분히 고려한 교육과정의 개발, 그리고 영어교육의 취지에 맞는 평가 체제의 정비 등을 포괄적으로 말한다. 이와 같은 환경이 갖추어지지 않은 상황에서는 아무리 영어교육을 서둘러 실시한다 해도 오히려 부실한 학습 자료와 교재로 인한 학습자의 부담 가중, 좋지 않은 발음의 습득 및 고착화, 학습동기의 저하, 재정의 낭비 등 해악이 발생하게 된다.

한편 인공지능, 메타버스, 챗봇, 다양한 플랫폼과 소프트웨어의 발달은 시공간적 제약을 뛰어넘을 수 있도록 하여 기존의 EFL 환경이 주는 한계 또한 극복할 수 있도록 한다. 즉, 언어 입력과 필요에 대한 결핍이 기술의 발달로 보완 가능한 것이다. 따라서 교사는 이를 적극적으로 활용하여 학생들이 더 넓은 범위의 사람들과 소통하는 경험을 통해 스스로 언어 입력과 필요를 키워나갈 수 있도록 지도해야 할 것이다.

제 4 장
초등영어의 교수 방법

1. 언어 교수 방법의 역사적 개관
2. 외국어 교수법의 유형과 특성
3. 초등영어 교수 방법의 실제

교사는 학생들의 특성을 살려서 학습 단원의 내용과 학습자 수준에 맞게 상황에 따라서 적절한 교수 방법을 활용해야 한다. 이 장에서는 먼저 외국어 교수법을 역사적으로 개관하고, 이어서 중요한 교수법들의 유형과 특성을 살펴본 다음에 초등영어교육에서 의사소통 능력을 향상시키기 위해 주로 사용하는 교수법 이론과 실제 적용 방법을 구체적으로 살펴본다. 끝으로 교수법에 대한 교사의 태도에 관해 약술할 것이다.

1 언어 교수 방법의 역사적 개관

1 20세기 이전

서양에서 외국어교육의 역사적 기원을 추적해 보면 중세시대(Middle Age)에 하나의 학문으로 가르치고 배운 고전어인 희랍어(Greek)와 라틴어(Latin) 학습까지 거슬러 올라가게 된다. 15세기의 학문이었던 신학, 의학, 법학 등은 라틴어로 쓰였기 때문에 라틴어를 모르면 당시에 유행했던 인본주의(humanism)의 인문학을 연구하고 배우는 지성인이 될 수 없었다. 이때의 희랍어와 라틴어는 의사소통의 도구가 아니라 학문의 도구로써 사용되었다. 당시에 이미 소리가 없이 문자로만 남은 라틴어의 학습은 문법과 문장 구조의 분석을 통해서 정확한 의미를 파악하는 것이었고 이를 확인하는 방법이 모국어로 번역하는 것이었다.

19세기에 들어서면서 국가별 교역 확대에 따라 지방에서 쓰이던 구어체 민족어가 문자로 기록되기 시작하였으며, 외국어교육도 실용적인 요구와 관심을 반영하여 서구에서 근대 언어를 중등학교에서 가르치게 되었다. 그러나 실용적인 요구에도 불구하고 교수학습 방법에 대한 특별한 연구가 이루어지지 않았기 때문에 이전에 라틴어를 배우던 방법을 그대로 적용하게 되었다. 이것이 실제적인 외국어교육을 위한 최초의 교수법인 문법 번역식 교수법(Grammar-translation Method)이다.

2 외국어 교수법과 구조주의 언어학

1940년대에 2차 세계대전이 일어나고 처음으로 연합군이 형성되면서 미국의 국방부에서는 단기간의 집중적인 언어 훈련을 위한 효과적인 영어 교수법이 요구되었다. 그러나 그때까지 활용되던 문법 번역식 교수법은 이 같은 요구를 충족시킬 수가 없었다.

당시는 학문적으로 경험주의 철학과 행동주의 심리학이 팽배해 있어 후천적 경험과 바람직한 행동의 변화를 가져오는 교육이 매우 중요시되었다. 교육이 없으면 인간도 동물과 다를 바가 없다고 보고 많은 실험이 동물을 대상으로 행해졌다. 언어학에서도 구조주의 언어학이 득세하고 후천적인 경험을 중시하면서 언어습득을 모방과 반복을 통한 습관 형성이라고 이해하였다.

실용성이 요구되는 외국어교육에서는 학습한 외국어를 사용할 수 있게 하는 새로운 접근법(approaches)[1]이 모색되었다. 외국어 학습에서도 모국어습득 때와 같이 구두 언어 중심의 목표어의 사용을 강조하는 방법이 직접식 교수법(Direct Method)이다. 영국에서는 새로운 언어 요소 학습에 있어서 적절한 상황 속에서의 연습을, 미국에서는 언어의 구조를 통한 구두 언어 학습을, 그리고 프랑스에서는 시청각 자료 사용을 강조하였다. 그러나 직접식 교수법의 학습 비효율성이 문제점으로 제기되었고 이를 보완하고 구조주의 언어학을 바탕으로 이론적인 무장을 하고 나온 것이 청화식 교수법(Audiolingual Method)이다. 이렇게 개발된 청화식 교수법은 1970년대까지 현장에서 주류를 이루는 교수법이 되었다.

3 외국어 교수법과 사회언어학

1960년대까지 외국어 교수법은 기계적인 반복 연습(pattern drill)을 통한 언어 구조를 탈맥락적으로 익히는 데 치중하였다. 이렇게 외국어를 배운 학습자는 언어는 알아도 막상 배운 것을 실제 언어 상황에서 사용할 때는 큰 어려움을 느꼈다. 또한 구조주의 언어학의 후천적 언어습득 가설이 언어의 창조성과 무한성을 설명하지 못한다는 Chomsky의 비판을 받고 위상이 흔들리면서 이런 이론 토대에 기반한 청화식 교수법의 위력은 무디어지게 되었다.

1960년대 후반부터 국가 간의 교류가 증대하고 특히 지리적으로 가까이 있는 유럽에서는 상호의존이 커지고 내왕이 잦아지면서 유럽공동시장(European Common Market)과 유럽평의회(The Council of Europe)와 같은 단일권을 향한 기구들이 생겨났다. 업무나 휴가 목적으로 단기간 이웃 나라에 가면 무엇보다도 필요한 것이 그 나라의 언어를 이해하고 의사소통을 하는 것이다. 종전처럼 언어를 문법적으로 하나하

1 외국어 교수 방법의 이론에서 Approach와 Method가 학자들 간에 혼용되고 있어 혼란을 가져오기 쉬운데 Anthony(1963)는 이들을 다음과 같이 위계적으로 구분하여 정리해주고 있다.

- Approach: 언어 교수·학습의 이론적 바탕을 제공하는 언어와 교육에 대한 철학이나 원리 및 이론.
- Method: 이론의 실행 단계로 가르칠 언어기능과 내용의 선택, 언어자료를 제시하는 순서 등의 절차적이고 체계적인 활동 전반에 대한 계획 활동으로 Approach에서 파생됨.
- Technique: 교실 안에서 실제로 일어나고 행해지는 활동으로 Method와 Approach와 일관되어야 함.

나씩 익히는 방법으로는 의사소통 능력을 기르는 것이 불가능하였다. 또한 짧은 기간의 체류를 위해서 그 나라 언어의 모두를 익히는 것은 너무나 비경제적이고 시간 낭비이다. 그들에게 필요한 언어는 체류 기간에 필요한 말만 듣고 할 수 있으면 충분한 것이다. 그리하여 외국어 학습에 대한 내용 즉 교수요목(syllabus)에 대한 연구들이 행해지게 되었고, 이에 문법의 대안으로 나온 것이 상황(situations)과 개념(notions) 및 기능(functions)이다.

1970년대에 외국어 교수법의 주류는 언어의 사회성 즉 사회 및 맥락이 언어에 미치는 의미를 중시하였다. 같은 말이라도 맥락에 따라 서로 다른 의미가 될 수 있기 때문에 언어는 사회 속에서 의미가 주어지는 것으로 이해하게 되었다. 영어교육의 또 다른 큰 흐름은 영어가 확산되면서 전문화된 각 영역의 내용을 영어로 학습하는 특정목적의 영어(English for Specific Purposes: ESP) 교육이었다(Hutchinson & Waters, 1987). 그래서 유럽에서는 General English 외에 EST(English for science and technology), EBE(English for business and economy), ESS(English for social science), EAP(English for academic purposes), EOP(English for occupational purposes), EMS(English for medical studies) 등의 다양한 ESP 교육이 성행하였으며 우리나라에서는 7차 교육과정에 이르러서야 위의 개념들이 도입되었다.

1970년대의 또 하나의 흐름은 습관 형성을 목표로 기계적으로 반복 연습하는 구조주의적 접근과 정의적인 면을 고려하지 않는 인지주의적 접근에 대한 반발로 인간 중심적인 접근(Humanistic Approach)이 나타난 것이다. 비록 주변적인 것이라고도 하지만, 인간 중심적인 접근은 침묵식 교수법(The Silent Way), 공동체 언어학습법(Community Language Learning), 암시적 교수법(Desuggestopedia) 등에 큰 영향을 끼쳤다. 이런 접근법에서는 학습자가 기계가 아닌 인간으로서 개인적인 의미를 가질 때 학습이 이루어지기 때문에 편안한 학습 분위기를 만들고 그들을 하나의 인격체로 대하고 그들의 감정을 중시하는 것이 중요하다고 본다.

4 의사소통적 접근법(communicative approach)의 발달

언어의 사회적 기능을 중시하면서, 외국어교육의 목표는 의사소통 능력을 신장시키는 것으로 받아들여지게 되었다. Hymes(1972)에 의해 처음 사용된 의사소통 능력(communicative competence)은 의사소통을 원활하게 하기 위해서는 기존 교수법에서 강조한 문법적인 능력에 더하여 심리언어학적 능력, 사회언어학적 능력 그리고 사회문화적 능력 역시 중요하다는 입장을 취하는 용어이다.

의사소통 능력을 바탕으로 성공적인 의사소통을 위해서는 언어 형태의 정확성(accuracy)보다 언어 의미의 유창성(fluency)이 강조된다. 의사소통의 유창성이란 언어 형식으로 표현 가능한 '의미(semantic)'를 끄집어내는 것이 중요하다는 뜻이며, 의사소통 접근법에서는 이를 개념(notions)과 기능(functions)으로 나타내었다. 이처럼 의미에 바탕을 둔 언어의 기능은 형태를 갖게 되지만 상황에 따라서 서로 다른 형태를 가질 수 있으며, 반대로 하나의 언어 형태 역시 상황에 따라서 서로 다른 기능을 가지게 되어 언어의 형태와 기능은 일대일의 대응 관계를 이루지 못한다.

따라서 의사소통적인 접근법에서는 언어의 사회적 맥락이 중요하기 때문에 맥락이 배제된 문법 학습으로 결코 언어에 숙달했다고 할 수 없으며 문법은 사회적 맥락 속에서 갖추어져야 한다. 외국어교육은 탈맥락에서의 언어의 정확성이 아니라 사회적 맥락의 적절성(appropriateness)을 강조하고 있다. 이런 사회적 맥락의 적절성은 대화자의 역할과 관계 및 주제 등이 목표 언어 사용자들의 사회와 문화적 규범에 맞아야 하며, 그들의 실제 언어 상황 속에서 사용되는 언어(authentic language)를 중심으로 학습할 것을 주문한다.

1970년대에는 언어적 능력(linguistic competence)과 의사소통 능력의 개념을 구분하면서 문법과 같은 언어 자체에 대한 지식(knowing about language)과 의사소통 수단으로서의 언어(knowing language)를 구분하는 연구가 진행되었다. 이런 맥락 하에서, Cummins(1979, 1981)는 언어사용을 "분석적/학문적 언어능숙도"(Cognitive/Academic Language Proficiency: CALP)와 "기초적인 대인간 의사소통 기술"(Basic Interpersonal Communicative Skills: BICS)로 구분하였다. CALP는 의식적인 노력을 통해 학교에서 학업의 성공과 인지 발달을 위해 익히는 학문적인 언어의 숙달 정도, 혹은 수학기호처럼 맥락이 생략된 언어를 제대로 구사할 줄 아는 능력을 의미한다. 반면에 BICS는 모국어 화자라면 물건을 사는 표현처럼 일상생활이라는 맥락 속에서 어렵지 않게 습득할 수 있는 의사소통 능력을 의미한다.

1980년대에는 영국과 유럽을 중심으로 언어의 사회성을 중시하고 언어의 기능(functions)을 바탕으로 한 의사소통적 언어 교수법(Communicative Language Teaching: CLT)이 발달하였다. 미국에서는 Krashen의 외국어습득 가설에 근거한 자연적 접근법(natural approach)이 성행하여 많은 실제적인 언어 입력이 중시되었다.

1980년대 후반에는 교육에서 학습의 결과 못지않게 학습 과정이 중시되어 외국어교육에서도 학습 과정을 중시하는 여러 가지 방법들이 나타나게 되었다. 학습 목표를 달성하는 것에 끝나지 않고 목표 달성을 위해서 어떠한 학습 과정을 거치느냐로 관심이 옮겨가면서 교수요목(syllabus)과 교수방법(methodology)의 구분이 없어져 혼용되어 사용되고 있다. 그래서 과업중심(task-based) 교수법이나 과정중심(procedural) 교수법들은 과제중심 교수요목과 과정중심 교수요목이라고도 일컬어지고 있다.

1990년대에는 의사소통적 교수법이 언어의 의미만을 지나치게 강조하고 언어의 형태를 무시한 데 대한 반성이 일어나게 되었으며 이를 후기 의사소통 접근법(Post-communicative Approach)이라고 한다. 효과적인 의사소통을 위해서는 언어의 의미가 중요하지만 언어의 형태도 중시되어야 한다는 입장이 강화되고 형태초점(Focus-on-Form) 교수법이 나타났다. 이 시기의 또 다른 흐름으로는 어휘와 문법의 이원화된 언어습득에서 어휘구(Lexical Phrase)라는 일원화된 언어습득으로 접근하는 어휘적 접근(Lexical Approach)이 있다. 외국어 학습에서도 어휘가 중요하다는 점에 주목하면서 일상적인 언어의 의사소통에서 정형화되어 고정적으로 사용되는 표현의 비중이 높은 만큼 이들을 반복 사용으로 익히게 한다는 것이다.

위에서 살펴본 외국어 교수 방법을 변천을 간단히 [표 4-1]과 같이 나타낼 수 있다.

[표 4-1] 외국어 교수 방법의 변천

시기	교수 방법
16~19세기	• 고전적 인본주의(Classical humanism)
19세기~1940년대	• 문법-번역식(Grammar-Translation) 교수법
1950~1960년대	• 새로운 접근법의 등장: 상황식(Situational) 교수법(영국), 구조식(Structural) 교수법(미국), 청화식(Audiolingual) 교수법(미국), 시청각(Audiovisual) 교수법(프랑스)
1970년대	• 기능적(Functional) 교수법, 특정 목적 영어(ESP) 교수법 • 주변적 교수법: 인간중심(Humanistic) 교수법, 공동체 언어 학습법(Community Language Learning), 전신반응 교수법(TPR), 암시적 교수법(Suggestopedia), 침묵식 교수법(The Silent Way)
1980년대	• 의사소통적(Communicative) 교수법, 자연적 접근법(Natural Approach), 과정중심(Procedural) 교수법, 과업중심(Task-based) 교수법
1990년대	• 어휘중심 접근법(Lexical Approach)(영국), 후기 의사소통 접근법(Post-communicative Approach), 형태초점(Focus-on-From) 교수법

5 교수법 후기 시대(post-method era)

1장에서 보았듯이, 오늘날 영어는 단순히 하나의 외국어가 아니라 국제어 혹은 지구어가 되었다. 영어가 지구어라는 것은 영어라는 언어가 더는 영어권 사람들만의 언어가 아니라 지구상에 있는 우리 모두의 공용어(common language)라는 뜻이다. 이런 의미에서 볼 때, 의사소통에 문제만 없다면 우리가 하는 영어는 영어권 사람들이 하는 영어와 완전히 동일할 필요가 없다. 학습자는 그들 자신의 문화적 규범을 반영한 정체성을 가지고 자신의 언어 습관에 따라서 대화자가 이해할 수 있는 영어를 말하면 그만이다. 영어가 특정 그룹의 소유가 아닌 이상, 지구상의 다양한 언어 습관이 영어 구사에 포함되어야 한다는 것이다.

오늘날 지구상에서 영어를 사용하는 사람의 80%는 영어만을 사용하는 사람이 아니라 영어 외에 다른 언어를 모국어로 사용하는 사람들이다. 따라서 영어에 의한 의사소통은 영어 원어민과 비원어민 간의 경우보다 비원어민 상호 간에 일어나는 경우가 많다(Canagarajah, 1999). 이처럼 지구어로서의 영어를 사용하는 대화자는 다양한 문화적 배경을 가지고 있다. 서로 다른 문화 속에서 상대방을 이해하고 자기를 표현하여 의사소통할 수 있는 능력을 문화 간 의사소통 능력(Intercultural Communicative Competence)이라고 불린다.

문화 간 의사소통 능력은 특정한 대화에서 어느 한쪽이 다른 쪽을 일방적으로 따라가기보다 서로의 문화적 특성의 차이를 인정하고 자기 문화와의 객관적인 비교와 의사소통 과정에서의 의미협상을 통하여 그 갈등을 해소하고 차이를 줄여가는 데 필요한 능력이다(Byram&Fleming, 1998). 문화 간 의사소통 능력을 인정한다면, 영어권 문화와 규범을 무조건 수동적으로 수용하지 않고 문화 간 의사소통의 상호작용에서 협의되고 생성되는 역동적 개념을 받아들이게 된다. 의사소통 능력(communicative competence)은 언어 사용자나 언어 학습자를 과거로부터 물려받은 규칙 체계의 수동적인 희생물로 보면서 원어민들 사이의 원활한 의사소통에 필요한 사회·문화적인 규범을 외국어교육에서도 그대로 적용한다. 그러나 문법 능력이나 사회언어학적 능력 그리고 전략적 능력들은 결코 불변하는 정적인 개념이 아니라 언어 사용자의 문화와 경험에 의하여 협의되어 구성되는 역동적인 개념이다(Brumfit, 2001). 간문화적인 맥락에서는 대화자들이 생성해 내는 독자적인 규범이 있고, 이 규범에 따라 의사소통이 일어나게 된다.

지구어의 영어 교실 상황은 매우 다양하고 독특하다. 이런 이유로 Prabhu(1990)는 특정한 교수법을 선택하는 것보다, 학습자와 학습자의 요구를 관찰하고 분석하여 순간순간 학습을 촉진할 수 있는 교사의 감각이 중요한 것이라고 지적했다. 지구어로서의 영어는 원어민의 문화적인 규범에 근거한 교수법보다 자국의 문화적 유산과 일치하는 방법으로 가르쳐져야 한다는 것이다. 이러한 관점에서 Kramsch와 Sullivan(1996)은 지구어로서의 영어교육을 'global thinking, local teaching'으로 표현하였다. Nunan(1991) 역시 '모두에게 적합한 단 하나의 교수법(a method for all)'은 없다고 하였으며, 이러한 생각은 20세기 후반 이후 많은 이들의 공감을 얻게 되었다. 상황적으로 적절한 언어 교수(situationally relevant language pedagogy)에 대한 요구가 커지고 있으며(Hinkel, 2006), 이에 따라 특정 교수 방법에 의존하기보다는 교사가 상황에 맞게 다양한 교수법을 취사선택 및 절충해야 한다는 접근(eclectic approach)이 확산되고 있다.

2 외국어 교수법의 유형과 특성

1 문법 번역식 교수법(Grammar-translation Method)

문법 번역식 교수법은 문법 규칙의 설명과 번역에 중점을 두는 교수법이다. 이 교수법은 17세기 이전에 유럽에서 희랍어와 라틴어를 가르칠 때 사용한 방법으로 이후 오늘날에 이르기까지 전 세계에 걸쳐 가장 많이 사용된 교수법이라고 할 수 있다. 우리나라의 경우도 옛날 서당에서의 한문 공부의 전통을 바탕으로 하여, 일제시대의 영어교육에 문법 번역식 교수법이 정착된 이래 거의 전적으로 이 방법에 의존해 왔다고 볼 수 있다.

문법과 해석 중심의 수업을 진행하는 이런 교수법은 문법 규칙과 어휘를 중시하고, 목표 언어를 모국어로 번역하고 모국어를 목표 언어로 번역하는 능력을 기르는 데 주안점을 두었으며, 사회적 현실 감각을 무시한 채 문자 언어(written language)를 일차적 관심사로 여겨왔던 전통적 교수법이다.

따라서 이 방법은 학생들이 언어 자체에 대한 지식은 증대시킬 수 있으나 언어를 사용할 수 있는 능력을 기르는 데는 효과적이지 않다. 다시 말해, 의사소통 능력의 발달을 기대할 수 없다는 점과 지나치게 예외적인 규칙을 강조하고 있어서 학습자의 학습 의욕을 저하시키는 것이다.

2 직접식 교수법(Direct Method)

직접식 교수법은 18~19세기에 걸쳐 대두된 교수법으로 외국어 학습도 모국어 학습과 같다는 입장에서 생겨났다. 이 교수법의 특징을 요약하면 다음과 같다.

① 영어 교사는 모국어로 설명하거나 번역을 하지 않고 목표 언어로 직접 교수하며, 어린이의 언어습득 과정을 모방하려 한다.
② 교사는 실물이나 그림 등 시청각 교재를 활용하여 언어 교육을 하고, 구두어를 중심으로 유의적인 상황을 제시하며 의사소통을 중시한다.
③ 귀납적인 방법을 이용하여 규칙을 가르치며, 학습자에게 언어 모형을 제시하여 문법을 터득하도록 한다.
④ 직접 대화에 필요한 화법 지식과 자연적인 발화를 할 수 있는 언어 소통 능력을 학습자가 기른다.

그러나 이 방법의 실제 적용에는 많은 어려움이 따른다. 외국어를 배우는 데 있어서 모국어를 배우는 것과 같은 점만을 지나치게 강조하고 다른 점을 간과하기 때문에 외국어 환경에서는 일반적으로 적용하기 어려운 방법이라 할 수 있다. 교사가 원어민에 가까운 목표 언어 구사력을 갖추고 있어야 하는데 실제의 상황은 전혀 그렇지 않기 때문이다. 교사는 학습자들의 모국어를 전혀 사용하지 않기 때문에, 학습자들의 모국어로 설명하면 훨씬 효과적인 것도 목표 언어로 설명해야 하는 데서 오는 비효율성도 대단히 크다고 할 수 있다. 그러나 교사가 목표 언어를 많이 사용한다는 점에서 의사소통을 강조하는 현대의 교수법과 약간의 공통점이 있다고 볼 수 있다.

3 청화식 교수법(Audiolingual Method)

청화식 교수법(또는 청각-구두 교수법)은 문법 번역식 교수법에 정면으로 도전하여 듣고 말하기 교육을 강조한 영어 교수법이다. 1930년대에 미국에서 발달된 구조주의 언어학과 행동주의 심리학의 이론에 근거를 두고 있으며, 제2차 세계대전 당시 육군에서 사용한 집중 외국어 훈련 방법(소위 The Army Method)에서 시작하여 발달한 교수법이다. 이 교수법은 언어 학습을 일종의 습관 형성 과정이라고 보며, 주로 미리 정해진(글로 쓰인) 대화를 소리내어 모방 · 반복 · 암기하고 문형 연습을 통하여 익히면 자동으로 발화가 가능해진다는 생각을 바탕에 깔고 있다. 단어는 언어적, 문화적 맥락과 함께 제시하기 때문에 맥락 없이 제시하지는 않는다. 문법은 학생들이 충분한 문형 연습을 하고 난 다음 귀납적으로 가르친다. 청화식 교수법의 특징을 정리해 보면 다음과 같다.

① 가르칠 내용은 대화 형태로 제시한다.
② 모방, 구문암기, 반복을 통한 습관 형성을 하도록 한다.
③ 모국어는 허용하되, 가급적 자제한다.
④ 반복적인 문형 연습(pattern drill)을 한다.
⑤ 문장 구조는 하나씩 단계적으로 제시한다.
⑥ 제한된 어휘를 맥락 속에서 제시한다.
⑦ 학생의 오류를 줄이기 위해 노력한다.
⑧ 학생의 응답에 대해 즉시 강화를 해 준다.
⑨ 언어 기능은 듣기, 말하기, 읽기, 쓰기의 순서로 가르친다.
⑩ 언어의 내용보다 형태를 중시한다.
⑪ 어학 실습실, 시청각 자료 등을 최대한 활용한다.

이와 같은 특징을 가진 청화식 교수법은 학습 초기에 듣고 말하는 능력을 어느 정도까지 길러줄 수 있어서 학생들에게 자신감을 갖게 해주는 장점이 있다. 따라서 이 방법은 영어로 의사소통할 수 있는 실제적인 능력의 바탕을 마련하고자 하는 초등영어 교육에서도 학습의 내용이나 수준에 따라서 매우 제한적으로 사용될 수 있을 것이다.

청화식 교수법의 가장 큰 결점은 학습자가 반복을 통해서 배운 후에도 실제로 의사소통을 하려면 별로 그런 것들이 도움이 되지 않는다는 점이다. 더욱이 청화식 교수법의 이론적 토대가 된 구조주의 언어학은 언어를 규칙의 지배를 받는 행동으로 보는 변형 생성 문법에 의해 거부되었고, 반응에 대한 강화를 통해 학습이 이루어진다는 행동주의 심리학도 인지주의 심리학에 의해 거부되었기 때문에 청화식 교수법의 인기는 점차 교육 현장에서 사그라들게 되었다.

4 침묵식 교수법(The Silent Way)

침묵식 교수법은 Gattegno(1972)가 고안한 것으로, 시끄러운 다른 교수법과는 달리 교사가 수업 시간의 90% 이상 침묵을 유지한다. 수업 진행은 'Fidel'이라고 불리는 발음 차트(색깔로 구분)에 의해 기본 발음을 익히는 것으로 시작한다. 발음은 교사가 한번 들려준 후 학습자들이 스스로의 노력과 급우들의 도움으로 익힌다. 그 다음에 교사는 나무 막대를 들어 보이면서 단어와 문장을 가르친다. 학습자들은 정신을 집중하는데, 이는 교사가 한번 말한 것은 반복하지 않기 때문이다. 교사는 막대를 하나 들어 보이면서 "A rod"라고 말한 다음 학습자에게 반복해 보라고 몸짓을 한다. 학습자가 제대로 하면 칭찬 대신 고개를 가볍게 끄덕이고 틀리면 옆의 학습자에게 시켜 본 후 다시 원래 학습자에게로 돌아간다. 이와 같은 방법으로 "A red rod" 등 색깔도 익히고 나면, 한 학생이 "Take a blue rod."라는 명령을 하도록 몸짓으로 지시하고 다른 학생이 그 명령대로 푸른 막대를 집어 올리면 이번에는 "Give it to him(her)." 등의 문장으로 발전시키며 그 지시를 따르게 한다.

이처럼 학생의 정신 집중과 공동 노력으로 언어를 배우며 차츰 사진, 그림, 학습지(worksheet) 등을 사용하여 어휘도 늘린다. 여기서는 암기 작업, 번역, 기억을 위한 기억(retention)은 하지 않는다. 이 방법은 40명 이상의 다수인 학습에서도 훌륭하게 사용될 수 있다고 한다. 이 방법이 우리에게 시사하는 바는 다음과 같다.

① 학습자가 배우는 데 대한 책임을 진다.
② 불확실한 것은 그 다음날까지 연장시켜 평소에도 (잠잘 때처럼) 배우는 작업이 일어나게 된다.
③ 반복이나 연습이 배움은 아니다.

따라서 이 교수법은 교사가 끊임없이 떠들어야만 학습이 이루어지는 것이 아니라는 것과 학습자의 의식을 극대화해 줌으로써 교사가 학습촉진자이자 학습도우미 역할을 수행한다는 것을 보여준다.

5 공동체 언어 학습법(Community Language Learning)

공동체 언어 학습법은 Curran(1972)이 카운슬링 학습법(Counseling Learning)이라 하여 다른 교과목을 가르치기 위해 고안한 방법이지만, 외국어교육에 도입되어서 공동체 언어 학습이라고 불리게 되었다. 이 교수법의 기본 사상은 교사와 학습자 간의 전인적인 상호 신뢰와 상호작용이다. 상담자(교사)는 피상담자(학습자)가 자신의 문제를 스스로 해결하고 도움을 요청할 때만 도와주며 주도적으로 앞에 나서지는 않는다. 교사는 학습자를 전인적 인간(whole-person)으로 보며 외국어 학습과 관련된 모든 면, 즉 언어에 관한 지식과 기능뿐만 아니라 정서와 감정 등까지도 도와준다. 따라서 인간적인 접근법(humanistic approach)의 하나라고 할 수 있다.

수업에서는 6~12명의 학습자가 원형으로 둘러앉고 교사가 학습자의 뒤편에 선다. 한 학습자가 모국어로 대화를 시작하면 뒤에 있던 교사가 다가가서 학습자의 한쪽 어깨에 손을 가볍게 올려놓고 방금 말한 것의 외국어 번역을 귀에 속삭여 준다. 그 학습자는 다시 이것을 큰 소리로 말한다. 이를 들은 다른 학습자는 이미 모국어로 그 뜻을 들어 알고 있으므로 자기도 모국어로 대답한다. 그러면 교사가 다가가서 전과 같은 요령으로 번역을 해 주고 학습자가 그것을 크게 말한다. 이때 원형의 가운데에 녹음기가 준비되어서 외국어 문장이 발화되는 것만 녹음한다. 대화의 시간 후에는 녹음기를 들으면서 음미하고 녹음된 문장은 칠판에 쓰여지고 학습자들은 문법 사항에 관해 질문을 할 수 있다.

초급에서 중급으로 가면서 교사의 도움을 적게 받으며 조금씩 외국어가 바로 발화된다. 마지막에는 상급반이 된 학습자가 이번에는 초급반의 교사로 활동할 수 있다.

6 암시적 교수법(Desuggestopedia)

암시적 교수법은 Lozanov(1979)에 의해 창안되었으며 다른 교과목의 교육에도 쓰이는 방법이다. 이 방법의 기본 원리는 '암시의 힘'이다. Lozanov는 학습이 기대만큼 일어나지 않는 것은 심리적인 장벽이 있기 때문이라고 보았다. 따라서 학습에 대한 부정적인 생각이나 두려움 등을 떨쳐내는 것(desuggest)이 중요하다. 예를 들면, 우선 거실 같은 분위기와 안락의자 그리고 그림, 음악 등이 준비된 가운데서 학생들은 요가를 하는 기분으로 정신 통일과 호흡 조정을 한다. 학생 개개인에게는 외국어의 이름이 주어져서 실수했을 때의 손상될지도 모르는 자아(ego)에 대한 마스크의 역할을 하게 한다.

하나의 학습단원은 10~14페이지나 되는 긴 대화체 문장이고, 옆에는 모국어 번역이 붙어 있다. 그날 배울 단원의 내용에 대한 설명이 있고, 학습자의 질문이 끝나면 교사가 세 번 읽는다. 첫 번째는 보통 음성으로 읽으면서 단어의 뜻, 문법 등을 설명한다. 학습자 들은 눈으로 따라가며 질문도 할 수 있다. 두 번째는 억양과 감정을 넣어서 한 줄씩 읽은 다음 모국어 번역을 감정 없이 낮게 읽어준다. 학습자는 눈으로 따르며, 질문은 하지 않는다. 마지막은 콘서트(concert)라고 해서 조용히 음악을 들으며 학습자는 책을 덮고 눈을 감은 채 교사의 감정이 들어간 읽기를 듣는다. 교사는 설명이나 번역은 하지 않는다.

숙제로서는 단지 대화를 취침 직전과 기상 직후에 한 번씩 읽는 것이다. 그 다음날에는 주어진 외국어 이름을 사용하여 단원의 내용에 관한 역할놀이(role play)를 한다.

우리나라의 교육 환경에서는 이 방법을 시행하기가 다소 어려울 것으로 판단된다. 그러나 긴장을 풀게 하는 것이라든지 언어습득의 본질적인 문제와 교육에 대해 통찰력을 얻을 수 있다.

7 전신 반응 교수법(Total Physical Response: TPR)

전신 반응법은 영어 학습 시 학습자가 주어진 언어에 대하여 신체적으로 반응함으로써 영어를 터득하는 교수 기법이다. 이 교수법의 최초 고안자인 미국의 Asher는 언어란 신체적 율동과 사고가 함께 조화를 이룰 때 가장 효과적이고 효율적인 언어 학습이 가능하다고 본다. 그는 어린이의 모국어습득 과정의 특징 중에서 세 가지를 추출하여 그 교수 기법의 원칙을 설정하고 있다.

① 말하기 전에 이해(듣기)를 할 것
② 명령에 따라 몸을 움직임으로써 이해를 나타내도록 할 것
③ 학생들이 자발적으로 발화할 수 있을 때까지는 말하기를 강요하지 말 것

이 교수 기법의 특징을 보면, 먼저 학습 전개는 외국어 교사가 학습자에게 명령문을 말할 때, 학습자는 행동으로 실천해 보인다. 예를 들어 수업이 시작되면 교사는 'Jump', 'Stand up' 등과 같이 간단한 명령을 학습자들에게 하고 학습자들은 말없이 행동으로 그 명령에 따른다. 차츰 문장이 길어지고, 어휘 학습은 실물이나 행동, 단어 카드 등으로 이루어진다. 학습자가 영어 발화를 이해하지 못할 경우를 대비하여 그림이나 카드나 실물을 제시하여 영어로 설명할 수도 있다. 초기 단계에서는 교사의 명령에 따라 행동을 하나 차츰 익숙해지면 학습자가 교사와 역할을 바꾸어 교사에게 영어로 명령하여 실천하도록 할 수 있다. 이 과정에서 학습자의 호기심과 흥미가 유발된다.

이 교수법에서는 학생이 청취한 말에 대해 즉각적인 행동 반응을 보이면서 실제 언어 행위을 한다. 이렇게 함으로써 그는 청취한 내용을 유의적으로 받아들이게 되고, 이와 아울러 그의 듣기 능력도 급속도로 계발된다. 이와같이 듣기 능력이 강조되는 중요한 이유는 시간의 제한을 받는 영어교육에서 높은 효과를 올리려면 네 가지 기능 중 다른 기능으로 가장 전이가 잘되는 어떤 한 기능을 중점적으로 훈련 개발하는 것이 바람직하며, 이러한 입장에서 볼 때 듣기 능력이야말로 바로 그러한 구실을 한다고 생각하기 때문이다. 그러나 이 교수 방법은 몇 가지 기본적인 문제, 즉 언제 어떻게 듣기 능력 이외의 다른 기능으로 학습을 확산시켜 가야 하느냐의 문제를 비롯하여, 교사와 학생의 활동 유형이 극히 제한되는 학습 형태가 과연 학생들의 흥미를 지속시키면서 상당한 기간 계속될 수 있을까 하는 등의 문제를 내포하고 있다.

8 자연적 접근법(Natural Approach)

자연적 접근법은 언어의 일차적인 기능을 의사소통이라 여기고 외국어교육에서 의사소통 능력을 가르치는 것을 중요시한다. 자연적 교수법은 스페인어 교사였던 Terrell의 실제 교육 경험과 미국의 언어 교육 전문가 Krashen의 이론을 접목하여 완성된 언어 교수 방법이다. Terrell은 Krashen과 함께 《자연적 접근법》(The Natural Approach, 1983)이라는 책을 출판하게 되었다. '자연적'이라는 말을 쓴 것은 외국어습득의 방법도 모국어습득의 방법과 같이 무의식적이고 비공식적인 상태의 자연스런 상황에서 가능하다고 보기 때문이다. 이들은 외국어 학습의 환경 변수를 일정한 상태에서 발화 연습을 하기보다 입력에의 노출과 학습에 대한 정서적인 준비, 그리고 말하기 전의 많은 시간 이해로 본다.

자연적 접근법의 기본 원리는 학생의 모국어에 의존하지 않고 어린아이가 모국어를 자연스럽게 배우는 원리를 적용하여 의사소통 상황 속에서 목표 언어를 직접 사용해서 가르치는 것이다. 그렇기 때문에 여기에서는 목표 언어의 문법적 분석, 문법 연습, 그리고 특정한 문법 이론 학습을 이행하지 않는다. 대신, 아이가 말하기 전 1년가량 듣기만 하는 시기(Silent period)를 갖듯이, 외국어 학습자 또한 목표언어 자체를 가능한 많이 접촉하면서 언어를 배우려고 하는 심리적 태세를 극대화할 것을 강조한다. 또한 이해 가능한 입력의 자료로서 글이나 그림 등의 여러 가지 자료를 적극적으로 이용한다는 특징도 지닌다. 자연적 접근법의 핵심은 이해를 우선시하는 이해 중심의 교수법이라는 사실이다(Richards & Rodgers, 1986: 129).

Krashen과 Terrell(1983: 19)은 언어의 성질에서 의미의 중요성을 특히 강조하면서 언어 교육에서 어휘의 역할을 중시하였다. 언어란 본질적으로 어휘이며, 문법은 의미를 어떻게 생성하고 전달하는가를 부수적으로 결정할 뿐이라는 것이다. 이런 교수 방법의 기본 원리는 언어란 의미와 메시지 소통의 수단이고, 언어의 습득은 목표 언어의 의미를 이해하여야단 가능하다는 견해에 기반하지만, 결과적으로 청화식(Audiolingual) 교수법의 원리와 비슷한 '언어 구조의 단계적 숙달'로 요약된다. 즉 학생이 충분히 이해할 수 있는 언어 자료를 단계적으로 그리고 지속적으로 접하게 함으로써 목표 언어를 습득 하게 할 수 있다는 것이 이 교수법 원리의 근간이라 할 수 있다. 물론 의미의 생성과 이해를 위해서 어휘의 인식과 발화가 매우 중요하다. 그렇지만 의미를 생성, 전달할 때의 어휘는 항상 문법적인 구성을 가져야 하고, 복잡한 의미의 생성을 위해서는 복잡한 문법구조가 필요하다. 그럼에도 불구하고 이들은 언어 교육에 있어서 문법적 분석을 명시적으로 하는 것은 필요하지 않다고 보았다.

자연적 접근법의 이론적 근거는 2장 4절에서 설명한 Krashen의 습득/학습가설(The Acquisition/Learning Hypothesis), 감시 장치 가설(The Monitor Hypothesis), 자연적 순서 가설(The Natural Order Hypothesis), 입력 가설(The Input Hypothesis), 정의적 여과 장치 가설(The Affective Filter Hypothesis) 등 다섯 가지 가설에 기초한다. 그의 가설들은 비판도 많이 받지만 외국어교육에서 매우 중요한 위치를 차지하고 있다.

Krashen은 외국어 학습을 습득(acquisition)과 학습(Learning)이라는 두 유형으로 구분하였다. 습득이 무의식적인 과정인 데 비해 학습은 의식적인 과정이다. 학습이 습득으로 전이되는 것이 아니므로 주어진 상황에서 즉각적인 반응을 하기 위해서는 의식적인 학습뿐만 아니라 무의식적인 습득이 이루어져야 한다는 것이다.

자연적 접근법의 원칙은 다음과 같이 요약 정리된다.

① 교수 목표는 의사소통 능력의 함양이다.
② 이해(comprehension)는 표출(production)에 선행한다.
③ 표출은 이해능력이 개발된 뒤에 저절로 나타난다.
④ 언어습득이 언어 학습보다 더 중요하다.
⑤ 언어습득 활동에서 정의적 요인(학습 동기, 불안, 자신감)을 최대로 고려해야 한다.

위와 같은 자연적 접근법의 이론이 시사하는 점은 다음과 같이 해석할 수 있다.

첫째, 외국어교육의 초점을 습득에 두느냐, 학습에 두느냐 하는 문제이다. 습득이 의사소통 능력 신장을 위해 취해야 할 접근 방법이라면, 습득에 유리한 요인은 어떠한 것들이며 그중 현장 영어 교사가 통제할 수 있는 범위는 어디까지인가 하는 것이다.

둘째, 표현 능력보다 이해를 위한 자료를 어떻게 보다 많이 제공할 수 있을까 하는 것이다.

셋째, 언어 자료의 입력은 의미 이해에 기여하도록 학습자에게 풍부하게 제공해야 한다는 것이다.

넷째, 교실 분위기는 불안과 긴장이 해소되고 자신감과 용기를 고취할 수 있어야 한다.

요컨대, 자연적 접근법은 의사 전달 능력 신장을 목표로 하는 점에서 의사소통적 교수법과 유사하지만, 듣기를 말하기보다 먼저 그리고 많이 행하기를 권장하고, 수업의 초점을 습득에 둔다. 학습자가 긴장을 풀고 공부할 수 있도록 배려하는 점에서 인간중심(humanistic) 교수법과 일맥상통한다고 할 수 있다.

9 의사소통적 교수법(Communicative Language Teaching: CLT)

의사소통적 교수법은 언어는 의사소통(communication)을 위한 도구라는 점을 강조하여 의사소통 능력을 신장시키는 것을 목표로 영국과 유럽을 중심으로 시작되었다. Wilkins(1972) 등이 소위 의미·기능적 교수요목(Notional-functional Syllabus)

개념을 도입하여 언어사용을 의미와 의사소통 기능들의 표현이라고 주장하였는데, 이런 의사소통 기능의 개념은 의사소통적 교수법의 발전에 가장 직접적으로 기여하였다.

의사소통적 교수법은 문법과 어휘의 중요성을 무시하지 않으면서도 제대로 언어사용(Language use)을 할 수 있도록 가르치는 것에 중점을 둔다. 의사소통을 하려면 우선 설득하기, 약속하기 따위의 기능(목적)이나 의도를 이해하고 사회적 상황(맥락)에서 실행해야 한다. 이때, 자기의 의도나 정서 상태에 따라서는 물론이고, 대화 상대와의 관계에 따라 특정의 표현 방식을 사용해야 한다.

의사 전달은 하나의 과정이므로 알고 있는 외국어의 형태와 의미 기능을 이용하여 의미를 주고받아야 한다. 화자와 청자는 상호작용 속에서 의미협상을 거치면서 의미를 만들어 가는 것이다. 화자는 청자가 이해한 것을 확인하고 자기 말을 조정하고 행동에 옮기게 된다.

의사소통적 교수법의 목표는 의사소통 능력을 갖게 하는 것이다. 의사소통적 교수법은 언어에 대한 인식에 있어서 인지주의적 접근에서처럼 언어를 단지 규칙 지배적인 행동으로만 보는 것이 아니라 근본적으로 의사소통의 수단으로 보고 이것을 교수에 바로 적용하자는 것이다.

의사소통적 교수법의 학습 이론을 뚜렷하게 제시하기는 어렵지만, 학습자로 하여금 정보 공유, 의미협상과 상호작용을 포함하는 의사소통 과정을 담고 있으면 의사소통적 교수법에 해당되는 것으로 볼 수 있다. 학습자는 자신과 학습대상 사이의 의미를 찾아내는 능동적인 협상자이며, 교사는 학습자들 사이에 혹은 학습자의 행위 사이에 의사소통 과정을 촉진시키면서 학습자의 요구를 분석하여 거기에 적절하게 대처하도록 해야 한다.

교재는 구조주의적인 문법 배열 순서를 따르면서도 의사소통을 중점적으로 다룬 교재도 있으나, 게임, 역할극, 도의 상황 등을 담은 교재가 많다. 이런 것들은 실습 교재, 단서를 주기 위한 카드, 활동을 담은 카드, 짝을 지어 하는 의사소통 연습 자료, 학생들의 상호 작용 연습용 소책자 등을 포함한다.

언어와 언어 학습을 의사소통의 관점에서 보는 의사소통적 교수법은 매우 다양한 학습 활동에 적용될 수 있기 때문에 구체적인 교수 방법론이라기보다 언어 학습에 대한 '접근법(approach)'이라고 보는 견해도 있다(Richards & Rodgers, 2001: 172). 교수 절차는 어느 하나의 순서나 활동으로 규정된 것이 없고, 모든 언어기능(듣기,

말하기, 읽기, 쓰기)과 모든 수준에서 각각의 처지에 맞게 의사소통을 유도하는 활동을 할 수 있다. 그리고 이러한 활동은 사실 꼭 의사소통적 교수법에서만 쓰이는 활동은 아니라고 볼 수 있으나, 의사소통 증진이라는 보다 분명한 목표를 가지고 이들 활동을 도입하는 것이다.

의사소통적 교수법은 근래의 일반적인 언어 교육의 경향과 부합하는 철학과 방법론을 가지고 있어서 상당히 보편적인 지지를 받고 있으나 문제점도 역시 제기되었다. 그중에 우리의 관심을 끄는 것은 ESL 상황과 EFL 상황이 같지 않음을 고려할 때 EFL상황에서의 의사소통적 교수가 ESL 상황에서 실시하는 것만큼 효과적일 수 있는가 하는 점이다.

의사소통적 교수법은 [표 4-2]에서 보듯이 앞의 청화식 교수법과 확연한 대비를 이룬다. 이런 교수법의 특징은 다음의 세 가지로 요약된다. ① 외국어교육의 목적은 의사소통 능력의 신장이다. ② 언어 사용자와 환경 사이의 상호작용이 모든 학습의 일차적인 목표이다. ③ 의미를 만들고 대화하는 전략이 주요 관심사이다.

[표 4-2] 청화식 교수법과 CLT의 비교

Audiolingual Method	Communicative Language Teaching
1. Attends to structure and form more than meaning.	Meaning is paramount.
2. Demands memorization of structure-based dialogues.	Dialogues, if used, center around communicative functions and are not normally memorized.
3. Language items are not necessarily contextualized.	Contextualization is a basic premise.
4. Language learning is learning structures, sounds, or words.	Language learning is learning to communicate.
5. Mastery, or "over-learning" is sought.	Effective communication is sought.
6. Drilling is a central technique.	Drilling may occur, but peripherally.
7. Native-speaker-like pronunciation is sought.	Comprehensible pronunciation is sought.
8. Grammatical explanation is avoided.	Any device which helps the learners is accepted - varying according to their age, interest, etc.
9. Communicative activities only come after a long process of rigid drills and exercises.	Attempts to communicate may be encouraged from the very beginning.

Audiolingual Method	Communicative Language Teaching
10. The use of the student's native language is forbidden.	Judicious use of native language is accepted where feasible.
11. Translation is forbidden at early levels.	Translation may be used where students need or benefit from it.
12. Reading and Writing are deferred till speech is mastered.	Reading and writing can start from the first day, if desired.
13. The target linguistic system will be learned through the overt teaching of the patterns of the system.	The target linguistic system will be learned best through the process of struggling to communicate.
14. Linguistic competence is the desired goal.	Communicative competence is the desired goal.
15. Varieties of language are recognized but not emphasized.	Linguistic variation is a central concept in materials and methodology.
16. The sequence of units is determined solely by principles of linguistic complexity.	Sequencing is determined by any consideration of content, function, or meaning which maintains 0interest.
17. The teacher controls the learners and prevents them from doing anything that conflicts with the theory.	Teachers help learners in any way that motivates them to work with the language.
18. "Language is a habit," so errors must be prevented at all costs.	Language is created by the individual often through trial and error.
19. Accuracy, in terms of formal correctness, is a primary goal.	Fluency and acceptable language is the primary goal; accuracy is judged not in the abstract but in context.
20. Students are expected to interact with the language system, embodied in machines or controlled materials.	Students are expected to interact with other people, either in the flesh, through pair and group work, or in their writings.
21. The teacher is expected to specify the language that students are to use.	The teacher cannot know exactly what language the students will use.
22. Intrinsic motivation will spring from an interest in the structure of the language.	Intrinsic motivation will spring from an interest in what is being communicated by the language.

10 내용 중심 교수법(Contet-Based Instruction: CBI)

내용 중심 교수법은 학습자에게 의사소통의 기회를 부여함으로써 의사소통 능력을 길러주고자 하는 의사소통적 교수법과 맥을 같이 한다. 내용 중심 교수법의 핵심은 다른 교과 영역의 내용을 언어 학습에 도입하여 그 내용을 중심으로 학습 내용을 구성하는 것이다. 이 교수법을 적용한 수업에서는 언어 학습뿐 아니라 교과 내용의 학습도 이루어질 수 있으며, 교수·학습의 비중을 내용과 언어 중 어디에 더 두는지에 따라 다양한 수업 모델이 가능해진다. 예를 들면, 교과 내용의 학습에 큰 비중을 두며 언어는 내용 전달의 수단으로 기능하는 완전한 몰입(total immersion) 수업부터, 언어 연습을 위해 교과 내용을 사용(use of content for language practice)하는 수업까지 모두 내용 중심 교수의 범주 안에 있다고 할 수 있다.

내용 중심 교수법은 내용-언어 통합 학습(Content and language integrated learning: CLIL)이라고 불리기도 한다. 교수·학습의 내용이 화제나 주제 중심으로 구성되어 있는 경우에는 화제 중심 교수법(Topic-based approach), 주제 중심 교수법(Theme-based approach)으로 불리기도 한다. 화제 및 주제 중심 교수법에서는 교재의 내용구성도 화제 중심으로 엮여 있다. 물론 초등영어 교과서 중에는 이야기 중심 또는 활동 중심으로 구성된 것들도 있다. 화제 중심 교과서가 아니라 하더라도 교실에서 특정 화제를 벗어나서 활동할 수는 없을 것이다.

11 총체적 언어 접근법(Whole Language Approach: WLA)

총체적 언어 접근법은 언어란 총체적인 특성을 가지고 있으며, 따라서 언어를 어휘, 문법, 발음 등 분절적인 요소로 접근하기보다는 언어가 만들어내는 의미를 중심으로 전체적으로(holistically) 접근해야 한다는 전제로부터 출발한다. 총체적 언어 접근법은 학습자 중심의 인본주의적 교육 이론에서 비롯되며 실제성 있는 학습, 개인별, 자기 주도적 학습, 협력 학습을 권장한다. 그리고 구성주의적 접근에 근거하여 학습자들이 실제 의사소통을 하고 재미로 읽고 쓰는 활동을 하면서 자연스럽게 읽고 쓰는 법을 배우도록 한다. 언어를 사용하여 의미를 창출하고 모험과 행동을 통해서 언어를 배우고, 협동하면서 과제를 수행하도록 하며, 학습자 중심의 읽고 쓰는 활동을 지도하면서, 읽기 및 쓰기와 다른 기능을 통합한다.

총체적 언어 접근법에서 '총체적'이란 다음과 같이 해석될 수 있다(박혜경, 1990). 첫째, 의미의 덩어리를 언어의 기본 단위로 다룬다는 뜻이다. 둘째, 언어교육을 총체적으로 한다는 것이다. 즉 기존의 언어교육은 듣기, 말하기, 읽기, 쓰기를 구분하여 우선 듣고 말하는 것에서 시작하여 읽기를 가르치고 최종적으로 쓰기를 학습한다고 보나,

총체적 언어 접근법은 이러한 구분이 인위적인 것으로 본다. 셋째, 교육과정이 통합적으로 이루어져야 한다는 것이다. 즉 교육과정을 몇 개의 단원으로 분리하기보다는 그 주제의 공통성에 따라 묶어서 가르치는 것이 바람직하다고 본다.

요컨대, 총체적 언어 접근법은 언어의 전체에서 부분으로의 접근, 언어 기능의 통합, 교과내용 또는 방법 간의 의미 있는 통합을 포함하는 개념이라고 할 수 있다.

12 과업 중심 교수법(Task-Based Approach)

과업 중심 교수법이란 의사소통의 최소 단위인 두 사람 이상에게 상호 협조하여 해결해야 할 어떤 과제를 제시하고, 그 과제의 해결을 위해 꼭 필요한 정보를 참여하는 두 집단 이상에게 상호 보충적으로 배분한 후 주어진 과제를 해결하기 위해서 의사를 서로 교환해야 하는 것에 기반한 학습법이다.

두 사람 간에 정보 차(information gap)를 만들어주면, 이 정보의 공백을 메우기 위해서 스스로 생각도 많이 해야 하고, 또 상대방이 가진 정보도 이용하면서 언어 능력이 계발된다. 학생에게 이러한 조건을 충족시키는 과제를 주고 해결하도록 요구하면, 한국어를 사용하지 않고 진정한 의사소통에 매우 근접하게 영어를 사용할 수 있다. 이런 문제 해결형 혹은 과제 중심 교수 활동에서 학생들은 어떤 문형 연습을 하고 있는 것이 아니고, 의미의 전달을 위해서 자신이 동원할 수 있는 여러 가지 표현들을 적극 사용하지 않을 수 없다. 이것은 보통의 의사소통 모습을 충실하게 반영하는 것이자 언어의 실질적 사용이기도 하다. 실제로 영어를 사용하게 한다는 것은 반드시 복잡한 구조나 어려운 단어를 사용해야 한다는 의미는 아니다. 언어의 실제 사용의 측면 이외에 학생들이 스스로 생각을 하면서 다른 학생과 영어로 상호 활동을 해보는 것도 중요하다. 학생들이 학습의 과정에 직접 참여하여 경험을 축적해야 하기 때문이다.

과업 중심 교수법을 요약하면, 첫째, 학생이 보다 즐겁고 효과적으로 영어를 배울 수 있도록 영어로 옆의 친구와 이야기할 수 있는 목적/이유/조건을 제공해주고, 둘째, 머릿속으로나 육체적으로 영어를 사용하여 뭔가를 실제적이며 능동적으로 할 수 있는 과제를 준다. 이때 학습의 내용이나 요구되는 활동은 가능한 한 간결하고 명료해야 한다. 마지막으로, 학생들이 조별로 하는 행동/활동에 대하여 구성원 전부가 책임감을 느낄 수 있도록 해주어야 한다.

3 초등영어 교수 방법의 실제

교수 방법이란 가르치는 기술에 관한 것이다. 교수 방법을 논함에 있어 중요한 것은 얼마나 잘 가르쳤는가 보다는 학생이 얼마나 잘 배웠는가이다. 교사가 아무리 잘 가르쳤다고 해도 학생들이 잘 배우지 못했다면, 그 교사는 결국 잘 가르친 것이 아니기 때문이다. 따라서 교수 방법은 교사의 측면에서만 보아서는 안 되고, 학생의 측면에서 보는 것이 중요하다. 가장 좋은 교수 방법은 학생들이 가장 잘 배울 수 있도록 가르치는 방법이다. 학생들이 가장 잘 배울 수 있도록 하려면, 학생들의 자연스러운 요구나 특성을 수업에 효과적으로 반영해야 한다. 이를 위해서는 학생들이 어떤 행동이나 활동을 가장 좋아하는지를 파악하여, 그것을 학습 활동에 반영함으로써, 학생들이 학습 과정에 능동적으로 참여하고 몰입하도록 수업을 계획하고 진행해야 한다. 초등영어 교수법에서 요체가 되는 것은 학생들이 제시된 영어를 모방하여 충실하게 재생하는 활동보다는 영어를 실제로 사용함으로써 학습의 과정에 참여하도록 하는 것이다. 이것이 바로 효과적인 방법이라 할 수 있을 것이다. 효과적인 교수 방법은 학습 목표, 학습 내용, 학생, 학습의 조건 등에 따라서 달라질 수밖에 없다. 모든 상황에 다 맞는 만능의 방법은 없겠지만, 본 절에서는 2절에서 소개한 여러 가지 언어 교수방법 가운데 초등영어교육에 효과적인 방법 몇 가지의 실제 활용 방법을 소개하고, 교수의 실제와 관련된 문제들을 검토한다. 교사는 실제의 초등영어교육 여건에 가장 잘 맞는 방법을 취사선택 혹은 변형하여 적용할 수 있어야 한다.

1 전신 반응 교수법(Total Physical Response: TPR)

앞서 설명하였듯이, 전신 반응 교수법은 영어 학습 시 학습자가 주어진 언어에 대하여 신체적으로 반응함으로써 영어를 터득하는 교수 기법이다. 전신 반응 교수법의 특징을 조금 더 정리해 보자면 아래와 같다.

① 교사의 역할

TPR에서 교사의 역할은 매우 적극적이며 학생들의 행동을 직접적으로 지시하는 감독의 역할을 한다. 학생들을 연극 배우로 비유하면 교사는 감독의 역할이고, 말을 배우는 아이들로 비유하면, 엄마의 역할이다. 학생들에게 무엇을 가르치고 어떤 자료를 제시해 주고 말의 모델이 되는 것도 교사이다. 그래서 교사는 수업에 임하기 전에 구체적인 수업 계획을 준비할 필요가 있다. 아이가 처음 말을 배울 때 엄마가 정확한 표현을 가르쳐 주려고 그때그때 오류를 수정해주는 것이 아니라 아이가 커 가면서 바른 말을 할 수 있도록 고쳐주는 것처럼, 학생들의 오류를 다룰 때도 교사는 초기 단계에서는 수정을 삼가며 단계가 높아짐에 따라 점점 피드백을 많이 주어 올바른 표현을 할 수 있게 해준다.

② 학습자의 역할

초기 단계에서 학습자의 역할은 'listener, performer'이다. 그러나 학습자가 말할 준비가 되면 역할이 바뀌어 다른 학습자나 교사에게 행동을 지시하기도 한다.

③ 교재 및 교구

아주 초기 단계에서는 교재나 교구를 필요로 하지 않는다. 교사의 말이나 행동, 제스처 자체가 좋은 교재의 역할을 한다. 그러나 단계가 진행되면 실물이나 그림, 플래시 카드 등 보조 자료가 필요하다.

④ 장점 및 단점

TPR의 장점은 교사가 처음부터 영어를 사용하여 명령을 하여도 실물을 사용하고 행동을 하기 때문에 학습자들이 의미를 쉽게 파악할 수 있고, 교사의 명령에 완벽히 수행함으로써 자신도 성공적으로 영어를 배울 수 있다는 성취감을 느낄 수 있다. 그리고 그로 인해 영어를 배우는 것에 대한 긍정적인 태도를 갖게 할 수 있고 동기 유발도 시킬 수 있다. 또한 말을 강요하지 않고 몸으로 대신 움직이게 함으로써 긴장감 없이 수업을 진행시킬 수가 있다. 이 교수법은 특히 영어를 처음 배우는 초등영어 학습자에게 좋은 교수방법이다.

단점은 수업 자체가 너무 긴장감이 풀어져 학습자들의 행동이 장난으로 치우칠 우려가 있으며 그 결과 옆 반의 수업에 방해가 될 수 있다. 그리고 교사의 상태에 따라 수업 분위기가 좌우된다는 점을 들 수 있다. 또한 모든 학습자들이 움직이며 영어를 배우는 것을 다 좋아하는 것이 아니며 고학년으로 갈수록 행동으로 표현하는 것을 쑥스러워하는 경향도 있다. 경우에 따라서는 계속되는 신체적 활동이 학습자들을 더 피곤하게 만들 수도 있다.

TPR이 다른 모든 교수법 중에서 가장 효과적이라고 말할 수는 없다. Asher 자신도

TPR로만 처음부터 끝까지 수업을 이끌어 가야 한다고 말하지는 않는다. 문제는 우리 학생들에게 어떤 경우에 TPR이 효과적이고 또 어떤 경우에는 다른 어떤 교수 방법이 효과적인가를 교사 자신이 체험적으로 알아야 한다는 것이다. 그러기 위해서는 여러 교수 방법들을 끊임없이 시도해 보는 교사의 노력이 필요하다.

[전신 반응법의 실제]

> ☞ **Hop, Run, Walk**
> Concept: Commands
> Example of: hop, run, walk
> Materials: none

1. Hop.
2. Walk.
3. Run.
4. Jump
5. Sit down and rest.
6. Get up.
7. Hop.
8. Walk.
9. Run.
10. Walk.
11. Jump.
12. Sit down and rest

> ☞ **A Flying Bird**
> Concept: Pronouns and Present Continuous
> Example: I'm/you're walking/running/drawing
> Materials: a pair of paper wings for a child to use

1. You're a bird.
2. You're going to fly.
3. You're walking.
4. You're running.
5. You're running faster.
6. You're flapping your wings.
7. You're flapping and running.
8. Wow!
9. You're flying.
10. You're flying faster.
11. You're flying slower.
12. You're tired.
13. Good, you're resting.

☞ **A Monster**

Concept: Countable Nouns

Example: eyes, flowers

Materials: a piece of paper taped to the chalkboard, crayons.

1. Make a monster.
2. Pick up the orange crayon.
3. Draw three eyes.
4. Put the orange crayon down.
5. Pick up the blue crayon.
6. Draw four mouths.
7. Put the blue crayon down.
8. Pick up the purple crayon.
9. Draw eight legs.
10. Put the purple crayon down.
11. Pick up the green crayon.
12. Draw three noses.
13. Look at the scary monster.

☞ **Big and Little**

Concept: Adjectives

Example: big, little, brown

Materials: a big bag, a little bag, a big red book

1. Look at the little bag.
2. Look at the red book.
3. Pick up the little bag.
4. Pick up the red book.
5. Put the red book in the little bag.
6. It doesn't fit.
7. Put the little bag down.
8. Pick up the big bag.
9. Put the book in the big bag.
10. Put the bag down.
11. Oh, good, it fits.

☞ **Lots of Apples**

Concept: Numbers (Specific Vocabulary Items) 1-12

Example: one, two, three ...

Materials: a pen

*1. Pick up the pen.
2. Draw lots of apples.
3. Draw some more apples.
**4. Close your eyes.
5. Open your eyes.
6. Oh, no! Seven apples are missing!
7. Draw nine more apples.
8. Close your eyes.
9. Open your eyes.
10. Oh, no! TEN APPLES ARE MISSING!
11. Draw eleven more apples.
12. Don't close your eyes!

(*This demonstration requires at least two people for the initial modeling stages. **When the apples 'disappear' erase them very lightly from the board.)

☞ **Under the table or chair.**
Concept: Prepositions
Example: under
Materials: a table, a chair, a book, a pencil, a piece of paper

1. Pick up the book.
2. Put it under the table.
3. Pick up the pencil.
4. Put it under the table.
5. Pick up the book.
6. Put it under the chair.
7. Pick up the piece of paper.
8. Put it under the chair.
9. Pick up the piece of paper.
10. Put it under the table.
11. Put it under the chair.
12. The piece of paper is under the chair.
13. Pick up the crayon.
14. Put it under the piece of paper.

2 화제 중심 교수법(topic-based approach)

화제 중심 교수법은 학습자들이 흥미 있어 하는 화제를 중심으로 수업을 구성하는 것으로, 유용하고 실용적이며 호기심을 자극하는 좋은 방법이 될 수 있다. 그 이유를 살펴보면 다음과 같다.

① 어떤 특정한 화제에 주의를 집중하면, 자동적으로 수업의 내용이 언어 자체보다도 더 중요해진다. 이것은 곧 수업을 어린이들의 경험과 흥미와 연관짓는 것이 더 쉬워짐을 의미한다.

② 화제에 관한 활동은 학습 과정을 도와준다. 즉 어린이들은 단어, 기능, 구조와 상황을 특별한 화제와 연결하여 생각할 수 있다. 연상을 통해 기억을 돕고, 맥락 속에서 언어를 배움으로써 기억이 잘될 뿐만 아니라 이해력을 높여준다.

③ 화제 중심 학습은 어떤 주제를 깊이 다루어 볼 수도 있기 때문에 실외 탐구학습으로 연결시키기 용이하다. 교사는 교과서에 없는 내용이라도 학생들이 갖는 반응과 느낌을 알아보면서 학생들이 교과서에 나와 있는 것보다 더 많은 어휘나 다른 어휘를 필요로 한다는 예를 발견하게 된다. 이런 학습은 학습자와 학습자의 필요에 더 초점을 맞춘다.

④ 화제 중심 활동은 그 지방에서 구할 수 있는 자료들을 교사가 손쉽게 활용할 수 있게 해 준다. 예를 들면, 애완동물을 화제로 다루는 책은 많지만 지역 상황에 맞는 애완 동물이 없을 때도 있다. 이럴 때에는 화제를 동물 일반에 대한 것으로 바꿔야 한다. 화제 안에서 자료를 어떻게 조직하는가는 가르치게 될 시점에서의 지역 여건, 학급 상황, 교사의 취향에 따라서 달라질 수 있다.

⑤ 화제 중심 활동은 일반적으로 교사가 가르치고 있는 시점에 일어나고 있는 상황에 맞게 자료들을 재구성해 나갈 수 있게 해 준다. 구조 중심이나 교재 중심 언어 학습과는 달리 융통성 있게 적용해 나갈 수 있다.

⑥ 어떠한 화제를 교사가 다루는 시간의 양은 교사가 필요한대로 얼마든지 늘리거나 줄일 수 있다. 그 화제가 얼마나 흥미를 불러일으키는가, 그 화제에서 얼마만큼의 언어활동을 할 수 있는가, 교사가 사용할 수 있는 시간과 자료는 얼마나 되는가에 따라 조절할 수 있다.

⑦ 화제 중심에서 강조하는 것이 내용인 이상, 교실에서 통제 활동과 자유 활동뿐만 아니라 모든 언어 기능들을 자연스럽게 포함시킬 수 있다.

[화제 중심 활동의 실제]

① 화제의 선택

일반적으로 교사가 학습할 화제를 결정하지만, 만일 학생들이 특정 주제에 흥미를 느끼고 있고 영어로 아이들이 그 활동을 할 수 있다고 교사가 생각한다면 시간표에 반영해 본다. 아이들이 다른 교과 시간에 다루는 내용을 소재로 선택할 수도 있다.

② 시간 배정

이상적으로는 교사가 장기 계획 단계에서부터 어떤 화제들을 얼마만큼의 시간을 배정해서 다룰 것인가를 결정해야 한다. 그러나 때때로 학습할 활동이 교사가 교재를 다루어나가는 과정에서 의외로 떠오르기도 한다. 즉 아이들이 특별히 흥미를 지니거나 열의를 보이는 교재를 우연히 발견할 수도 있다. 이런 경우에 교사는 이런 화제들을 한 두 수업 시간에 다루고 넘어갈 수도 있는데 이것은 거의 순간적인 자극에 의한 경우라고 볼 수 있다.

화제 중심 활동을 전혀 해보지 않은 교사라면, 처음에는 아주 적은 규모로 시작해 보는 것이 좋다. 교과서에 나와 있거나 나와 있지 않건 간에 아이들이 흥미를 가지는 하나의 화제를 수업 시간에 다루어보면, 이러한 학습 활동을 해낼 수 있는 가능성을 발견하게 될 것이다. 예를 들면, 교과서에 '애완동물'에 관한 내용이 있고, 쓰기 활동에 다음 구문을 다루는 것이라고 하자.

Do you have a pet? Yes, I do. / No, I don't.
Does he / she have a pet? Yes, he / she does. No, he / she doesn't.
What pet does Anna have?

이런 경우에 모든 아이들이 각자 알고 있는 애완동물에 대해서 말해보게 한다. "I have a gray cat. Her name is Muppet. 또는 Min-su has a dog. His dog barks." 등의 반응이 있을 수 있다. 학생들이 각자 말한 내용을 쓰거나 삽화를 그리게 한다. 교사는 이것들을 모두 수합해서 'pets'라는 표제를 달아 게시판에 붙여둔다. 그리고 교사는 교과서 내용으로 돌아가서 거기에 있는 연습 문제를 계속 해나간다.

③ 자료 수집

일단 어떤 화제를 선택하기로 마음먹었으면, 교사는 즉시 자료를 수집하기 시작해야 한다. 교재, 그림, 물건, 카드, 아이디어 등 모든 자료를 구해 나간다. 자료를 찾으면 즉시 적어두고, 구한 자료에다 메모를 하거나 아니면 종이에 적어서 표찰을 붙이고, 파일에 보관하거나 별도의 상자에 넣어둔다. 우리는 번뜩이는 아이디어들을 항상 기억하리라고 생각하지만 그것들을 적어두지 않으면 기억해내지 못하는 경우가 많다.

한 화제에 관한 자료들을 쓰고 나면 모든 자료들을 해당 파일이나 상자에 다시 보관하도록 한다. 별로 효용 가치가 없었던 것이라도 잘 보관해 두면 나중에 다른 용도로 쓰일 때가 있다. 교사가 모아두고 파일에 보관된 자료들은 나중에 교사뿐만 아니라 학생들도 필요한 때면 관련 자료들을 활용할 수 있을 것이다.

③ 기능과 상황 설정

화제를 정하고 관련 자료의 수집을 하고 나면, 활동할 상황과 언어 기능을 설정한다. 만일 '애완동물'을 화제로 정하고 그 화제에 2주일을 사용하려고 한다면, 다음과 같이 상황과 기능을 설정할 수 있다.

〈상황〉

Playing with a pet	Asking parents for a pet
Visiting a pet shop	Zoos
Favorite pets	Feeding your pet, etc.

〈의사소통 기능〉

Describing	Asking for something
Expressing likes and dislikes	Expressing future wishes

(4) 화제 중심 활동 방법

화제 중심의 활동은 모든 방법과 자료를 개방적으로 이용한다. 어휘 활동, 역할 놀이, 자유 활동, 이야기, 노래, 운문(시) 등을 활용할 수도 있다. 만일 '음식'을 화제로 정한 경우라면, 실제로 음식을 만들어 보기도 한다.

3 공동체 언어 학습법(Community Language Learning)

공동체 언어 학습에서는 교사의 번역, 소그룹으로 토론하기, 토론이나 발화를 녹음하여 듣기, 녹음을 필사하여 분석하기, 자신의 경험 보고하기, 다른 학생의 행동 관찰하기,

자유 토론 등 다양한 단계를 포함하고 있다.

먼저 학생들은 원을 그리며 둘러앉고 원 밖에는 목표 언어와 학생들의 모국어를 잘하는 교사가 앉는다. 앉아 있는 한 학생에게 하고 싶은 말을 모국어로 하게 한다. 학생으로 하여금 뭔가를 말하게 하기 위해서 잠시 침묵의 시간을 준다. 그 침묵의 시간은 학생 각자가 하고 싶은 말을 결정하는 시간이다. 침묵의 시간이 어느 정도 흐르면 여러 학생들은 그 침묵의 시간을 심리적으로 불편해하는데, 이때 이런 침묵을 깨고 아무나 무슨 말이든지 하도록 교사가 적절히 자극을 줄 수도 있다. 학생 중 누구에게든지 혹은 교사에게 물어볼 것이 있으면 물어보라고 함으로써 말을 할 수 있는 실마리를 제공할 수도 있다. 학생이 말을 하면, 원 밖의 교사가 그 학생의 말을 목표 언어로 번역하여 준다. 그러면 그 학생은 선생님의 번역을 충실히 반복하여 다른 학생들에게 전달한다. 이때 학생이 어려움을 겪으면 교사는 도와준다. 또 다른 학생이 하고 싶은 말을 모국어로 하면 교사는 번역하고, 교사가 번역한 말을 다시 그 학생이 되풀이하는 식으로 수업을 진행한다.

더 나아가서는 학생들의 수준이 어느 정도 향상되면 소규모의 그룹으로 학생들을 나눈 다음, 그룹별로 한 가지 화제에 관해 모국어 혹은 목표 언어로 서로 이야기해 보게 하고, 그 그룹의 대표가 토론의 요지를 다른 그룹에게 목표 언어로 전달한다. 전달받은 그룹은 그 내용을 다시 원래의 그룹에게 반복하여 말하거나 변형하여 말하게 한다. 그 외에도 위에서 소개한 여러 단계를 거치도록 되어 있다. 이 방법은 기본적으로 학생들이 이야기하기를 원하는 화제 중심으로 수업이 진행되며, 교사의 주 역할은 학생들의 수준에 맞게 학생들의 말을 목표 언어로 전달하는 것이다. 이 방법은 외국어 학습에 학생의 전인적 개입을 강조하는 특징으로 인하여 학생의 감정이나 느낌 등의 교류를 매우 중요하게 고려한다. 교사의 영어 구사력이 뛰어나야 한다는 점이 우리나라 환경에서는 큰 어려움으로 여겨지나, 음성인식 기술 및 AI 번역기의 도움을 받아 이를 극복할 수 있을 것이다.

[공동체 언어 학습법의 실제]

이 교수법의 시행 절차를 구체적으로 상상해 보도록 하자. 우선, 학생들이 도착하고 자리에 앉는다. 의자들은 스마트 기기가 놓인 탁자를 중심으로 원형으로 놓여있다. 학생들에게 인사말을 한 뒤에, 교사는 자기소개를 하고 학생들에게도 소개를 하도록 한다. 교사는 한국어로 그날 학생들이 공부할 것을 말한다. 학생들은 교사의 도움을 언어 영어로 대화를 한다. 이 대화는 녹음 어플을 통해 녹음이 되며, 그 이후에 학생들은 이 대화를 문자로 기록하게 될 것이다. 교사는 학생들에게 나머지 시간을 전사(transcription)에 관련된 각종 언어 활동들을 하는 데 할애할 것이라고 말한다. 이후에 교사는 학생들이 이 대화를 어떻게 진행할 것인지 설명한다.

"여러분 중 누구든 어떤 말을 하고 싶으면 손을 드세요. 그럼 제가 그 사람 뒤로 갈게요. 저는 여러분이 하고 싶은 말을 영어로 할 수 있게 도와줄 뿐, 이 대화에는 참여하지 않을 거예요. 여러분이 하고 싶은 말을 한국어로 하면 저는 그 말을 구(phrase)나 개념 단위(chunck)로 끊어서 번역해줄게요. 녹음할 때도 번역한 단위로 짧게 끊어서 녹음하세요. 대화가 끝나면 같이 녹음한 걸 들을 텐데 그때는 여러분의 문장이 완전한 문장으로 들리게 될 거예요. 그리고 여러분의 영어 음성만 녹음될 거예요. 그러니까 간단한 내용으로 대화하는 게 좋겠죠? 그럼 지금부터 10분 동안 해보겠습니다."

처음에는 어느 누구도 말하지 않는다. 이윽고 한 학생이 손을 든다. 교사는 그 학생의 의자로 다가가 뒤에 선다. 그 학생이 "좋은"이라고 말한다. 교사는 "Good..."라고 번역한다. 그 학생은 녹음 버튼을 켠 후 멈칫하다가 이내 "Good"을 녹음하고 버튼을 끈다. 그리고 나서 교사가 "evening"을 제시하자, 그 학생은 "evening"을 말하려고 하나 "eve ..."밖에 내지 못한다. 교사는 다시 한번 분명하고 부드러운 목소리로 약간은 이 말을 과장하여, "eve ... ning"이라고 말한다. 그 학생은 다시 한번 시도한다. 그 학생은 이런 경험에 대해 약간의 불안감을 나타내지만, "evening"이라는 단어 전체를 녹음하는 데 성공한다.

또 다른 학생이 손을 든다. 교사는 그에게 다가가서 그의 의자 뒤에 선다. 교사는 전체 번역인 "Good evening"을 제시한다. 그 학생은 "Good evening"이라고 말하며 이 말을 녹음한다. "How are you?"라고 교사는 계속한다. 그 학생은 "How..."라고 말한 다음, 분명히 그 나머지 어구에 대한 도움을 바라면서 뒤돌아본다. 교사는 그 학생이 안정감을 지니고 있지 않음을 알고, 각 단어를 나누어 반복한다. "How"라고 교사는 반복한다. 그 학생은 마이크에 "How"라고 말한다. 교사가 "Are"라고 반복 한다. "Are"라고 그 학생이 말한다. 그리고 "You"라고 교사가 끝내면 "You"라고 그 학생이 녹음한다.

이번에는 한 학생이 다른 학생에게 "너의 이름이 뭐냐?"라고 묻는다. 교사는 묻는 학생의 뒤로 발걸음을 옮긴 다음, 그 학생에게 자기 질문을 잘 녹음할 시간을 부여하기 위하여 "What's ... your ... name?"이라고 각 낱말 뒤에 휴지(pause)를 두면서 말한다.

다른 학생이 "내 이름은 상호야."라고 응답한다. 교사는 "My name is Sang-ho."라고 영어로 말한다. "몸은 어때?" 하고 또 다른 학생이 상호에게 묻는다. "How are you?"라고 교사가 번역한다. "아주 좋지 않아"라고 대답한다. 교사가 "I am not very well."이라고 번역한다. "왜?"라고 또 다른 학생이 묻는다. "Why?"라고 교사가 말한다.

"머리가 아파서."라고 상호가 대답한다. "Because I have a headache."라고 교사가 번역한다. 이 영어 발화들은 각각 이전의 발화들과 마찬가지로 녹음되었고, 교사는 각 학생이 어느 정도의 개념 단위(chunk)를 다룰 수 있는지 알게 된다. 이윽고 교사는 5분 남았다고 선언한다. 대화는 나머지 5분 동안 이런 식으로 계속된다. 이 동안에 학생들은 서로에게 영어 공부가 재미있는지, 취미가 무엇인지 등을 묻는다. 이 대화에서 탁자 주위의 각 학생들은 특정 영어 발화를 녹음한다.

대화가 끝난 뒤 교사는 원 주위에 앉아 학생들에게 이런 경험에 대해 어떤 느낌을 받았는지 한국어로 묻는다. 한 학생이 자기가 방금 들었던 영어를 아무것도 기억할 수 없다고 말한다. 교사는 그가 한 말을 받아서 "You have a concern that you haven't learned any English."(학생은 영어를 전혀 배우지 못했을까 봐 걱정하는군요)라고 말한다. 그 학생은 "Yes."라고 말한다. 또 다른 학생은 영어를 아무것도 기억할 수 없다는 점에 대해서는 전혀 걱정하지 않으며, 자기는 이 대화를 즐겼다고 말한다. 교사는 그 학생의 평가를 받아서, 학생들이 영어 단어들에 대해 배울 기회를 갖게 될 것임을 말한다. 이어서 교사는 학생들이 지금 단계에서 영어 어구들을 기억하기를 바라는 것이 아님을 주지시킨다. "Would anyone else like to say anything?"(또 다른 사람 말하고 싶은 것 있어요?)라고 교사가 묻는다. 침묵이 계속되자 교사는 이어서 "OK, then, let's listen to your conversation. I will play the recorder. Just listen to your voice in English."(자, 다음에는 여러분의 대화를 들어봅시다. 제가 녹음한 것을 틀게요. 여러분의 영어 음성을 듣기만 하세요)라고 말하고 학생들은 듣는다. 교사는 녹음된 내용을 다시 한번 들려주고 학생들이 말했던 것을 상기할 수 있는지 알아본다. 구체적으로는, 말한 내용을 모든 사람이 이해하고 있다는 것을 확인하기 위하여 한국어로 다시 말해보게 한다. 학생들이 자신의 문장을 상기할 수 없을 때는 서로 돕도록 한다. 일반적으로 학생들은 적어도 자신들이 말한 내용을 상기하는 것에는 어려움을 겪지 않는다.

다음에는 교사가 칠판에 대화를 적을 때 바라보게끔 학생들에게 의자를 옮겨서 반원형으로 모이게 한다. 교사는 문장 단위로 녹음한 것을 재생해줄 학생이 있는지 묻는다. 어느 누구도 지원한 사람이 없을 때는 교사가 재생한다. 이후 교사는 각 문장에 번호를 매기면서 한줄 한줄 써 내려가며, 이때 각 영어 문장 밑에 한국어 번역을 쓸 여백을 남겨둔다. 한 학생이 그 문장들을 베껴 써도 좋은지 묻는다. 교사는 지금은 배껴 쓰지 말라고 말하면서 이 수업 시간 말고 다음 시간에 배껴쓸 시간이 있을 것이라고 그 학생에게 약속한다. 교사는 모든 영어 문장들을 쓴다. 한국어 문장들로 바꾸기 전에 교사는 조용히 맨 처음의 영어 단어에 밑줄을 그은 다음 멈춘다. 누구도 자진해서 그 의미를 말하지 않으면 몇 초 뒤에 교사는 한국어 번역어를 쓴다. 그는 모든 문장들이 다 번역될 때까지 이렇게 계속한다.

이윽고 교사는 학생들에게 대화의 전사를 읽을 때, 편안히 앉아 들으라고 말하고 이것을 세 번 읽는다. 학생들은 듣기만 한다.

다음 수업 시간에 학생들은 자기들이 만든 다른 대화를 연습한다. 그 활동으로는 다음과 같은 것들이 있다.

① 교사는 전사자료에서 동사 'be'를 선정하여 학생들과 같이 인칭(person) 및 수(number)에 따라 동사의 형태를 바꾼다. 'do' 동사와 규칙 동사인 'work'에 대해서 이와 같은 활동을 한다.
② 소집단으로 나누어 학생들은 동사의 형태가 바뀐 새로운 형태(forms)를 사용한 문장들을 만들어 연습한다. 그들은 자기들이 만든 문장들을 나머지 학생들과 교환한다.
③ 학생들은 교대로 전사를 읽는데, 한 학생은 영어를 읽고 다른 학생은 한국어를 읽는다. 때로는 이들이 영어 발음 연습을 할 기회를 다시 한번 갖기도 한다.
④ 교사가 사람을 그린 그림 하나를 칠판에 놓자, 학생들은 이 사람을 방금 만났던 것처럼 이 사람에 대해 여러 가지 질문들을 한다.
⑤ 학생들은 대화 중에 그 용법을 익힌 바 있는 단어들을 사용하여 새로운 대화를 만든다.

학생들이 이 활동을 마치자, 그들은 또 다른 대화를 가지고 이를 녹음하여, 이 새로운 전사를 다음 활동을 위한 근거로 사용한다.

4 과업 중심 교수법(Task-based Approach)

과업 중심 교수법에서는 두 사람 이상에게 해결해야 할 과업을 주고, 이를 해결하는 과정에서 자연스럽게 의사소통이 일어나도록 한다. 이를 위해서는 한 학급의 전체 학생을 여러 개의 조나 소집단으로 나누어 조별/그룹별로 활동을 시켜야 한다. 사실, 매우 얌전한 학생도 반드시 한 시간 내내 가만히 앉아서 교사의 지시나 설명을 듣고 수업받는 것을 좋아하는 것은 아니다. 조별/그룹별로 활동을 하면 진정한 의미의 언어 사용(의사소통)을 할 수 있는 이유를 제공해 줄 수 있을 뿐만 아니라, 언어 연습의 경우에도 학생들이 같은 형태의 질문이나 대답을 반복하는 데에 대한 이유를 제공해 줄 수 있다. 교사가 전체 학생을 대상으로 질문하고 대답하는 것보다 학생들이 조별로 질문하고 대답하게 하면 학생들 개개인의 언어 연습의 기회가 훨씬 많아진다. 또 학생들이 조별 활동을 함으로써 학생들 개개인이 사용하는 전체적인 영어의 양이 그렇지 않은 경우보다 훨씬 많아진다. 이것은 언어사용의 실제성을 보다 크게 반영하는 방식이기도 하며, 학생들의 학습 참여 강도를 높여서 언어 연습의 질을 높이는 방법이기도 하다. 문제/과제를 주어 조별로 활동을 하면, 학생들 자신이 자신의 학습 과정에 참여하게 되므로 그 학습에 대하여 책임지게 되고, 책임감이 커지면 학습한 내용은 그만큼 학생들 자신의 것이 된다. 다만 교사는 시작 단계에서 이러한 활동에 잘 적응하지 못하거나 실제로 잘하지 못하는 학생들도 많이 있음을 염두에 두어야 한다.

과업 중심 교수법에서는 엄밀하게 조정한다거나 투입된 것이 그대로 표출되기를 기대하지 않는다. 다시 말해서, 이런 교수법에서는 여러 가지 다양한 언어 요소가 사용될 수 있는 과제를 제시하고, 어떤 형태의 언어 자료가 표출되는가를 학생들의 과제 중심의 과정이나 결과를 보고 판단하는 방식을 취한다. 일상의 실제적인 의사소통의 모습과 유사한 조건을 마련하여 의사소통의 연습을 시킴으로써 영어를 가르치는 방법이기 때문이다.

[과업 중심 교수법의 실제]

☞ 물건 가격을 알아맞히고 사는 활동을 해봅시다.

㉮ 활동 요령

4명 정도의 학생들이 한 조가 되어 조별 활동을 한다. 각자 같은 수의 과일이나 물건의 그림 카드를 준비하여 적절한 가격을 미리 카드의 뒷면에 써둔다. 한 사람이 자기 카드를 다른 사람에게 보이면서 "How much is this apple/notebook/pizza?" 등으로 물으면, 다른 학생은 그 가격을 짐작해서 말한다. 나중에 카드 뒷면의 가격을 확인하여 가장 가까운 값을 말한 사람에게 카드를 준다. 카드를 많이 받은 사람이 이긴다.

㉯ 유의 사항

처음에 가격을 적을 때 다른 학생이 미리 보지 않게 하며, 값은 너무 현실과 차이가 나지 않도록 한다.

㉰ 사용할 수 있는 과일이나 그림 카드

apple, orange, banana, melon, notebook, book, pencil, ruler, chair, desk, pizza, hamburger, dress shirt, skirt, pants, shoes

㉱ 대화 보기

A : How much is this book?

B : It's five thousand won.

C : It's three thousand won.

D : It's four thousand won.

A : It's three thousand won.
(C에게) Here's the book.

C : Thank you.

☞ 친구들의 나이와 키를 적어 표를 만들고 옆 사람과 말해 봅시다.

㉮ 활동을 위한 표

이 름			
나 이			
키			

㉯ 조사 내용의 예

In-ho is ten years old. He is one hundred forty centimeters tall.

Su-mi is nine years old. She is one hundred thirty-five centimeters tall.

㉰ 대화의 예

A : How old is In-su?

B : He's ten years old.

....

A : How tall is Mi-ran?

B : One hundred thirty-eight centimeters.

☞ 잘하는 것과 못하는 것에 대해서 주위의 친구들에게 물어 표를 만들어 봅시다.

㉮ 활동을 위한 표

	수영	스케이팅	노래	춤	그림 그리기	게 임
김인호	○	×	○	○	×	×

㉯ 대화의 예

A : Can you swim well?

B : Yes, I can.

A : Can you dance well?

B : No I can't.

☞ 우체부 놀이를 해봅시다.

㉮ 활동 요령

6인 1조로 한 개의 작은 상자를 준비하고 상자 곁에 이름을 '받는 사람' 밑에 붙인다. 우체부 역할을 맡은 어린이는 우체부 모자를 쓰고 가방에 준비된 우편물을 담는다. 각 우편물에는 5명 중의 한 명 이름을 써 놓는다. 우체부는 어린이들에게 이름을 물어보고 우편물의 주인을 찾아 준다. 몇 번 만에 찾았는가를 기록해서 제일 빨리 찾은 어린이가 이긴다. 그리고 우체부를 맡은 어린이가 매번 이름 카드를 모은 후 섞어서 다시 나누어 준다.

㉯ 대화의 예

A : Excuse me, are you Song In-ho?

B : *No.*

A : Excuse me, are you Han Na-ri?

B : *Yes.*

A : This is for you.

B : *Thank you.*

☞ 사람 알아맞히기 놀이를 해봅시다.

㉮ 활동 요령

교사는 각 학생에게 6개 정도의 같은 크기의 칸이 쳐진 종이를 나누어 준다. 학생 각자는 종이의 각 칸에 자기 가족의 모습(엄마, 아빠, 나, 형, 여동생 등)이나 친구 혹은 선생님의 모습을 그린다. 그 다음 종이를 잘라 카드를 만든다.

2명이 1조가 되어 서로 카드를 맞바꾼다. 순서를 정하여 상대방의 카드 한 장씩을 책상 위에 내려놓으면서, “Is he/she your(dad/mom)?”와 같이 짐작하여 묻는다. 그림을 그린 학생은 그 물음에 “Yes he/she is.” 혹은 “No, he/she isn't.”라고 대답한다. 만약, 대답이 Yes이면 물어본 사람이 짐작을 올바르게 했으므로 1점을 얻고, 다음 카드를 내어 같은 요령으로 묻기를 계속한다. 그리고 대답이 No이면 차례가 상대방에게 넘어간다. 맞히지 못한 카드는 계속 가지고 있어야 한다. 그 다음 자기 차례가 되었을 때에는 다시 “Is he/she your brother/teacher ...?” 등과 같이 묻는다. 이와 같이 하여 먼저 다 알아맞히는 사람이 이긴다.

“Who is he/she/this?” 등으로 묻는다. 그 물음에 그림을 그린 사람이 빨리 대답한다.

5 총체적 언어 접근법(Whole Language Approach)

총체적 언어 접근법을 적용할 때 고려할 원칙은 다음과 같다.

첫째, 의미의 강조이다. 총체적 언어 접근법에 기초한 지도는 편의성을 위해 단편적인 지식으로 쪼개지 않고 언어학습 초기 단계부터 학습자의 일상생활과 흥미를 최대로 고려한 자연스러운 언어사용 맥락 속에서 이야기가 담긴 교재를 제공한다.

둘째, 실수의 허용이다. 학습자가 자신의 생각과 느낌을 자유롭게 언어로 표현할 수 있도록 해야 함이다.

셋째, 학습자의 주변과 경험에 바탕을 둔다. 자신의 필요와 의도를 실현하기 위해 언어를 사용하도록 학습자와 관련된 것, 경험에 기초를 두고 의사소통이 유발될 수 있는 자연스러운 언어 상황을 만든다.

넷째, 학습 자료와 활동의 실제성이다. 즉 생활주변에서 매일 접할 수 있는 교통신호, TV 광고, 상품의 포장지 등을 이용하고 책, 신문, 메모를 통해 문자, 언어, 단어, 내용을 전달할 수 있는 활동을 한다.

다시 말해, 총체적 언어 접근법을 수업에 성공적으로 적용하려면 학습자의 주변과 경험에 바탕을 둔 내용을 선정하고 실제적이면서도 의미의 이해에 초점을 둔 학습 자료와 활동을 통해 자연스럽게 의사소통이 유발될 수 있는 언어 상황을 만들도록 하여야 하며, 학습자의 실수를 허용하는 분위기를 조성하여야 한다.

Anderson(1984)은 위에서 언급한 총체적 언어 접근법의 기본 원리를 다음과 같이 정리하였다.

첫째, 언어학습은 의미 있고 자연스러운 언어가 사용되어야 한다.

둘째, 단편적 조각이 아닌 총체적인 언어를 사용해야 한다.

셋째, 기능적인 언어를 사용해야 한다.

넷째, 의미 있는 맥락 속에서 학습이 이루어져야 한다.

의미 있고 자연스러운 언어를 학습하기 위해서는 아동이 자신의 생각과 아이디어 및 느낌을 자유스럽고 충분히 나타낼 수 있는 기회가 주어져야 한다. 교사가 주도하는 단답형을 요구하는 질문이 아니라 개방형 질문에 대해 총체적으로 내용을 생각해서 대답할 수 있는 질문이 되어야 한다. 학습이 다각적이고 총체적으로 왕성하게 일어나기 위해서는 아동에게 의미 있고 관련이 깊으며 실제적인 언어 상황 맥락 속에서 일어나야 한다는 것이다.

총체적 언어 접근법의 적용 유형을 몇 가지 정리해 보면 다음과 같다.

① 언어 경험 접근(language experience approach)

학습자가 사용하는 교재는 그들의 실제적인 생활에서 오는 경험을 근거로 한다. 학습자의 이야기를 듣고 교사가 그것을 목표언어로 적으면 학습자는 교사의 도움을 받아서 읽는 연습을 한다.

② 과정 쓰기(process writing)

처음에 하나의 주제에 대해 학습자의 아이디어를 모으기 위해 브레인스토밍을 한다. 학습자들은 교사 및 다른 학습자와 반복적으로 협의를 한다. 이런 다음에 최종적으로 여러 사람들로부터 받은 피드백을 반영하여 수정보완한다.

③ 대화 일지(dialog journal)

학습자들은 수업시간이나 숙제를 하면서 규칙적으로 쓰게 한다. 학습자들은 그들이 학습하고 있는 것의 내용과 방법에 대한 그들의 생각을 써서 교사와 의사소통을 하게 된다. 교사는 학습자의 글을 읽고 언어의 형태보다는 내용에 대해 반응과 피드백을 준다.

[총체적 언어 접근법의 실제]

단원 I What Do You Like?

학습목표 :

- 좋아하는 것에 답하는 표현을 사용하여 책을 만들고, 읽을 수 있다.
- 좋아하는 것에 대해 묻고 답하는 표현을 사용하여 친구들이 좋아하는 것을 조사할 수 있다.

도입 :

교사: Hi, everyone.
Let's say "Hello."

학생: Hi, Miss Kim.
How are you, my friend? (노래를 부르면서 돌아다니며 친구들과 인사한다.)

교사: How is the weather today?

학생: (오늘 날짜에 해당하는 날씨 그림을 붙이며 대답한다.)
It's sunny / rainy / cloudy / cold / etc.

교사: Let's review what we learned.
Let's chant "What Do You Like?"

학생: (박자에 맞추어 교사가 보여주는 그림카드를 보고 어휘를 대체하면서 챈트를 한다.)

교사: Let's read.
Barney Bear, Barney Bear, What Do You Like?

학생: (소집단별로 지난주에 만든 책을 보며 함께 읽는다.)

교사: Let's think about the aims.
What do you want to study?

학생: 공부하고 싶은 내용과 활동에 대해 발표한다.

전개 :

교사: Let's make a book about your favorites.
I'll tell you how to make a book.

학생: (도화지를 책 모양으로 접는다. 자기가 좋아하는 것을 신문이나 잡지, 상표에서 오려서 붙인다. 책 제목, 저자, 표지 등을 꾸민다. 자기가 좋아하는 것을 붙인 곳에 문장을 쓴다. 과제 부여도 가능함)

교사: Read your book to your friends.

학생: 친구들끼리 읽어주고, 서로 바꾸어 읽는다.

교사: Let's survey favorites.

학생: 소집단별로 활동한다.

교사: I'll tell you how to survey.

학생: (소집단별로 주제를 한 가지씩 정한다(*clothes, food, color, animal, etc.*). 서로 돌아다니며 좋아하는 것에 관해 인터뷰를 하여 조사표를 작성한 후 발표한다.)

정리 :

교사: Let's check.
(자기 평가, 동료 평가를 하도록 한다.)
학생: 자기 평가, 상호 평가를 한다.
교사: Time's up.
Let's chant "See you."
학생: (일어서서 챈트를 한다.)

지금까지 외국어 교수법들 중에서 주로 사용되는 몇 가지를 소개하였다. 이러한 교수법들은 나름대로의 이론과 체계를 가지고 있으나 어느 한 가지 방법이 유일하게 좋은 방법이라거나 어느 한 교수법이 그 자체로 완벽한 것이라고 보아서는 안 된다. 다시 말해서 교사는 어느 한 교수법이나 이론의 맹신자가 되어서는 안 된다. 모든 교수법은 각각의 장단점이 있고, 그 자체의 내적인 장점이 있다고 하더라도 적용하는 현장에서는 그 장점이 살아나지 못하는 경우도 있으며, 단점이라고 간주되는 것이 경우에 따라서는 장점으로 작용할 수도 있다.

한국이라는 특정한 상황 속에서 학생, 교사, 교실, 교재, 교육과정, 사회적 여건 등 다양한 요소들을 함께 고려한다면, 훌륭한 영어교육은 교사가 가지고 있는 영어 교육에 대한 철학과 영어 구사 능력, 알려진 각종 교수법의 장단점을 잘 취사선택하는 것이다. 교사는 자신의 전문적 판단에 의한 뚜렷한 원칙과 상황의 이해에 기초하여 가장 알맞은 것을 골라서 사용해야 할 것이다. 이것을 절충식 교수법(eclectic method)이라 부르기도 한다. 아울러 교사는 언제나 자신의 교수법을 평가하고 새로운 교수법 이론에 대한 연구와 교육보조 재료의 개발에도 힘을 쏟아야 할 것이다.

제2부

초등영어 기능 지도

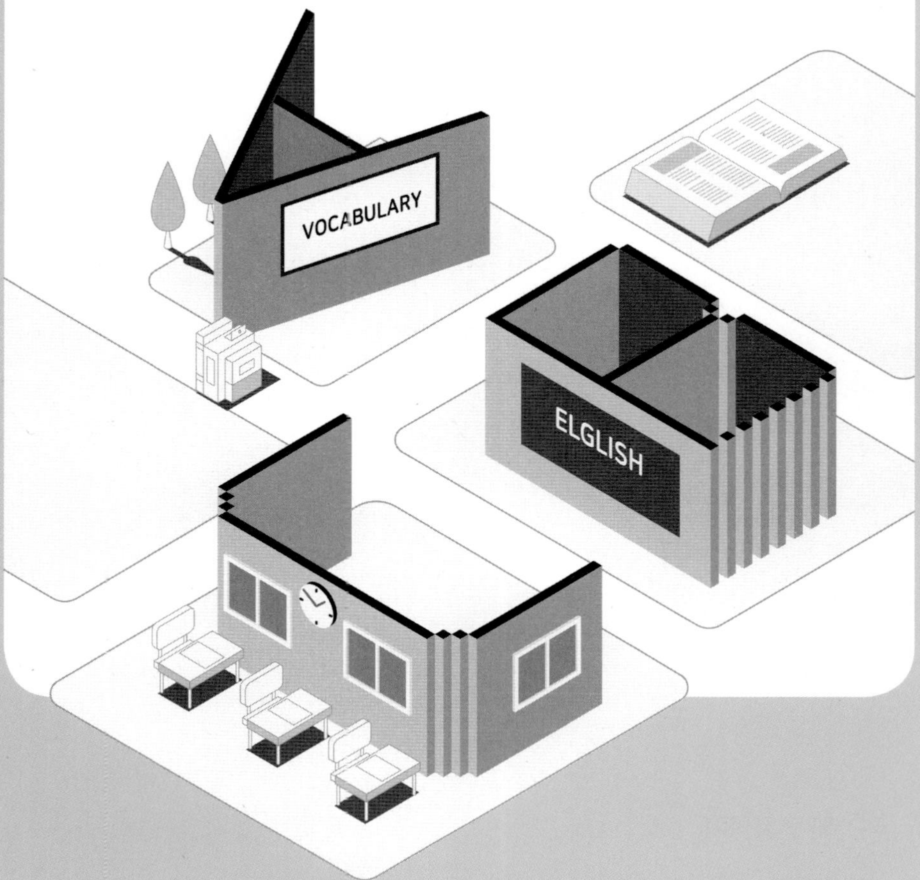

제 5 장
이해 기능 지도

1. 듣기 지도
2. 읽기 지도
3. 보기 지도

오늘날 각종 매체와 기술의 발달로 사람들은 듣기, 말하기, 읽기, 쓰기와 같은 개별 언어기능을 복합적으로 사용하여 의사소통하게 되었다. 이에 따라 영어 의사소통 기능 또한 기존의 언어기능별 접근에서 그 과정의 유사성과 새로운 의사소통 방식을 고려하여 이해(comprehension)와 표현(production) 기능으로 구분해 살펴보는 것이 타당해졌다. 그리고 이러한 구분은 최근 영어 의사소통 방식의 다면성과 복잡성을 더욱 적절히 반영할 수 있다.

이 장에서는 영어 이해 기능과 관련하여 가장 기본적인 의사소통 수단인 듣기(listening)와 실제적인 의사소통에 가장 많은 시간을 쏟게 되는 읽기(reading) 기능의 특성, 과정, 지도 방안 등을 알아본다. 또한 듣기와 읽기 기능이 시청각 이미지, 영상 등과 같은 다중모드(multimodal) 디지털 텍스트 형식으로 결합된 보기(viewing) 기능의 특성 및 과정도 함께 살펴본다. 이를 통해 기존의 언어 4기능 구분의 접근을 벗어나 새로운 의사소통 방식이 보편화된 오늘날의 언어 사용 목적에 적합한 영어 이해 기능 지도 방법을 학습하도록 한다.

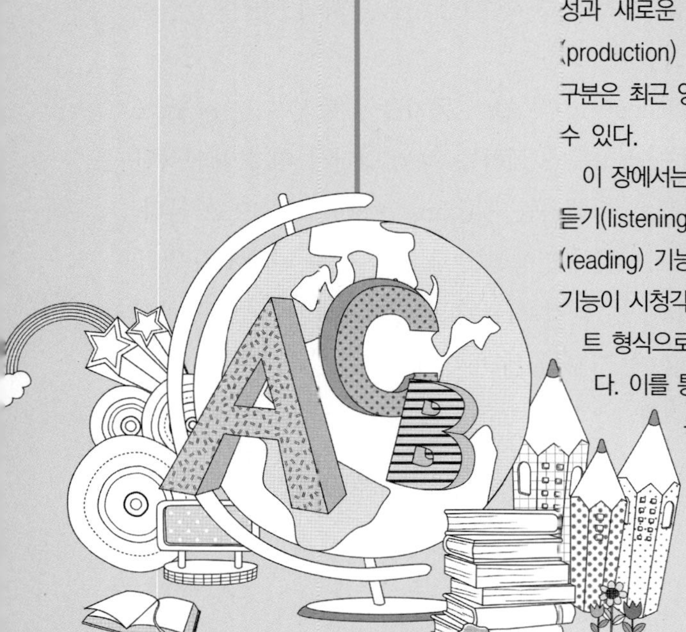

1 듣기 지도

1 듣기의 특성

듣기는 일상 언어 생활에서 가장 큰 비중을 차지하는 언어기능이다. 또한 학습자는 50% 이상의 외국어 학습 시간을 듣기에 사용한다고도 알려져 있다(Nunan, 1998). 듣기는 새로운 언어를 접할 때 일차적으로 경험하게 되는 것으로, 언어가 어떻게 기능하는가에 대한 아이디어를 구축할 자료를 제공해주며, 궁극적으로는 자신을 표현할 기반을 형성하게 해주므로 중요하다. 따라서 초창기 제2언어 교육 관련 연구에서부터 외국어 학습의 초기의 다양한 듣기 활동을 제공의 필요성이 논의된 바 있다(Krashen & Terrell, 1983; Postovsky, 1975; Rivers, 1973).

실제로, 제2언어습득 및 교육 이론은 대부분 언어 입력(input)의 중요성을 강조하고 있으며, 이 가운데 듣기가 학습자의 제2언어 기초 지식을 생성하는 데 가장 기본적이라고 본다(Gass, 1997). 그리고 자연스러운 영어 입력이 매우 제한적인 우리나라와 같은 상황에서 또한 음성언어 입력의 기본으로서의 영어 듣기가 초등영어 수업에서 중요하다.

듣기는 실제적인 언어 상황에서 가장 많이 요구된다. 특히 오늘날 국제적인 교류가 빈번해져서 외국인과의 직접적인 만남을 통한 대화뿐만 아니라 TV 방송, 영화, 인터넷 등 각종 매체에서 영어를 쉽게 접할 수 있다. 공공장소에서의 각종 안내 방송, 거리를 울리는 팝송, 유튜브와 같은 온라인 웹사이트를 통해 재생되는 대화 등 듣기 능력을 필요로 하는 상황은 우리 주위에 널려있다.

과거에는 단순히 소리를 인식하는 것(hearing)과 같이 듣기를 수동적 기술(passive skill)로 보았다. 그러나 오늘날의 듣기는 소리를 인식하는 것을 넘어서 청자가 인식한 소리를 자신의 생각을 활용해 주체적으로 이해하는 것(comprehending)으로 본다. 즉, 듣기를 능동적 기술(active skill)로 보는 것이 더욱 타당해졌다. 이를 염두에 두면서, 이번 절에서는 듣기 특성, 듣기 이해의 과정, 듣기 기능에 관한 내용을 바탕으로 실제 듣기의 단계별 지도, 듣기 지도의 전략, 듣기 활동의 유형에 대해 살펴보도록 한다. 먼저 듣기의 특성은 다음과 같이 정리할 수 있다.

(1) 듣기를 위한 말은 글과 달리 한순간에 사라진다.

글을 읽을 때는 문맥을 따라가다가 이해를 돕기 위하여 앞으로 되돌아갈 수 있다. 또한 다른 급한 일을 먼저 하기 위해 잠시 미루었다가 볼 수도 있다. 그러나 말(speech)은 일단 지나가면 청자가 임의로 되돌려 다시 들을 수 없다. 중요한 것을 듣는 순간 외부의 방해나 소음으로 제대로 알아듣지 못하는 경우도 생기기 마련이다. 그리고 이런 듣기의 기본 특성이 외국어교육에 장애가 되기도 한다.

이를 고려하면 외국어 학습자는 목표어를 배우기 위해 다양한 언어 입력에 노출되어야 하는 동시에 같은 말을 되풀이하여 들을 필요가 있다. 다행히 오늘날에는 여러 매체를 통해 이를 쉽게 구현할 수 있으므로, 외국어 수업에서는 말의 특성을 고려하여 다양한 듣기 자료가 반복적으로 제공될 필요가 있다. 교사 또한 수업 중 목표어로 분명하게, 또 반복적으로 말해 주어야 할 것이다. 나아가 휴지(pause)를 적절히 사용하여 학습자가 들은 외국어 입력을 처리할 시간을 충분히 제공하는 것이 필요하다. 특히, 이러한 점은 아동 학습자를 대상으로 한 외국어 수업에서 더욱 강조된다.

(2) 말은 글에 비하여 잉여적인 정보를 많이 포함한다.

글은 논리적이고 체계적이기 때문에 가능한 한 잉여성(redundancy)을 배제하지만 말은 위에서 언급한 제약으로 인해 잉여적인 정보를 많이 포함하고 있다. 잉여성은 복잡한 음성입력 중에서 중심을 이루는 요소가 분명하여 제한된 정보로도 전달하려는 의미를 예측할 수 있어 이해하는 데 어려움이 없을 때 생겨난다. 그리고 사람마다 말투나 억양이 다르므로 잉여성이 생겨나기도 하지만, 청자는 그 속에서 잉여적인 정보를 배제하고, 중심 내용을 추출하여 의미를 이해하게 된다.

그러므로 듣는 연습은 이런 잉여성과 그에 연관된 언어 규칙을 익히는 과정이다. 우리 인간이 새로운 정보를 받아들이는 데는 한계가 있기 때문에 들려오는 모든 말이 새로운 정보를 가지고 있는 말이라면 순간적으로 지나가는 말을 이해하고 기억하기가 매우 어려울 것이다. 뿐만 아니라 들리는 모든 말이 새로운 정보를 담고 있다면 하나의 소리라도 듣지 못하는 경우 전체의 뜻을 이해할 수 없게 되기 때문에 대화가 진행되는 동안 줄곧 신경을 곤두세우고 있어야 할 것이며, 이로 인해 쉽게 피로를 느끼게 될 것이다. 우리는 음성 언어가 본래 잉여적인 요소를 많이 가지고 있다는 것을 본능적으로 알기 때문에 중요하지 않는 정보를 무시하고 자연스럽게 대화를 이어갈 수 있으며 심지어 다른 일을 하면서도 대화를 할 수 있다. 대화를 하는 동안에 잉여적인 요소에는 귀를 기울이지 않고 새로운 정보를 담은 말에만 주의를 기울이면 되기 때문이다.

언어의 잉여적인 요소는 언어 자체에 익숙해지고 언어를 알아갈수록 증가한다. 언어를 처음 들으면 모든 소리가 새로운 정보로 생각되어 잉여적인 것이 거의 없지만 그 언어에 익숙해짐에 따라 소리의 유형을 알게 되고, 통사 관계나 담화표지 등을 알아감에 따라 잉여적인 요소를 인지하게 된다.

(3) 듣기는 신체적, 물리적인 변화를 수반한다.

아이가 모국어를 습득할 때는 먼저 주변으로부터 많은 소리를 듣게 된다. 자연스러운 언어 상황에서 다양하고 반복적인 말을 들음으로써 아이는 해당 언어를 내면화(internalization)하게 된다. 이 과정에서 아이는 초기 단계에서 말을 하지 못하는 침묵기간(silent period)을 가지게 되며, 언어로 반응을 보이지는 못하지만 표정, 몸짓, 손짓, 눈 맞춤과 웃음 등 신체적 물리적인 변화를 보임으로써 반응하게 된다. 그러다가 시청각적인 보조 장치와 동시에 말을 하게 되고, 나아가서는 보조 장치 없이 직접 말을 하게 된다. 이렇게 볼 때, 듣기 능력 신장은 시·청각적인 보조 장치를 서서히 언어로 대체해 가는 과정이라고 볼 수 있다.

(4) 듣기는 능동적인 의미 협상(meaning negotiation) 기능이다.

듣기 기능을 단순히 들려오는 것만을 듣는 수동적인 기능으로 여길 수 있지만 이는 듣기를 지나치게 단순화한 것이다. 듣기는 화자가 발화하는 물리적인 소리를 듣는 것이 아니라 그 소리가 화자의 세계, 청자 자신의 세계, 그리고 그들이 처해 있는 장소와 시간 속에서 엮어지는 의미를 이해하는 것이다. 따라서 청자는 자신의 세계는 물론 화자의 세계와 그들이 처한 시공간과의 상호작용을 통해서 의미를 추출하여야 한다. 듣기가 이처럼 능동적인 행위가 되도록 하기 위해서는 듣기 상황을 구체적으로 설명해주어 관심과 흥미를 갖게 하고 다양한 듣기 전략을 사용할 수 있도록 도와주어야 한다.

(5) 듣기 기능은 다른 언어 기능 발달에 기본이 된다.

외국어 학습을 시작하는 단계에서는 듣기를 집중적으로 하는 것이 목표어 습득에 효과적임이 여러 초기 제2언어습득 연구를 통해 보고된 바 있다(Asher, 1977; Nord, 1980; Winitz, 1981). 즉, 듣기는 언어 활동에서 가장 기본이기에 다른 언어 기능을 향상시키는 데 도움이 된다. 먼저, 음성언어로서 듣기는 말하기와 불가분의 관계이며,

말하기는 이해를 위한 듣기가 충분히 되었을 때 더 쉽게 이루어질 수 있다. 읽기 또한 듣기와 같은 이해기능으로서 다양한 언어 정보가 음성 및 문자로 동시에 제공되는 최근의 매체 중심 외국어 학습에는 두 기능이 함께 발달될 수 있다. 이후, 어느 단계에 도달하면 듣기와 쓰기는 상호 보완 관계하에 발전한다. 즉, 문자 개념을 알고 있는 외국어 학습자가 듣기를 할 때 쓰기를 동시에 할 수 있으며, 이는 다양한 언어 표현과 형태 습득을 촉진함과 동시에 쓰기 능력의 향상에 도움이 된다.

2 듣기 이해의 과정

(1) 기억 장치와 듣기 이해

우리는 매일 수많은 소리와 말을 듣는다. 그러나 어떤 것은 듣는 순간에 사라지는가 하면 어떤 것은 당시에는 기억을 해도 시간이 지남에 따라 기억할 수 없고, 어떤 것은 상당한 시일이 지나도 또렷이 기억해낼 수 있다. 물리적으로 똑같은 입력이 어떻게 하여 상이한 결과로 나타나는지를 알기 위해 듣기의 과정을 살펴보면 다음과 같다.

소리가 우리의 귀에 들어와 인지되고 기억 속에 남는 데는 세 단계를 거치게 된다.

첫째 단계는 소리가 청각 기관에 들어와 감각 기억(sensory memory) 중 하나인 반향 기억(echoic memory) 장치에 남는 단계이다. 소리가 반향 기억에 남아 있는 시간은 매우 짧아 다음 단계로 이어지지 못하면 그 순간에 사라져서 기억할 수가 없다. 반향 기억 장치에 들어온 소리가 지각 과정(perceptual process)을 거치면 작업 기억(working memory) 장치로 들어가게 된다. 이때의 지각 과정은 단순히 소리의 입력을 물리적으로 수용하는 과정이 아니라 기존에 가지고 있는 언어 지식의 틀(frame)을 근거로 의미를 형성하는 화학적인 작용이다. 이런 과정에서는 주의 집중에 충분한 시간을 필요로 한다. 따라서 새로이 유입되는 입력 자료를 처리할 틀이 형성되지 않으면 들은 소리를 의미 단위로 처리하기 어려울 뿐만 아니라, 틀이 형성되었다고 해도 들은 것을 처리하기도 전에 새로운 것이 들어오게 되면 그 소리들은 반향기억장치에 닿자마자 사라지고 만다. 처음에 영어가 구별할 수 없는 일련의 소음으로 귀를 스치고 지나가는 것은 자료 처리를 위한 틀이 없기 때문이다. 그러나 영어에 익숙해져 음성적, 통사적, 의미적 유형을 구분할 수 있게 되면 영어의 틀이 형성되어 비로소 영어의 음성 요소를 식별하여 인지하게 된다.

둘째 단계는 반향 기억에 남아 지각 과정을 거쳐 의미 단위를 형성한 소리가 단기

기억 장치가 포함된 작업 기억으로 넘어가는 단계이다. 작업 기억 장치 속으로 들어온 정보는 규칙적 · 간헐적으로 반복되지 않으면 사라지게 된다. 여기서 선택된 정보만이 장기 기억 속으로 들어간다. 선택 과정에서는 대화를 듣고 화자의 목적이나 자신의 목적과 관련된 요소를 대화 속에서 끌어내어야 한다. 이 과정도 2~3초의 짧은 순간에 일어난다. 들어온 입력은 기존에 장기기억 속에 있는 정보와 관련되어 검색되고 비교되어 의미를 추출하게 된다. 의미가 추출되면 들었던 실제 단어는 사라지고 중요한 의미만 남게 된다. 여기서 중요한 것이 처리 속도이다. 먼저 들은 것이 처리되기 전에 다음 정보가 들어오면 혼란이 야기된다. 지각체계가 정보를 흡수하는 데 한계가 있을 뿐만 아니라 지각 과정에서 연속적인 많은 정보가 한꺼번에 유입되어 반복 재연이 불가능하기에 작업 기억 속에 사라지게 되어 인지는 하더라도 기억을 할 수 없게 된다. 외국어를 배우는 초보자는 이런 속도가 느리기 때문에 의미 파악이 어렵다. 그러나 언어에 많이 노출되어 듣기에 익숙해지고 보다 많이 알게 되면 자주 듣는 것은 자동적으로 처리되고 어렵거나 생소한 것에는 보다 많은 시간을 할애할 수 있는 여유가 생겨 의미를 성공적으로 파악할 수 있다.

셋째 단계는 작업 기억 저장소에서 선택 과정을 거친 정보가 장기 기억 장치 속에 저장되는 단계이다. 청자는 이후에 정보로 다시 사용하기 위해 더 단순하게 부호화하여 장기 기억 속에 저장하는 것이다. 그리하여 장기 기억 속에는 원래 들었던 것의 핵심적인 내용만 들어가게 된다. 이러한 듣기 과정을 그림으로 나타내면 다음과 같다.

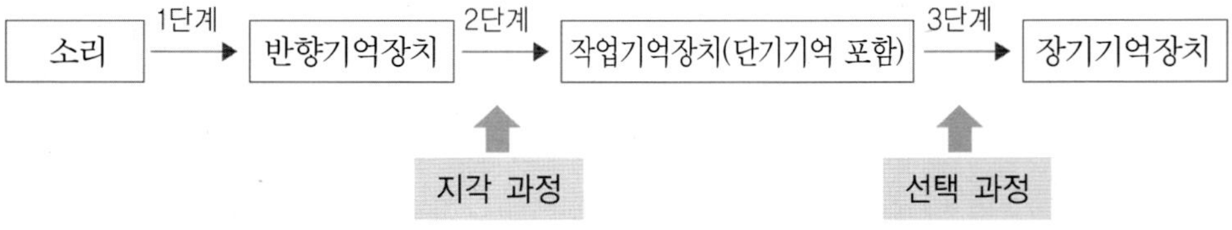

[그림 5-1] 듣기 과정

언어를 듣고 이해하기 위해서는 일련의 소리 전체를 듣고 정보를 기억해야 한다. 영어를 배우는 초보자인 경우나 듣기 자료가 익숙하지 않은 경우에는 연속적인 소리에서 관련 있는 요소를 반복적으로 지각하여 저장하는 것이 어렵다. 이 단계에서는 들을 때에는 이해하는 것 같지만 이해한 것을 기억하지는 못한다. 이런 점은 듣기 과정상 필연 적으로 거치게 되는 과정이므로, 교사는 이것이 결코 개인의 문제가 아님을 설명하고 학습자가 의기소침하지 않도록 힘을 북돋아주어야 할 것이다.

(2) 정보 처리 방식과 듣기 이해

음성 언어에 대한 청자의 정보 처리 방식에 따라 듣기 과정은 상향식(bottom-up), 하향식(top-down), 상호작용(interactive)의 과정으로 분류될 수 있다. 먼저, 상향식 듣기 과정은 언어적 지식을 중심으로 청자가 음성 정보에 대해 청각 및 음성(auditory-phonetic), 음소(phonemic), 음절(syllabic), 어휘(lexical), 구문(syntactic), 의미(semantic), 진술(propositional), 화용(pragmatic) 관련 내용을 점진적으로 파악하여 해석(interpretion)에 이르는 것을 말한다(Field, 2003). 이 과정에서 청자는 음성 정보에 대한 음성 구성 요소의 분해를 시작으로, 음운적으로 중요한 부분과 단어에 주목하며, 나아가 문법적 단서를 활용해 의미를 파악하게 된다.

하향식 듣기 과정은 전체에서 부분으로(whole to part) 청자가 사전 지식(prior knowledge)을 활용하여 추론(inference)을 통해 듣기 정보를 해석하는 것을 의미한다(Newton & Nation, 2009). 이 과정에서 청자는 듣기의 목적을 이해하고, 사전 지식을 활용해 음성 정보에 대한 장소, 인물, 사물을 구별하거나, 음성 정보로부터 인과 관계, 결과, 주제, 사건의 연결 관계, 잘 듣지 못한 내용, 이어질 내용 들을 추론하며 전체적인 의미 파악에 도달하게 된다.

한편, 효율적인 듣기는 상향식, 하향식 과정 단독으로만 이루어질 수 없고, 두 과정의 상호작용이 필요하다. 즉, 청자는 자신의 사전 지식을 활용해 듣는 내용에 대해 추론함과 동시에 듣기 자료에 관한 음성-어휘-구문-의미적 정보 이해를 바탕으로 들은 내용에 대해 파악할 수 있다. 이것이 상호작용적 듣기 과정이며, 이는 상향식 과정과 하향식 과정이 상호 보완적으로 청자에게 이루어질 수 있음을 말한다. 실제로 청자는 사전 지식과 언어적 지식의 상호작용에 따라 더 효과적으로 음성 정보의 이해에 도달할 수 있는바, 교사는 적절한 발문을 통해 학생들이 영어 듣기에서 상향식 과정과 하향식 과정을 모두 활용할 수 있도록 안내하는 것이 필요하다.

3 듣기의 기능

듣기는 이해 기능으로 모든 언어 기능의 기초적인 기능이면서도 감각의 경험을 인지로 처리하는 능동적인 활동이다. 효과적인 의사소통을 위한 듣기 기능을 Brown(1994: 242-3)은 다음과 같은 여러 가지 하위 기능으로 나누고 있다.

① 소리 식별하기
② 영어의 강세, 리듬, 억양의 형태와 의미 인지하기
③ 축약된 형태의 단어를 듣고 인지하기
④ 단어 경계를 알고 어순의 형태와 의미 인지하기
⑤ 다양하게 들려오는 말을 분석 처리하기
⑥ 휴지, 오류, 교정과 같은 실행변수를 포함한 말을 듣고 분석 처리하기
⑦ 문법 체계 인식하기
⑧ 문장의 주성분과 부성분을 구별하기
⑨ 여러 다른 문법 형태로 표현된 의미를 인지하기
⑩ 담화 법칙 인지하기
⑪ 대화를 듣고 상황, 참여자 및 목표에 따른 의사소통 기능 인지하기
⑫ 대화를 듣고 상황, 참여자 및 목표를 실세계에서 추론하기
⑬ 대화를 듣고 주요소, 보조요소, 신·구정보, 일반화 및 예시 등의 관계를 인지하기
⑭ 문자적 의미와 추론적 의미 구별하기
⑮ 말을 듣고 표정 및 제스처 등 신체언어로 반응하기
⑯ 듣기 전략을 개발하고 사용하기

이들을 크게 음성·음운 법칙(①~③), 문장 법칙(④~⑨), 담화 법칙(⑩~⑭) 및 듣기 전략(⑮~⑯)으로 묶을 수 있다. 그리고 담화 법칙(⑩~⑭)을 제외하고 정도의 차이가 있으나 위의 항목 중 초등학교에서는 ⑮~⑯이 직·간접적으로 많이 관련된다. 여기에서는 ③의 '약화된 단어를 듣고 인지하기'와 ⑯의 듣기 전략에 관해서 보다 자세히 살펴보겠다.

앞에서 언급하였듯 듣기는 말하기와 달리 들려오는 입력을 스스로 조절할 수 없다. 그렇기 때문에 화자가 의미를 전하면 청자는 어떤 형태라도 그것을 이해할 수 있어야 한다. 그런데 소리와 소리가 만나면 서로 영향을 주고받아 원래의 음에서 변화된다. 그래서 개별적인 단어의 발음이 문장 속에 들어가면 강세 법칙과 발음 환경의 영향으로 발음이 변하여 많은 경우에 약화되거나 사라지게 된다. 이런 변화는 발화하는 데 도움을 주기 위한 것이기 때문에 실제 언어 상황에서 자연스럽게 일어나는 현상이다. 따라서 듣기 능력을 향상시키기 위해서는 실제 언어 환경에서 일어나는 약화된 발음을 인지하고 이해할 수 있어야 한다.

학습자를 위한 중요한 듣기 전략 중의 하나는 생각을 하면서 추측하게 하는 것이다. 이전에 가지고 있는 지식을 활용하여 새로운 단어의 뜻을 설명하게 하거나, 그림이나

차트로 주어진 정보를 이용하여 과제를 수행하거나, 몸짓(gesture)과 같은 비언어적 정보를 이해하며, 목소리를 듣고 중요한 어휘를 인식하게 함으로써 듣기 전략을 익히게 한다. 이런 듣기 전략으로는 다음과 같은 것을 들 수 있다.

① 예측하기 : 듣기가 단순히 수동적인 활동이 아니라 능동적인 정신적 작용임을 말해주는 것으로 학습자로 하여금 다음에 이어질 내용이 무엇인지를 예측하게 하는 것이다. 교사는 학습자들의 예측과 실제로 들은 것을 비교해 보게 하고 점점 성공 경험을 제공함으로써 자신감을 갖게 한다.

② 추론하기 : 말하는 사람의 강세, 억양, 표정이나 제스처와 같은 신체어 등에 주의를 기울임으로써 말하는 사람의 의견이나 태도를 추론하고 그가 전하고자 하는 의미를 이해하게 한다. 특히 들려주는 이야기나 대화에서 많이 활용할 수 있다.

③ 맥락 파악하기 : 영어를 듣고 이해하기 위해서는 많은 단어를 알 필요가 있다. 이에 따라 듣기 자료를 들려주기 전에 중요한 단어를 미리 가르쳐 주기도 한다. 그러나 이미 알고 있는 단어만으로 된 자료는 극히 제한되어 있어서 많은 자료가 학습자가 이전에 학습하지 않은 단어를 포함하게 마련이다. 이런 단어 중에서 많은 수가 문맥과 상황 속에서 그 의미를 추측할 수 있는 것들이다. 주어진 맥락과 관련되어 학습자가 기존에 가지고 있는 배경지식을 활용하여 해당 단어 뜻을 추측하거나 전체적인 의미를 이해할 수 있으면 새삼스럽게 그 단어를 설명하거나 사전을 찾지 않아도 될 것이다. 이와 같이, 맥락 속에서는 그 의미를 추측하여 이해할 수 있지만 실제로 활용할 수는 없는 단어를 수동적 어휘(passive word)라고 하며 이 수동적 어휘를 확장해가는 것이 듣기 능력을 신장시켜 나가는 것이다. 참고로, 의미를 이해하고 실제 활용까지 가능한 단어는 능동적 어휘(active word)라 부른다.

④ 담화 유형과 표지 인식하기 : 담화에서 순서를 나타내는 어휘 즉 first, second, then이나 but, and, so 등은 다음에 나타날 말이 앞의 말과 어떤 관계에 있는지를 알려준다. 따라서 이야기나 일련의 설명하는 말을 듣는 데는 이런 어휘들을 인지하는 것이 전체적인 의미를 이해하는 데 매우 중요하다.

4 듣기의 단계별 지도

듣기 지도는 크게 듣기 전 활동, 듣기 중 활동 그리고 듣기 후 활동으로 나눌 수 있으며, 교사는 각 단계마다 목적에 맞는 적절한 지도를 해야 한다. 듣기 전 활동에서는 학습자가 목적을 가지고 듣게 만들어서 무슨 내용을 어떻게 들어야 하는지 구체적으로 제시하는 것이 중요하다. 듣기 중 활동에서는 학습자에게 실제적인 영어 소리에 접할 기회를 제공하고, 듣기 후 활동에서는 학습자가 자신의 듣기 능력에 자신감을 갖게 해야 한다.

(1) 듣기 전(pre-listening) 활동

듣기가 단순한 수동적인 행위가 아니고 능동적인 행위가 되기 위해서는 듣기 전 활동이 중요하다. 학습자가 아무런 준비 없이 듣기 활동을 하면 어쩔 수 없이 수동적인 듣기에 그치고 만다. 무엇인가 생각을 하면서 듣기 위해서는 먼저 듣기 자료가 준비되어야 하고 이어서 들으려는 학습 동기가 유발되어야 한다. 학습자는 들어야 할 뚜렷한 이유가 있고 흥미와 동기를 가지고 있어야만 내용에 몰입하면서 듣고 이해하게 된다. 듣기를 단순히 듣고 암기만 하게 하면 긴장과 불안감을 주어 듣기 기능을 개발시키지 못한다. 긴장감을 덜어주기 위해서 교사는 들려주는 것 중에서 특정 부분에만 주의를 기울이게 함으로써 학습자의 능동적인 듣기 능력을 개발시킬 수 있다.

듣기 전 활동에서는 들려주는 내용이 무엇에 관한 것인가를 예측할 수 있고, 주의해서 들어야 할 것이 무엇인가를 안내해 주는 것이 필요하다. 듣기 전 안내가 어떠했는지에 따라 학습자가 체감하는 듣기 난이도가 달라지기 때문이다. 이런 활동으로는 다음과 같은 것을 들 수 있다.

- 듣게 될 내용에 대한 배경지식을 활성화하고,
- 내용과 관련된 읽을거리 또는 그림을 주고,
- 듣기에 도움이 될 수 있는 새로운 어휘나 표현을 제시하고,
- 듣기 주제나 상황에 대해 토의하고,
- 안내 질문(guided question)을 주어 대답을 생각하게 하고,
- 듣기 활동을 위한 지시를 분명히 하고,
- 듣기 활동을 효과적으로 하는 방법을 생각하게 한다.

교실에서 하는 학습 활동이 완전히 실제적인 언어 상황일 수는 없다. 그러나 듣기 전 활동을 통해 언어 상황에 대한 구체적인 정보를 제공하고 그런 상황에서 자연스럽게 나타낼 수 있는 활동으로 느끼게 하는 것이 중요하다. 따라서 이런 활동에서는 듣는 내용을 자연스러운 맥락으로 만들어주어야 한다.

듣기 전 단계에서는 학습자가 듣기 활동에서 무엇을 해야 하는가를 분명히 이해할 수 있어야 한다. 무엇을 해야 하는가를 알지 못하는 상태에서 듣기 활동에 들어가면

활동 자체에 대한 관심을 갖지 못하여 듣기 학습에 대한 의욕을 잃게 되거나, 설령 관심을 갖는다 해도 모든 소리에 다 집중해야 하기 때문에 인지적 과부하 상황에 놓일 수 있다. 특히 자기주도적 학습이 요구되는 상황은 더욱 그렇다. 듣기 활동 이전에 무엇에 관해 얼마를 들어야 하는지를 알면 그것에 주의 집중을 하기 쉽고 목표 달성에 대한 안정감을 갖게 되어 다음 학습에 대한 동기를 유발하게 된다.

같은 내용의 듣기를 몇 번 되풀이하더라도 그때마다 뚜렷한 목적을 알려주어야 한다. 학습자의 활동이 단순히 맞고 틀린다고 판단하거나 비판하지 않고, 여러 가지 활동을 완성하도록 지원하고 격려해 주어야 한다. 이와 같은 듣기 전 활동을 선정할 때에는 주어진 시간, 이용 가능 자료, 학습자의 수준, 흥미, 공간, 학습 내용 등을 고려하여야 한다.

(2) 듣기 중(while-listening) 활동

듣기 중 활동에서는 학습자에게 입력되는 듣기 자료에서 세부 내용을 찾아내는 능력을 개발하도록 도와주어야 한다. 듣기 지도에서는 내용 예측하고, 예측한 것과 실제 내용을 비교하고, 이를 해석하는 것이 중요하다.

듣기 중 활동에서는 특히 흥미와 난이도를 정확히 고려하여야 한다. 흥미를 주기 위해서는 주제나 내용이 학습자와 관련된 주변의 것이거나 학습자의 인지 수준과 맞아야 한다. 또한 활동 자체의 성격과 학습 결과가 학습자에게 흥미롭고, 유의미해야 한다.

난이도 면에서는 목적을 알면 누구나 할 수 있을 정도로 쉬운 것이어야 한다. 실패 경험은 학습 동기를 잃게 만들 수 있으므로 대부분 학습자가 성공 경험을 할 수 있는 단순한 것이어야 한다. 그러므로 초기에는 어려운 것은 피하고 도전감과 인내력을 주기 위해 간접적으로 이용하는 편이 바람직하다.

이전 학습 지식을 많이 필요로 하는 듣기 활동은 바람직하지 않다. 이런 활동은 듣기 자체보다 지식의 공백을 채우는 데 시간이 오래 걸리며 또한 이미 알고 있는 학습자로 하여금 흥미를 잃게 할 수 있기 때문이다.

또한 듣기 중 활동에서 듣고 쓰게 하는 활동은 자칫 학습자의 주의력을 분산시킬 수 있다. 문어는 구어와 다르기 때문에 들으면서 2~3회 이상을 쓰게 하는 것은 좋지 않다. 활동은 단순할수록 바람직하고 듣기만 잘 하면 쉽게 할 수 있는 것이어야 한다. 가령 정확한 문장을 쓰게 하지 않고, 표시나 도형으로 나타내기를 할 수 있다.

많은 수의 문장을 듣고 순서대로 배열하는 것은 어려운 일이다. 왜냐하면 끝까지

들을 때까지 모든 것을 기억 속에 넣어 두어야 하기 때문이다. 이런 유형을 할 때는 그 숫자를 극히 제한하고 유의미한 언어 능력측정 이외의 불필요한 함정 요소는 포함시키지 말아야 한다. 그리고 배열하고 나서 확인할 수 있는 기회를 주는 것이 바람직하다. 듣기 중 활동은 듣기 본래의 활동으로 그림에 해당 사항 표시하기, 그림 배열하기, 그림 완성하기, 그림 그리기, 행동하기, 모형 만들기나 종이 접기, 길 찾기, 그물망 채우기, 표나 차트 완성하기, 이름 붙이기, 리스트 작성하기, 진위형 문제, 선택형 문제, 빈칸 채우기, 오류 찾기, 예측하기, 특정 정보 찾기, 이어질 내용 예상하기, 짝 맞추기 등 매우 다양하다. 자세한 예시는 6항의 듣기 활동 유형에서 제시될 것이다.

듣기 중 활동 과정 또는 활동이 끝난 후 학습자에게 즉각적인 피드백이 주어져야 한다. 과제 수행이 성공했는지 어떤지 또는 어느 정도 성공했는지, 실패했으면 왜 실패했는지를 학습자에게 알려줄 필요가 있다. 피드백이 즉각적으로 주어지지 않고 나중에 주어 지면 관련 주제에 대한 관심을 잃게 된다. 피드백은 개별 또는 모둠 단위로 제공될 수 있고, 이것은 자연스럽게 듣기 후 활동으로 이어진다. 이때, 교사의 피드백뿐만 아니라 동료 및 자기 피드백 제공을 통해 학습자가 더욱 중심이 되는 수업을 운영할 수 있다.

(3) 듣기 후 활동(post-listening)

듣기 후 활동은 실제적인 듣기 활동이 끝나고 행해지는 모든 활동을 일컫는다. 여기에는 듣기 전 활동과 듣기 중 활동이 연장되는 것도 있고 듣기 입력 자료 자체와 관련되는 것도 있다.

가장 보편적인 듣기 후 활동은 들은 내용의 이해 여부를 점검하는 선택형(multiple choice)이나 단답형 질문이 있다. 그러나 이런 질문에 답하기 위해서는 실질적으로 읽기와 쓰기 및 말하기의 능력이 필요하기 때문에 들은 것을 이해했어도 답을 못해 이해하지 못한 것으로 잘못 분류되는 경우도 있다. 이처럼 들은 내용에 대한 이해 여부를 묻는 것은 듣기 후 활동의 한 유형이 될 수 있지만, 이것이 전부일 수는 없다.

듣기 후 활동을 해야 하는 또 다른 이유는 듣기 과제에서 무엇을 하여야 하는지를 제대로 이해하여 그 과제를 성공적으로 이행했는지를 점검해야 하기 때문이다. 이런 점검은 짧은 시간에 즉각적으로 이루어져야 하므로 교사가 구두로 답을 말해 준다거나 짝끼리 상호 점검하는 형태로 진행될 수 있다. 그러나 학습자가 수행한 것이 맞느냐 틀리느냐에 지나치게 집착하기 보다는 학습자가 잘못 이해했거나 이해하지 못한 부분에 대해 다시 생각해 볼 기회를 제공하는 편이 적절하다. 또한 틀릴 가능성이 높은 단편적인 언어 요소에 주의를 기울이거나 모든 것을 다 이해해야 한다는 생각에서 벗어나 애매하고 불분명한 것에 대처하는 능력 배양에 집중해야 한다. 그러기 위해서 교사는 학습자가 과제를 수행하는 데 중요한 것에만 주의를 집중하도록 해야 한다.

또한 듣기 후 활동은 듣는 사람의 태도와 모습을 생각할 여유를 주면서 상황 전체를 생각하도록 구성되어야 한다. 말이란 진공 속에서는 의미가 없다. 주어지거나 들려오는 말이 어떤 상황에서 사용되었으며 그 말을 할 때의 표정이나 기분까지도 짐작해 봄으로써 실제 언어 상황 속에서 듣는 듯한 즐거움을 가질 수 있다.

언어 학습은 단순 이해에 그치지 않고 실제로 적용할 수 있어야 하는 것이어야 한다. 유의미한 듣기 후 활동은 과거의 영어교육에서 학습을 이해하는 것에 국한시킨 문제점을 탈피하도록 구성되어야 한다. 제대로 구성된 듣기 후 활동은 들은 언어 내용에 대해 주제를 심화시키거나 학습 내용을 다른 상황에 전이시켜 줄 수 있는 기회를 제공해야 한다. 이런 경우에는 듣기 기능이 단독으로 일어나기보다는 주로 다른 언어 기능과 함께 일어나게 된다. 듣기 후 활동에서 학습자는 생각하고, 해석하고, 토의하며, 추가적인 쓰기 작업을 하게 되어 활동 시간이 길어질 수 있다. 따라서 듣기 후 활동을 계획할 때는 언어 활동의 양, 시간, 다른 언어 기능, 활동 조직의 유형, 학습 동기 등 여러 요인을 고려해야 할 것이다. 듣기 후 활동으로 많이 활용되는 유형에는 표 및 차트 완성하기, 순서 및 등급 매기기, 문장과 짝 맞추기, 요약하기, 문제해결이나 판단 활동을 위한 정보 도출하기, 대화자 사이의 관계를 인지하기, 대화자의 정의적 상황 파악하기, 역할극, 받아쓰기, 나누어 듣기(jigsaw listening), 딕토글로스(dictogloss) 등이 있다. 이러한 활동은 듣기 중에도 많이 활용될 수 있다.

듣기 기능은 언어 기능의 기초적인 기능이기 때문에 듣기 활동은 다른 활동과 통합될 수 있다. 즉, 듣기 전 활동에서는 들으려는 동기를 유발하고, 듣기 중 활동에서 주어진 과제를 수행하며 듣기 후 활동에서 이를 점검하거나 말하기, 읽기 및 쓰기와 통합시켜 영어 수업을 더욱 심화할 수 있다.

5 듣기 지도의 전략

(1) 모든 단어를 다 들어야 한다는 강박관념에서 해방시켜라.

듣기는 능동적인 과정이다. 어린이는 듣는 동안에 목적 행위에 동기화되고 적극적으로 참여할수록 주의 집중을 잘하고 효과적으로 이해하게 된다. 어린이는 모든 것을 다 듣지 않고도 전체의 의미를 파악하는 능력을 가지고 있다. 부분적인 것을 듣고 전체를 이해하는 것은 효과적인 듣기 능력과 상통한다. 왜냐하면 효과적인 듣기란 불필요하거나 중요하지 않은 것을 무시하고 중요한 것만을 가려내어 이해하는 것이기 때문이다. 모든 것을 다 이해하기를 바라는 것은 가능하지도 않을 뿐만 아니라 무작정 시도해서도 안 된다. 들려오는 모든 것에 지나치게 주의집중을 하다보면 의미의 흐름에 따라 나타나는 영어의 자연스런 휴지를 이용하지 못하고, 어린이를 계속적으로 긴장하게 만들어 지나친 부담감만 안겨주고 끝내는 학습에 흥미를 잃게 만든다. 무엇보다도 들려오는 모든 것을 모두 이해하려고 하다 보면, 중요한 것이 무엇인지 말한 사람의 의도가 무엇인지를 파악하지 못하게 되어 나무를 찾다가 숲을 보지 못하는 격이 된다. 따라서 듣기 활동에서는 중요한 것이 무엇이며 주의집중을 해서 들어야 하는 것이 무엇인지를 사전에 알려주고, 이를 이해할 수 있게 적극적으로 도와주어야 한다. 이렇게 학습자는 모두 듣지 않고도 전반적인 내용을 이해할 수 있다는 것으로부터 듣기에 대해 자신감을 갖고 편안한 마음으로 학습을 할 수 있다.

(2) 학습자에게 들어야 하는 이유를 분명히 한다.

언어 입력을 수동적으로 듣는 것은 따분한 일이다. 학습자에게 왜, 그리고 무엇을 들어야 하는지를 분명히 해주는 것이 중요하다. 이들은 듣기 전이나 듣는 중이나 들은 후에 무엇을 해야 하며 어떤 부분에 주의를 집중시켜야 하는지를 알고 있어야 한다. 예를 들어 듣는 중에 무엇인가를 그리게 할 때에는 이들이 그려야 할 구체적인 대상을 뜻하는 단어에 주의를 기울여야 할 것이며, 또 대상을 설명하고 색깔, 크기, 모양, 위치 등을 나타내는 말에 주의를 집중시켜야 한다. 듣기 지도의 세부 목표로는 다음과 같이 여러 가지가 있다.

① 듣기 태도 기르기

듣기 태도를 기르기 위해서는 즐거움을 위한 듣기, 주의 집중의 시간 늘리기, 기억력을 개발하기 위한 것 등이 포함되며 이를 위해 ‘Simon says’ 같은 여러 게임이 이용된다.

② 영어 자체를 익히기

발음, 강세, 리듬 및 억양을 익힐 뿐 아니라 새로운 어휘와 구조에 익숙해지기 위해서 듣기를 하게 된다. 노래와 운율을 들음으로써 발음을 익히게 되고, 이야기를 들음으로써 단순 과거시제를 익히게 되며 여러 가지 새로운 어휘를 익히게 된다.

③ **개념 발달의 강화**

이야기와 같은 음성 언어 자료는 색깔, 크기 및 인과 관계와 논리 등에 대한 개념이 단순하면서도 반복되어 나타나기 때문에 이와 같은 개념 발달에 효과적이다.

④ **다른 사람과 상호작용하기**

듣기는 다른 사람과 의사소통함에 있어서 매우 중요한 기능이다. 이를 위해 교사는 학습자로 하여금 조사 활동을 하게 하거나 게임을 하게 함으로써 다른 사람과 상호작용을 하면서 의미 협상을 위해 듣고 묻고 대답하도록 지도해야 한다.

⑤ **문자 학습을 지원하기 위해**

문자 언어는 음성 언어 이후에 도입되는 것이 바람직하다. 따라서 교사는 문자 언어를 가르칠 때 이미 알고 있는 음성 언어를 중심으로 학습하면서 음성 언어에 해당하는 단어카드나 문장을 연결시키는 등의 단계별 전략을 세밀하게 조직한다.

(3) 제스처, 표정 그리고 시청각 자료를 많이 활용해야 한다.

언어란 추상적인 상징 체계이다. 따라서 추상적인 개념이 제대로 발달되지 않은 초등학생이 언어 자체만으로서 의미를 끌어내기는 쉽지 않다. 모국어를 처음 배울 때 아기도 언어에서 의미를 끌어내는 것이 아니라 엄마나 주변에서 보여주는 표정과 몸짓 및 손짓을 보고 함께 사용되는 말의 의미를 익힌다. 초등학교 어린이들도 영어를 처음 들으면 단지 소음으로 인지할 것이다. 이들이 영어의 소리에서 아무런 의미를 끌어낼 수 없기 때문이다. 그러므로 말하는 내용에 구체적인 의미를 나타내기 위해서는 제스처, 표정을 많이 사용하고 여러 가지 실물과 시청각 자료를 활용해야 한다.

언어의 의미를 보충해주는 시청각 자료를 많이 활용하는 것도 잉여적인 요소를 증가시켜 의미정보를 추출하기 쉽게 해준다. 교사가 말과 함께 얼굴표정, 제스처를 크게 하거나 교과서 DVD, 웹 기반 영상 자료를 사용하는 것도 같은 맥락에 해당한다. 이러한 다중모드(multimodal) 듣기는 주어진 언어 입력에 대한 이해를 촉진시킬 수 있다. 이와 관련된 각종 매체의 활용은 본 장의 3절 '보기(viewing)'에서 더 자세히 다루도록 한다.

(4) 듣기의 결과가 드러나는 다양한 과제를 제시하라.

학습자의 머릿속을 직접 볼 수 없으므로 듣기의 결과는 학습자가 듣기 중 또는 후에 수행한 과제의 결과를 통해 확인할 수 있다. 대체로 학습자는 말하는 것보다 더 많은 것을 이해하고 있는 경향이 있다. 이들은 말을 하기 이전에 언어에 반응할 줄 안다. 말을 하기 전까지의 침묵 기간(silent period)에도 이들은 주변의 언어를 듣고 내면화시켜 언어에 대한 자신의 문법을 형성해 간다. 이 문법은 더 많은 언어에 노출됨으로써 계속해서 수정되고 확장되어 간다. 말할 준비가 되기 전에 말하기를 강요하면 과중한 스트레스를 받아 영어에 대한 흥미를 잃게 될 수 있다. 이 침묵 기간에 영어에 접할 기회를 많이 제공해 주어 학습자가 스스로 영어에 대한 문법을 형성하는 데 도움을 주고, 비언어적인 반응을 요구함으로써 말하기에 대한 부담을 줄여주어야 한다.

특히 어린이들은 정신작용만을 하는 것보다는 신체적인 움직임을 통한 물리적인 활동을 좋아하기 때문에 듣기에서도 신체의 움직임을 통한 여러 다양한 활동을 부과하는 것이 효과적이다. 이런 활동으로는 그리기, 색칠하기, 행동하기, 짝짓기, 순서 맞추기, 만들기, 완성하기, 변형하기 등이 있다.

(5) 가능한 한 교실 영어(classroom english)를 많이 활용하라.

언어를 배우는 좋은 방법은 실제 의사소통의 수단으로 목표어를 사용하는 것이다. 초등학교에서 영어를 배우는 학습자들은 게임을 하고, 노래를 부르고, 이야기를 보고, 듣는다. 특히, 교사의 말에 집중하는 데 많은 시간을 보내게 된다. 따라서 교사가 수업 진행에 자주 사용하는 지시, 부탁하거나 고마움을 나타내는 말, 평가적 피드백 등을 영어로 하는 것은 학습자에게 실제적인 영어 사용의 경험을 제공하는 것이므로 중요하다. 이는 교실 영어로서 수업 중 반복적으로 다루는 것이 좋으며, 학습자가 익숙해질 때까지 교사의 다양한 표정 및 제스처를 함께 할 필요가 있다.

(6) 듣기 자료는 학습자의 인지 능력을 고려하여 흥미 있고 쉬운 것이어야 한다.

적절한 수준의 듣기 자료는 듣기 기능을 개발하고 학습자의 전반적인 언어 학습에 도움이 되는 것이어야 한다. 초등학생의 듣기 자료는 평이하고 직선적인 내용이어야 한다. 즉, 이들의 인지 능력을 고려하여 추상적인 개념보다는 구체적인 내용으로 학습자가 관심을 가질 수 있도록 한다. 따라서 재미있는 이야기나 그림을 함께 제시하는 것은 어린 학습자에게 듣고 싶은 동기를 불어넣는다.

Krashen은 적절한 수준의 듣기 자료는 이해 가능한 입력(comprehensible input)이라 하여 학습자의 현재 언어 수준보다 약간 상회하는 수준(i+1)이라고 하였다. 이미 학습하여 알고 있는 자료에 더하여 새로운 학습 내용이 있는 자료는 학습자에게 도전감을 주고 적절히 반응하게 할 것이다.

6 듣기 활동의 유형

효과적인 초등학교에서의 듣기 학습은 단순히 소리만 듣고 인지하고 이해하는 활동보다는 실질적인 행동으로 나타낼 수 있도록 구성되어야 한다. 특히, 영어 표현 능력이 발달 되지 않은 상태에서 듣기에 대한 언어적 반응을 요구하게 되면 영어 학습에 부담감을 느껴 흥미를 잃기가 쉽다. 아이가 모국어를 배우는 과정에서도 말하기 이전의 침묵기간 동안 고도의 정신 작용이 일어나고, 그 결과가 행동으로 나타남을 보여주듯이, 초등학교 학습자에게도 그러한 정신 작용이 행동적 반응을 통해 나타날 수 있는 듣기 활동을 제공해야 할 것이다. 여기서는 듣기의 유형을 크게 네 가지로 나누어 ① 듣고 행동하기(Listen and do) ② 정보 듣기(Listen for information) ③ 듣고 따라 하기(Listen and repeat) ④ 이야기 듣기(Listen to stories)로 제시하고자 한다.

(1) 듣고 행동하기(listen and do)

듣기는 수동적이고 정신적인 행위가 아니다. 발화를 하기 이전에도 언어적인 반응은 아닐지라도 비언어적인 반응은 보이기 마련이다. 영어 학습의 초기 단계에 비언어적인 반응을 요구하면 추상적인 언어를 구체화시킬 수 있고, 어린이의 육체적인 성장을 도울 뿐만 아니라, 움직임과 변화를 통하여 학습을 보다 흥미롭게 할 수 있다. 이런 활동 유형에는 다음과 같은 것들이 있다.

① Write down the number

발음이나 단어 및 짧은 어구 등을 정확하게 듣도록 이끌기 위해 학습자에게 숫자를 적게 하는 방법이다. 이 활동은 분위기를 조용하게 하며, 학습자가 기존에 알고 있는 숫자를 적는 것이기 때문에 별다른 부담을 받지 않아 쉽게 적용할 수 있다. 그러나 처음에 시작할 때에는 교사의 시범과 학습자의 시범을 단계적으로 보여주어 전체에게 적용할 때는 어떻게 하는지를 충분히 이해하고 있어야 한다. 과일 이름을 가지고 예를 들어보자.

예 apple, pear, orange, melon

준비물 : 사과, 배, 오렌지, 참외의 그림 카드

진　행 : 1) 그림 카드를 하나씩 칠판에 붙이면서 발음한다.

apple – apple　　pear – pear

orange – orange　　melon – melon

2) 각각의 카드 아래에 숫자 1, 2, 3, 4를 적는다.

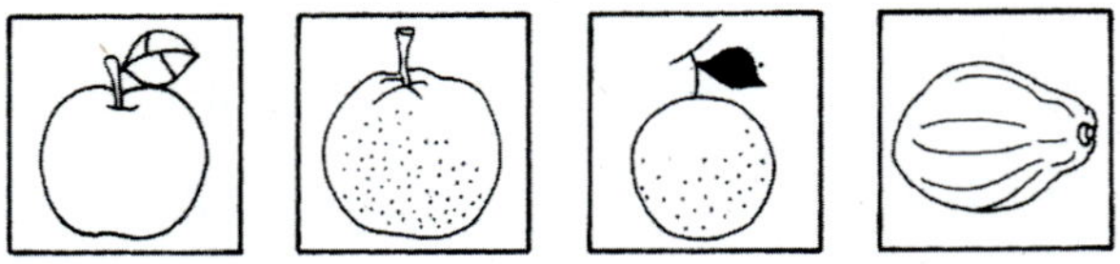

1 2 3 4

3) 과일 이름을 발음하면서 해당 번호를 적는다.

pear, pear - 2 orange, orange - 3

4) 어린이 하나를 나오게 하여, 교사가 발음하면 해당 번호를 적게 한다.

5) 또 한 어린이를 나오게 하여 먼저 나온 어린이가 발음하면 해당 번호를 적게 한다.

6) 모든 어린이가 어떻게 하는가를 이해했다고 생각될 때 교사가 발음하면 해당 숫자를 적게 한다. 끝나고는 확인을 한다.

② Instructions

영어를 의사소통 도구로 인식시켜 직접 지시나 설명을 영어로 한다. 수업 상황에서 자주 반복적으로 일어나는 지시어들을 처음에는 표정이나 제스처 등 많은 시각적인 보조물과 같이 사용하다가 점점 줄여가면 효과적일 것이다. 이런 지시어의 경우 영어 이해 여부를 지시나 설명에 따라 행한 결과를 보면 알 수 있다.

예 Open/Close your book.
Put your hand up.
Repeat after me.

이 같은 지시어를 말할 때에도 학습자의 언어 수준이 높아짐에 따라 한 문장으로 끝나지 않고 계속 이어가면 더욱 흥미를 유발할 수 있다.

예 Read the book
① Go to the bookshelf.
② Look at the books.
③ Pick up a book.
④ Look at the book.
⑤ Open the book.

⑥ Read the book.

⑦ Close the book.

⑧ Put the book away.

③ Total Physical Response(TPR)

어린이들은 지시나 명령에 따라 신체를 움직이기를 좋아한다. 첫 단계에서는 교사가 말을 하고 동작을 보여주고 다음 단계에서는 학생과 같이 행동을 하고 세 번째는 교사는 말만 하고 학생이 행동을 하게 한다. 학습 주제나 학습 사항에 따라 다양한 예를 제시할 수 있다.

예 수업 지시어 : Stand up./ Sit down.
Give X a pencil, please.
Open/Close the door.

신체 지시어 : Touch your partner's back.
Put your hand on your head.
Hold up three fingers.

일상 행동 표현 : Eat an orange.
Drink hot water.
Go to the shop and ask for a notebook.

위치 표현어 : Put your pencil on the floor.
Put your book under the chair.

조건 표현 : If you can swim, clap twice.
If you can play the piano, put your hand up.

물리적 행동표시 : Hold hand with someone with black hair.
Touch someone who is wearing a red shirt.

비교 표현 : If X is taller than Y, put up your left hand.
If you are older than me, clap your hands three times.

좋고 싫은 표현 : If you like apples, pretend you are eating one.
If you don't like eggs, make a face.

일반 상식 : If London is the capital of England, put up your hand.
If a spider has eight legs, clap eight times.

학습에 흥미를 주기 위해서 유별난 지시를 할 수도 있고, TPR을 활용한 'Simon says' 같은 게임을 할 수도 있다.

예 Stand by the door.
Hop on your left foot 5 times.

이런 활동을 통하여 특정 어휘, 숫자 세기, 철자 쓰기 등을 할 수 있으며, 말을 이해하지 못했을 때에 어린이 스스로가 동료의 행위를 보고 의미를 이해하거나 잘못을 교정할 수 있다.

④ Put up your hand when

특정 소리나 단어를 들으면 손을 들게 하는 활동이다. 또한 숫자 등 일련의 단어를 나열해가는 것을 듣고 빠진 단어를 알면 손을 들게 할 수도 있다. 어린이들은 움직이기를 좋아하기 때문에 언어에 대한 반응을 이렇게 손을 들게 하거나 일어서게 하거나 손뼉을 치게 하는 등 신체 반응으로 요구하면 효과적이다.

⑤ Mime stories

교사가 이야기를 하고 그것을 행동으로 나타낸다. 학습자는 교사의 행동을 보고 따라 하면서 의미를 익힌다. 다음에는 교사는 행동하지 않고 이야기를 하면 학습자가 행동으로 나타낸다. 따라서 이야기의 자료는 행동을 크게 나타낼 수 있는 것이 좋다. 다음 예에서는 섬의 지형을 칠판이나 큰 종이에 미리 그려 놓으면 좋을 것이다. 이야기가 진전되면서 해당 지점에서 직접 행동으로 나타낼 수 있다.

예 You are on Treasure Island. You walk and you walk and you walk. You see a bridge. Walk across the bridge. You see a wide river. Swim across the river. You see a high mountain. Climb the mountain. You see a volcano. Run around the volcano. You see a dark cave. Tip-toe into the cave. You see a treasure box. Open it up. What's inside?

⑥ Drawing

그리기는 어떤 수준에서나 활용될 수 있는 활동이다. 초보 단계에서는 단순한 그림을 그리게 하다가 점차적으로 복잡한 그림으로 넘어갈 수 있다. 교사는 학습자의 그림 그리는 능력을 보는 것이 아니라 들려주는 영어를 얼마만큼 이해하느냐에 초점을 두어야 한다. 약간 복잡한 것을 설명할 때는 이미 그려진 것을 스티커로 만들어 두고 해당 그림을 떼어 붙이게 할 수도 있으며, 특정 패턴이나 배열을 위한 모형을 사용할 수도 있다. 그러나 나이가 어릴수록 그리는 행위 자체를 즐기기 때문에 간단한 것을 그리게 하여 나중에 전시하게 함으로써 학습동기를 유발할 수 있다.

한편, 그리기는 한 사람이 주어진 그림을 보면서 설명하면 다른 사람은 그 설명을 듣고 그려서 비교하는 짝 활동(pair work)으로도 유용하다. 여기에서 역할을 바꾸어서 할 수 있기 때문에 듣기와 동시에 말하기 활동도 겸하게 된다. 다음은 눈사람(snow man)을 그리는 과정이다.

- Draw a circle.
- Add two eyes.
- Add a nose.
- Add a mouth.
- Add a body.
- Draw two arms.
- Draw two legs.
- Add a hat on the head.
- Add three buttons.

⑦ Coloring

어린이는 그리기와 함께 색칠하기를 즐긴다. 색칠하기는 그리기에 이어지는 활동으로 많이 활용된다. 색을 칠할 때는 다음 예와 같이 말을 듣고 색을 칠하게 하지만 짝 활동에서는 처음에 한 쪽이 좋아하는 색을 임의로 칠하게 한 다음 그것을 상대방에게 보여주지 않고 말로써 일러주어 똑같이 칠하게 할 수도 있다. 이럴 때에는 물론 듣기와 동시에 말하기를 위한 활동이 된다.

예 다음 그림은 멋쟁이 민호입니다. 잘 듣고 옷을 예쁘게 색칠하여 보세요.

My shirt is red.	My jeans are blue.
My shoes are yellow.	My socks are orange.
My hair is black.	My hat is brown.

⑧ Completing pictures

미완성된 그림을 보여주고 지시하는 것을 듣고 남은 여백을 그려서 완성하거나 색을 칠하게 한다. 여기서도 중요한 것은 그림을 잘 그리느냐 못 그리느냐가 아니라 얼마만큼 이해했느냐이다. 따라서 그리는 대상은 일상적인 것으로, 그리기 쉬운 것으로 하거나 사물의 특징만을 간단히 나타내게 한다. 어린이는 잘하고 싶은 욕구를 가지고 있기 때문에 듣는 순간에는 형태만 구성하고 시간을 더 주어 예쁘게 완성시키게 하는 것도 나쁘지 않다.

예 그림을 보고 말하는 것을 그려 넣고 예쁘게 색칠하세요.

- Draw a bird in the tree.
- Draw four flowers under the tree.
- Draw a book on the table.
- Draw a boy next to the desk.
- Draw a man behind the bus.

- Draw a girl in front of the window.
- Draw a ball under the table.

⑨ Making models

만들기와 종이 접기는 듣기 능력을 연습시키는 데 효과적일 뿐만 아니라 어린이들의 눈과 손의 동시 동작을 발달시킨다. 구체적인 사물을 직접 구성하면서 의미를 구체적으로 나타내주어 어린이들에게 성취감을 느끼게 한다. 이를 위해서는 교사는 사전에 시범을 보일 수 있을 정도로 충분히 연습하여 구체적이고 중요한 말은 영어로 하고, 세밀하고 어려운 동작들은 'like this'와 같은 말을 하면서 직접 보여준다. 그리고 만들기는 만드는 그 자체로서도 재미있는 학습 활동이 되지만 더 좋은 것은 만든 자료를 학습에 직접 활용할 수 있는 기회를 주는 것이다. 다음에 마스크를 만드는 예를 소개하는데 이 마스크를 쓰고 로봇(robot) 게임 같은 것을 할 수 있다.

예 마스크 만들기

준비물 : Paper bags, colored pencils, scissors, glue, pictures

절　차 : ① Put a paper bag over your head.

paper bag　　child's head

② Put your finger into water and wet the paper where your eyes, nose and mouth are.

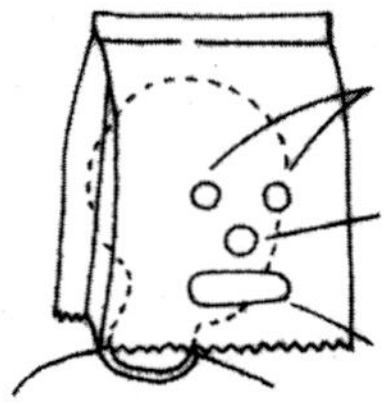

③ Take off the bag and put it on the desk.

④ Draw circles for eyes, nose and mouth. They are wet.

⑤ Press hard with your pen or pencil outlining the four holes, many times. Push the paper out to make the holes.

⑥ Cut out, for the eye and nose and mouth, the shapes from somewhere.

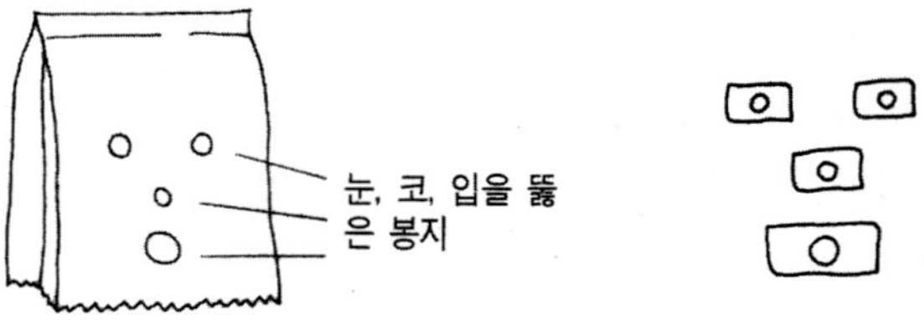

⑦ Stick the cut-out shapes onto the holes of the bag.

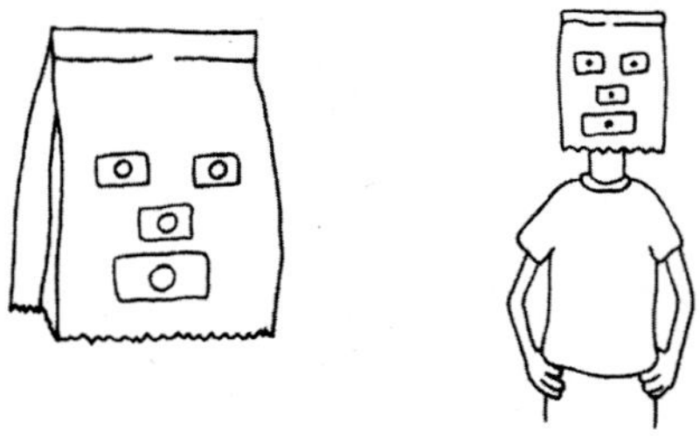

⑧ Did you make your mask?

The shapes may vary.

What shape is yours?

⑩ Listening grid

이는 능동적인 듣기 활동의 대표적인 것 중의 하나이다. 학습자는 들려주는 말에서 표의 가로와 세로에 나타난 구체적인 것만 듣고 해당란에 표시하는 활동으로 전체를 다 듣지 않고도 과제를 수행할 수 있음을 보여준다. 다음 예는 위치를 나타내는 말을 듣고 표시하는 것이다.

예 The cup is on the desk.
The cat is under the chair.
The girl is in front of the tree.
The dog is behind the house.

(2) 정보 듣기(Listening for information)

듣기 활동의 또 하나의 유형은 듣고 특정 정보를 찾는 것이다. 여기에는 여러 가지 방법이 있는데 초등학교에서는 주로 단어 혹은 짧은 말이나 문장을 듣고 유사점이나 차이점, 순서 등을 찾게 할 수 있다.

① Identifying

이것은 사람이나 사물의 특성을 기술하고 그에 해당하는 것을 찾는 활동이다. 구체적으로는, 잃어버린 사람이나 물건을 찾는 활동이나 범인의 인상착의, 괴물의 목격담을 듣고 해당되는 것을 고르게 할 수 있다.

예 다음은 괴물들에 대한 내용입니다. 잘 듣고 해당하는 괴물 그림에 번호를 적으세요.

① This monster has two heads and three legs.

② This monster has only one leg, but it has five arms.

③ This monster has one very big eye and two big ears.

④ This monster has five eyes and two big teeth.

⑤ This monster does not have a body.
It has a big head, four arms and two legs.

⑥ This monster has four legs and long toes.
It has no hands and no arms.

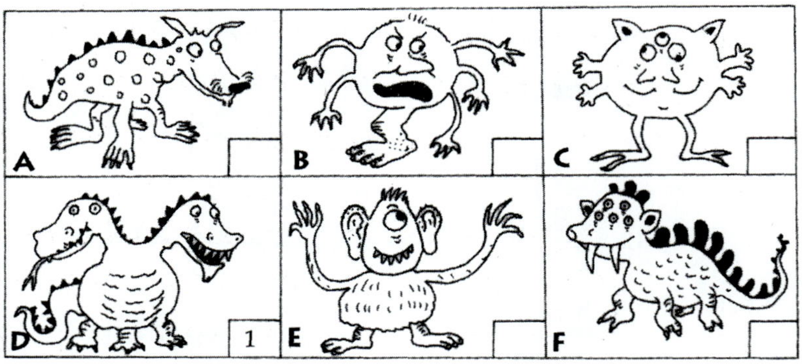

예 Have you seen the bus driver?

이는 하나의 전체 게임 형태로 할 수 있는 것으로 술래 한 사람을 제외하고 모두가 큰 원을 그리며 둘러선다. 원 밖의 술래가 원 속의 어떤 사람과 다음과 같이 말을 주고받는다.

술래 : Have you seen the bus driver?

P1 : What was he wearing?

술래 : <u>His shirt is red and his pants are blue.</u>

술래가 원 속의 특정인을 생각하고 밑줄친 문장과 같이 말하면 이 말이 자기를 가리킨다고 생각되는 사람이 빨리 원을 빠져나와 술래를 뒤따라간다. 만약 술래가 그의 자리까지 와도 모르고 있으면 그가 다음의 술래가 되어 게임은 계속된다. 그리고 the bus driver 대신에 my father, my friend, my teacher 등 여러 가지로 바꾸어 할 수 있다.

② Find the information

정보를 찾는 활동으로는 사람이나 사물 인식하기, 화자가 말한 것을 표시하기, 잘못된 것을 찾아내기, 세부사항 점검하기, 택일하기 등 여러 가지 유형이 있다. 이런 유형들은 듣기 자체에 주의를 집중시킬 수 있다. 그림의 유형으로는 사람, 실내나 실외의 경치 등이 다양하게 활용될 수 있으며 유사점과 차이점 등을 기술하는 정도에 따라 난이도를 조절할 수 있다.

예 Buildings

1. 그림을 보면서 대답하게 하는 여러 가지 질문을 줄 수 있다.
   ① How many cars can you see?
   ② How many people are there in the park?
   ③ How many buildings are there? And what are they?
   ④ Is the library in the school?
2. 말을 듣고 어느 건물에 있는지 맞추는 게임을 할 수도 있다.

> Where am I?
> I am in a long room. There are many beds in the room.
> People sleep in the beds.
> Answer: Hotel

③ Listening for the mistake

특정 그림이나 사물을 보여주면서 의도적으로 잘못 기술해준 뒤에 무엇이 잘못 되었는가 찾아내는 활동이다. 이 경우에도 너무 미세한 부분에 대한 것이면 어려워지기 때문에 학습자의 수준을 고려하여 듣기 자료를 선정한다.

예 다음을 잘 듣고 그림에서 일치하지 않는 부분에 X표를 하세요.

녹음 I eat breakfast at 7:30.
I eat with my mom and sister.
My father isn't there.
He leaves for work at 7:00.

④ Putting things in order

일련의 순서가 있는 여러 장의 그림을 아무렇게나 제시하여 내용을 듣고 순서대로 배열하는 활동이다. 주로 이야기와 음식 요리하기 그리고 종이접기와 만들기 등에서 많이 활용될 수 있다. 이 활동도 모든 것을 이해하지 않고 할 수 있는 활동으로 학습자에게 부분 정보를 가지고 모험을 해보는 기회를 제공할 수 있다.

예 To make a sandwich

먼저 다음 그림을 나누어 주고 무엇이 있는지 눈여겨보게 한다. 1번을 말해주고는 해당 그림을 찾아 그 부호를 1번 란에 적는다. 그림을 완전히 자르게 한 경우에는 해당 그림을 찾아 제일 먼저 두면 된다.

T : You need a slice of ham, a roll, some lettuce, some butter and some mayonnaise.
Is it this picture?

그리고는 두 번째 해야 되는 말을 하고 해당 그림을 찾게 한다. 계속하여 샌드위치를 만들어서 먹는 이야기까지 해 주고는 그림을 순서대로 나열하게 한다.

① You need a slice of ham, a roll, some lettuce, some butter and some mayonnaise.
② First cut the roll in half.
③ Butter the two pieces of roll.
④ Put the ham onto the bottom half of the roll.
⑤ Spread a little mayonnaise onto the ham.
⑥ Now put some lettuce on top of the ham.
⑦ Put the top of the roll on top and press it down.
⑧ Eat it.

예 이야기 듣고 그림 순서 맞추기

Barker, a dog, was watching TV. He went quietly into the kitchen. There was a big steak on the table. He climbed onto a chair. Then Ken came into the kitchen. Ken shouted at Barker. Barker ran out of the kitchen.

⑤ Filling in missing information

빈칸 채우기는 전통적으로 많이 하는 활동이다. 그러나 단순히 문장 속에 단어를 쓰기 보다는 표나 그림을 사용할 수도 있다. 다음은 물건의 소유주를 나타내는 것이다.

선으로 연결되어 있는 것은 소유주를 나타낸 것이다. 연결되지 않은 물건이 누구의 것인지 잘 듣고 선으로 연결하게 한다.

예 In-ho's or Da-hae's

The pencil is In-ho's.	The book is Da-hae's.
The notebook is In-ho's.	The ruler is In-ho's.
The car is Da-hae's.	The doll is Da-hae's.
The cap is In-ho's.	The bag is Da-hae's.

⑥ 듣고 정보 교환하기

짝 활동이나 소집단 활동에서 정보 교환을 하는 것으로, 가령 학습자는 설문지와 같은 것을 메우기 위해 질문하고 답하면서 조사활동을 한다. 특히 교사는 대답을 주의 깊게 듣고 표나 차트에 기입하게 함으로써 학습자가 사실 기억과 이해를 돕는다. 이를 위해 좋아하는 스포츠, 동물, 음식이나 취미, 생일 등 겉으로 드러나지 않은 것으로 하는 것이 보다 효과적이다.

(3) 듣고 따라 하기(listen and repeat)

듣고 따라 하기 활동 유형은 영어의 발음, 강세, 리듬, 억양 등에 익숙해지기 위한 활동이다. 그러나 단순히 듣고 따라 하는 것은 따분하고 재미없는 일이다. 영어의 소리를 익히기 위해서 따라 하기보다는 재미있게 활동에 참여하다 보니 영어의 소리를 익히게 되어야 할 것이다. 따라서 교사는 학습자가 단어나 문장을 따라 하는 것이 아니라 게임이나 노래, 챈트, 그리고 운율(rhyme)을 통해서 즐기면서 자연스러운 영어의 소리를 익히게 해야 한다.

① Rhymes

어느 언어에나 어릴 때 즐겨 듣고 부르던 자장가가 있다. 처음에는 자장가의 뜻을 모른 채 반복되는 리듬에 맞춰 흥얼거리면서 의미를 “느끼게” 된다. 영어에도 어린 아기를 위해 부르던 전통적인 자장가(nursery rhymes)와 현대적인 자장가들이 많이 있다. 이런 자장가는 반복이 많기 때문에 영어의 리듬을 자연스럽게 익히는 데 효과적이다. 자장가를 들려줄 때에는 관련된 그림 등을 보여주면서 개별적인 단어의 뜻보다 전체적인 의미와 리듬을 느낄 수 있게 해주어야 한다.

Humpty Dumpty sat on a wall
Humpty Dumpty had a great fall;
All the King's horses,
And all the King's men,
Couldn't put Humpty Dumpty together again.

② Chant

챈트 역시 영어의 강세, 리듬과 억양을 익히는 데 유익하다. 이것은 템포와 박자로 감정을 다양하게 표출하고 감정과 의도에 따라 강세와 억양을 다르게 하기 용이하다. 챈트에서 무엇보다 중요한 것이 박자이다. 이를 익히기 위해서 손이나 발로 박자를 맞추면서 영어의 리듬에 익숙해지고 동시에 어휘를 익히게 된다.

When I was a baby, a baby, a baby,
When I was a baby, I used to cry.
When I was a baby, a baby, a baby,
When I was a baby, I used to cry.
When I was a dog, I used to bark.
When I was a kitten, I used to purr.
When I was a bird, I used to fly.
But when I was a baby, a baby, a baby,
When I was a baby, I used to cry.

When I was a fish, I used to swim.
When I was a tiger, I used to bite.
When I was a bluebird, I used to fly.
But when I was a baby, a baby, a baby,
When I was a baby, I used to cry.

③ Song

노래는 자연스러운 발음을 익히게 하고 기억에 오래 남게 한다. 특히 어린이들에게는 소리만을 따라 하는 것보다 곡에 맞추어 행동을 하는 노래(action song)가 더욱 효과적이다. 어린이들은 노래를 좋아하지만 신체를 움직이는 것도 좋아한다. 다음 예는 우리 노래의 "우리 집에 왜 왔니?"에 어린이들이 가정에서 일상적으로 하는 행동을 노랫말로 붙인 개작노래이다. 따라서 밑줄친 노랫말에 여러 다른 행동의 노랫말을 대체 하여 내용에 따라 행동하게 하면 어린이들이 매우 즐거워할 것이다.

Chorus: Here we go round the mulberry bush
The mulberry bush, the mulberry bush
Here we go round the mulberry bush
On a cold and frosty morning.

This is the way we <u>clean our teeth</u>
<u>Clean our teeth</u>, <u>clean our teeth</u>

This is the way we <u>clean our teeth</u>
On a cold and frosty morning.

(4) 이야기 듣기(listening to stories)

이야기는 어린이의 성장에 중요한 역할을 한다. 그래서 여러 교육자와 심리학자들은 이야기가 어린이의 성장 발달에 커다란 영향을 미친다고 말한다. 이야기는 어린이들이 자신의 내면적인 상을 형성하는 데 도움을 준다. 설령 비현실적인 이야기라도 환상과 상상의 세계를 자극할 수 있다.

이야기의 효과를 최대한으로 나타내기 위해서는 친근하고 편안한 분위기를 조성해 주어야 한다. 이야기를 말해줄 때는 좌석 배치를 보다 안락하게 하고 긴장감을 없애줌으로써 들으려는 내용에 보다 더 마음을 열게 할 수 있다.

① Telling stories

영어를 아이의 수준에 맞게 단순화시켜 여러 가지 제스처와 표정을 지으면서 반복하고, 줄곧 어린이와 시선을 맞추는 것이 중요하다.

예 Father, son and donkey

▶ 준비 :

1) 이야기의 내용 구연에 앞서 중요한 어휘와 새로운 어휘를 미리 가르친다.
2) 이야기를 암기하여 거울 앞에서 표정을 살피면서 말하기 연습을 한다.
3) 이야기에 필요한 소년, 아버지, 당나귀의 그림이나 모형을 준비한다. 또 아버지가 당나귀를 탄 모습, 소년이 탄 모습, 둘이 같이 탄 모습, 당나귀를 메고 가는 모습을 준비한다.
4) Text :

A father and his son take their donkey to the market.
A man says, 'You are stupid! Why do you walk? You can ride the donkey!'
So the father gets on the donkey.
A woman says, 'You are not very kind. You ride on the donkey and your little boy walks!' So the father gets off the donkey and his son gets on the donkey.
A man says, 'You are not good! You ride and he walks!'So the father

gets on the donkey and sits behind his son.
A woman says, 'Is that your donkey? Are you crazy? Two people, you are very heavy. The donkey is nearly dead.'So the father and son get off the donkey.
A man says, 'Are you going to the market? Then carry the donkey! It is very tired!'So they carry the donkey to the market.
In the market everybody laughs! They don't want to buy the donkey! "It's a sick donkey! You are carrying it to the market." So the father and his son and the donkey walk home again.

▶ 말하기 전 :

- 어린이들이 편안한 가운데서도 주의력을 모은다.
- 어린이의 관심을 끌면서 중요 어휘를 그림, 모형, 마임 등을 통하여 제시한다.
  (당나귀의 그림이나 모형을 보이면서) What is this?
  (아버지와 아들을 동시에 보이면서) Who are they?
- 무슨 이야기인지 추측하게 하여 제목을 끌어낸다.
  What is the story about, anyone can guess?
  Right! This story is about "Father, son and donkey."
- 이야기를 들은 적이 있는지 물어본다. 만일 그러하다면 어떻게 되었는지 우리말로 말하게 한다.
- 조용히 귀를 기울이게 한다.

▶ 이야기하기 :

- 어린이들과 시선을 맞추면서 이야기를 말한다. 해당되는 그림을 사용하고 필요한 곳에서는 교사가 행동으로 보여준다.
  A father and his son take their donkey to the market.
  A man says, 'You are stupid! Why do you walk? You can ride the donkey!'
  So the father gets on the donkey . . . .
- 이야기를 하는 중에 내용을 확인하거나 앞으로 일어날 일에 대한 질문들을 하여 어린이의 관심을 지속시킨다.
  What do they take to the market?

Who says they are stupid, why?

Who says the father is kind, and why?

Do people want to buy the donkey?

▶ 이야기 후 :

- 이야기를 얼마나 이해했는지를 점검한다.
- 해당 그림이나 모형을 제시하면서 어린이들이 이야기를 하게 한다.
- 어린이를 8명씩 그룹으로 나누어 모형을 만들고 역할놀이를 시켜본다.

② Creating stories

무엇보다 재미있는 것은 어린이 자신의 이야기를 만들게 하는 것이다. 그러기 위해서 교사는 먼저 상황을 만들어 주어야 한다('When did the story happen?' 'Once upon a time.'). 먼저 나온 대답으로 이야기를 끌어가고 이유를 묻지 않는다.('Okay. Once upon a time.'). 다음에는 장소를 묻는다('Where?' 'Egg town.' 'Fine. 'Once upon a time in a town called Egg.'). 다음에는 주인공을 묻는다('Who?' 'A cat, a white cat.' 'Good.' 'Once upon a time in a town called Egg, there was a white cat.'). 이렇게 어린이와 함께 이야기를 엮어감으로써 그들은 뿌듯함을 느끼면서 이야기의 전개를 위해 단어를 생각하게 된다. 이런 과정에서 상상력과 창의력을 길러주게 되는 것이다.

③ Reading stories

학습자의 언어 수준이 높아짐에 따라 이야기를 말해주는 것 뿐만 아니라 읽어주는 것도 듣기 활동으로 유용하다. 어린이는 좋아하는 이야기는 몇 번이라도 듣고 싶어 한다. 따라서 읽어줄 때는 이야기를 변경하지 않고 읽어주는 것을 좋아한다. 여러 번 반복하는 중에 어린이는 이야기의 상을 마음속에 그리게 되기 때문이다.

④ Dictogloss

딕토글로스는 받아쓰기(dictation)와 주석(gloss)이 합성된 개념으로 스토리텔링 과 받아쓰기를 응용한 활동이다. 그러나 들은 내용을 그대로 옮겨 쓰는 것이 아니라 교사가 들려주는 이야기를 학습자가 모둠 활동을 통해 재구성하게 되므로, 받아쓰기 그 자체보다는 들은 내용을 정리하는 활동이 더욱 두드러진다. 특히 학습자는 모둠에서 이야기를 재구성하는 과정에서 자신의 어휘 및 문법 지식을 적극적으로 활용하게 되며, 이 과정에서 교사는 학습자의 영어 듣기뿐만 아니라 문법 지도를 겸할 수 있다. 딕토글로스는

주로 아래와 같은 순서로 진행된다(Newton & Nation, 2009)

- ▶ 준비(Preparation): 듣기 전 활동으로 이야기 내용에 대한 어휘 학습, 주제 토의 등을 할 수 있다.
- ▶ 의미 듣기(Listening for meaning): 교사는 전체 이야기를 학생들에게 한번 들려준다. 학생들은 듣기에 집중한다.
- ▶ 메모하며 듣기(Listening and note-taking): 교사는 전체 이야기를 한번 더 들려주고, 학생들은 개별적으로 이야기의 주요 어구 또는 단어(key words)를 적는다.
- ▶ 모둠에서 이야기 재구성하기(Text reconstruction in groups): 학생들은 모둠 안에서 개별적으로 적은 주요 단어를 서로 비교하며 전체 이야기를 구성한다. 한 학생이 모둠원을 대표해서 재구성된 이야기를 쓸 수 있다. 교사는 그룹의 활동을 점검하고, 도움을 준다.
- ▶ 모둠 간 이야기 비교하기(Text comparison between groups): 전체활동으로서 각 모둠은 재구성한 이야기를 발표한다. 교사는 이 과정을 격려하며, 모둠 간 재구성한 이야기의 공통점과 차이점을 학생들과 함께 비교한다. 특히, 영어로 재구성된 이야기에서 나타난 문법 오류를 명시적으로 교정할 수도 있다.

2 읽기 지도

1 읽기의 특성

읽기는 직접 눈으로 접하지 않는 상태에서 필자가 전하는 의미를 문자를 통하여 이해하는 활동이다. 그리고 영어를 배우는 초기에는 듣기와 말하기 활동이 우선이 될 수 있지만 학습자의 영어 수준이 높아짐에 따라 문자를 통한 읽기 활동이 영어 능력 향상의 원천이 될 수 있다. 특히 영어의 자연스러운 노출 상황이 매우 제한적인 우리나라와 같은 EFL 상황에서 학습자는 이야기책, 교재, 온라인 자료 등의 읽기 자료를 통해 다양한 영어 입력을 받을 수 있으므로 그 중요성이 더욱 강조된다. 이와 같은 읽기의 일반적 특성을 살펴보면 다음과 같다.

(1) 읽기는 시간과 공간의 제약을 받지 않는다.

대화를 하다 보면 이해하지 못할 때가 있어도 녹음을 하지 않는 이상 그 부분으로 되돌아 갈 수 없다. 그러나 읽기에서는 이해되지 못한 부분은 언제나 다시 되풀이하여 읽을 수 있다. 즉, 학습자는 독자(reader)로서 자기의 편리한 시간과 장소에서 언제든지 읽기를 할 수 있다.

(2) 읽기는 학습자 개개인의 수준에 맞추어 읽어 갈 수 있다.

정보의 홍수 속에 사는 우리에게는 가능한 한 이른 시간 안에 많은 자료를 읽을 수 있는 능력이 요구된다. 그리고 읽기는 반드시 내용의 이해를 전제로 하게 된다. 이해를 하지 못하는 것은 진정한 의미의 읽기가 아니다. 이해하는 능력에 따라서 어떤 사람은 빨리 읽고 어떤 사람은 천천히 읽게 될 것이다. 읽기는 시간의 제약을 받지 않기 때문에 이처럼 자신의 수준에 맞추어 읽어 가는 것이 가능하다. 그리고 많은 경우의 읽기는 묵독(silent reading)으로 이루어지므로 같은 시간에 같은 장소에서 능력이 다른 학습자가 동시에 읽는 것이 가능하다. 같은 내용을 읽을 수도 있고 내용이 다른 것을 읽을 수도 있다. 이런 면에서 읽기는 개별 학습에 매우 효과적이다.

(3) 읽기는 언어 지식과 고등 정신 기능 및 세상 지식을 요구한다.

글을 쓰거나 읽을 때는 생각을 위한 충분한 시간을 가질 수 있어 가능한 한 불필요한 요소를 배제하려고 한다. 따라서 단위 문장에 정보를 많이 포함하게 되고 문장이 복잡해지고 길어지게 된다. 읽기에서 이런 정보를 이해하기 위해서는 언어 자료뿐만 아니라 고등정신 기능과 세상 지식을 필요로 하게 된다. 따라서 읽기 지도에서는 영어의 기본 문법뿐만 아니라 영미 문화 혹은 해당 주제에 대한 지식을 제공해주는 것이 필요하다.

(4) 읽기에 사용되는 어휘 수는 다양하고 많다.

말을 할 때에는 대부분의 경우 지칭 대상을 보면서 말을 하게 된다. 따라서 정확한 어휘를 쓰지 않더라도 상황과 맥락 속에서 의도를 이해할 수 있다. 그러나 문자 언어에서 필자와 독자 사이에는 보이지 않는 강이 존재한다. 작가는 문자를 통해서만 독자를 이해를 시킬 수 있으므로 문맥에 최적의 어휘를 사용함으로써 독자가 의미를 정확히 이해하도록 구성한다. 따라서 읽어야 하는 어휘 중에서 사용 빈도수가 적어 익숙하지 않은 경우가 말하기 보다 많을 수밖에 없다. 그러나 이때에도 많은 경우에 처음 보는 단어일지라도 문맥에서 뜻을 추출할 수 있어 사전을 찾지 않고도 읽을 수 있다. 읽기를 통해 문맥 속에서 어휘를 익혀가는 것은 효과적인 어휘 학습법 중 하나이다.

(5) 문어는 구어보다 더 격식적이므로 읽기에는 문법 및 담화 지식이 요구된다.

언어는 지켜야 하는 규칙을 가지고 있다. 통사구조와 같은 문법뿐만 아니라 기존 정보와 새로운 정보, 문장 간의 관계, 길이의 길고 짧음 등 담화의 구성과 관련된 규칙이 있다. 이런 규칙을 지켜야 하는 정도가 문자 언어는 구두 언어보다도 훨씬 경직되어 있다. 다시 말해 글은 문법과 담화에 훨씬 충실한 것이다. 글의 내용과 목적에 따라 자주 사용되는 어휘와 구조가 다르며, 글의 종류에 따라 어느 정도 정해져 있는 서식이 있다. 예를 들면 편지에서는 머리말에서 인사와 안부를 묻는 말이 오고, 몸체에 편지를 쓰는 목적 즉 필자가 전하고 싶은 내용이 오며, 끝에는 작별 인사말이 오는 것이 관례로 되어 있다. 따라서 독자는 이와 같은 여러 가지 법칙들을 알고 있을 때 필자가 전하는 의미를 보다 효과적으로 이해할 수 있다.

2 읽기의 과정

읽기란 독자가 문자와의 상호작용을 통해 필자가 의도한 메시지를 재구성해 가는 정보 처리 과정이며, 읽기 과정에서 독자는 이전 경험과 지식을 총동원하게 된다. 이러한 관점에서 읽기는 글자 자체가 가진 의미에 독자가 자신의 정보, 지식, 감정, 경험, 문화 등을 적용함으로써 의미를 능동적으로 창출하는 과정이다(Grabe & Yamashita, 2022).

독자의 읽기 과정에는 진행 방향에 따라 상향식(bottom-up) 처리와 하향식(top-down) 처리라는 서로 대조적이면서도 보완적인 두 책략이 연속적으로 작용한다. 상향식 처리란 입력되는 자료를 기초로 글의 의미를 구축하여 이해하려는 방식이다. 이를 위해 독자는 문자-소리(grapho-phonic) 간의 정보, 통사적(syntactic) 정보, 의미적(semantic) 정보를 알아야 한다. 문자를 읽으며 의미를 추출하려면 문자-소리 간의 정보가 필요하다. 또한 통사적 정보는 언어의 문법적 구조에 나타나는 정보이다. 원어민은 문법 정보를 알고 있어 읽을 때 이를 무의식적으로 활용하지만 외국어로 배우는 학습자는 의식적으로 익혀야 한다. 마지막으로 의미적 정보는 메시지가 나타내는 의미로서 경험적, 관념적 배경 지식을 동원하여 어휘적 문화적으로 해석해낸 것이다.

이에 비해 하향식 처리란 독자가 글을 읽을 때에 그가 기존에 가지고 있는 지식, 즉 배경 지식 및 문화적 가치와 신념에 의존하여 필자가 전하는 의미를 이해하는 방식이다. 이 과정에서 독자는 먼저 제목이나 주제가 주어지면 독자는 그런 제목과 주제에 대하여 어떤 내용이 될 것인지를 세상 지식을 가지고 예상하게 된다. 그런 예상을 가지고 목차와 소제목 그리고 맥락에 따라 처음의 예상을 수정해 가면서 새로운 내용을 받아들이게 되는 것이다.

그러나 실제 상황에서는 이 두 방식은 상호작용하며 동시에 일어나게 된다. 글의 주제를 잘 알고 있으면 하향식 처리로 이해하고 어휘를 잘 알고 있으면 상향식 처리로 이해를 하게 되는데 대부분의 경우 전적으로 어느 한 쪽에 의존하기 보다는 [그림 5-2]와 같이 양방향을 동시에 적용하게 된다.

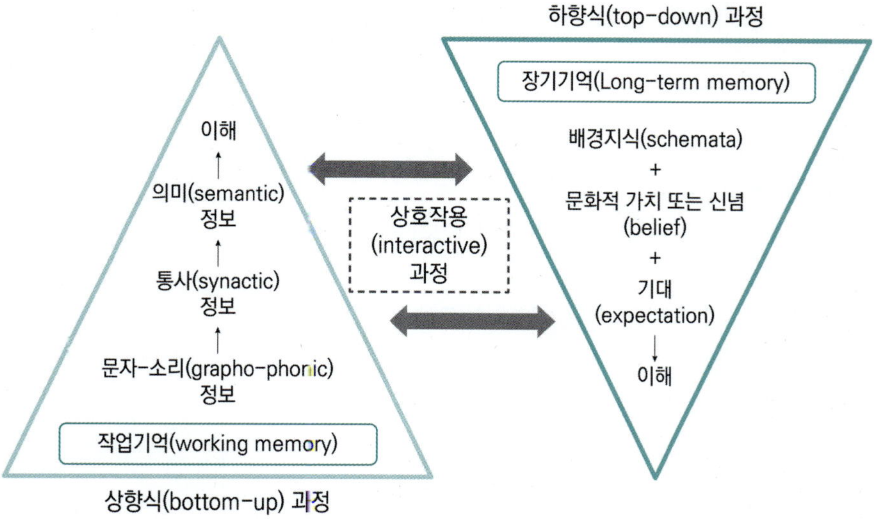

[그림 5-2] 읽기 이해 과정

초등학교 영어 읽기에서는 대체로 초보적인 단계이기에 파닉스를 활용한 문자 해독(decoding) 이후에 어휘 및 통사적 정보를 활용해 의미를 구성하는 상향식 처리 책략이 사용된다. 그러나 비록 초보적인 단계일지라도 문자 자료에만 전적으로 의존하면 필자가 전하려는 의미를 충분히 파악하지 못할 수 있다. 이런 경우에는 배경지식이나 상황에 대한 지식을 요하는 하향식 처리 책략도 활용하여야 할 것이다. 그렇다고 지나치게 하향식 처리 책략에 의존하면 많은 경우에 특히 문화와 관련되어 국어의 지식을 영어에 잘못 적용할 수가 있다. 초등학교에서 읽기는 어휘 익히기와 문자가 갖는 지시적인 의미를 파악하는 수준에 한정한다면 대체로 상향식 처리 책략에 의존하게 될 것이다.

그러나 이야기나 이솝 우화와 같은 문화적인 배경 지식을 요할 때는 비록 초등학교일지라도 하향식 처리 책략도 활용해야 할 것이다. 이때는 학습자의 관련 배경지식을 활성화하기 위한 교사의 발문이 중요하다.

3 읽기 기능

읽기는 이해기능으로 문자를 통해 필자가 전하는 의미를 이해하고 반응을 나타내는 활동이다. 읽기 과정에서 살펴보았듯이, 읽기는 의미 파악을 위해서는 전적으로 들어오는 입력에만 의존하지 않고 독자가 가지고 있는 기존의 지식을 활용하여 내용에 대한 예측과 확인을 해가면서 의미의 일치점을 찾아가는 능동적인 활동이다. 의사소통을 위한 읽기 기능을 Brown(1994: 291)은 다음과 같은 여러 가지 하위 기능으로 나누고 있다.

① alphabet 식별하기
② 덩어리로서의 단어를 단기기억 속에 보전하기
③ 목적에 맞게 글을 적절한 속도로 처리하기
④ 핵심단어를 인지하며 의미를 해석하기
⑤ 어휘의 분류, 체제, 유형, 규칙, 생략 등의 문법 인지하기
⑥ 특정 의미의 서로 다른 표현을 인지하기
⑦ 담화상의 응집성을 인지하고 문장 간의 관계를 파악하기
⑧ 담화상의 수사학적인 형태와 해석의 의미를 인지하기
⑨ 형태와 목적에 맞게 의사소통 기능을 인지하기
⑩ 명시적이 아닌 맥락을 배경지식을 사용하여 추론하기
⑪ 인과 관계, 요지, 새로운 정보, 일반화, 예시 등의 문장 간의 관계를 파악하기
⑫ 문자적 의미와 함축적 의미 구별하기
⑬ 문화적으로 특정한 대상을 적절하게 해석하기
⑭ 찾아 읽기, 훑어 읽기, 담화표지, 추측하기 등의 읽기 전략을 사용하고 개발하기

초등학교에서는 위의 14가지의 하위 기능 중에서 특히 알파벳과 단어를 알고 이들이 어떻게 결합하는가와 관련된 언어 지식을 가르쳐야 할 것이다. 그리고 이야기의 내용 전개의 흐름을 이해하기 위해서는 문장과 문장의 관계도 다루어야 할 것이다. 수많은

정보 속에서 필요한 정보를 찾아내려면 신문이나 잡지 및 광고 등에서 찾아 읽기와 훑어 읽기와 같은 읽기 전략도 초기에 연습시키는 것이 바람직하다.

Brosnan 등(1984: 29)은 다음과 같이 독자가 수행할 일을 정리하여 제시하고 있다.

① 문자의 이해
② 주요 단어나 어구의 이해
③ 핵심적 요지 파악
④ 글의 주요 요점 찾아내기
⑤ 세부 사항 읽기

①~②는 글을 읽을 때 반드시 필요하므로 기본적인 것이지만, ③~⑤는 글을 읽는 목적에 따라 해야 되는 선택 사항이라 할 수 있다. 따라서 문자 언어는 음성 언어를 보완하고 강화해 준다고 할 때, 초등학교에서는 문자 주요 단어, 그리고 어구의 이해와 관련된 연습을 많이 해야 할 것이다.

한편, 읽고 이해해야 하는 자료를 중심으로 읽기 능력의 수준을 다음과 같이 제시할 수 있다.

① 맥락에 나타나는 개별 단어를 이해하고 반응하기
② 맥락에 나타나는 짧고 친숙한 어구를 이해하고 반응하기
③ 친숙한 맥락 속에서 짧고 단순한 문장을 이해하고 반응하기
④ 짧은 어절과 약간의 생소한 단어가 포함된 짧은 글을 이해하고 반응하기
⑤ 약간 복잡한 문장과 생소한 단어가 포함된 짧은 글을 사전 등을 사용하여 이해하고 반응하기
⑥ 관점과 견해를 나타내는 글을 이해하고 반응하기
⑦ 약간 복잡한 문장과 생소한 단어가 포함된 친숙한 주제에 대한 글을 이해하고 반응하기
⑧ 주제가 생소한 문장을 이해하고 반응하기
⑨ 다양한 장르의 글을 영영사전 등을 사용하여 이해하고 반응하기
⑩ 대조적인 관점과 주제로 나타나는 다양한 글을 읽고 요약하고 토의하기

초등학교에서는 주로 ①~⑤까지를 중점적으로 지도하고 그 이상에 대해서는 필요에 따라서 지도할 수 있다. 단어 이해를 위해서는 실물이나 그림에 이름표를 붙이는 활동을 할 수 있으며, 어구 이해를 위해서는 표제, 지도, 도표, 우편엽서, 노래, 운율, 만화

등에 나타난 어구 읽기를 할 수 있다. 그리고 짧은 문장의 이해를 위해서는 대화문을 활용 하고 생소한 단어를 위해서는 기존 지식을 활용하여 맥락 속에서 추출할 수 있다.

4 읽기의 유형

(1) 소리 내어 읽기(reading aloud)

국어교과까지 포함하여, 초등학교의 교실에서 하는 읽기의 대부분이 여기에 속한다. 이런 읽기는 텍스트에 대한 이해뿐만 아니라 발음과 억양 및 리듬을 익히면서 소리와 문자를 연결 짓는 훈련 과정이다. 소리 내어 읽기는 전체 학습자가 모두 함께 읽는 합창 읽기(choral reading), 두 명이 함께 읽는 짝 읽기(paired reading), 유창성 향상을 위한 반복 읽기(repeated reading), 읽기 과정 중에 교사와 학생이 내용에 대해 소통하는 상호작용 읽기(interactive reading), 큰 책이나 스크린을 활용하여 이야기와 그림을 모두 함께 보는 공유 읽기(shared reading), 이야기를 대본으로 작성하여 읽는 극화 읽기(예 reader's theater) 등 다양한 방식으로 할 수 있다. 이때는 교사의 모범독 또는 이야기 DVD 및 웹 자료 등의 디지털 자료를 적극적으로 활용할 수 있다.

(2) 묵독(silent reading)

낭독이 교실에서 유용한 방법인데 비해 묵독은 많은 사람들이 교실 밖에서 즐기는 읽기의 한 유형이다. 그러나 초등학교 어린이들이 누구나 처음부터 책을 적극적으로 읽는다고는 볼 수 없으므로 읽을거리를 많이 접할 수 있게 학급, 영어교실, 도서관 등에 영어 코너를 만들어 가능한 한 많이 이용하게 하면 효과적이다. 묵독은 발음에 대한 부담을 가지지 않고 의미만 파악하기 때문에 영어에 대한 자신감을 갖게 할 수 있다. 읽을거리는 이전에 들어 알고 있는 이야기나 아동의 관심을 끌 수 있는 내용이 효과적이다. 교사는 읽은 내용에 대해 질문도 하고 읽은 후에 모국어로 줄거리를 말해주어 어려운 점을 해소시켜 준다. 또한 내용에 초점을 맞추어서 읽어감으로써 아동들의 읽기에서 언어가 걸림돌이 되지 않게 이끌어야 한다.

묵독으로 이야기의 반만 읽게 하고 이후에 어떻게 진전될 것인지를 모국어로 토의는 방법도 있다. 그리하여 여러 가지 내용으로 전개될 수 있는 가능성을 보여주고 그런 후에 원본을 읽게 함으로써 그들의 추측이 얼마나 적절했는가를 알게 한다. 처음부터 이같이 예견하는 습관을 들이게 도면 영어 학습이 창의적인 사고력을 기르는 데 도움을 주게 된다.

묵독은 초보자가 아닌 경우에 역할극을 위한 출발점으로도 활용될 수 있다. 내용이 대화문이면 다른 어린이들 앞에서 행동으로 나타내 보일 수 있고, 내용이 이야기체이면 자신의 역할을 알아내어 말해보게 할 수 있다.

(3) 정독(intensive reading)과 다독(extensive reading)

정독과 다독은 읽는 방법에 따라 나누어진다. 정독은 정확하고 자세한 내용 파악을 목적으로 어휘 및 통사적 언어 관계를 익히면서 읽는 활동이다. 이런 면에서 정독은 이후의 독서를 위한 훈련과정이라고 할 수 있으며, 교실에서 행해지는 대부분의 읽기 활동이 이에 속한다. 반면에 다독은 언어적 관계를 익히기보다는 글의 전체적이고 개략 적인 내용파악을 목적으로 눈으로 빨리 읽어가는 활동이다. 어휘의 의미는 전체적인 내용을 이어가는 데 어려움이 없을 정도로만 문맥 속에서 개략적으로 짐작할 수 있으면 넘어간다. 일반적으로 교실 밖에서 일어나는 읽기 활동이지만 온 · 오프라인 영어 도서관 자료 등을 활용하여 특정 도서에 관한 내용 파악 관련 과제를 내어주고 점검함으로써 영어 수업에서 활용할 수 있다.

(4) 찾아 읽기(scanning)와 훑어 읽기(skimming)

정보의 홍수 속에서 사는 오늘날 우리는 신문이나 잡지 등 많은 읽을거리를 접하고 있다. 많은 자료를 모두 자세히 읽으려면 너무 많은 시간이 소요된다. 따라서 짧은 시간 안에 자기가 알고 싶고 관심 있으며 또 도움이 될 내용을 읽어서 얻어내는 기술이 무엇보다도 중요하다. 이런 읽기 기능으로 찾아 읽기와 훑어 읽기가 있다.

찾아 읽기는 독자가 생각하고 있는 특정한 정보를 자료에서 빠른 시간에 찾아내어 읽는 행위이다. 예를 들어, 독자는 텍스트를 읽기 전, 파악하고자 하는 정보(예 등장인물, 사건, 장소 등)를 미리 설정해두고, 이를 텍스트에서 찾아 그 정보에 해당하는 내용을 구체적으로 파악하게 된다.

훑어 읽기는 자료 전체를 빠른 시간안에 전체적으로 살펴 보면서 텍스트의 전반적인 내용을 개략적으로 읽어 파악하는 행위이다. 따라서 모든 글자를 다 읽지 않고 목차나 표제, 각 문단의 처음과 끝을 읽어 개략적인 내용을 파악하게 된다. 예를 들어 독자는 목차 또는 표제와 소제목을 확인하여 텍스트의 주요 주제의 개요를 파악할 수 있으며,

이를 통해 해당 텍스트가 읽을 가치가 있는지를 결정할 수 있다.

이처럼 찾아 읽기와 훑어 읽기에서는 많은 정보를 짧은 시간에 자신에게 도움이 되는 것을 찾아내는 것이다. 이런 능력을 키우기 위해 영어 수업에서는 음식 메뉴표, 수업 시간표 등과 같이 특정 정보가 있는 표 읽기, 광고문 또는 신문의 표제 읽기, 그리고 간단한 이야기에서 주인공의 이름 또는 이야기가 일어나는 장소를 파악하는 연습 등을 구체적인 활동으로 활용할 수 있다.

5 읽기 자료

(1) 자료 선정

읽기 기능은 학습자가 직접 문자를 통하여 읽음으로써 습득되고 향상된다. 듣기 능력이 직접 영어의 소리에 노출되어야 하듯이 읽기 능력은 영어의 문자에 많이 노출되어야 한다. 따라서 영어 읽기 코너와 같은 곳에다 자료의 내용에서부터 형태까지 다양한 읽기 자료를 비치하여 틈나는 대로 어린이들이 읽게 하여야 할 것이다. 그러나 제한된 수업 시간에는 다양한 자료를 제시하기가 어렵다. 따라서 수업 시간에 제시할 자료는 다음과 같은 사항을 고려하여 선정할 수 있다.

- 언어 자체가 지금 사용되는 살아 있는 언어인가?
- 특정 계층이나 지방에 한정되어 쓰이지는 않는가?
- 내용이 학습자의 관심과 흥미에 부합하는가?
- 내용이 학습자 자신의 문화 가치와 배치되지 않는가?
- 음성 언어로 접하는 등 학습자에게 친숙한가?
- 내용 이해를 도와주는 그림 또는 멀티미디어 자료가 충분한가?

(2) 자료의 난이도

학습 자료의 난이도는 학습의 효과에 많은 영향을 미친다. 자료의 난이도는 학습 방법과 읽기 유형에 따라 약간 차이가 있을 수 있지만 학습자의 전반적인 수준에 맞아야 한다. 초보적인 단계에서는 어휘나 구조가 쉽고 단순화된 자료이어야 하지만 언어 수준이 올라감에 따라 원래의 다양한 입력 자료를 접하게 하는 것이 효과적이다.

Anderson(1971)[2]은 학습자의 난이도에 대한 관계를 교사의 도움 없이 해 나갈 수 있는 독립 단계, 교사의 도움을 통해 할 수 있는 교수 단계, 그리고 교사의 도움이 있어도 이해하지 못하는 절망 단계로 구분하면서 학습자가 결코 절망적인 관계에 머물게 되어서는 안 된다고 하였다.

(3) 자료의 비치

읽기는 가르쳐지기보다는 배워지는 것이다. 그리하여 수업 시간 중에 배우는 것 못지않게 쉬는 시간 또는 수업 후에 책을 가까이 함으로써 학습자가 자기주도적으로 읽기 능력을 향상할 수 있는 기회를 제공해야 한다. 이를 위해 문자를 쉽게 접할 수 있는 영어 읽기 코너를 마련하면 효과적이다. 처음에는 글을 몰라도 자료에 있는 그림을 통해서 어느 정도 의미를 이해할 수 있기 때문에 책에 가까이 가는 것만으로 충분하다. 읽기 코너에서는 가능한 한 부드러운 분위기를 만들어 주는 것이 중요하므로 카펫을 깔고 의자 없이 자유스러운 상태로 책을 볼 수 있게 한다. 영어 읽기 코너에 있는 책을 집에까지 가지고 갈 수 있게 대출 목록도 비치하고 또 스스로 점검할 수 있게 개별 독서 현황을 나타내는 표를 만들어 놓으면 더 효과적이다. 최근 다양한 형태로 제공되고 있는 온라인 영어 도서관 등을 활용해 학습자에게 다양한 읽기 경험을 제공할 수도 있다.

(4) 자료의 종류

① 읽기 카드

읽기 카드는 이야기, 대화, 노래 혹은 지시문 등을 쉽고 빨리 읽을 수 있게 카드로 만든 것이다. 카드에는 내용과 어울리는 그림이 있으면 좀 더 효과적이다. 이와 같은 카드를 주제나 글의 유형에 따라 분류하여 영어 읽기 코너에 비치하여 아동이 수시로 읽게 할 수 있다. 완전한 이야기가 한 장의 카드에 들어가서 읽을 때 성취감을 줄 수도 있고, 몇 장의 카드에 연속적으로 이어져서 다음 장을 읽고 싶은 동기를 유발할

---

2 Anderson(1971: 35-42)은 난이드를 Cloze test의 백분율로 다음과 같이 나타내고 있다.

읽기 수준	Cloze test 득점 백분율
독립 단계	53% 이상
교수 단계	44~53%
절망 단계	44% 미만

수도 있다. 읽기 카드의 내용은 다양하게 할 수 있으며, 아동이 잘 알고 있는 등장인물로 이야기를 다르게 꾸밀 수도 있고, 아동이 등장인물을 만들어 내어 이야기를 직접 꾸밀 수도 있다. 카드의 뒷면에는 내용을 묻는 질문을 적어 두면 읽은 것에 대한 내용을 파악할 때 도움이 된다.

Mary had a little lamb,
Its fleece was white as snow;
And everywhere that Mary went
The lamb was sure to go.

It followed her to school one day,
That was against the rule;
It made the children laugh and play
To see a lamb at school.

(from Fairy tales)

② 녹음자료가 포함된 읽을거리

책의 내용을 그대로 녹음한 자료는 초기에 발음과 단어는 물론 억양에 따른 감정 표현을 익히는 데에도 매우 유용하다. 처음에는 소리를 듣고 눈으로 책을 따라가면서 소리와 문자의 관계를 익히고, 두 번째는 녹음과 함께 읽으면서 자연스럽게 의미 단위로 끊어 읽는 것을 익힐 수 있다. 그러나 소리와 문자 관계를 완전히 익히고 나면 소리 내어 읽는 것이 눈의 움직임만큼 빠르지 못하기 때문에 계속해서 녹음된 내용만 따라 읽다 보면 읽는 속도가 느려질 수 있다. 따라서 수준이 올라가면 녹음자료 없이 읽는 연습 기회를 제공하고, 의미 파악을 목표로 한 묵독을 해야 할 것이다.

③ 원어민을 위한 책

영어를 모국어로 하는 어린이를 위한 책들도 외국어로 익힐 때 유용한 자료가 될 수 있다. 이런 책들은 원색의 그림과 함께 되어 있으며 짧고 쉬운 문장으로 되어 있어 초보자들이 읽을 때 부담이 적다. 그리고 자연, 환경 및 건강 등을 주제로 한 책을 읽음으로써 단순히 영어의 형태만을 익히는 것이 아니라 내용도 익히기 때문에 재미있게 읽을 수 있다.

Pets and their Babies

Baby cats are called kittens.
They are born with their eyes closed,
but after about a week they open them.

Mother rabbits make soft nests of hay and fur for their babies.
The babies are born without any fur and with their eyes closed.
As they grow older, fur grows on their bodies and their eyes open.

Baby dogs are called puppies.
Their mother looks after them while they are young.
She feeds them with her milk and licks them clean with her wet tongue.

④ 이야기책

어린이를 위한 동화책은 여러 가지 주제와 내용으로 되어 있어 아동의 흥미를 유발한다. 또한 많은 경우에 우리 말과 글로 듣거나 읽어서 그 내용을 알고 있어서 더욱 흥미를 줄 수가 있다. 아동들은 이야기를 통하여 우리말로 알고 있는 것을 영어로 읽는 데 놀라움을 느낄 뿐 아니라 언어 간에 혹은 문화 간에 내재해 있는 유사점과 공통점을 찾음으로써 이민족간의 공통관심사를 발견할 수 있다.

6 읽기의 단계별 지도

외국어로서의 영어 읽기 지도를 하기 전에 먼저 살펴볼 것은 효과적인 읽기 시기가 언제이냐는 점이다. 모국어습득 과정을 유추하여 구어 습득이 문어 습득에 앞선다고 믿는 청화식(audiolingual) 접근에서는 읽기 지도는 구어를 습득하고 난 후에 해야 한다고 보았다. 문자 익히기에 대한 부담을 덜어주고 구어로서 이미 알고 있는 어휘를 광범위하게 활용할 수 있다고 보기 때문이다. 또 다른 견해로는 언어란 기능별로 분리하여 단계적으로 가르칠 수 있는 것이 아니라, 모든 기능이 상호 유기적이기 때문에 통합적으로 가르쳐야 한다는 총체적(whole-language) 접근이 있다. 즉, 총체적 접근법에서는 읽기도 영어를 대하는 처음부터 가르치는 것이 효과적이라고 본다. 최근 초등영어교육과정에서 또한 듣기-말하기와 같은 음성언어 뿐만 아니라 듣기-읽기, 듣기-쓰기, 읽기-말하기, 쓰기-말하기 등과 같이 언어 기능 간 다양한 통합을 통해 상호자용적 언어 사용을 지향하고 있다. 따라서 이와 같은 언어 통합적 맥락에서 초등영어 학습자를 대상으로한 효과적인 읽기 지도를 구안할 필요가 있으며, 초등학교의 영어 읽기 지도의 시작은 영어의 알파벳 지도가 될 수 있다.

최근 다양한 매체와 생활 주변에서 영어 알파벳을 쉽게 찾아볼 수 있지만, 영어가 외국어인 우리나라의 어린이에게 영어의 알파벳은 생소할 것이다. 즉, 기본 알파벳을 인지하고 문자와 소리의 관련을 짓는 데 많은 시간과 노력이 요구된다. 따라서 읽기를 위한 기본 단계로 음소 인식을 통해 소리를 구분하고, 음철법을 통해 문자와 소리를 연결시키며, 다음으로 단어와 어구 및 문장에서 의미를 찾아내어야 할 것이다.

(1) 음소 인식(phonemic awareness) 지도

음소 인식은 의미를 구별할 수 있는 소리의 가장 작은 단위인 음소를 분별하고 조작하는 것으로 음운 인식(phonological awareness)의 한 부분이다. 즉, 음운 인식이 분절음과 초분절음을 포함한 발음의 구성요소들을 총괄적으로 포함하는 소리에 대해 인지하는 것을 말한다면, 음소 인식은 가장 작게 구분될 수 있는 수준에서의 영어 소리에 관한 것을 다루는 것이라 할 수 있다. 예를 들어, 'cap'이라는 단어를 보거나 들을 때, 해당 단어가 세 개의 음소로 이루어져 있으며, /c/ 소리로 시작하여 /p/소리로 끝나는 것을 인식하는 것을 말한다. 또한 'cap'과 'can'이 같은 소리로 시작하고 다른 소리로 끝나는 반면에, 'cap'과 'tap'은 다른 소리로 시작하고 같은 소리로 끝나는 것을 인식하는 것을 의미한다.

학습자는 음소인식을 통해 음성언어와 문자언어를 연결하게 되므로 영어 읽기에서 중요하다. 즉, 음소인식은 이후에 다루게 될 음철법(phonics)의 기초가 되며, 학습자는 영어 음소를 인식함으로써 영어 단어 읽기와 독해 능력 개발을 시작할 수 있다. 음소인식 활동은 다양하게 이루어질 수 있으나, Rasinski와 Padak(2013)은 다음과 같은 5가지 활동 유형을 제시하고 있다.

① 음소일치(phoneme matching): 첫소리가 같은 단어 고르기
  예 /b/음소를 확인 후 bat, pat, cat 가운데 첫소리가 같은 단어 찾기

② 음소생략(phoneme isolation): 단어에서 일부 음소 생략하여 발음하기
  예 cap에서 /p/ 없애고 발음하여 생략된 음소 인식 유도하기

③ 음소결합(phoneme blending): 개별 음소 조합하기
  예 /k/, /æ/, /t/ 결합하여 발음하기

④ 음소대체(phoneme substitution): 단어의 첫소리 또는 끝소리 바꾸기
  예 cap의 첫 소리 /t/로 바꾸어 발음하기

⑤ 음소분리(phoneme segmentation): 단어의 개별 음소 나누어보기
  예 tap의 첫소리, 가운뎃소리, 끝소리 각각 구분하기

(2) 음철법(phonics) 지도

음철법은 소리와 철자의 관계를 말한다. 즉, 음철법은 문자와 소리의 관련성을 찾아 단어를 읽는 방법으로, 익숙하지 않은 단어를 소리 내어 읽을 수 있도록 한다. 원래 영어의 문자와 소리는 1 : 1의 대응관계로 잘 이루어지지 않기 때문에 문자와 소리를 따로 익혀야 한다. 그러나 많은 경우에 문자의 배열에 따른 특정 소리가 정해지기 때문에 규칙을 찾아내어 새로운 단어에 적용함으로써 처음 대하는 단어도 읽을 수 있게 된다. 예를 들어 문자 a는 /æ/로, b는 /b/로, n은 /n/로, d는 /d/로 주로 소리 난다. 일례로 band는 /bænd/로 읽게 되는 것이다.

음철법을 효과적으로 지도하는 순서에는 여러 의견이 있다. 그 가운데서 문자와 소리의 1 : 1 대응이 잘되지 않는 영어의 특성을 고려하여 알파벳 순서가 아닌 문자와 소리의 대응이 상대적으로 용이한 자음부터 시작하여 불규칙 자음, 혼성자음

(consonant blends or cluster/자음군: bl, st, sp, tr 등), 자음 이중음자(consonant digraphs: [ch]air, [kn]ee, [ph]one, [th]ree, [wh]eel, [wr]ite, mu[ch], si[ck], fi[sh], dre[ss] 등) 등의 순서로 지도하는 것이 효과적일 수 있다. 모음의 경우는 단모음, 장모음, 이중모음(diphthongs: ai, au, ei, ou 등), 모음 이중음자(vowel digraphs: r[ai]n, pl[ay], tr[ee], m[ea]t, th[ey], p[ie], b[oa]t, t[oe], d[oo]r, b[oy], gl[ue], fr[ui]t 등)의 순서로 지도할 수 있다(서진아, 윤여범, 2017).

한편, 음철법을 지도하는 방법은 크게 분석적 지도(analytic phonics), 종합적 지도(synthetic phonics), 언어적 지도(language based phonics)로 구분될 수 있다. 분석적 음철법은 단어의 철자를 개별로 분리해서 소리로 연결하지 않고, 단어를 전체적으로 인식하는 접근을 말한다. 따라서 분석적 지도는 사용 빈도가 높으며, 소리와 철자의 대응이 불규칙적인 일견 어휘(sight words)의 지도를 우선하게 된다. 종합적 음철법은 학습자에게 알파벳을 알려준 다음, 각 철자가 소리로 표현되는 음가를 지도한다. 이후 해당 규칙을 종합하여 여러 영어 단어를 읽도록 한다. 언어적 음철법은 규칙적인 소리 패턴(예 -ish 패턴이 적용된 dish, fish, wish 등)을 활용하여 소리와 철자의 관계를 인식하도록 한다. 이때는 문맥을 포함한 읽기 자료(예 유사한 소리 패턴이 활용된 decodable text 또는 파닉스 지도를 위해 구안된 phonics readers 등)가 적극적으로 활용될 수 있다.

(3) 일견 어휘(sight words) 지도

일견 어휘(sight words)는 학습자가 보자마자 읽을 수 있는 단어를 말한다. 즉, 학습자에게 일견 어휘란 각 단어에 따라 그 소리와 의미를 자동적으로 파악할 수 있는 어휘를 말하므로 유창한 영어 읽기를 위해 주요 일견 어휘를 파악하는 것이 중요하다. Tompkins(2010)는 빈도수를 기반으로 다음과 같은 일견 어휘 목록을 제시하였다.

A : a, about, after, all, am, an, are, around, as, at
B : back, be, because, but, by
C : came, can, could
D : day, did, didn't, do, don't, down
E :
F : for, from

G : get, got
H : had, have, he, her, him, his, home, house, how
I : I, if, in, into, is, it
J : just
K : know
L : like, little
M : man, me, mother, my
N : no, not, now
O : of, on, one, or, our, out, over
P : people, put
Q :
R :
S : said, saw, school, see, she, so, some
T : that, the, them, then, there, they, things, think, this, time, to, too, two
U : up, us
V : very
W : was, we, well, went, were, what, when, who, will, with, would
X :
Y : you, your
Z :

한편, 일견 어휘는 소리와 철자의 관계가 불규칙적인 단어를 다수 포함하고 있다. 따라서 음철법과 무관하게 학습자들로 하여금 그 소리와 의미가 자동적으로 인식되는 것이 더욱 강조된다. 교사는 인쇄된 형태의 어휘 목록 제공, 수업 중 여러 텍스트를 통해 제시된 일견 어휘에 대한 강조 등을 통해 학습자들에게 일견 어휘를 자주 노출시켜 줄 필요가 있다.

(4) 단어 읽기 지도

읽기를 잘하기 위해서는 많은 어휘를 익혀야 되므로 초보적인 단계에서는 문장 수준의 글을 읽기 전에 단어 수준의 문자를 익혀야 한다. 단어를 효과적으로 그리고 재미있게 익히는 방법에는 여러 가지가 있다.

① 보고 말하기(look and say)

보고 말하기는 단어를 카드에 적어서 해당되는 물건을 가리키면서 말하고 따라 하게 한다. 이런 단어로는 어린이들이 이미 소리로 접한 일상적인 물건을 활용하는 것이 효과적이다. 이 같은 행동을 반복함으로써 어린이는 단어를 익히게 된다. 이와 같은 보고 말하기에는 여러 가지 유형의 활동이 있다.

- 단어 카드와 그림 카드 맞추기
- 주머니 속 단어 카드 집기
- 이름표 붙이기

② 그림 대체하기

문장 속에서 구체적인 사물을 뜻하는 단어는 문자 대신에 그림으로 제시하거나 병행하여 제시하고 읽어가게 하는 것이다. 그러나 초보적인 단계에서 구체적인 단어를 모두 그림으로 제시하여 읽게 하는 데는 어려움이 있기 때문에 과일이나 동물 등과 같이 영역을 한정하여 제시하는 것이 효과적이다. 예를 들어, 아래와 같이 "physical break chant"로 불리는 그림이나 사물을 기준으로 끊어 읽는 챈트를 활용할 수 있다.

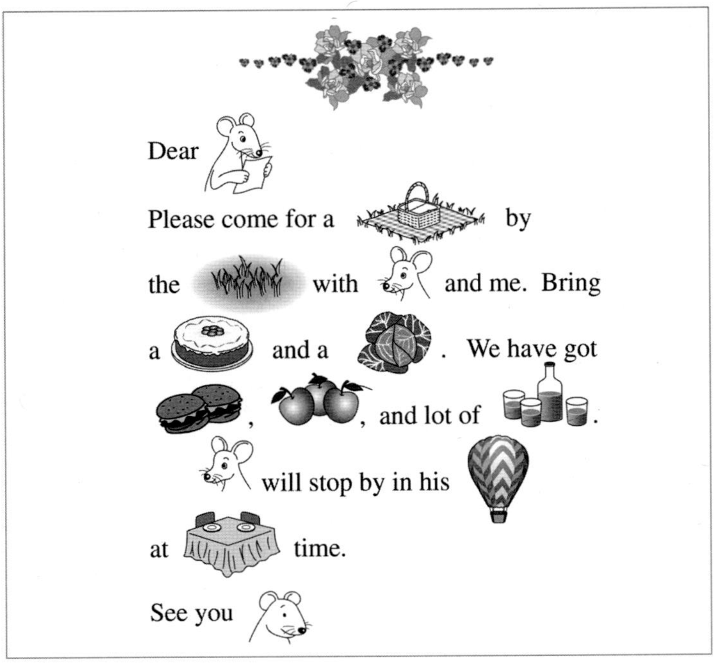

(5) 문장 읽기 지도

어느 정도 단어를 익히고 나면 어구를 익히고 이어서 문장도 익히게 된다. 어린이는 문장의 형태보다는 그 형태가 가지는 의미에 반응하기 때문에 이미 구어로 익힌 문장이나 어린이 자신이 경험한 것을 중심으로 읽기를 가르치는 것이 효과적이다.

① 그림 이야기책 읽기

어린이들은 의미를 이해할 때 시각 자료에 많이 의존한다. 따라서 어린이를 위한 자료는 크고 화려한 색깔의 그림이 많이 들어 있다. 그림들은 의미의 이해를 도와줄 뿐 아니라 흥미를 주어 어린이의 관심을 끌게 된다. 초기 단계의 이야기책은 어린이의 관심의 대상이 되는 주제가 짧은 문장으로 엮어진다. 이런 책을 읽을 때에 어린이들로 하여금 해당 단어를 짚게 하여 단어와 소리의 관련성을 익히게 한다. 이야기를 읽어 나가면서 궁금한 사항에 대해 질문하게 하고 또 어린이의 관심을 유지시키기 위하여 교사가 질문을 할 수도 있다. 이후 소그룹으로 나누어 처음에는 소리 없이 읽어보고 자신감을 갖고 나서는 그룹별로 읽어나가게 할 수 있다. 이때 학습자 간에 상호 협력을 유도할 수 있다.

이야기책을 읽어줄 때는 사전에 흥미 유발이 중요하며 또 교사 자신의 많은 준비가 요구된다. 필요한 절차의 예를 다음과 같이 제시할 수 있다.

- 사전에 친구나 가족, 고양이, 거울 앞에서 읽어보면서 녹음을 한 후 들어본다.
- 읽어주기 전에 어린이의 흥미를 유발하는 것이 중요하다. 이를 위해서
  - 표지를 보여주면서 : What can you see here?
  - 그림을 보여주면서 : Look! Here's a man?
  - 어린이와 관련지어 : Do you remember when we went to the museum?
  - 학습 활동과 관련지어 : Listen to this story and tell me 3 birds you hear about.
- 목소리를 다양하게 변화시켜(크게, 작게, 빠르게, 느리게 등) 어린이의 관심을 지속적으로 유지시킨다.
- 어린이가 듣고 의미를 음미할 시간을 준다. 매 문장 뒤에 짧은 휴지를 주고 한 페이지가 끝날 때는 그림을 보여주어 의미를 정리할 시간을 준다.
- 이야기의 내용에 따라 표정과 음성을 달리하면서 가끔 어린이와 시선을 맞추면서 주의를 끈다.

이야기를 읽어줄 때에는 교사로서 다음 사항을 점검해 본다.

You ...
- read slowly?
- read clearly?
- pause often?
- use high and low voices?
- change speed for interest?
- use loud and soft voices?
- use your eyes well?
- use the pictures to help understanding?
- use questions to develop language and thinking?

② 학급 이야기 읽기

특정 이야기책을 읽는 대신에 어린이와 함께 이야기를 만들어서 읽을 수도 있다.

먼저 어린이와 함께 주인공을 정한다. 예를 들어 학급의 마스코트가 곰인형이면 곰의 이름 Teddy를 정하면서 시작한다. 그리고 어린이들이 전에 읽어서 알고 있는 이야기가 있으면 그 이야기를 기본 틀로 하여 새로운 것을 추가할 수 있다. 예를 들어 다음과 같은 색깔에 대한 이야기를 유도해 갈 수 있다.

That's a bird. It's green. That's a rabbit. It's grey.
That's a lion. It's red. That's a cat. It's white and black.
I'm Teddy and I'm brown.

이렇게 이야기를 만들어서 어린이를 그룹으로 나누어 내용에 따른 그림을 그리게 하여 책을 만들 수 있다. 이렇게 만든 책은 어린이들이 스스로 만든 책이기 때문에 자연스럽게 많은 관심과 흥미를 갖게 된다.

(6) 읽기 과정별 수업 지도

교실에서의 읽기 지도는 어린이들이 가만히 앉아서 글자를 보고 읽기보다는 과제를 수행하고 문제를 해결하게 함으로써 능동적으로 참여하도록 해야 한다. 능동적이고 적극적인 읽기를 위해서 읽기 전과 읽는 중 그리고 읽은 후(PWP: Pre-While-Post reading)의 각 단계별로 적절한 활동이 수반되어야 할 것이다.

① 읽기 전(pre-reading) 활동

읽기 전 활동은 학습자가 읽을 자료에 대한 흥미와 관심을 불러일으켜 읽고 싶은 동기를 갖게 한다. 그리고 학습자의 관련 배경 지식 및 경험을 활성화한다. 또한 읽기 자료의 핵심 어휘, 배경 정보를 제공하여 능동적이고 적극적인 읽기를 하는 데 목적이 있다. 이를 위해서는 다음과 같은 점을 고려한다.

- 읽을 자료의 내용이나 주제와 관련된 그림, 사진, 도표, 영상 등 쉽게 알아볼 수 있는 시각 및 청각 자료들을 보여주어 읽고 싶은 마음이 일어나게 한다.
- 읽을 자료의 제목 또는 삽화 등을 제시하고, 내용을 예측하도록 한다. 또는 찾아 읽기와 훑어 읽기 등으로 핵심 단어를 파악하며 전체적인 내용을 예측하게 한다.
- 자료를 읽는 목적을 제공해준다. 이를 위해 전반적인 내용 파악을 도와줄 수 있는 길잡이 질문(guiding questions)을 주어 답을 생각하면서 읽을 수 있게 한다.

- 새로 나오고 중요한 어휘나 구문을 제시해주어 내용 파악에 어려움이 없게 한다.
- 읽기 주제와 관련된 다양한 질문을 제시하여 학습자의 배경 지식 및 경험을 활성화하며, 읽기 자료와 관련된 학습자의 경험을 발표하도록 한다.

② 읽기 중(while-reading) 활동

읽기 중 활동은 리듬, 강세, 억양 등을 반영하여 낭독하거나, 낭독 또는 묵독을 한 내용 이해도를 점검하고 학습자의 읽기를 도와주는 것이 목적이다. 이를 위해 교사는 교사 시범독 또는 멀티미디어 자료를 활용하여 학습자가 글을 듣고, 보고, 따라 읽도록 한다. 읽기 방법은 앞서 제시한 것과 같이 합창 읽기, 짝 읽기, 상호작용 읽기, 공유 읽기, 극화 읽기 등 읽기자료의 성격에 맞게 다양하게 할 수 있다.

또한, 교사는 학습자가 읽기 자료에서 내용을 찾아내는 능력을 키우도록 도와주어야 한다. 읽기 지도에서는 예측하고, 예측한 것과 실제적인 내용을 비교하고 이를 해석하는 것이 중요하다. 읽기의 자료는 주제나 내용이 학습자와 관련된 주변의 것이거나 활동 행위 자체가 흥미로워야 한다. 이전 학습 지식을 많이 요하는 활동은 바람직하지 않다. 이런 활동은 듣기 자체보다 지식의 공백을 채우는 데 시간이 많이 걸리며 또한 이미 알고 있는 학습자는 흥미를 잃게 할 수 있다. 또한 적절하게 활동의 난이도를 유지하여 지나치게 안내를 많이 하거나 적게 하지 않도록 유의해야 한다.

읽기 중 활동은 읽기 전 활동과 엄격히 구분될 수 있는 것은 아니지만, 읽기 전 단계에서 주어진 질문에 대한 답을 찾아 그림이나 도표를 완성하는 등 아래와 같은 여러 가지 활동을 할 수 있다. 특히 어린이의 경우는 읽은 결과를 물리적인 변화로 나타낼 수 있는 정보 전이 활동(information transfer activity) 중심의 읽기 과제를 그룹별로 지시하면 효과적이다.

- 빈 칸 메우기
- 주어진 문장의 진위 가리기
- 도표 완성하기
- 모형 만들기 등

읽기 중 활동이 끝나면 즉각적인 피드백이 주어져야 한다. 교사는 과제 수행이 성공했는지 또는 어느 정도 성공했는지, 실패했으면 왜 실패했는지를 찾아보아야 한다. 피드백이 즉각적으로 주어지지 않고 나중에 주어지면 관련 학습자는 주제에 대한 관심을 잃기 쉽다. 피드백은 짝이나 그룹 활동으로 행해지며 이것이 읽기 후 활동으로 이어진다. 교사는 이 과정을 학습자 읽기 능력에 관한 과정중심평가로 운영할 수도 있다.

③ 읽기 후(post-reading) 활동

읽기 후 활동은 읽기 학습의 결과를 내면화하여 이전에 습득한 다른 내용과 함께 다른 활동에 활용하는 것에 그 목적이 있다. 이를 위해서는 내용 이해 확인을 할 수 있고, 읽기내용에 따라 문법, 어휘, 구조 및 담화의 특성 등에 대한 정리를 할 수도 있으며, 읽은 내용을 중심으로 토론이나 간단한 역할극을 하게 할 수 있다. 읽기 후 활동은 보다 많은 시간을 요할 수 있다. 그러므로 읽기 전 활동과 읽기 중 활동을 거쳐서 읽기 후 활동에까지 학습자의 관심을 유지시키기 위해서는 본질적으로 동기유발이 될 수 있는 활동이 다음과 같이 마련될 수 있다.

- 내용 이해 점검(comprehension check) 질문하기
- 읽기 자료에 대한 학습자의 감정 또는 생각 공유하기
- 읽기 자료의 내용을 도식화 자료(graphic organizer)를 활용하여 정리하기
- 극화 읽기, 인형극 등 다양한 방법으로 역할극하기
- 말하기, 쓰기, 제시하기 등 표현(production) 기능 활용하여 사고 확장하기

7 읽기 활동의 유형(Read and Do)

읽기에서 중요한 것은 어린이가 모든 단어를 모두 이해해야 한다는 부담에서 벗어나 읽기에 대한 자신감을 갖게 하는 것이다. 읽기도 듣기에서와 마찬가지로 읽은 결과가 어떤 행동의 결과로 나타나게 과제 및 활동 중심으로 한다. 성공적인 읽기는 주어진 과제를 완성하는 데 필요한 정보를 얻는 작업과 무관하지 않다. 이런 목적 달성을 위해서 어린이들은 개별적으로 혹은 짝을 지어 과제를 수행한다. 활동에 소요되는 시간은 학습자의 능력에 따라 달라지게 된다. 빨리 끝낸 어린이를 위해서 여분의 과제를 준비해 두면 효과적이다. 과제를 다 끝냈을 때는 과제 결과를 서로 비교해 보게 한

후에 모범 답안을 칠판에 제시함으로써 하나의 과제를 끝낼 수 있다. 여기서는 과제 및 활동 중심의 읽기 활동을 살펴보기로 한다.

(1) 단어 및 어구 식별하기

① 단어 배열하기

글을 이해하기 위해서는 문장의 구조와 법칙을 알아야 한다. 그러나 어린이의 경우는 복잡하고 체계적이고 분석적인 문법 학습보다는 개략적이고 구나 문장과 같은 덩어리 상태로 경험을 통하여 학습하게 된다. 따라서 교사는 어린이가 단어를 읽으면서 배열하여 의미 있는 덩어리를 만들도록 지도한다.

② 어구 배열하기

의미군이 되는 어구를 잘라서 아무렇게나 나열하고 순서를 바로잡아 읽게 한다. 여기에 흥미를 더하기 위해서 구체 명사는 그림으로 제시할 수도 있고 제시하는 방법도 다양하게 만들 수 있다.

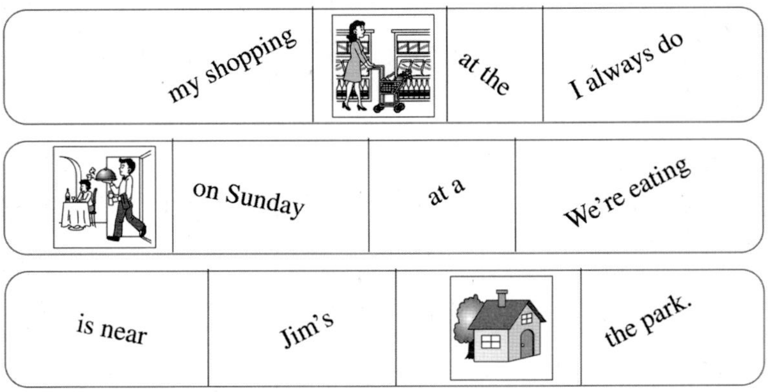

③ 문장 짝 찾기

학습자들이 문장의 일부만을 보고 완전한 문장을 만들기 위해서 짝을 찾는 활동이다. 전체가 한 쪽만을 가지고 찾는 전체 활동도 할 수 있고 짝이나 그룹이 같이 하게 할 수도 있다. 이때에는 활동은 보다 쉽게 하기 위해서 그림을 제시할 수도 있다.

(2) 정보 찾기

① 지시문 읽고 만들기

어린이들이 좋아하는 물건을 만드는 과정을 단계적으로 제시한다. 각 과정은 하나의 행위만을 나타내어 쉽고 짧은 문장으로 나타낸다. 교사는 어린이들이 지시문을 읽고 해당 물건을 만들도록 한다. 우리말을 사용하지 않고 말과 글뿐만 아니라 다양한 시각적인 단서를 많이 이용하게 한다.

예 1 팽이 만들기

You need :

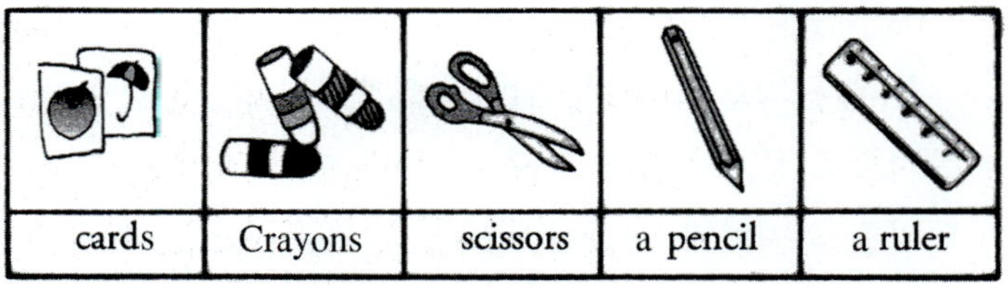

1. Color the card red, blue, green and yellow.
2. Turn the card over.
3. Write the words 'bag, pencil, chair and book' on the card.
4. Put a pencil through the card.

Make a Spinning Top

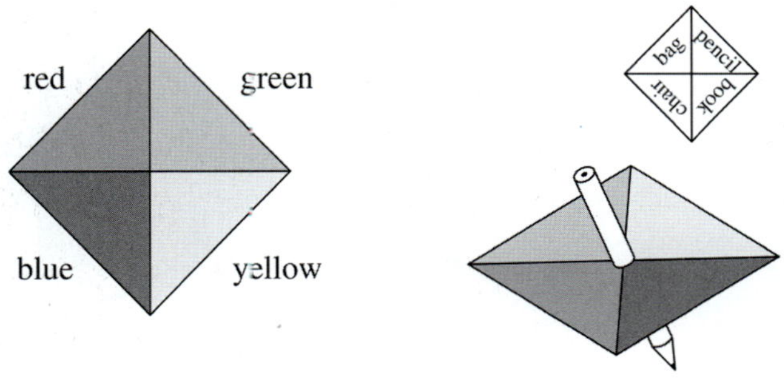

예 2 콜라 실험 :

많은 사람들이 즐겨 마시고 있는 음료수에 색소가 얼마나 많이 들어있는가를 알아보기 위해 지시문을 읽고 실험하게 한다.

How much coloring is added to popular drinks?

Instructions:

- Cut a plastic bottle in half.
- Turn the top end upside down and pierce a hole in the cap.
- Fill it with sand and pour some cola onto the sand.
- Let it soak through the sand.
- Is the cola that comes out of the bottle a different color?

② 색칠하기

물건과 색을 나타내는 단어를 익힐 뿐 아니라 문장 속의 단어의 배열을 익히기 위한 목적으로 문장을 읽고 색을 칠하게 한다. 어린이는 색칠하는 행동을 통하여 문장의 의미를 파악하기 때문에 나타난 결과를 봄으로써 문장의 이해도를 점검할 수 있다. 개별 적으로 문장을 보고 색칠하게 할 수도 있지만, 짝 활동으로 한 어린이가 문장을 읽고 다른 어린이는 그것을 듣고 색칠을 하게 하면 소리 내어 읽는 활동과 듣기 활동을 동시에할 수 있다. 활동이 끝났을 때에는 다른 짝과 비교하여 스스로 잘못된 부분을 고치게 할 수 있다.

예 Our study room

This is Da-hae's table. There are three pencils on the table. One green pencil and two yellow pencils. There is an orange pen under Min-su's chair.
A cat is sitting on his chair. It is black and white. His chair is green and Da-hae's chair is yellow.

③ 문장과 그림 연결하기

문장의 내용을 이해하는 활동으로 그림을 찾아 연결시키기를 할 수 있다. 학습자는 문장을 완전히 이해하지 못해도 그림과 연결을 할 수 있다. 어린이들에게 처음부터 문장의 완전한 이해보다는 추측과 예측 등을 통하여 읽기란 어려운 것이 아니라 쉬운 것이며 일상적인 활동에 필요한 것이라는 생각을 갖게 하는 것이 중요하다. 아주 초보적인 단계에서는 그림에 대한 표제를 찾는 것에서부터 제작이나 사용 설명을 위한 지시문에 해당 그림 찾기 혹은 그림과 말주머니 연결하기, 비슷하지만 서로 다른 여러 그림의 내용을 기술하는 내용문 찾기 등을 다양하게 시도할 수 있다.

예 1 생일카드 만들기

생일카드를 만드는 데는 다음과 같은 과정을 거치게 됩니다. 그림에 대한 지시문을 찾아 선으로 이어보세요.

Fold the card. •　　　　•

Draw and color a picture. •　　　　•

Open the card and write. •　　　　•

Give the card to your friend. •　　　　•

예 2 What animal?

동물에 대한 설명을 듣고 어느 동물인지 해당 동물의 번호를 네모 안에 적으세요.

It looks like a giraffe but it hasn't got a long neck. □	It looks like a giraffe but it's got stripes and a short tall. □
It looks like a zebra but it's got spots. □	It looks like a hippo and an elephant. It's got a hippo's body and on elephont's head. □
It looks like a hippo but it's got a long neck and big ears. □	It looks like a panda but it's got a very long tail and black and white stripes. □

a

d

b

e

c

f

(4) 모형 배치하기

이것은 과제 수행을 위한 읽기 활동으로 그림판 위에 여러 가지 물건 모양의 자석이나 스티커를 준비하여 지시문을 읽고 배치한다. 초보적인 단계에서는 위치를 나타내는 전치사의 의미와 사물을 나타내는 단어들을 익힐 수 있지만, 수준이 높아감에 따라 복잡한 배치가 가능하다. 다음의 예는 방에 장난감을 배치하는 활동이다.

예 Put a toy

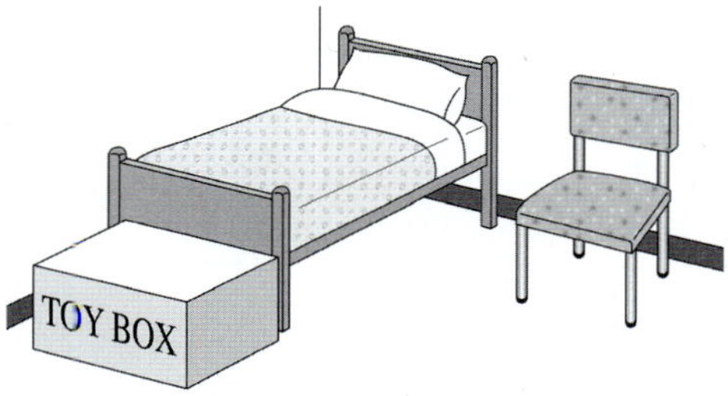

1.
   - Put the dolls on the bed.
   - Put a car under the bed and a train in the toy box.
   - Put a kite on the chair and two robots on the floor by the chair

2.
   - Put three cars in the toy box and a bike by the toy box.
   - Put a bear and a ball under the bed and two teddies on the bed.
   - Put four dolls under the chair and a computer game on the chair.

You need : dolls, cars, trains, kites, robots, bikes, teddies, balls, a computer game

① 실물 모형을 통해서 단어를 소개한다.
② 개별적으로나 짝 활동으로 주어진 문장을 읽게 한다.
③ 그림판 위에 내용과 일치하게 장난감을 배치하게 한다.
④ 배치가 끝났을 때 다른 팀의 것과 비교한다.
⑤ 빨리 끝낸 팀은 한쪽이 읽어주는 것을 듣고 다른 쪽이 배치하게 한다.

⑤ 읽고 지칭하기

이것은 비슷하지만 서로 다른 대상을 설명하는 말을 읽고 이름을 쓰게 하는 활동이다. 특히 여러 가지를 임의로 부가할 수 있는 상상의 괴물은 이런 활동의 좋은 소재가 된다. 아래 예는 괴물(monster)에 대한 설명을 읽고 제시된 괴물의 이름을 쓰게 하는 활동이다.

1. Zog Monster is orange. He's got three legs, three big feet and nine toes.
2. Zug Monster is very ugly. He's blue and hairy. He's got five ears, threeyellow eyes and big teeth.
3. Little Zeg is red. She's got one leg and one tooth. Her eyes are blue. She's got two arms and twelve fingers.
4. Zag Monster's got a black head, a green body and eight red eyes. She's got four arms, four hands and two legs.

⑥ 읽고 표지판 붙이기

이런 활동에서는 가령, 어린이가 관심을 갖는 집, 공원, 동물원 등에 관한 그림을 설명하는 글을 제시한다. 동물원인 경우 어떤 동물들이 있는지 어린이들로부터 끌어내어 그림을 제시한다. 그리고 동물의 우리를 어떻게 배열해야 하는지를 생각한 후, 다음과 같은 글을 읽고 표지판에 동물의 이름을 쓰게 한다.

예 Where do the animals live?

There are trees in the monkeys' cage because monkeys like climbing trees. The camels live next to the monkeys. The cafe is next to the camels. The zebras live in the biggest cage. They are next to the shop. The giraffes are also next to the shop. The seals live in the square cage. There is water in the cage because they like swimming. There is water in the penguins' cage and some fish for the penguins to eat. The lions live next to the tigers. There is a man looking at the lions. The snakes live in the long, thin cage next to the tigers.

⑦ 읽고 순서에 따라 시계 그리기

- 그림을 하나하나 제시하면서, "What does Gi-ho do?" 묻는다. 일상적인 행위를 나타내는 동사 : get up, get dressed, clean, eat, watch TV 등을 끌어낸다.
- 두 사람이 짝을 짓게 한다.
- 아래의 글과 그림을 나누어 주고 읽게 한다.
- 글의 내용에 따라 그림을 순서대로 나열하고 해당 시각의 바늘을 그리게 한다.

예

Gi-ho gets up at seven o'clock. It takes him two minutes to get dressed. Then he washes his face and hands, and brushes his teeth. That takes him five minutes. Next he eats his breakfast. That takes him fifteen minutes.
He watches TV for twelve minutes. Then he puts on his coat, but he can't find his shoes. It takes him five minutes to find them. Finally, Gi-ho leaves his house and walks slowly to school. It takes him twenty minutes.

⑧ 광고에서 필요한 정보 찾기

이 활동은 찾아 읽기와 훑어 읽기를 위한 연습에 효과적이다. 사람은 누구나 광고를 처음부터 끝까지 모두 보지 않는다. 우선 광고 제목에 관심이 있어야 하며, 그중에서도 특징적인 것만을 보게 된다. 다음 예는 어린이가 관심을 가질 수 있는 서커스, 돌고래 쇼, 피터팬 등의 공연에 대한 것으로 시간과 장소 등에 대한 질문을 하고 답을 하게 할 수 있다.

Q : What time does the whale show start?
How much are the tickets?

What day is Peter Pan shows on?

How much is the ticket for a child?

(3) 해석 및 추론하기

① 문장 배열하기

어떤 사물이나 사건에 대한 글을 문장 단위로 잘라 순서를 섞어 놓고 순서를 바로 잡게 하는 활동이다. 초보 단계에서는 더 쉽게 하기 위해 그림을 제시해주면 효과적이다.

Put these sentences in the correct order.

"Look out! It's moving," his sister said.

"Come on. Let's go!" he said to Jean.

Jim picked up his camera and jumped out of the machine.

And looked at Jim and thought, "That's lunch!"

A hundred, a thousand, a million years or more.

And with a click of the switch she started the machine.

The dinosaur walked with a thud and a crunch,

"Be areful! It's dangerous!" shouted sister Jean.

Jim ran quickly back to the machine.

Jim pointed his camera at a dinosaur's head,

They stopped in the time of the dinosaur.

② 읽고 그림의 순서 맞추기

교사는 학생들이 순서가 있는 일련의 사건이나 이야기에 대한 단편적인 그림을 순서대로 나열하게 할 수 있다. 상황에 따라서는 그림 자체만을 보고도 순서를 정할 수 있을 것이다. 특히 초보적인 단계에서는 활동에 도움을 주는 잉여적인 요소가 많을수록 성공 경험을 갖게 되어 효과적이다. 다른 한편으로는 언어 학습이 어린이들을 테스트하는 것이 아니라 가르치는 것이라는 면에서 잉여적인 정보로 과제를 해결한다고 하여도 스스로 확인해 볼 수 있는 기회를 제공해야 된다. 그리하여 학습자의 영어 수준이 올라 갈수록 잉여적인 정보를 점점 배제하여 약간 복잡한 과제를 제시할 수 있다. 다음 예는 탐정에 관한 이야기를 읽고 6개의 그림을 순서대로 나열하게 하는 과제이다.

예 1 다음 글을 읽고 그림을 순서대로 나열하세요.

a. "Put up your hands. I've got a gun." someone said.
b. There was a boy playing with a toy gun. The boy laughed.
c. Inspector Clued was walking down the road.
d. He looked at the clock on the wall of the bank. It was 3 o'clock.
e. Clued turned around quickly.
f. Clued walked into the bank.

예 2 순서화되어 있는 그림을 잘 보고 그 번호를 해당 문장 뒤에 쓰세요.

THE LIFE OF AN APPLE TREE

a. The tree's full of apples. (7)
b. The young leaves begin to grow. ( )
c. Sally sows the apple seed. ( )
d. The tree blossoms. ( )
e. The young tree is growing tall. ( )
f. The first roots grow from the seed. ( )
g. It's apple-picking time. ( )
h. Now the young tree has a strong trunk and branches. ( )

③ 읽고 도식화하기

도식은 정보를 일목요연하게 보여주는 것으로, 우리의 주변에는 여러 가지 도표가 산재해있다. 따라서 설명적인 글을 읽고 도표를 만들게 함으로써 읽은 글에 대한 이해를 점검할 수 있고 동시에 사고 능력을 기를 수 있다. 영어 읽기 능력의 발달 과정에 있는 초등 학습자에게는 수행해야 하는 과제를 명확히 제시해야 한다.

예 He likes ice-cream.

① 칠판에 교차하는 두 원을 그린다.
② 어린이 두 명을 세우고 그들의 이름을 각각 원 위에 쓴다.
③ 둘에게 각각 'Do you like ice-cream?' 하고 질문한다. 둘 모두가 'Yes'라

고 대답하면 원의 중복 부분에 'ice-cream'을 쓰고 둘 중에 하나만 'Yes'라고 대답하면 그 어린이의 원에 'ice-cream'을 쓴다.

④ 다른 음식도 같은 식으로 묻고 앞에서와 같이 적는다.
⑤ 어린이를 짝으로 나눈다.
⑥ 아래에 주어진 자료를 읽고 해당란에 음식이름을 적게 한다.
⑦ 결과를 다른 팀과 비교하게 한다.

Cheol Mouse is a fat, greedy mouse. He's always eating. He loves cheese and biscuits. He also likes ice-cream, cake, chocolate, apples and oranges. The only things Choel doesn't like are vegetables. His sister, Soon, is just the opposite. She eats very little. She never eats fruit, cake, chocolate or ice-cream, but she does like cheese and biscuits. She also likes carrots, potatoes and beans.

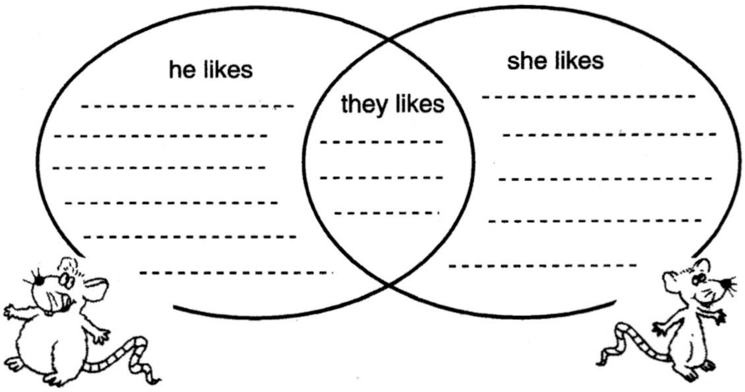

④ 암호 해독하기

읽기란 단순히 겉으로 나타난 문장을 인지하는 것으로 끝나지 않고 필자가 의도하고 있는 뜻을 파악하는 것이기도 하다. 특히 암호나 비밀 문건 등은 겉으로 드러난 것과는 판이하게 다른 뜻을 나타낸다. 필자의 의도가 무엇인지 알아내기 위해서는 상황을 이해하고 독자가 알고 있는 모든 지식을 총동원해서 주어진 글자와의 관계를 맺어야 한다. 이 같은 암호 풀이는 글자에 대한 주의 집중을 가져오고 도전감을 준다.

예 1 Find the secret tape.

① 거울에 비친 글자들의 모습을 인지하는 연습을 한다.

② 그림에 대한 설명을 한다.

Here's a man. His name is Ivan. He is a spy.
He must find a secret tape. Can you help him?

③ 4~5명의 그룹으로 나눈다.

그림과 함께 다음과 같은 문장을 주고 비밀 테이프가 어디에 있는지 찾아내게 하는 것이다.

Where is the secret tape?

④ 비밀테이프의 단서가 되는 글을 나누어 주고 읽게 한다.

⑤ 그림에서 해당되지 않는 곳을 하나씩 지워나가게 한다.

⑥ 마지막 남은 한 곳을 찾아내게 한다.

The secret tape is (   ).

⑦ 글을 거울에 비추어서 보여준다.

예 2 A good spy

훌륭한 스파이는 한번 본 모든 것을 정확하게 기억한다. 그러기 위해서는 볼 때 모든 정신을 집중해야 된다. 어린이들이 얼마나 훌륭한 스파이가 되느냐는 얼마나 집중을 할 수 있느냐에 달려있다. 다음과 같은 일상적인 거리의 모습을 잠깐 동안(2~3분) 보여준 후에 그림을 감추고 아래와 같은 질문을 읽고 답하게 한다.

1. Is there a cat in the picture?
2. What kind of shops are in the street?
3. How much are the bananas in the shop?
4. There's a boy wearing a red T-shirt. What's he doing?
5. There's a girl eating an ice-cream. What's she wearing?

3 보기 지도

1 보기의 특성

언어 텍스트는 대개 학습자에게 단독적으로 제공되지 않고, 이미지, 소리, 애니메이션, 디자인 등의 요소와 결합하여 제시된다. 즉, 학습자는 문자나 음성 정보뿐만 아니라 온·오프라인의 여러 매체를 통해 다양한 정보가 결합된 방식의 영어를 보고, 이해하게 되는 것이다. 이러한 영어 학습에서의 보기(viewing)를 Zaswita와 Meladina(2020: 14)는 다음과 같이 정의하고 있다.

> An active process of attending and comprehending visual media, such as television, advertising images, films, diagrams, symbols, photographs, videos, drama, drawings, sculpture and paintings.

즉, 보기는 인식, 분석, 향유, 탐구 등을 목적으로 청각 자료가 선택적으로 결합된 시각 텍스트(visual text)를 이해하는 능동적인 과정으로 볼 수 있다. 영어 보기는 최근 온·오프라인에서 사용되는 여러 테크놀로지 기반 다중모드(multimodal) 매체의 발달로 영어 학습자에게 매우 빈번하게 이루어지는 영어 이해의 양상이다. 보기의 특성은 다음과 같이 정리할 수 있다.

(1) 보기는 시청각적 메시지 요소를 해석하여 의미를 구성하도록 요구한다.

보기 과정에서 학습자는 이미지, 기호, 관례, 맥락 등과 같은 시각적 이미지를 참고하여 읽기 또는 듣기로 제공되는 영어 입력을 이해하게 된다. 따라서 학습자가 보고 있는 시각적 메시지가 '무엇(what)'인지 확인함과 동시에, 그것이 세부 시각 요소와 함께 '어떻게(how)' 작동하고 있는지를 파악하는 것이 중요하다. 즉, 학습자는 영어 보기 과정에서 시청각 메시지가 무엇을 나타내고 있으며, 또 어떻게 구성되어 있는지를 동시에 처리하며 영어 입력의 이해에 도달하게 된다.

(2) 보기를 통해 학습자는 시청각적 메시지를 분석 및 평가하는 지식을 개발한다.

학습자는 영어 보기를 통해 영어를 습득할 뿐만 아니라 시청각적으로 전달되는 아이디어를 파악하게 된다. 따라서 학습자는 청각자료가 선택적으로 결합된 이미지, 영상, 사진 등의 시각 자료를 비판적으로 보게 된다. 이는 영어 입력과 함께 제시되는 시청각적 이미지의 타당성, 구체성, 정교함 등을 평가하는 기회가 되며, 이 과정에서 학습자는 시청각적 메시지의 효과적 구성 방법 등에 관한 지식을 개발할 수 있다.

(3) 학습자는 듣기와 읽기 과정과 유사한 전략적인 영어 보기를 수행한다.

학습자는 영어 보기 과정에서 먼저 보기 자료와 관련된 자신의 사전 지식 또는 경험을 활성화할 수 있으며, 예상하기와 유추하기 등과 같은 전략을 활용하며 영어 자료를 볼 수 있다. 또한 보기 후에는 개인적, 비판적, 창의적 관점에서 보기 자료에 다양하게 반응할 수 있다. 이는 매우 능동적이고 전략적인 과정이며, 앞서 살펴본 듣기 및 읽기 과정과도 유사하다. 특히, 이 과정은 보기 전, 중, 후 과정으로 구분하여 살펴볼 수 있는바, 듣기 및 읽기와 마찬가지로 각 과정에서는 학습자의 전략적인 참여를 촉진하기 위한 교사의 안내가 중요하다.

(4) 보기는 다양한 목적을 가질 수 있다.

듣기와 읽기는 각각 음성 언어와 문자 언어만을 매개로 하지만 보기는 음성과 문자가 시각적 이미지와 결합하여 학습자에게 다중모드의 형태로 제공된다. 그리고 TV, 영화, 만화, 포스터, 광고, 도식화 자료 등과 같이 영어 보기 활동은 특정 양식(장르)을 기반으로 할 수 있다. 또한 영어 보기 활동은 온·오프라인에서 동시에 일어날 수 있다. 따라서 학습자는 단일 모드로 제공되는 듣기 또는 읽기와 비교하여 영어 보기를 더욱 다양한 목적에서 수행할 수 있다. 예를 들어, 학습자는 영어 보기 자료 내용이 수반되는 양식(장르)의 특성에 따라 영어 보기 자료 탐색, 이해, 평가, 의미 공감 등의 여러 목적을 가질 수 있고, 해당 목적을 온·오프라인 보기 활동을 통해 달성할 수 있다.

(5) 보기의 효과는 인지 부하에 따라 학습자마다 다양하게 나타날 수 있다.

우리는 멀티미디어 및 다중모드로 제시되는 언어 학습은 다양한 자료가 시청각적으로 제시됨에 따라 학습자에게 항상 효과적일 것으로 생각하기 쉽다. 물론 영어교육 맥락에서 수행된 여러 연구는 자막 비디오, 만화, 사진 자료 등으로 제시된 다중모드 영어 입력이 학습자 읽기, 어휘, 발음 학습에 효과적일 수 있음을 보고하였다(Feng & Webb, 2020; Wisniewska & Mora, 2020). 이와 동시에 작업기억용량(working memory capacity), 학습 스타일 등과 같은 학습자 개인차 변인에 따라 멀티미디어 자료 보기는 그 효과가 달라진다고 보고한 연구 또한 주목할 필요가 있다(도경수, 차유영, 2008). 즉, 그 효과성과는 무관하게 다중모드로 이루어지는 영어 보기는 학습자에게 인지 부하를 일으킬 수 있다는 점을 고려하여, 교사는 학습자 특성, 학습 상황 등에 따라 보기 활동을 듣기 및 읽기 활동과 통합 또는 분리하여 적절히 활용해야 한다.

2 보기의 과정

보기는 말과 글이 이미지, 소리, 영상 등 여러 매체를 통해 다중모드로 제시된다. 따라서 그 과정 또한 다면적이며 복합적이다. 학습자에게 제시되는 영어 보기 자료는 음성 및 시각 정보가 시청각 자료로써 함께 있거나, 음성 언어를 제외한 영어 읽기 자료가 여러 시각 정보와 결합될 형태로 제시될 수 있다. 이러한 영어 보기 자료의 특성을 고려하고, 앞서 듣기와 읽기 과정 및 기억장치와 관련지어 보기 과정을 다음과 같이 나타낼 수 있다.

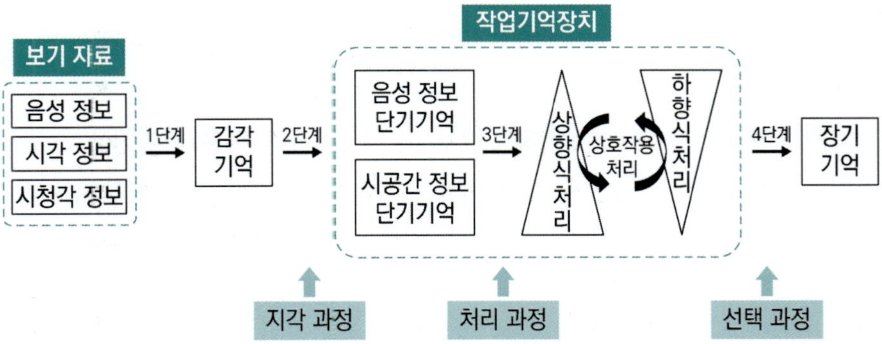

[그림 5-3] 보기 이해 과정

첫 번째 단계에서 대개 이미지, 영상 등으로 구현되어 있고, 청각 자료가 선택적으로 결합된 영어 시청각 자료가 보기 자료(viewing material)로써 학습자에게 제시된다. 학습자는 감각기억을 활용해 보기 자료 중 시각 정보를 영상 기억(iconic memory)에 매우 짧은 시간 동안 저장하게 된다. 만약 보기 자료에 음성 정보가 포함되어 있으면 해당 입력은 앞서 [그림 5-1] 듣기의 과정에서 살펴본 반향 기억(echoic memory)에 저장된다.

두 번째 단계에서는 학습자의 작업기억장치가 관여하게 된다. Baddeley(2003)가 제안한 다중 요소 작업기억장치 모델에서 단기기억은 시공간 메모장(visuo-spatial sketchpad)과 음운 고리(phonological loop)로 구분된다. 그리고 각각은 앞서 감각 기억을 통해 지각한 시각 정보와 음성 정보를 단기적으로 저장하게 된다. 보기 자료에 음성 정보가 포함되어 있지 않더라도 학습자는 시각 정보에 포함된 영어 읽기 자료를 부호화(decoding)하게 되며, 이때 음성 정보 단기기억(음운 고리)이 활용될 수 있다.

이렇게 감각기억과 작업기억장치의 단기기억을 통해 파지된 시각 및 음성 정보는 영어 학습 상황에서 본격적인 정보 처리 과정을 거치게 된다. 이는 앞서 [그림 5-2] 읽기의 과정에서 다룬 상향식(bottom-up) 및 하향식(top-down) 처리 과정과 이것이 통합된 상호작용(interactive) 과정으로 이루어질 수 있다. 즉, 학습자는 이미지와 결합된 형태의 보기 자료에서 문자-소리, 통사, 의미 정보를 상향식으로 추출하게 되고, 이때 자신의 배경지식과 경험을 하향식으로 활용하게 된다. 중요한 것은, 이 과정에서 다양한 매체를 통해 보기 자료에 포함된 그림, 사진, 아이콘, 사진 형태의 시각 정보가 학습자의 보기 자료 이해에 도움을 줄 수 있다는 점이다. 끝으로, 작업기억장치를 거쳐 처리된 영어 보기 자료는 학습자의 장기기억에 단순하게 부호화된 형태로 저장된다. 해당 언어 지식은 처음에 명시적(explicit) 형태일 수 있으나, 반복적 사용 과정을 통해 암시적(implicit) 지식으로 점차 자동화될 수 있다.

이와 같이 영어 보기의 과정에는 인간 기억장치의 여러 요소와 다양한 정보 처리 방식이 동시에 개입된다. 즉, 다중모드로 구성된 영어 보기 자료는 듣기, 읽기 및 시각자료가 상호 보완되어 의미이해에 도움을 줄 수 있으면서도 때로는 인지적 과부화를 유발할 수도 있다. 따라서 교사는 보기 자료의 구성, 선택, 활용에 있어 항상 주의를 기울이고, 학습자에게 보기 자료의 내용과 이것을 처리하기 위한 전략에 대해 적극적으로 안내할 필요가 있다.

3 보기 활동의 유형

영어 보기 활동은 시각 영어 텍스트를 인식하고, 이를 처리하여 이해에 도달하는 과정이다. 따라서 같은 영어 이해 활동으로 분류되는 듣기와 읽기 활동 자료의 변형, 자료 제시 방법 변경 등을 통해 이를 보기 활동으로 새롭게 정의할 수 있다. 앞 절에서 다룬 영어 듣기 및 읽기 활동을 영어 보기 활동으로 다음과 같이 변형할 수 있다.

기능	기존 활동	보기 변형 활동	학습 방법
듣기	정보 듣기	정보 보고 듣기	그림, 사진 등과 같은 이미지에 제시된 시각 영어 자료에 관한 설명을 듣고, 해당 설명에 어울리는 보기 자료를 선택, 배열하거나, 보기 자료의 세부 내용을 파악한다.
	듣고 따라 하기	보고 따라 하기	영상 자료로 제시되는 챈트, 노래를 보고, 어휘, 영어 표현과 같은 언어적 요소와 강세, 리듬, 억양과 같은 초분절음 요소를 학습한다.
	이야기 듣기	이야기 보기	그림, 사진, 영상 등과 함께 제시되는 영어 이야기를 보고, 이야기 그림 바꾸기, 디지털 이야기로 변형하기 등의 읽기 후 활동을 수행한다.
읽기	정독	집중 보기	자막 또는 설명이 있는 영어 영상(captioned video)을 보고, 특정 장면에 해당하는 영어 문장에 포함된 어휘 및 통사적 언어 관계를 파악한다.
	다독	많이 보기	학습자 영어 수준에 적합하고, 교육과정에서 다루는 어휘와 의사소통 기능이 다수 포함된 영어 영상 자료를 활용하여 다양한 영어 보기 경험을 제공한다.

위와 같이 기존 듣기 및 읽기 활동의 변형과는 별도로 온·오프라인상의 여러 매체를 활용해 다중모드 기반으로 이루어지는 영어 보기는 새로운 형태의 활동으로 제시될 수도 있다. 그 예는 다음과 같다.

(1) 시각적 사고 활동(visual thinking activity)

시각적 사고는 대화를 통해 그림 속 의미를 이해하고, 추론하는 활동이다(Yenawine, 2013). 즉, 학습자는 영어와 함께 제시된 보기 그림 자료를 동료 학습자 및 교사와 함께하는 대화를 통해 이해하게 되고, 이 과정에서 비판적 사고 및 정보처리 역량 향상 및 유의미한 영어 학습이 유도된다. 시각적 사고 활동에서는 학습자가 시각적 사고 전략을 발휘할 수 있도록 영어 보기 자료에 대한 다음과 같은 질문과 대답 활동이 중요하다.

- 단순 보기: What do you see in the picture/video?
- 의미 파악: What's going on in this picture/video?
- 추론 하기: What makes you say that?
- 사고 확장: What more can you find?

위와 같은 시각적 사고 전략 촉진 발문은 시각 자료와 텍스트가 함께 포함된 다양한 보기 자료 활용 수업에 다음과 같이 적용할 수 있다.

① 보기 전(pre-viewing): 그림 걷기 및 시각 텍스트 관련 배경지식 활성화
② 보기 중(while-viewing): 시각 텍스트 읽기, 읽는 중 질의응답을 통해 삽화의 의미 생각하기 → 시각적 사고 전략 촉진 단순 보기, 의미 파악 질문하기
③ 보기 후(post-viewing): 시각 텍스트 내용 관련 토의하기 → 시각적 사고 전략 촉진 추론하기, 사고 확장 질문하기

(2) 텍스트 들으며 읽기(reading while listening)

들으며 읽기 활동은 영어 그림책, 정보책 등 시각이미지와 텍스트가 결합된 보기 자료를 교재로 하되, 이를 눈으로만 읽는 것이 아니라 청각과 시각이 서로 협응할 수 있도록 읽기와 듣기를 동시에 하는 것이다(노경희, 2021). 읽기 자료는 시각 및 듣기 자료와 결합되었을 때 학습자에게 더욱 이해가능한 입력이 될 수 있다는 점에 착안된 읽듣기는 같은 맥락을 보여주는 자료가 다중모드로 제시되고, 각 모드의 자료는 상호 비계(scaffolding)가 될 수 있는 점을 고려한 활동이다. 이 과정이 효과적으로 이루어지기 위해 교사는 시각 자료가 포함된 텍스트를 인쇄물 또는 디지털 형태로 제시하고, 이때 텍스트 문장, 문단, 또는 페이지 단위로 구분된 듣기 자료를 동시에 활용하여 학습자 시각 텍스트 보기 과정이 다중모드로 이루어질 수 있도록 실제 활동을 운영할 수 있다. 이러한 과정은 학습자 전체 또는 소그룹 진행뿐만 아니라 개별적 진행이 가능하므로, 학습자 수준별 맞춤형 수업에 특히 유용할 수 있다.

(3) 디지털 스토리텔링(digital storytelling)

디지털 스토리텔링은 영어 수업에서 그림(삽화), 사진 등과 같은 시각 이미지, 배경음과 같은 청각 자료, 애니메이션 효과와 같은 시청각 자료를 다양하게 포함하고 있는 텍스트 자료를 이해 자료로 사용하고, 디지털 기술을 표현 수단으로 활용하는 것을 말한다. 즉, 이와 같은 디지털 스토리텔링 활동에서 영어 학습자는 여러 온라인 시각 매체를 활용해 이야기를 더 감각적으로 제시하게 되고, 해당 이야기를 학습자는 보기 활동을 통해 이해하게 되므로 언어 기능의 총체적 학습이 이루어지게 된다(정고은 외, 2022). 따라서 이 과정은 보기뿐만 아니라 제시하기(presenting)와 통합하기에

용이하다.

디지털 스토리텔링 언어 학습을 위해 Ohler(2013)는 다음과 같은 수업 단계를 제시하였다. 아래 과정 가운데 발표 및 제공(performance and distribution)단계에서 학습자는 산출된 디지털 스토리텔링을 보고, 관련 내용을 이해하게 된다.

① 이야기 계획(Story planning): 이야기 종류 정하기 → 스토리맵 만들기 → 스토리맵 상호 평가하기 → 대본 작성하기 → 대본 연습하기
② 사전 제작(Pre-production): 활용 미디어 목록(음악, 나레이션, 음악, 그림 등) 작성하기 → 필요 미디어 수집하기 → 수집한 미디어 편집하기
③ 제작(Production): 디지털 기기, 스프트웨어 활용 제작 방법 익히기 → 음성 및 시각 디디어 삽입하기 → 스토리텔링 음성 삽입하기 → 전체 미디어 믹싱하기
④ 사후 제작(Post-production): 제목, 엔딩 크레딧 등 추가하기 → 전환(transition) 효과 추가하기 → 동료 및 교사 리뷰하기 → 최종 마무리하기
⑤ 발표 및 제공(performance and distribution): 산출물 학급에서 발표하기 → 발표물 보기 → 언어 학습하기

4 보기의 단계별 지도

보기는 듣기 및 읽기와 함께 영어 이해(comprehension) 과정으로 분류된다. 따라서 보기 또한 다른 이해 기능과 마찬가지로 전-중-후 단계로 구분하여 지도할 수 있다.

(1) 보기 전(pre-viewing)

보기 또한 듣기 및 읽기와 마찬가지로 학습자가 능동적으로 주어지는 자료의 의미를 파악하게 된다. 따라서 보기 자료에 관한 여러 질문을 통해 학습자의 관련 사전 지식이나 경험을 활성화할 수 있다. 그리고 자료의 시작 부분만을 확인하고 학습자로 하여금 이어질 내용을 예측하게 하여 더 능동적인 보기를 유도할 수 있다. 또한 교사는 주제나 상황에 관한 질문, 보기 자료가 포함하고 있는 핵심 영어 어휘나 표현 등을 제시할 수도 있다. 다중모드로 제시되는 보기 자료가 특정 학습자에게는 인지 부담을 초대할 수도 있으므로, 보게 될 자료의 구성과 내용에 대한 메타 정보를 미리 제공하는 것도 보기 전 활동으로 가능하다.

(2) 보기 중(while-viewing)

학습자는 영어 자료에 대한 보기 과정에서 메시지를 이해하기 위해 시각적 텍스트를 집중해서 보게 된다. 이 과정에서 학습자는 보기 전 활동을 통해 유추한 내용과 실제 보여지는 내용을 분석 및 평가하고, 나아가 의미 해석에 도달하게 된다. 다중모드로 제시되는 수업 중 보기 자료의 명료성, 복잡도 등을 고려하여 교사는 보기 자료를 부분적으로 제시함으로써 학습자들에게 중지 및 검토(pausing and reviewing) 기회를 제공할 수 있다. 또한 다시 보여주기를 통해 학습자가 전체 내용 이해 점검을 하도록 유도할 수 있다.

(3) 보기 후(post-viewing)

보기 후 활동에서는 학습자에게 시각 보기 자료에 대해 개인적, 비판적, 창의적으로 반응할 수 있는 기회가 제공되어야 한다. 이는 듣기 또는 읽기 자료와는 달리 다중모드로 제시되는 보기 자료는 학습자의 다양한 반응을 불러일으킬 수 있음에 따른 것이다. 학습자의 능동적이고 다양한 반응을 격려하기 위해, 교사는 아래와 같은 질문에 대해 학습자가 답하도록 이끌 수 있다.

- 개인적 반응(Personal response)
  - What is my initial reaction to this text?
  - Why did I respond this way?
  - What stands out after viewing this text?
  - Do I agree or disagree with what I saw? Why?
  - What have I learned from this text?
- 비판적 반응(Critical response)
  - Who is communicating what message for what purpose?
  - For whom is this message intended?
  - What is the surface text (subject and what is being shown about that subject) and subtext (underlying assumptions, messages)?
  - From whose perspective is the message presented?
  - What elements are used to get and hold the viewer's attention?
  - What were the outstanding and the weak parts of this visual text?
  - How was this visual text constructed?

- What are the noteworthy technical aspects of this visual text (e.g., camera shorts or angles, layout, setting, lighting, special effects, size, shape, spacing, etc.)?
- What use is made of color, shadow, and images such as symbols, photographs, and three-dimensional objects? Is it effective?

- 창의적 반응(Creative response)
  - How could I build on and extend this text?
  - How could I create a similar text?
  - How could I create a new text about this subject?
  - What techniques, language, and artistry could I use to create the effect or impact of my text?

제 6 장
표현 기능 지도

1. 말하기 지도
2. 쓰기 지도
3. 제시하기 지도

언어습득의 핵심은 실제로 사용하기 위함이다. 사용이라는 용어는 필요에 따른 기능을 수행할 수 있음을 의미하며 이를 위해서는 5장의 언어이해 기능과 함께 표현 기능을 길러야 한다. 또한 표현하기는 상대방과의 소통을 통한 기능 수행 외에도 일기나 이야기 집필 등의 사례에서 알 수 있듯 스스로의 즐거움을 위한 목적도 있어 내재적 동기와도 직결된다. 이 장에서는 표현 기능으로서, 전반적인 영어 능력의 대표지표가 되는 말하기(speaking)와 학습/연습이 필수적으로 수반되는 언어기능인 쓰기(writing) 각각의 특성, 기능, 과정, 지도 방안 및 활동 등을 알아본다. 또한 보기(viewing)와 대응하여, 말하기와 쓰기 기능이 시청각 이미지 및 비언어적 자극과 어우러진 다중모드(multimodal)의 제시하기(presenting) 기능에 대해서도 그 특성 및 과정을 함께 살펴본다. 이를 통해 현대의 언어 사용 환경과 목적에 적합한 영어 표현 기능 지도 방법을 알아보도록 한다.

1 말하기 지도

1 말하기의 특성

영어가 국제어로 사용되고 국제적인 교류가 증가함에 따라 말하기 능력이 그 사람의 영어 실력을 판단하는 준거로 인식되는 경우가 많다. 많은 경우에 외국어 학습을 외국어 말하기 학습으로 생각할 정도로 말하기는 외국어 학습에서 중요한 것으로 여겨져 왔다. 실제로 말하기는 특정 목표 성취를 위해서 의사소통을 하는 데 가장 중요한 기능이다. 특히 초보자에 있어서는 의사소통 자체가 거의 말하기에 의한 것이다. 그러나 말하기 기능은 듣기 기능과 떼어서 생각할 수 없는 능동적인 기능이다. 왜냐하면 말하기는 상호작용에 의해 진전되기 때문에 화자는 청자가 이해하는 데 따라 말을 달리 해야 하며 동시에 청자가 되어야 하기 때문이다. 이런 관점에서 말하기의 특성을 살펴보면 다음과 같다.

(1) 말하기에서는 발음뿐만 아니라 강세, 리듬, 억양이 중요하다.

말은 여러 가지 발음들을 조합하여 전체적으로 강세, 리듬, 억양을 첨가한 것이라고 할 수 있다. 이때 개별적인 발음은 앞뒤의 환경과 강세, 리듬, 억양의 영향을 받아 약화되거나 없어지는 등 필연적으로 변형을 겪게 된다. 이런 변형은 원어민이 말을 더 쉽게 하기 위해서 시도하는 것이지만, 언어적 직관이 없는 외국인이 새로운 문장을 이러한 규범에 맞춰 발화하는 것은 쉽지 않다. 오늘날 의사소통적인 접근법과 영어의 다양한 형태를 인정해가고 있는 상황에서 원어민에 가까운 영어 발음을 추구해야한다는 인식은 줄어가고 있으나 적어도 기본적인 발음 규칙이 지켜지지 않으면 내용의 전달력이 크게 감소하므로 영어의 강세, 리듬 및 억양의 중요성은 여전히 크다.

(2) 말하기에서는 정보 공백(information gap)이 있어야 한다.

말하기는 의사소통 행위에서 가장 중요한 언어 기능이다. 실제 언어 상황에서 사람이 자기가 알고 싶은 것을 모두 파악하고 있으며 자기가 알고 있는 것이 확실하다고 생각하면 말을 할 필요가 없다. 말하기는 주로 알고 싶은 정보를 얻기 위해서, 궁금한 정보를 확인하기 위해서 행해진다. 이처럼 말하기는 정보의 공백이 있어서 이를 메워가는 과정이다. 따라서 말하기를 활성화하기 위해서는 학습자에게 정보의 공백이 주어지는 자연스러운 상황을 만들어 주어야 할 것이다.

(3) 말하기에서는 상호작용(interaction)이 있어야 한다.

말하기의 어려움은 의사소통을 위한 상호작용 환경의 구축이 쉽지 않다는 것과 연관된다. 혼자서 아무리 완벽한 준비를 했다고 하여도 상대방의 반응을 고려하지 못했다면 성공적인 의사소통이 불가능하다. 말하기는 자기의 의사를 명확하게 표현하는 것은 물론 상대방의 의사도 충분히 이해하며 적절히 대처해야 한다. 이것이 전제가 된 경우에도 말하기가 성립되기 위해서는 대화자 쌍방에 결핍된 정보가 있고 그것을 메워가려고 노력하려는 의지가 있어야 한다. 게다가 서로가 요구하고 얻고자 하는 정보가 다를 수도 있다. 따라서 말하기는 상호작용을 통한 참여자 간의 계속된 의미협상(negotiation of meaning) 과정이라고 할 수 있다.

(4) 말하기에서는 정의적인 요소의 영향을 많이 받는다.

의사소통을 위해서 머릿속으로 생각할 때에는 어떤 표현이고 상관없으나 막상 이를 말로 나타내기 위해서는 대화 상대자와 환경 등의 여러 가지 제약을 받는다. 특히 발화 행위는 정의적인 면과 관련되며 이런 현상은 외국어인 경우에 더욱 강하게 나타난다. 외국어인 경우는 의사소통을 위한 언어의 구체적인 형태에 자신이 없기 때문에 말하는 내용에 대한 상대방의 반응을 생각하기 이전에 얼마만큼 정확하게 의도대로 표현하느냐에 집중하게 된다. 그리하여 한번 말을 하기 위해서는 입 안에서 수십 번을 되뇌이게 되고, 자신의 실수에 대한 부담감이 계속 커지게 되면 말하기를 포기하게 된다. 즉 자신의 실수에 대한 두려움은 말하기를 기피하는 원인이 되어 영어를 배우는 데 커다란 걸림돌로 작용한다. 실수를 하지 않고는 영어를 배울 수 없다. 적어도 외국어를 배우는 상황에서는 완벽한 한 마디를 말하는 것보다 서투른 열 마디가 훨씬 가치 있다. 따라서 교실 상황에서 학습자가 말을 할 때에는 실수에 대한 부담감을 갖지 않도록 편안하고 수용적인 분위기를 조성하여 자아를 보호하려는 정의적인 벽을 없애거나 낮추어 주는 것이 중요하다.

(5) 말하기에서는 비언어적인 수단이 수반된다.

말하기는 의사소통을 위한 의미를 전달하는 행위이다. 그러나 많은 경우에 그 의미는 말에 의해서만 전달되는 것이 아니라 말하는 사람의 표정이나 제스처, 대화자 간의 관계나 시간 및 장소를 포함한 상황 등 비언어적인 요소의 도움을 받게 된다. 따라서 의사소통을 할 때에는 상대방의 말 뿐만 아니라 비언어적인 요소까지도 주의를 기울여야 한다. 그리고 자기의 의사를 명확히 하기 위한 전략으로 표정과 제스처 등을 적절히 활용하는 것도 중요하다. 특히 어린이를 대상으로 말을 할 때는 이같은 비언어적인 요소가 더욱 중요하다. 외국어에 익숙하지 않은 상황이라도 많은 경우에 비언어적인 요소에는 익숙해져 있기 때문에 말을 이해하고 표현하는 데 도움이 된다.

2 말하기 기능

말하기는 표현 기능 중 하나로서 이해 기능을 전제로 하는 복잡한 활동이며, 그 안에는 소리의 발성에서부터 의사소통 전략까지 여러 가지 기능이 포함된다. Brown (1994: 257-8)은 효과적인 의사소통을 하기 위해 필요한 말하기의 16가지 기능을 아래와 같이 제시한다.

① 서로 다른 길이의 소리를 발성하기
② 음성 단위를 인지하고 발음하기
③ 영어의 강세, 리듬, 억양에 맞게 발화하기
④ 단어와 어구의 약화된 형태로 발음하기
⑤ 적정한 양의 단어를 사용하기
⑥ 적절한 속도로 말하기
⑦ 발화 중에 휴지, 간투사(fillers), 수정 등의 전략 사용하기
⑧ 문법 체계와 규칙 활용하기
⑨ 자연스러운 의미 단위로 말하기
⑩ 하나의 의미를 여러 다른 문법 형태로 말하기
⑪ 담화상의 원칙에 맞게 말하기
⑫ 상황에 맞게 적절히 수행하기
⑬ 직접 대화에서 사회 언어학적 요소 사용하기
⑭ 주요소, 보조요소, 신·구정보 등의 관계를 나타내기
⑮ 표정 및 제스처 등 신체 언어 사용하기
⑯ 의사소통 전략 사용하기

위의 모든 기능들은 초등영어교육에서 모두 다루어지기 어려울 것이다. 초등영어에서는 ①~⑥과 ⑮가 상대적으로 많이 관련되어 있다. 초등학교에서는 영어의 음성 단위를 정확하게 발음하고 영어의 강세, 리듬, 억양과 함께 필요한 단어를 익혀 여러 가지 신체언어를 사용하면서 적절한 속도로 자연스럽게 자기의 의견을 표현할 수 있어야 할 것이다. 특히 어린이는 단어 하나하나를 익히기보다는 한 발화를 통째로 습득하기 때문에 변형되지 않은 원래의 발음보다는 적절히 약화되고 변형된 발음을 쉽게 익히게 된다. 그러기 위해서는 실제적인 영어의 소리에 많이 노출될 기회를 제공해 주어야 할 것이다. 특히 영어를 외국어로서만 배우는 한국의 환경적 제약을 극복하기 위해서는 챗봇이나 인터넷 매체를 활용하는 것이 한 가지 방안이 될 수 있다.

3 말하기의 내용

초등학교에서의 말하기는 의사소통 능력 자체를 향상시키기 보다는 의사소통 능력의 기초를 마련하는 데 목적을 두어야 한다. 이런 목적을 달성하려면 학습자들이 흥미를 느껴 적극적으로 학습에 참여하도록 독려해야 한다. 초등학교의 말하기 내용을 한정하여 제시하는 것은 쉬운 일이 아니다. 학습자의 개인차를 고려해야 할 것이며, 학습자의 요구와 환경 등도 충분히 고려해야 한다. 그럼에도 불구하고 초등학교에서의 말하기 내용을 제시해 보는 것은 목표를 지나치게 높이 정하지 말고 영어 학습에 대한 튼튼한 기초를 다지는 것이 중요하기 때문이다.

(1) 영어의 소리, 강세, 억양 및 리듬 익히기

말의 최소 단위는 소리이다. 따라서 영어를 말하기 위해서는 영어의 개별적인 소리를 익혀야 하며, 이는 소리를 유의미하게 구별하는 것을 내포한다. 또한 말 속에서의 강세, 억양 및 리듬을 익혀야 한다. 학습자가 알고 있는 유명 인사의 이름을 끌어내고, 영어 노래와 챈트 그리고 운율(rhyme)을 듣고 따라 하게 하면 이들을 익히기에 좋을 뿐만 아니라 학생들에게 흥미를 느끼게 할 수 있다.

(2) 기본적 개념에 대한 어휘 익히기

말을 하기 위해서 기본적인 단어를 많이 익혀야 한다. 교사는 숫자, 색, 모양, 시간 등의 일상생활의 기본 개념이 되는 어휘들부터, 학생들과 관련되고 친숙한 대상, 곧 학용품, 동물, 음식 등의 이름까지 익혀서 말하게 해야 된다.

(3) 기본적이고 빈도수가 높은 의사소통 기능을 수행하기

교사는 학습자들이 인사하기, 요구하기, 허락 얻기, 명령하기, 감사하기, 설명하기 등에서 일상생활에서 자주 사용되는 간단한 표현들을 익히게 한다. 이를 위해 실제적인 상황을 만들어 주는 것이 좋다. 특히 수업 시간 중에 자주 쓰이는 표현이나 학습자가 필요성을 느낄 때 사용할 수 있도록 아래와 같은 표현을 카드에 적어서 칠판과 같은 곳에 붙여두고 수업 중 활동에서뿐만 아니라 챗봇이나 메타버스 등을 통해 실제로 활용할 수 있도록 한다면 효과적일 것이다.

간단한 인사말 :
Hello! How are you?
I'm fine, thank you. And you?

사교적 언어 :
Thank you very much.
Did you have a nice weekend?
Have a nice weekend!

일상적인 고정어 :
What'the date?
What's the weather like today?

교실 영어 :
Listen carefully. Repeat after me.
Sit down. Work in pairs.
Well done. It's your turn.
Hands up. Be quiet!

허락을 구하는 표현 :
May/Can I go to the toilet?
May I drink some water?
Can I clean the board?
May I share your book?
May I use your eraser?

(4) 의사소통을 위한 언어적, 비언어적 전략 사용하기

학습자가 수업 시간 중에 학습 활동에 적극적으로 참여하게 하려면 다음과 같은 의사소통 전략에 관련된 표현들을 카드에 말주머니 형태로 써서 교실의 여기저기에 붙여 주면 학습자가 필요한 경우에 사용할 수 있다.

Can you say that again, please? / Pardon?
How do you say X in English, please?
What does Y mean, please?

I see. / I don't understand!
Can I have Z, please?

(5) 간단한 전화 대화하기

전화는 오늘날 매우 보편적인 의사소통 수단이 되었다. 따라서 교사는 학습자가 전화대화에서 독특하게 사용하는 다음과 같은 표현들을 정리하고 익히게 해야 된다.

Hello?
Is Su-mi there?
This is In-ho speaking.

(6) 일상생활에 대해 간단히 대화하기

교사는 학습자의 주변과 일상적인 일, 날씨, 시간, 요일 및 취미 등에 대해 간단히 대화할 수 있도록 한다. 그밖에도 교사는 느낌과 정서를 표현하며, 자기의 일과에 대해서 말하고 나아가서는 친숙한 주제에 대해 계획, 의도, 이유 등을 간단히 묻고 답하는 등의 내용도 지도할 수 있다. 그러나 중요한 것은 이런 표현 자체를 익혀서 사용하는 것보다도 영어가 실제적인 의사소통의 수단임을 인식하고 흥미를 가지고 적극적으로 학습 활동에 참여하게 하는 것이다.

4 말하기의 단계별 지도

말하기는 크게 의사소통을 위한 기초를 닦는 기능 습득(skill-getting) 단계와 실제로 의사소통을 하는 기능 사용(skill-using) 단계로 대별될 수 있다(Rivers 1972; Rivers & Temperley: 1978). 기능 습득 단계에서는 의사소통을 위한 도구라고 할 수 있는 언어의 단위, 범주, 문법 기능 등을 인지하고 이들에 관한 규칙을 내재화하는 훈련을 한다. 이 단계에서는 교사의 통제에 의하여 특정 언어 기능을 연습하여 숙달시키는 것에서 초점을 두기에 실제적인 의사소통은 이루어지지 않는다. 기능 사용 단계는 내재화된 규칙에 의해 자신의 의견이나 생각을 표현하고 상대방의 말을 이해하며 상호 의사소통을 위해 언어를 사용하는 단계이다. 실제적인 의사소통은 상호작용에 의한 기능 사용 단계에 해당된다. 또한 Paulston과 Bruder(1978)는 말하기의 단계를 1차적으로 기계적 연습, 유의적 연습과 의사소통적 연습으로 나누고, 2차적으로는 의사소통 행위로 나누어 이들은 단계적으로 발전되어 간다고 하면서 다음처럼 제시하였다.

1단계 : mechanical drill ➡ meaningful drill ➡ communicative drill
2단계 : communicative activities: problem-solving; role-play

말하기가 반드시 이와 같은 단계를 거쳐야 하는 것은 아니지만, 이같은 분류는 말하기 연습 단계로 널리 받아들여지고 있다. 교사는 가능한 한 의미 없는 기계적인 연습은 꼭 필요한 경우에 짧게 활용하고 대부분의 시간에 유의적인 연습, 나아가 의사소통적인 연습이 되게 학습상황을 구축하는 편이 좋다.

한편 말하기 지도는 교사에의 완전 의존으로부터 학습자의 완전 자율로 발전해 가게 돕는 것이라고 할 수 있다. 이런 관점에서 말하기 연습의 단계를 교사의 통제 정도에 따라 통제연습, 유도연습, 자유 활동으로 나눌 수 있다.

(1) 어휘 말하기 지도

말하기의 초기 단계에서는 발음 지도와 어휘 지도를 하게 된다. 발음 지도는 8장에서 자세히 다룰 것이므로 여기서는 어휘 말하기를 중심으로 기술한다.

어휘 지도는 학생들의 관심이 많고 구체적인 대상을 지칭하여 학생들이 직접 눈으로 볼 수 있는 것을 우선적으로 가르치는 것이 효과적이다. 이렇게 단어의 의미를 구체화하는 방법에는 다음과 같은 여러 가지가 있다.

① 교사 자신과 학습자 활용

학생들에게 영어를 가르칠 때는 많은 구체적인 자료를 활용해야 한다. 여러 가지 자료 중에서도 가장 중요한 자료는 교사 자신과 학습자를 활용하는 것이다. 여기에서 각 문장은 실제적이어야 하며, 교사는 표정이나 제스처 등을 동시에 사용하여 학생들이 교사가 하는 말의 의미를 이해할 수 있도록 해야 한다. 예를 들어, 교사가 학생들이 무엇을 할 수 있고 없는가를 알고 있을 때 동작을 활용하여 다음과 같이 제시할 수 있다.

In-ho can swim.
Mi-na can sing.
Ta-hae can ride a bike.

② Mascot 사용

학급의 상징물을 정하여 학생 전체와 친근해질 수 있게 하고 이런 상징물을 통해서 새로운 언어를 제시할 수 있다. 'Teddy bear'를 상징물로 했을 때 교사가 다음과 같이 새로운 모형을 제시하면 학생들도 모형에 따라 질문하게 한다.

Teddy, can you sing?

No, I can't, but I can dance. (춤을 춘다)

③ 그림 그리기

칠판에 막대그림(stick figure)을 그려서 새로운 언어를 제시할 수 있다.

This is Ji-su. He can swim.

This is Ji-ye. She can't swim.

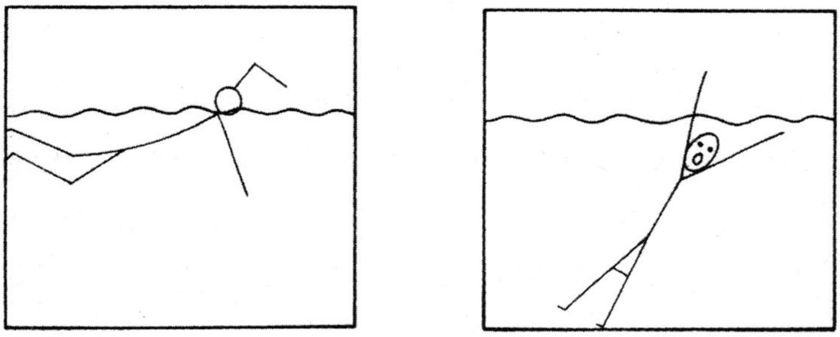

④ 인형 만들기

종이가방 등을 이용하여 간단히 마스크를 만들어 나타낼 수 있다.

This is Happy. His name is Happy. He is happy.

This is Saddy. Her name is Saddy. She is sad.

This is Angry. His name is Angry. He is angry.

⑤ 실물(realia)이나 그림 카드

간단하여 교실에 가져올 수 있는 것은 실물로 제시하고, 부피가 크거나 운반과 이동이 번거로운 경우에는 그림 카드나 모형(replica)으로 대체하여 새로운 어휘 설명에 활용할 수 있다.

(2) 대화문(dialogue) 지도

대화문은 통제 연습에서 익힌 것을 강화해줄 뿐 아니라 새로운 표현을 사용할 기회를 주며 연습 단계와 활동 단계를 연결해주는 데 효과적이다. 대화문은 다음과 같은 특성을 갖는다.

① 대부분의 대화문은 1인칭과 2인칭으로 되어 있다.
② 학습자가 묻고 대답하는 것을 동시에 학습할 수 있다.
③ 짧으면서도 완전한 언어 표현을 사용한다.
④ 대화는 언어뿐만 아니라 어조, 강세, 억양 및 표정 등을 사용한다.
⑤ 대화는 주변의 일상적인 사물에 대한 자연스러운 말에 익숙하게 한다.

대화문은 주로 나를 중심으로 한 자신과 상대방에 관한 이야기이고 눈앞에 있는 일에 대한 것이므로 학생들이 이해하기 쉽다. 영어 문법적으로도 1, 2인칭 주어에 대한 현재동사형은 동사의 원형과 같기 때문에 표현에 어려움이 없다. 그러나 3인칭 주어에 대해 말할 때에는 동사에 접미사 '-(e)s'를 붙여야 하는 어려움이 따른다.

대화는 질문하는 사람이 바로 답을 할 수 있는 상황이기 때문에 언어 행위에 적극적으로 참여할 수 있으며, 완전한 문장 요소를 갖추지 않아도 자연스럽고 완전한 내용을 전할 수 있기도 하다. 그리고 같은 문장을 말하여도 말하는 사람의 감정과 기분에 따라 달리 나타나는 어조나 강세 및 억양의 변화를 알 수가 있다. 게다가 대화의 주제도 생활 주변에서 일어나는 일상적인 것이어서 대화자에게 부담을 많이 주지 않는다. 위와 같은 대화문의 특성을 염두에 두고 먼저 학습자와 관련이 있는 대화문을 제시한다. 이때 인형이나 학급의 마스코트나 자석판을 사용할 수 있다. 대화의 내용에는 구체적인 의미를 나타내 주는 행동과 움직임이 포함되는 것이 효과적이다. 교사는 제시한 대화를 두세 번 반복하여 제시하고 전체를 둘로 나누어 역할을 준다. 각 팀은 해당 역할에 대한 교사의 말을 따라 한 다음 역할을 바꾼다. 팀끼리의 대화가 어느 정도 숙달되면

두 학생을 불러내어 대화를 하게 하고 이것이 가능할 때 전체를 짝지어 대화하게 한다. 이런 대화를 제시할 때에는 특히 음성적 특성과 표정 및 제스처를 적절히 활용 하는 것이 중요하다.

예를 들어 미리 다음 시간을 위해 물건 하나씩을 호주머니에 넣어오게 하고 그것의 영어 이름을 알아오게 하여 다음과 같은 대화를 하게 할 수 있다.

A : What do you have in your pocket?
B : I'm not telling you.
A : Oh, please.
B : O.K. It's a frog.

(3) 역할극(role play) 지도

역할극이란 특정 상황에 처해 있는 어떤 사람이 되어 그 사람이 하는 역할을 행하게 하는 활동으로 다음과 같은 특성을 갖는다.

① 역할극은 교실에 다양한 경험을 가져올 수 있다.
② 다양한 역할을 수행하면서 인간적인 교제를 배우게 된다.
③ 경우에 따라서는 자기에게 꼭 필요한 역할을 집중적으로 훈련할 수 있다.
④ 학습자의 적극적인 참여를 가져온다.
⑤ 무엇보다도 흥미를 주며 상호작용을 촉진한다.

말을 할 때에는 실수는 물론이고 본심이 드러나기 쉽다. 그렇기 때문에 특히 내성적이고 수줍음이 많은 사람은 말하는 것에 부담감을 가져 적극적으로 참여하지 않는 경우가 많다. 역할극은 자기 자신이 아니기 때문에 그런 부담을 갖지 않고 활동에 참여할 수 있다. 경우에 따라 학생에게 마스크를 쓰게 하면 더욱 적극적으로 참여하기도 한다.

역할극을 조직할 때에는 다음과 같은 점을 고려해야 한다.

① 시작과 끝을 분명히 하고 통제를 잘 해야 한다. 활동을 위한 소란스러움은 걱정할 필요가 없지만 통제가 되지 않는 난장판이 되어서는 안 된다. 그러기 위하여 시작하기 전에 STOP

사인을 약속해 두면 효과적이다.

② 처음에는 소집단보다는 짝 활동으로 시작한다. 자신의 역할극 실행을 제 3자가 지켜보는 데 대한 부담을 주지 않기 위해서다.

③ 역할극에 익숙해질 때까지는 활동이 짧고 쉬워야 한다. 그렇지 않으면 목표어 사용 규칙이 깨지고 모국어를 사용하기 쉽다. 그런 상황에서는 다시 시범을 보여주고 나서 계속하는 것이 효과적이다.

④ 역할극은 서로 다른 수의 학생으로도 가능하도록 융통성 있게 운용할 수 있다.

⑤ 역할극을 시작하기 전에 학생들은 상황을 충분히 이해하고 자기가 해야 하는 것이 무엇인지를 분명히 알아야 한다.

⑥ 언제나 먼저 끝낸 학습자를 위한 후속 활동을 준비한다.

⑦ 시간 제한을 하고 이를 엄격히 지킨다.

위와 같은 점을 염두에 두고 역할극의 실례를 3단계로 나누어보면 아래와 같다.

1단계 간단한 대화를 교사가 교실 마스코트나 한 학생과 시연을 통해 보여주고 따라 하게 한 후 암기하여 행하게 한다. 점원과 고객의 역할극을 다음과 같이 할 수 있다.

A: Good morning. Can I help you?

B: Yes, please. I'd like to have some ice cream.

A: Here you are.

B: How much is that?

A: Thirty cents. Thank you.

B: Goodbye.

A: Goodbye.

2단계 주어진 대화문에 단어를 바꾸어 행하게 한다. 여기서 'some ice cream' 대신에 'a chocolate bar'나 학생들이 흥미를 가질 만한 다른 물건을 넣어서 하게 할 수 있다.

3단계 simulation[3]에 해당하는 단계로 주어진 대화 상황에 학생 스스로가 임의로 단어를 선택하여 대화를 하게 한다. 학생들의 어휘 선정을 위해 사전에 관련된 어휘를 학습시켜 주면 효과적일 것이다. 이 경우 구두나 다음과 같은 단서카드(cue card)로 역할을 줄 수 있다.

Customer
You go into a shop to buy something for Saturday evening. Here are some of the things you can ask for:
a chocolate bar
a packet of crisps
a bottle of milk
Remember to be polite.

Shopkeeper
You work in a shop. A customer comes in. Here are the prices of some of the things you sell:
a chocolate bar ¢50
a packet of crisps ¢40
a bottle of milk ¢60
Remember to be polite.
You start the conversation.

위의 단서카드를 읽고 주어진 대화 패턴에 맞게 대화를 하게 된다. 예를 들어 고객이 우유를 산다고 하면 다음과 같은 대화가 될 것이다.

Shopkeeper: Good morning. Can I help you?

Customer: Yes, please. I'd like to have a bottle of milk.

Shopkeeper: Here you are.

Customer: How much is that?

Shopkeeper: 60 cents. Thank you.

Customer: Goodbye.

Shopkeeper: Goodbye.

---

3 Wingate(1993: 42)는 의사소통을 위한 말하기 지도는 학습자가 일반적인 내용에서 자신의 개별적이고 실제적인 내용으로 서서히 옮겨가게 도와주어야 한다면서 그런 관계를 역할극, 시뮬레이션과 토론으로 구분하여 다음과 같이 나타내고 있다.

역할극은 자기 자신이 아닌 가상 인물이 되어 그 가상 인물의 생각을 표현하는 것이며, 시뮬레이션은 주어진 상황에서 자기의 생각을 표현하고, 토론에서는 완전히 자기 자신이 되어 자기의 생각을 표현하게 된다. 이를 표로 요약하면 다음과 같다.

역할극	시뮬레이션	토론
artificial	authentic	real
다른 사람	다른 사람	자기 자신
남의 생각	자기 생각	자기 생각

역할극은 영어에 대한 자신이 없고 서투른 상태에서 자신의 실제적인 말을 하는 것이 아니라 남의 말을 하게 하는 것이기에 심리적인 위축을 덜 느끼게 된다. 따라서 초등학교에서는 대화 지도와 역할극을 많이 활용하면 자유 활동으로 쉽게 연결할 수 있다.

5 말하기 지도의 전략

(1) 설명보다는 경험을 통하여 이해하게 한다.

교사는 말을 할 때에 많은 제스처를 함께 사용하되, 교사가 말한 것을 학생들이 모두 이해하기를 기대해서는 안 된다. 다만 학생들이 그 상황을 경험하고 그 경험을 통하여 내용을 이해하도록 이끌어야 한다. 교사는 학생들의 이해를 돕기 위하여 때로는 학생들이 모르는 단어도 사용할 수 있다. 중요한 것은 말하는 내용이 얼마나 명확한가이다.

(2) 가르치지 말고 자연스러운 상황에서 사용하게 한다.

설명하는 대신에 이전에 학습한 단어와 문법을 활용하여 경험하게 한다.

예 'borrow' and 'lend'

T : Oh dear, I've lost my pen.(펜을 찾는 모습을 보인다.)
I want to write. In-ho, can I borrow your pen?
(펜을 받으면서) Thanks.
(펜을 돌려주면서) Thank you for lending me your pen.
Here's your pen.

(3) 예를 들 때는 옳고 사실적인 것으로 한다.

하나의 질문에 긍정과 부정의 대답을 동시에 요구하지 말아야 한다. 'Do you like apples?'에 대한 대답에서 사과를 좋아하면 'Yes, I do.', 좋아하지 않으며 'No, I don't.' 라고 둘 중에서 하나만 하게 한다. 같은 학생에게 두 가지 답을 하게 하면 사과를 좋아했다 좋아하지 않는다는 것이 되어 실제성을 잃었기에 유의미한 의사소통이 이루어지지 못한다.

(4) 대화 상대자를 바꾸어라.

같은 말을 같은 사람끼리만 되풀이하면 의사소통적인 언어 사용이 되기 어렵지만 사람이 바뀌면 상황이 바뀌기도 한다. 가령 크고 작은 두 개의 동심원으로 학습자를 세우고 큰 원과 작은 원의 학생들이 마주 보게 하여 다음과 같은 질문을 하게 한다.

What's your name?
    My name is ______________.
How old are you?
    I'm ______________ years old.

질문과 대답이 끝나면 큰 원에 있는 학생들이 한 발짝 옮겨가면 짝이 바뀌게 된다. 그리고 앞에서의 질문을 다시 할 수 있다. 이렇게 하면 같은 질문이라도 사람이 다르기 때문에 구조를 익히기 위해 단순히 반복하는 것과는 달리 의미 있는 대화가 될 수 있다.

(5) 말하기 활동 중의 오류는 수정하지 않는다.

말하기는 말을 실제로 사용하면서 배우고 이렇게 말을 계속하면 오류가 나타나기 마련이다. 말하기 활동에서 오류를 허용하지 않으면 말할 기회를 주지 않는 것이나 다름 없다. 하지만 말하기 활동 중에서는 학습자가 실수에 대한 부담감을 느끼지 않고 과제 수행 자체에 몰입하게 만드느냐가 중요하다. 그러기 위해서는 말하기 활동의 정확성보다는 과업의 성공적인 수행 여부에 관심이 주어져야 할 것이다. 이를 위해서 교사는 학습 분위기를 허용적으로 조성하고, 적어도 말을 배우는 데서는 완벽한 한 마디의 말보다 어설픈 열 마디가 훨씬 가치 있는 것임을 느끼게 해야 한다.

6 말하기 활동의 구성

효과적인 말하기 활동을 구성하기 위해서는 다음의 여러 가지 요소를 고려해야 한다.

(1) 통제의 정도

말하기 활동은 교사의 완전 통제를 받는 연습에서부터 학습자 자신의 완전한 의사소통 활동까지 다양하게 나타난다. 통제를 많이 하면 학습자의 오류가 줄어들어 자신감을 길러줄 수 있지만 자기가 표현하고 싶은 것을 표현할 수가 없어 흥미가 떨어지게 된다. 따라서 말하기 활동을 구성할 때에는 여러 가지 여건을 고려하여 통제의 정도를 조절해야 할 것이다.

(2) 흥미도

말하기 활동에는 게임, 노래, 라임, 역할극과 같이 학습자에게 흥미를 줄 수 있는 여러 가지 자료를 활용한다. 이들은 언어요소들이 덜 체계적이며 덜 제도적이기 때문에 수업 자체가 딱딱하지 않아 편안하고 즐거운 마음으로 참여할 수 있게 한다. 또는 다양한 매체를 활용하여 대화 상대방, 상황, 및 목소리 등을 바꿔가며 말하도록 하여 흥미를 끌 수도 있다. 흥미를 주기 위한 위와 같은 활동들은 기억력을 증가시키고 언어를 덩어리째로 익힐 수 있게 한다.

(3) 상호작용의 유형

전통적인 교실은 교사로부터 학습자에게로의 일방적인 지식의 전수를 위주로 하였다. 그러나 오늘날의 학습은 상호간의 교류이며, 이런 상호작용에도 교사와 학습자 전체, 교사와 학습자 일부, 교사와 학습자 개인, 학습자와 학습자, 학습자 일부와 학습자등 다양한 유형이 존재하며 최근에는 전자기기와 다양한 플랫폼을 활용하여 교실을 뛰어넘어 원거리의 상대 또는 인공지능과도 실시간으로 소통하는 것이 가능하다. 따라서 말하기 활동에서도 전체와 일부, 개인과 개인 간의 상호작용이 적절하게 일어나게 하는 것이 바람직하며 교사 발화를 줄이고 학생 개개인의 발화를 늘리도록 해야 한다.

(4) 언어적 반응

말하기 활동에는 짧게 반응하는 경우도 있고 완전한 문장이나 문장 이상으로 길게 반응하는 경우가 있다. 예를 들어 "What is there on the table?"이라는 질문에 "A book." 하고 짧게 말하는 것이 "There is a book on the desk."라고 길게 말하는 것보다 대화상에서 자연스럽다. 이처럼 대화에서는 짧은 반응이 보다 자연스러워 보이며, 또한 질문에 대한 이해 여부만을 점검하는 데에도 짧은 반응이 효과적이다. 그러나 효과적으로 구조를 익히려면 길게 반응해야 한다. 이 경우에도 단순히 구조를 익히기 위해서 불필요한 것을 기계적으로 완전한 문장으로 말하게 하는 것은 학습 흥미를 반감시키기도 한다. 그러므로 질문의 내용에 비추어 길지만 유의미한 문장으로 말하는 상황을 조성하는 일이 중요하다. 예를 들어 “I get up at seven o'clock.”라는 긴 문장을 연습시키기 위해서는 “What time do you get up in the morning?”보다는 “What do you do in the morning?”과 같은 더 일반적인 질문을 해야 할 것이다. 이처럼 활동의 목표에 따라 기대되는 반응을 짧은 문장과 긴 문장으로 적절히 조절해야 한다.

(5) 정확성과 유창성

영어교육에서 정확성과 유창성은 쫓아야 하는 두 마리 토끼이다. 교사의 의도에 의한 통제 연습에서는 정확성이 강조되어야 할 것이고, 의사소통 활동에서는 유창성이 강조되어야 할 것이다. 또 전체를 대상으로 하는 일제 학습에서는 통제가 쉬우므로 정확성을 강조할 수 있고, 개별 활동, 짝 활동 등에서는 통제가 어려워 유창성을 강조하게 된다. 이런 관계를 Byrne(1992: 10)은 다음과 같은 도표로 나타내었다.

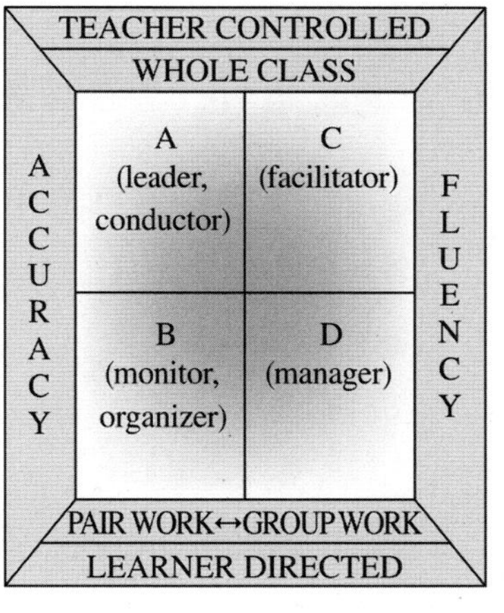

A는 전체를 대상으로 교사가 통제하면서 정확성을 강조하는 경우로 전통적인 연습이 여기에 속하며, 이때 교사는 관현악단의 지휘자와 같은 역할을 해야 한다.

B는 짝이나 소집단 활동의 학습자 중심 활동에서 정확성을 강조하는 경우이며, 교사의 시연을 보고 짝 활동을 하는 것으로, 이때 교사는 활동을 조직하는 역할과 이를 관찰하여 수정하는 모니터의 역할을 하게 된다.

C는 교사의 통제 하에 전체가 특정 과제를 협의하는 경우로 유창성을 강조하게 된다. 따라서 이 경우에 교사의 역할은 많은 학습자가 과제 논의에 참여하게 하는 촉진자가 되어야 한다.

D는 학습자 개인이나 짝 활동 등에서 학습자 중심으로 이미 학습한 사항을 학습자 자신에게 적용해 보는 경우로 유창성을 강조하게 된다. 이 경우에 교사는 매니저나 조언자의 역할을 하게 된다.

(6) 말하기 지속 시간

말하기 활동에서 고려해야 될 중요한 또 한 가지는 얼마만큼 말할 기회를 주느냐이다. 영어로 말을 하지 않고는 배우지 못하기 때문에 시간이 많으면 많을수록 좋을 것 같지만 때로는 말하는 시간에 대한 부담을 느낄 수 있다는 것도 감안해야 한다. 모든 학습자에게 가능한 한 많은 말할 기회를 주기 위한 좋은 방법은 소집단 활동과 짝 활동을 하는 일이다. 그러나 실제로 초등학생들은 소집단 활동은 좋아하지만 짝 활동은 좋아하지 않는 경우가 많다. 여기에는 여러 가지 이유가 있겠지만 큰 이유 중의 하나는 활동 시간 내내 짝 아니면 내가 말을 해야 된다는 부담감 때문이다. 따라서 짝 활동을 할 때에는 부담감을 느끼지 않고 자발적으로 해보고 싶은 마음이 들도록 해야 한다. 활동이 누구나 할 수 있을 정도로 쉬울 뿐 아니라 실제로 무엇을 해야 하는지를 교사의 시범과 몇몇 학습자를 통한 시범으로 충분히 이해가 된 상태에서 짝 활동을 시키면 부담감이 줄어들 것이다.

7 말하기 활동의 유형

말하기 활동 유형은 전적으로 교사의 통제를 받아 교사가 의도하는 것을 말하는 완전통제 연습에서 교사의 의도와는 무관하고 전적으로 자기의 의사대로 표현하는 완전한 의사소통 활동, 그리고 어느 정도의 통제를 가하는 그 중간에 위치하는 유도(guided) 연습으로 나누어진다.

(1) 통제(controlled) 연습

말하기의 궁극적인 목표는 자기가 생각하는 것을 상대방이 이해하기 쉽게 표현하는 것이다. 그렇게 되기까지는 많은 언어 표현들을 익히는 연습이 필요하다. 새로운 언어 요소를 제시할 때 교사의 통제하에 의도하는 대로 정확한 발화를 하게 하는 연습이 필요한 것이다. 이 경우에 학습자의 임의적인 선택이 없기 때문에 오류를 범할 위험이 거의 없다는 장점이 있다.

① Listen and repeat

새로운 단어나 구조를 익힐 목적으로 그림이나 단어카드를 준비한다. 그림(코끼리)을 보여주고 말한 후에 따라 하게 한다.

T: Look! An elephant. Repeat!

Ss: An elephant.

학습자의 발음이 어느 정도 만족스러울 때까지 반복한 후 다른 그림으로 넘어간다. 이렇게 하여 한 번에 5~6단어 정도 다루고 전체를 점검한다. 이때 그림을 보여주면서 다음과 같이 물을 수 있다.

T: What's this?

Ss: An elephant.

T: Right. It's an elephant.

② Listen and participate

이야기, 운율, 시 등 유의적이고 친숙한 자료를 들려주고 자연스럽게 따라 하는 등 적극적으로 참여하게 한다. 처음에는 중심 어휘부터 따라 하게 한다.

③ Look and ask

이것은 문법을 정확히 익히기 위한 활동이다. 먼저 한 학생에게 그림을 준다. 이런 다음에 그 학생이 다른 학생에게 그림을 보여주면서 아래와 같이 질문을 하게 한다. 다른 학생은 대답을 하고 교사는 대답이 맞았는지를 전체에게 확인한다.

T: (오렌지가 세 개 있는 그림을 주면서) Ki-ho, ask Mary.

Ki-ho: (그림을 보여주면서) Mary, how many oranges are there?

Mary: Three oranges.

T: Is that right?

Ss: Yes, it's right.

④ Telling the time

시계 그림을 보고 교사가 묻고 답하게 하거나 짝 활동을 시킬 수 있다.

S1: What time is it?

S2: It's eleven thirty.

⑤ What's (s)he doing?

학생들이 제시된 그림을 보고 대답하게 한다.

T: What's he doing?

Ss: He's riding a horse.

(2) 유도(guided) 연습

이 연습에서 학습자는 교사의 유도를 받지만 학습자 자신이 선택할 여지를 약간 부여받는다. 교사는 연습이 학습자에게 보다 의미 있게 특정 언어 상황을 만들어 주고, 이해를 돕기 위하여 짧은 영상, 그림, 실물, 제스처 등 시각적인 자료를 활용한다.

① Ask me another

물건에 대해 묻고 기술하는 연습으로 학용품이나 장난감 등 학생들과 관련된 물건들을 책상 위에 올려 두고 다른 학생이 보지 않는 사이에 하나를 등 뒤에 숨기고 무엇인지 맞추게 한다. 초기 단계에는 "Is it a toy?"와 같이 직접 물건의 이름으로 질문할 수 있으나 언어 수준이 올라감에 따라 "Is it red?", "Is it longer than my hand?", "Is it used for eating or drinking?"과 같이 언어에서도 다양한 수준으로 질문할 수 있다. 이때 대답은 "Yes"나 "No"로만 한다.

② What's the time?

교사가 특정 언어 상황을 제시해 주고 대화를 하게 한다.

T : S1, your watch has stopped. Please ask S2 the time.

S1: S2, what's the time?

S2: (시계를 보고) It's half past ten.

S1: (시곗바늘을 10시 반에 맞추면서) Half past ten. Thank you.

③ Chain work

일련의 그림 카드나 단어 카드를 엎어서 쌓아두고 차례대로 한 장씩 들추면서 새로운 구조를 익히게 한다.

S1: (사과 그림을 들추면서) Do you like apples?

S2: (딸기 그림을 들추면서) No, I don't. I like strawberries.
Do you like strawberries?

S3: (배 그림을 들추면서) No, I don't. I like pears.
Do you like pears?

④ Telling to add

특정한 발음이나 구조를 반복 연습하며 기억력을 신장시키는 활동으로 학습자의 수준에 따라서 다양하게 활용 가능하다. 처음에 교사가 의도하는 발음이나 문장 구조로 말하면 그의 오른쪽에 있는 학생이 교사가 한 말을 되풀이 하고 무언가 새로운 말을 추가한다. 이어서 그의 오른쪽에 있는 학생이 또 앞의 말을 반복하고 새로운 것을 추가해 간다. 누군가 순서를 틀린다든지 혹은 기억을 못하면 실격을 하게 된다. 초보자인 경우는 이처럼 단어의 부가로 이어지지만 수준에 따라서는 문장을 부가하게 할 수도 있다.

T : I went to market and bought an apple.

S1 : I went to market, and bought an apple and an orange.

S2 : I went to market, and bought an apple, an orange and a melon.

⑤ 극화하기(Dramatizing)

이것은 주로 이야기 듣기의 후속 활동으로 많이 활용된다. 이야기 전개와 관련된 그림을 준비하고 미리 익힌 중요 어휘를 사용하여 역할 분담을 하고 행동으로 나타내게 한다. 이렇게 함으로써 말하기가 듣기와 통합이 되고 학습자가 적극적으로 학습에 참여하게 된다. 다음은 Three Little Pigs의 예이다. 학습자를 4조로 나누어 각각 Wolf와 Pig 1, Pig 2, Pig 3가 되어 각 조의 역할에 해당하는 말주머니를 만든다. 이런 다음에는 각 조에서 1명씩 모여 새로운 조를 만든다. 새로운 각 조는 대화를 구성하여 행동화하게 한다.

Wolf : Little pig, little pig. Let me in. Let me in.
Pig 1 : No, go away.
Wolf : Then I'll blow your house in.
(집을 불어서 날린 후 늑대가 들어오자 돼지는 다른 집으로 달아난다.)
Wolf : Little pig, little pig. Let me in. Let me in.
Pig 2 : No, go away.
Wolf : Then I'll blow your house in.
(집을 불어서 날린 후 늑대가 들어오자 돼지는 다른 집으로 달아난다.)
Wolf : Little pig, little pig. Let me in. Let me in.
Pig 3 : No, go away.

Wolf : Then I'll blow your house in.
Ha, ha, ha! I'll go down the chimney.
(늑대가 집을 불어서 날리지 못하여 굴뚝을 통해 내려오다 끓는 물에 데어 달아난다.)

⑥ Rhymes, chants and songs

이것은 영어의 자연스러운 발음을 익히고 강세 박자언어(stress-timed language)라는 영어의 발음특징을 염두에 두면서 리듬과 박자를 맞추어서 즐겁게 할 수 있는 말하기 활동이다. 많은 반복에도 불구하고 의미 없는 반복이 아니라 리듬에 따른 즐거운 반복이며, 아동의 모방하고 행동하기 좋아하는 속성에 잘 부합된다. 그리고 노래와 챈트를 열심히 하게 되면 그 속에 몰입되어 영어의 리듬과 발음을 덩어리째 익히게 되어 원어민의 발음에 가까워지며 영어에 대한 자신감을 갖게 된다. 수업시간의 활동에서는 단순히 따라 부르기뿐만 아니라 다음과 같이 행동으로 내용을 표현하게 할 수도 있다.

Ten green bottles, standing on the wall
Ten green bottles, standing on the wall,
If one green bottle accidently falls,
There'll be nine green bottles, standing on the wall, ...

이 노래는 숫자를 익히는 데 도움이 된다. 담장 위에 세워둔 10개의 병들로 시작하여 노래에 따라 병 하나가 떨어져 9개가 서 있다가 다음에는 8개가 서있고 마지막에는 하나도 남아 있지 않게 된다. 처음에 노래를 익히고 나서 학생 10명을 앞으로 내세우고 노래를 부르게 한다. 노래 내용에 따라 학생이 차례로 하나씩 병이 떨어지는 모습을 몸으로 흉내 내게 하여 최후의 하나가 넘어질 때까지 노래를 계속 부르게 한다. 이를 통해 학생들은 즐거운 가운데 학습하게 된다.

그리고 내용에 따라서는 다음과 같이 문답형으로 주고받게 할 수도 있다.

모두 : Who stole the cake from the baker's shop?
(교사가 한 학생에게 특정 학생의 이름을 말하게 한다.)
수미 : In-ho stole the cake from the baker's shop.
인호 : (깜짝 놀라면서) Who, me?
모두 : (인호를 가리키면서) Yes, you.

인호 : (부정의 의미로 손을 흔들면서) Not me.
모두 : (인호를 보면서) Then who?
인호 : Min-su stole the cake from the baker's shop.
민수 : (깜짝 놀라면서) Who, me?
모두 : (인호를 가리키면서) Yes, you.

이와 같이 문답형으로 실제 교실에 있는 학생의 이름을 돌아가면서 챈트 속에 넣어 노래하면 학생들이 적극적으로 참여하게 할 수 있다. 또한 박자에 익숙하게 되면 상황을 바꾸어 cake - baker's 대신에 apple - grocer's나 chalk - teacher's 등으로 대체할 수도 있다.

⑦ Guessing

추측 게임은 특정 언어 요소를 반복 연습하면서도 실제적인 언어 사용을 하게 하면서, 학생들에게 생각할 이유와 흥미를 준다. 또한 생각을 하면서도 운에 많이 의존하기 때문에 능력이 떨어지는 학습자도 적극적으로 참여할 수 있다. 여기에는 여러 가지 유형이 있다.

A. Guess the picture

T: Yesterday I went to X. Guess how I went to X.
Ss: Did you go by car?
T: No, I didn't go by car.
Ss: Did you go by bike?
⋮

B. Mime

한 학생을 앞으로 나오게 하여 그림이나 문장을 보여주고 행동으로 표현하게 하여 나머지 학생들이 맞히게 한다.

〈You are eating an apple.〉
Ss: Are you crying?
S1: No, (I'm not crying).
Ss: Are you eating something?
S1: Yes, what am I eating?

Ss: Are you eating bananas?

⋮

C. Famous people

한 학생에게 반 친구들이 잘 알고 있는 유명한 사람이 되게 하여 누구인가 맞히게 한다.

Are you alive or dead? (alive)

Are you English? (yes)

Are you a singer? (no)

D. What's my job?

한 학생이 직업에 대한 전형적인 행동을 하면 다른 학생들이 어떤 직업인지 맞히게 한다.

Do you work outside? (yes)

Are you digging? (yes)

Do you live in the country? (yes)

Are you a farmer? — Yes, I'm a farmer.

E. What and where?

두 학생을 교실 밖으로 내보내고 교실 안 물건의 자리를 바꾸어 놓은 후에 불러들여 무엇이 어디에 있는가를 맞히게 한다.

Is it made of wood?

Is it a pencil?

Is it on the teacher's table?

⋮

⑧ Information gap activities

실제 언어 상황에서 대화가 성립되려면 특정한 정보를 원하나 가지고 있지 않거나 갖고 있어도 정확한지 아닌지 의심스러울 때 원하는 정보를 얻기 위하여 말을 하게 된다. 이러한 의사소통 원리를 이용하여, 원래 완전하던 정보에서 의도적으로 서로 다른 일부를 삭제하거나 변형하여 2~3개의 자료를 만든다. 이후 절대로 자료를 상대방에게 보여주지 않고 대화를 통해 정보를 얻어 원래의 완전한 자료로 만들게 하는 활동을 수행한다. 이때 자료는 부분적인 자료를 가지기도 하지만 부분적으로 다른 자료를 가지고 차이점을 찾아내게 할 수도 있다. 따라서 여기서는 듣기와 말하기가 동시에 일어나게 된다. 활동이 끝나고 나서 서로 대조를 하였을 때 일치되지 않는 것이 나타나면 말하는 사람이 잘못했을 수도 있을 것이고 듣는 사람이 잘못 들었을 수도 있을 것이다. 이 활동은 주로 짝 활동으로 일어나지만 3명 내지는 4명이 같이 할 수도 있다.

A. Shopping lists

두 명씩 짝을 지어 한 명은 점원이 되게 하여 물건과 가격표를 주고, 다른 한 명은 고객이 되어 사야 할 물건의 목록을 준다. 서로 보여주지 않게 하고 물건을 사게 한다.

Student A	Student B
Shopping list	You sell:
2 packets tea	tea - 50¢ a packet
1 kilo sugar	sugar - 30¢ a kilo
3 can oranges	oranges - 10¢ one
4 fish	fish - 25¢ one
2 kilo rice	rice - 20¢ a kilo

A: Do you have any tea?
B: Yes, I do.
A: How much is it?
B: 50¢ a packet.
A: I need 2 packets.
⋮

B. Possessions

이것은 학용품이나 소지품이 누구의 것인가를 묻고 대답하는 활동이다. 소유주의 이름과 물건은 선으로 연결하였으며, 이때 선도 직선이 아니라 곡선을 이용하여 학생들의 흥미를 자극할 수 있다. 학습 요점은 다음과 같은 문형이 될 수 있으며 구체적으로 아래와 같이 진행될 수 있다.

Language items: Whose ________ is it/are they?
It's/They're ________'s

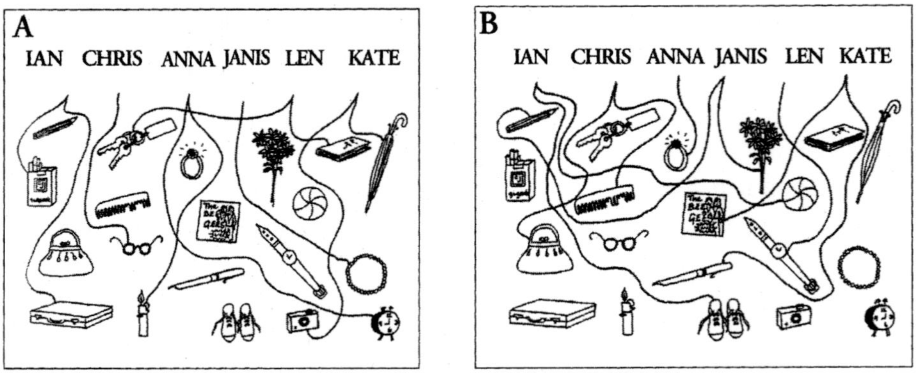

A: There is a handbag. Whose handbag is it?
B: A handbag? Mmm, it's Chris's.
A: The handbag is Chris's. (handbag을 Chris의 이름에 선으로 연결한다)
B: Then, it's my turn. Whose glasses are they?
⋮

여기서 자료를 두 개가 아니라 3개를 만들 수도 있다. 이 경우에는 어떤 하나의 물건에 대해 한사람은 누구의 것인지 모르고 다른 두 사람은 알 수 있게 한다. 모르는 사람이 물으면 둘 중에 한 쪽이 대답을 하고 다른 한 사람은 대답을 제대로 하고 있는지 확인하고 잘못되었을 경우 고쳐줄 수 있는 이점이 있다. 학생들이 짝 활동을 기피한다면 이처럼 3~4명으로 조를 만들어 활동을 할 수 있다.

⑨ 조사하기

학생들에게 말하기 활동으로 조사하기는 여러 가지 의미를 갖는다. 무엇보다도 움직이기 좋아하는 학생들은 교실을 돌면서 질문하는 것을 좋아한다. 또한 조사하기는 단순히 말하기만을 위한 것이기라기보다 의견을 조사하고 이를 모아서 결론을 끌어내는 통계의 의미를 학습할 수 있게 해준다. 조사의 대상은 학습자가 관심을 가지고 있는 것으로 좋아하는 스포츠, 음식, 색깔, 교과목, 계절 등 여러 가지가 있다. 조사를 하기 위해서는 필요한 준비를 사전에 충분히 해야 할 것이다. 우선 우리말로 학습자에게 아이디어를 끌어내고 이에 대한 영어 단어와 구문을 사전에 익혀야 할 것이다. 일례로,

좋아하는 운동이 무엇인지를 조사하는 활동 과정을 살펴보겠다.

➜ Do you like swimming?

ⓐ 운동에는 어떤 것들이 있는지 말하게 하고 해당되는 그림카드를 제시한다.

ⓑ 그림카드에 해당하는 운동의 이름을 영어로 말해주고 따라 하게 한다.

ⓒ 칠판이나 스크린에 대중성 있는 운동 그림과 아래의 표를 제시한다. 그리고 '좋아한다'와 '좋아하지 않는다'의 상징 표시를 넣어서 표를 완성하고 'like'와 'don't like'의 개념을 익히게 한다.

종목 / 이름		수영	축구	농구	야구	배구	태권도
	☺						
	☹						
	☺						
	☹						
	☺						
	☹						
	☺						
	☹						

ⓓ 한 학생에게 지적하여 표 안에 이름을 쓰고 질문한다. 그리고 대답에 따라 해당란에 표시를 한다.

Ki-su, do you like swimming?

Yes(, I do).

Ki-su, do you like football/basketball/baseball/taekwondo?

ⓔ 한 학생이 다른 학생에게 질문하여 ⓓ에서와 같이 표에 이름을 쓰고 표시하게 한다.

ⓕ 학생들이 어떻게 하는지를 충분히 알았을 때에 ⓒ의 표를 나누어 주고 교실을 다니면서 5명만 인터뷰를 하게 한다. 가능하면 이름이 중복되지 않게 한다.

ⓖ 통계를 내기 위해서는 소집단으로 나누어 소집단마다 조사 내용을 달리 할 수 있다.

ⓗ 소집단별로 조사한 것을 그래프로 나타내어 보이고 발표를 할 수 있고, 궁금한 내용에 대해 질문을 하게 할 수도 있다.

Twenty-five children like basketball.
Eleven children like baseball.
The most favorite sport of our class is basketball.
What sport does Su-mi like?
What is Su-mi's favorite sport?

(3) 의사소통 활동

의사소통 활동은 교사의 통제를 거의 받지 않고 자기의 생각을 자유롭게 나타내는 단계이다. 교실에서의 상황은 언제나 인위적일 수밖에 없지만 실제적인 언어 상황에 근접한 이런 활동을 통해 교실 밖에서의 실제적인 상황에 대비할 수 있다. 의사소통 활동에서는 언어의 형태보다는 전달되는 내용에 관심을 두기 때문에 의사소통에 방해를 주지 않는 오류는 활동 중에 문제 삼지 않는다. 교사의 통제는 최소한으로 하면서도 과제를 수행하는 데 필요한 말을 하게 한다. 게임적인 요소도 가미되기는 하지만 경쟁심보다는 협동심을 많이 요구하는 활동으로 과제가 성공적으로 끝나면 참여자 모두가 승리자가 되는 것이다.

의사소통 활동에는 카드 게임에서부터 인터뷰까지 다양한 형태가 있으며, 여기서는 활동에 참여하는 인원 수에 따라 짝 활동, 소집단 활동 그리고 전체 활동으로 나누어 제시해 보자.

① 짝 활동(pair work)

실제 언어 상황에서의 대화는 대체로 두 명이 하게 된다. 교사는 이런 점을 염두에 두면서 학습에서도 두 명이 활동을 하는 상황을 조성한다. 이런 활동은 말을 할 수 있는 기회를 많이 제공하고 전체가 지켜보지 않기 때문에 말하기에 대한 심리적 부담을 훨씬 적게 가져 활동에 적극성을 띨 수 있는 이점을 지닌다.

그러나 이 같은 이론상의 장점에도 불구하고 현장에서는 학생들이 짝 활동을 가장 기피하는 것으로 보고되고 있는데 여기에는 몇 가지 이유가 있을 수 있다. 짝이 마음에 들지 않는 경우로, 특히 짝이 남녀로 되어 있을 때 많이 나타나며 많은 경우가 짝을 고정시키는 것에서 비롯된다고 한다. 그러므로 활동마다 짝을 이리저리 바꾸어 주는 것이 필요하다. 실제로 학습 내용에 따라서는 반드시 짝을 바꾸어야만 효과적인 경우도 있다. 예를 들어 인사말을 학습할 때에는 학습자를 그림과 같이 크기가 다른 2개의 동심원을 형성하여 마주 보고 인사말을 하게 하고 바깥원의 학생이 한 사람을 건너가게 하여 새로운 짝을 만나게 한다.

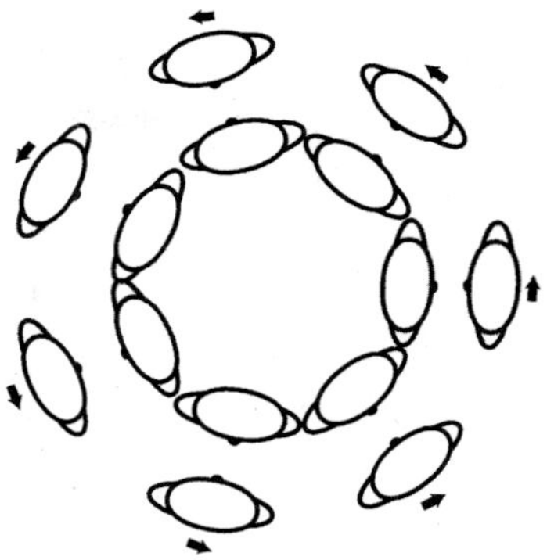

또 다른 이유는 둘 중에 어느 쪽이든 맡은 역을 제대로 하지 못하면 진행이 원할하지 않아서 활동에 대한 심리적 부담을 많이 갖는다는 것이다. 이런 문제의 원인중 하나는 활동을 하기 전에 활동 자체를 충분히 이해하지 못하기 때문이기도 하다. 따라서 짝 활동을 하기 전에는 교사의 시범과 학생의 시범 등을 거치면서 학생 전체가 무엇을 해야 하는지를 충분히 이해하는 것이 중요하다. 그렇게 해도 여전히 심리적인 부담은 갖게 될 것이므로 이를 위해 때에 따라서는 3~4명으로 구성하는 것도 필요하다.

짝 활동은 앞의 정보 공백 활동(information-gap activities)에서 보았듯이 교사가 의도하는 학습 요소를 연습하는 유도 연습에서 많이 일어나겠지만 자유 활동에서도 다양한 형태로 나타난다. 두 명이 짝을 짓게 하여 고객과 점원, 방문자와 주인, 운전사와 승객, 의사와 환자 등 여러 가지 역을 주고 대화를 하게 할 수 있다. 초등학생의 경우 설명에 필요한 어휘나 문장 구조를 사전에 학습시켜 적극적인 활동이 되게 해야 할 것이다. 이같은 활동은 듣기와 관련되기 때문에 앞 장의 듣기 지도 활동 또한 참고하도록 한다.

A. Street map

이것은 정보 공백을 이용한 활동이다. 교사의 통제가 얼마나 가해지느냐에 따라 유도 연습과 의사소통 활동으로 구분하고는 있으나 연속선상에 있기 때문에 명확하게 구분하기는 어렵다. 다만 과제 수행을 위한 언어가 얼마나 의사소통을 위한 것이냐를 기준으로 삼을 수 있다.

여기서는 길 묻기에 대한 의사소통 활동을 제시하였다. 이를 위해 학생 A에게는 아래와 같은 완전한 약도를 주고, B에게는 거리만 있고 건물은 없는 약도를 준다. B의 지도 위에는 찾아야 하는, 여기서는 그려 넣어야 하는 건물 이름이 주어지게 된다. A가 자신의 약도를 보고 건물의 위치를 설명하는 것을 듣고 B가 자기의 약도 위에 그려 넣는다. 이 경우 B가 확인을 위한 질문을 A에게 할 수 있다. 활동이 모두 끝나면 둘을 비교하게 한다.

B : Where is the museum?

A : Museum? Wait a minute.

Do you see Tottenham Road?

B : Tottenham Road? Yes, I see it.

A : It is on the left side of Tottenham Road.

You go up along the road.

B : Should I cross the High Street?

A : Yes. You pass by the way to the bus station.

B : OK. I see. (해당 지점에 박물관을 그린다)

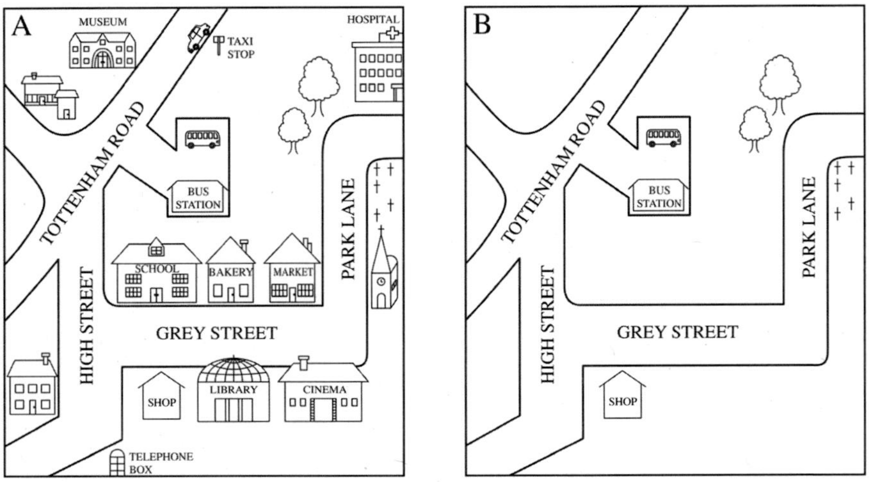

B. Coloring

색칠하기는 아동들이 좋아하는 행위이다. 우선, 색을 칠할 수 있는 재미있는 그림을 준비하여 나누어 준다. 이때 어느 정도 학습내용을 생각하여 그림을 정해야 할 것이다. 의복에 대한 것을 학습한다면 가능한 한 여러 종류의 옷을 입고 있는 그림, 즉 소년과 소녀의 그림을 나누어 준다. 학습자를 짝으로 나누어 한쪽은 소년을 다른 쪽은 소녀를 그들이 원하는 대로 색칠하게 한다. 이때 상대방에게 보여주지 않도록 유의한다. 그리고 반만 색칠한 것을 가지고 짝 활동으로 칠하지 않은 곳을 색칠하게 한다. 한쪽이 자기가 색칠한 것을 말해주면 다른 쪽이 그 말을 듣고 색칠을 하는 것이다. 이렇게 하여 한쪽이 끝나면 역할을 바꾼다. 색칠이 끝났을 때에 비교해 보고 서로 다른 부분이 있으면 무엇이 잘못되었는가 생각해 보게 한다.

A : Color the girl. Are you ready?

B : Yes, I am.

A : The blouse is red.

B : The blouse, red. And...

A : The skirt is blue.

B : The skirt, blue ...

② 소집단 활동(group work)

소집단 활동은 동시간대에 많은 학습자의 참여를 가져오며 또한 협동심을 길러준다. 앞의 짝 활동에서 언급하였듯이 학생들은 실제로 짝 활동보다 소집단 활동을 선호한다고 한다. 전체 활동에 비하여 주목하는 사람이 적기 때문에 심리적 부담이 적으며, 짝 활동에 비하여 역할에 대한 부담이 적다. 또한 소집단 안에서 다른 학습자가 수준이 낮은 학습자를 도와줄 수 있다.

A. Picture story sequence

여럿으로 된 일련의 그림을 잘라서 하나씩 주되 다른 사람에게 보여주지 않고 설명하게 한다. 이후 그림 속에 무엇이 있으며 어떤 그림의 일부인지를 말한다. 모두가 말한 것을 듣고는 이야기를 구성하여 그림의 순서를 정한다. 소집단 모두가 끝냈을 때에 대표가 자기 집단의 이야기를 발표하게 하여 어느 것이 가장 재미있는지 점수를 주게 할 수도 있다. 여기서는 원본에 얼마만큼 가까운가의 여부보다 적극적인 참여와 창의성이 더 중요하다. 이때 그림은 4~6장 정도가 적당할 것이다.

a

b

c

d

e

f

B. Picture story dominoes

이것은 즉흥적인 이야기를 하는 말하기 활동이다. 학습자의 언어 수준에 따라서 활동에 제약이 있겠지만 초보적인 단계에서는 그림카드나 실물을 하나씩 추가해 가면서 앞의 이야기와 연결하고 수준이 올라감에 따라 두 개씩 부가하여 이야기를 만들게 할 수 있다. 집단원이 일정한 수(여기서는 5장)의 그림 카드나 실물을 나누어 갖고 차례대로 한 장씩 내려 놓으면서 앞사람의 이야기를 이어간다. 그러나 덧붙인 이야기가 납득하기 어렵다고 생각되면 카드를 내려놓지 못하고 도로 가지고 가고 순번은 다음으로 넘어간다. 이렇게 하여 제일 먼저 카드를 다 내려놓은 사람이 이기게 된다. 이야기를 이어가다 보면 우스운 내용이 될 수 있으며 그런 과정에서 학습자의 상상력과 창의성을 자극하게 된다.

Here is a boy. His name is Jin-su.

He loves flowers.

He always took flowers to his mother.

His mother is in hospital.

She had fallen off her horse.

She used to ride in the mountains.

③ 전체 활동

전체를 대상으로 하는 말하기 활동에서 학습자가 말할 기회는 많지 않기 때문에 교사가 학습 분위기를 조절하기 쉽지 않다. 그러나 침체되어 있는 분위기를 고조시킨다든가 시간이 부족할 때 이런 전체 활동은 적절히 활용될 수 있다. 실제로 거의 모든 활동에 대해 전체나 소집단이나 짝 활동이 가능할 수 있다. 따라서 여러 상황을 고려하고 학습 분위기의 변화를 가져오기 위해서 적절하게 전체 활동의 구체적 성격을 바꾸어 가는 것이 효과적이다. 여기서도 카드놀이, 추측하기, 기억하기, 토의하기, 이야기 짓기, 문제 해결하기 등의 여러 가지 유형이 있다.

A. Twenty questions

한 학습자가 어떤 특정한 것을 생각하면 전체가 질문을 하여 그것이 무엇인지를 알아맞추는 활동이다. 대상이 정해졌으면 "I'm thinking of something. What is it?"라고 하면서 게임이 시작된다. 질문에 대한 대답은 Yes나 No로만 대답하고 질문을 20회 이전에 알아 맞혀야 한다. 문제를 보다 쉽게 하기 위해서 처음에 범위를 제한해 줄 수 있다. 게임의 공정성을 위해 생각한 것을 보이지 않는 곳에 표시를 하여 두고 끝났을 때 대조를 할 수 있다. 이때 사용되는 질문으로는 다음과 같은 것이 가능할 것이다.

Is it bigger/smaller than a car?
Can you eat it?
Can you find one in the classroom?
Is it made of wood?

B. A questionnaire on health

건강의 중요성을 일깨우고 건강을 유지하기 위한 여러 가지 방법을 생각하게 한다. 학습자가 생각한 것을 다음과 같이 칠판에 영어로 쓴다.

eat fruit,	don't eat much
drink milk,	don't be angry
do sport,	don't watch too much TV
sleep,	don't drink
go to bed early	don't eat too much

이들에 대한 설문을 만든다. 주로 빈도를 나타내는 말 'How often'의 의미를 예를 들어 나타낸다. 대답으로 다음과 같이 always, often, once a week, three times a week 등의 표현을 제시한다.

I eat fruit twice a week.
Mi-na, how often do you eat fruit?
How often do you eat vegetables?

Are you healthy?

How often do you:

1. do exercise?
   Ⓐ less than an hour a day
   Ⓑ Five hours a day
   Ⓒ More than five hours a day
2. sleep?
   Ⓐ Less than five hours a night
   Ⓑ Seven hours a night
   Ⓒ Ten hours a night
3. watch TV?
   Ⓐ More than five hours a day
   Ⓑ Two hours a day
   Ⓒ An hour a day
4. eat cake, sugar and sweet?
   Ⓐ Six times a day
   Ⓑ Three times a day
   Ⓒ Less than once a day
5. eat fresh fruit and vegetables?
   Ⓐ Never
   Ⓑ Once a week
   Ⓒ Every day
6. clean your teeth?
   Ⓐ Never
   Ⓑ Three times a week
   Ⓒ Twice a day

Score:

Mostly As: not healthy Mostly Bs: not bad Mostly As: healthy

위에 제시된 여러 표현을 넣어서 짝과 함께 연습을 하게 한다. 그리고는 다음과 같은 설문지를 만들어 나누어준다. 필요하면 내용을 가감할 수 있다.

C. Problem-solving activities

문제 해결 활동은 의사소통 활동으로 많이 활용되는 것 중 하나이다. 어떤 특정 상황과 함께 해결해야 하는 문제가 주어진다. 처음에는 소집단으로 나누어 주어진 문제를 해결하고 해결한 것을 가지고 다른 집단과 만나서 토의하여 더 좋은 해결책을 구하며, 최종적으로 가장 좋은 해결책을 구하게 되는 것이다. 이때 상황과 문제는 구두나 문자로 주어질 수 있다.

Desert Island: You are going to spend the next month on an island alone. There is fresh water and vegetable and fruit, and no real danger from wild animals. Choose five of the following objects to take with you and put them in order of importance. Be prepared to say why you want to take these things:

axe	hammer	paper and pencil
blanket	knife	rope
clock	lader	saucepan
gun	matches	telescope
guitar	medicine box	trumpet

이밖에 On a boat at sea, On top of a mountain, In a crushed plane, On the moon 등 매우 절박한 상황에서 벗어나기 위한 지혜를 필요로 하는 것들이 있다.

D. Finding Differences and Similarities

그림이나 단어 등을 이용하여 차이점과 유사점을 열거하게 한다.

예 Horses와 Elephants

Differences	Similarities
1. Elephants have trunks.	1. They don't eat meat.
2. Horses have big tails.	2. They both work.
3. Elephants don't have hair.	3. People ride on them.

E. Grading

어떤 사물이나 사람에 대하여 중요성, 선호도, 크기 등에 따라 등급을 정하게 한다.

Put these animals in order from most dangerous to least dangerous.

bear	goat	kangaroo	tiger
cat	giraffe	lion	sheep
dog	gorilla	elephant	zebra

이 동물들을 how strong/fast/clever/attractive/useful로도 등급을 정하게 할 수 있다.

그밖에 등급을 정할 수 있는 종류와 기준은 여러 가지가 있다.

Pets : interesting, common, easy to look after

Food : healthy, cheap, pleasant to eat

People : famous, clever, good ...

Materials : useful, expensive, common ...

Sports : fun, dangerous, cheap ...

F. Personal information

쉽고 재미있는 의사소통 행위는 개인적인 정보를 주고받는 것이다. 개인적인 정보는 비슷하면서도 개인마다 조금씩 다르기 때문에 자연스런 정보의 공백이 있어 실제적인 의사소통에 도움을 준다.

예 짝을 지어 다음의 일상적 행위에 대해 묻고 표를 완성해 보세요.

When do you get up?

When do you have breakfast?

What do you have for breakfast?

Get up?	(I get up) At seven.
Breakfast?	
School?	
Lunch?	
Supper?	

2 쓰기 지도

1 쓰기의 특성

초등학생이 모국어도 아닌 영어로 글을 쓴다는 것은 쉬운 일이 아니다. 쓰기는 문자 언어 기능이면서 동시에 표현 기능이기 때문에, 일반적으로 언어의 네 가지 기능 중에서 가장 나중에 접하는 기능이며 어려운 것으로 간주된다. 쓰기가 어렵게 여겨지는 이유를 쓰기의 특성과 관련지어 살펴보면 아래의 여섯 가지로 정리된다.

(1) 쓰기에서는 의미 전달이 전적으로 문자에만 의존하여 일어난다.

말을 할 때에는 언어 이외에도 의미 이해를 도울 수 있는 억양, 음색, 음조, 그리고 얼굴 표정과 제스처 등을 병행할 수 있지만 쓰기에서는 그렇지 못하다. 따라서 어휘와 어법을 이해하지 못하면 글을 이해하기 어렵다.

(2) Here-and-now 원칙에서 벗어나는 경향이 있다.

글쓰기의 어려움 중에 하나는 보이지 않는 독자와의 거리를 극복하는 것이다. 말을 할 때에는 대부분의 경우 눈앞에 있는 대상을 보고 그들과 직접적인 관계가 있는 내용을 말하게 된다. 그러나 글을 쓸 때에는 대상이 불분명할 뿐 아니라 특정 대상에게 쓴다고 하여도 직접 눈앞에 있지 않기 때문에 무슨 내용을 어떻게 써야 되는지 쉽지 않다. 특히 초등학생의 연령대에서는 here-and-now의 원칙에 지배되는 경향이 있으나, 글은 주로 이 원칙에 벗어나므로 이해에 어려움이 따르게 된다. 따라서 어린 학습자의 쓰기에서는 학습자의 직접적인 관심 사항에 관해 쓰게 하는 것이 효과적이다.

(3) 쓰기 기능에 숙달되는 데 많은 시간이 필요하다.

문자 언어를 능숙하게 사용하려면 소리 이외에 문자를 익혀야 하는 부담이 수반된다. 학습자가 영어 자모의 체계와 구두법 및 소리와의 관계를 익혀야 되기 때문이다. 모국어일지라도 네 가지 기능 중에서 쓰기를 어려워하는 학습자가 많은 것도 이런 이유 때문이다. 좋은 글을 쓰기 위해서는 영어의 자모를 충분히 익히고 문장 어법과 문어적 격식을 익혀야 하며, 이를 위해서는 많은 시간이 걸린다.

(4) 외국어로서의 쓰기는 내용보다 형태의 정확성에 치중되기 쉽다.

글쓰기에서는 어떤 내용을 어떻게 전개하느냐가 중요하다. 하지만 외국어로서의 쓰기에서는 철자, 어휘, 문법, 구두점, 필체 등 형식적인 잘못을 지적하고 고치는 것으로 일관되기 쉬워 흥미를 주지 못한다. 따라서 초기부터 쓰기 지도에서 어느 정도 내용에 입각하여 의미 있는 글을 쓸 기회를 주고 문법적인 오류는 간접적으로 수정함으로써 쓰기에 대한 흥미를 불어넣어야 한다.

(5) 글쓰기의 오류는 영구히 남는다.

글은 문자화되어서 필자의 손을 떠나 독자에게 도달하면 수정할 수도 명료하게 할 수도 혹은 철회할 수도 없이 영구히 그 상태로 남게 된다. 이런 사실로 인해 많은 사람들이 글쓰기를 두려워한다. 따라서 학습자가 글을 써서 교사나 동료에게 내어놓기 전에는 충분히 검토할 수 있는 기회를 주어 쓰기에 대한 자신감을 길러 주어야 할 것이다. 또한 채팅 등을 활용한 실시간 문자 소통을 통해 오류나 불완전한 표현을 즉각적으로 수정할 수 있는 경험을 제공한다면 오류에 대한 부담을 덜어줄 수 있다.

(6) 문자 언어는 단위 문장에 많은 정보를 내포한다.

글을 쓸 때는 많은 시간이 소요되는 만큼 내용 구성도 말보다 논리적이고 체계적이기 쉽다. 이때 내용의 반복을 줄이고 필요한 정보만을 전달하기 때문에 이해하기 어려울 수도 있다. 그러나 초등학교에서의 문자 언어는 음성 언어를 보조하고 강화하는 수준에서 학습되며, 이때의 문자 언어는 음성 언어로 친숙해진 언어 위주로 제시하면 크게 어려움을 주지 않게 될 것이다.

이상과 같은 이유로 쓰기 활동이 어렵게 느껴지는 것은 사실이지만, 아래와 같은 네 가지 긍정적인 효과 덕분에 쓰기는 영어교육에서 매우 유익한 언어 기능이기도 하다.

(7) 쓰기는 학습자의 표현 욕구에 따른 개성을 나타내 준다.

초기 단계에서 쓰기는 교사의 통제를 많이 받지만, 학습자에게 어느 정도의 선택권 또한 주어지기 마련이다. 이런 점 때문에 학습자는 자신의 모습을 표현할 여지를 얻게 된다.

(8) 쓰기 활동은 다른 언어 기능의 학습을 강화하고 통합해 준다.

영어 학습은 어느 하나의 언어 기능을 학습하는 것보다 네 가지 기능의 균형잡힌 활동을 통해서 학습하는 것이 효과적이다. 글을 쓰면서 말하기 연습을 하고, 글을 읽으면서 쓰기를 위한 언어 규칙을 익힐 수 있으며, 또 들은 것을 씀으로써 기억에 오래 남게 할 수 있다.

(9) 쓰기는 의식적인 언어 발달을 가져온다.

말을 할 때에는 주변의 상황을 이용할 수 있기 때문에 최적의 단어와 구조를 생각해내어 말하지 않아도 이해할 수 있지만, 글을 쓰는 경우에는 문맥에 맞는 최적의 단어와 구조를 써야 한다. 그러기 위하여 글쓴이는 한번 쓴 문장이나 글을 다시 보고, 보다 적절하게 수정해야 된다. 이런 과정을 수차례 거치는 쓰기는 언어 능력의 발달을 수반한다. 쓰기는 말하기보다 천천히 진행되기 때문에 학습자의 주의를 학습 사항에 집중하도록 이끌기 용이하므로 의식적인 언어 발달에 효과적이다.

(10) 쓰기는 언어 활동에 대한 성취감과 자신감을 느끼게 한다.

쓰기는 학습자가 자신의 학습 결과를 직접 볼 수 있으며, 또한 자신이 전하고 싶은 내용을 상대방의 반응을 통해서 확인함으로써 성취감을 맛볼 수 있다. 비록 만족스럽지 않다고 하여도 교사는 학습자의 학습 결과물을 과소평가하지 말아야 한다.

위와 같은 쓰기의 특성에 비추어 많이 논의되는 것이 쓰기를 시작하는 시기에 관한 논란이다. 한편에서는 모국어의 습득과정에 비추어 언어의 네 가지 기능 중에서 가장 마지막으로, 즉 듣기, 말하기, 읽기가 어느 정도의 수준에 올랐을 때에 쓰기를 도입하는 것이 학습자에 부담도 적게 주어 바람직한 순서라고 한다. 다른 한편에서는 언어란 원래 각 기능이 분리된다거나 기능들끼리의 순서가 정해져 있는 것이 아니기에 상호 영향을 주고받으며 거의 동시에 가르치는 것이 효과적이라고 본다.

그러나 후자의 경우도 결코 쓰기를 먼저 가르쳐야 된다는 의미는 아니다. 효율적인 외국어교육을 위해서 초기에 음성 언어 위주의 교육을 강화해야 한다는 명제에는 대체로 일치된 견해를 가지고 있기 때문에, 쓰기를 초기부터 도입을 한다고 하여도 쓰기 능력 자체를 개발하기 보다는 음성 언어 능력을 보조하고 강화하는 수단으로 이해하는 경우가 다반사이다. 쓰기를 도입하는 시기는 일률적으로 정해지는 것이 아니라 다음과 같은 여러 가지를 고려해야 할 것이다.

- 모국어로 읽고 쓰는 것을 얼마나 잘하느냐?
- 영어로 써야 될 필요성을 얼마나 느끼는가?
- 영어 자모를 익혔는가?
- 통제 글쓰기, 유도 글쓰기, 자유 글쓰기인가?
- 단어를 쓰게 할 것이냐, 문장을 쓰게 할 것이냐, 스토리를 쓰게 할 것이냐?

위와 같은 사항을 고려해 볼 때 일반적으로 듣기와 말하기를 통해 제시된 영어를 읽고 쓰게 하는 것이 효과적이다. 또한 학습자의 요구와 능력을 평가하여 도입해야 할 것이다. 처음에는 영어를 익히는 이상으로 필체 연습이 필요하고 그러기 위해서 단어와 짧은 문장을 베껴 쓰게 한다. 단어와 문장은 학습자의 관심 사항인 학교와 집에서의 일상생활에 관한 것이나 그림이나 포스터 등 주변에서 자주 볼 수 있는 것을 대상으로 하는 것이 효과적이다. 이 과정은 단순히 문자를 적는 기계적인 활동이 되어서는 안 되며 철자, 문법, 구두점 등의 문장 어법을 익히면서 적절한 어휘를 선택하고 문장과 담화 체계에 따라 적절히 배열하는 창의적인 행위가 되어야 한다.

2 쓰기 기능

쓰기는 기본적인 철자를 쓰는 것부터 시작하여 궁극적으로 자기의 느낌이나 생각을 문자로 명료하게 표현하는 것을 지향한다. Brown(1994: 327)은 훌륭한 글을 쓰기 위해서는 복합적으로 작용하는 다음과 같은 여러 언어 기능들을 익혀야 한다고 본다.

① 영어의 철자 체계에 맞게 쓰기
② 적절한 어휘와 어순에 맞게 쓰기
③ 문장 체계와 문법 규칙에 맞게 쓰기
④ 문법 형태에 따른 특정 의미 나타내기
⑤ 목적 달성에 적절한 속도로 쓰기
⑥ 담화 상에서 응집력 있게 구성하기
⑦ 수사학적인 형태와 담화상의 격식에 맞게 쓰기
⑧ 형태와 목적에 따라 의사소통 기능을 적절히 표현하기
⑨ 사건을 표현하는 데 있어 주요점, 보조 요점, 신정보, 구정보, 일반화와 예시 등으로 나타내기
⑩ 문자적 의미와 내포적 의미 구별하기
⑪ 맥락에 따른 문화적인 면에서의 특정 의미 전달하기
⑫ 쓰기 전략의 개발과 활용하기

초등학교에서의 영어 쓰기에서는 주로 문자와 단어 및 문장 수준에 한정되기 쉽기 때문에 여러 기능 중에서도 ①, ②, ③의 기능을 중점적으로 지도해야 할 것이다.

쓰기는 영어의 철자 체계를 익혀 쓰는 것부터 시작된다. 영어의 철자 체계는 대문자와 소문자가 서로 다른 모양을 하고 있으며, 인쇄체와 필기체가 다르기 때문에 이들을 익히기 위해서는 많은 시간이 걸리는 기계적인 활동을 거쳐야 된다. 그러나 영어 학습을 시작하는 단계에서 이를 모두 익히게 하면 영어에 대한 흥미를 잃게 할 수가 있다. 따라서 한 번에 조금씩 익혀가는 것이 바람직하다.

글을 쓰기 위해서는 적절한 어휘와 어순에 맞게 써야 한다. 단어와 숙어의 뜻을 알고 이들이 쓰이는 맥락을 익혀야 하며, 단어 간에 지켜야 하는 순서를 알아야 한다. 특히 다음에서 보듯이 영어의 어순은 우리말과 어순이 다르다.

My brother likes apples.

내 동생은 사과를 좋아한다.

교사는 영어적 어순에 학습자가 익숙해지도록 해야 할 것이다. 이같이 언제나 일정한 순서로 일어나는 것은 'an apple'이나 'in the room'에서 보듯이 하나로 인식하게 덩어리로 제시하는 것도 생각해 볼 교수 방법 중 한가지이다. 어린 학습자에게는 문법을 분석적으로 가르치는 것보다는 통합적으로 가르치는 것이 효과적이므로 위의 문장을 단어로 나누어 가르치는 것이 아니라 전체를 통째로 가르치는 것이 효과적이다. 문법적인 체계는 많은 입력을 통하여 스스로 발견하게 하여 필요한 상황에서 자연스럽게 활용할 수 있게 하는 것이다.

글은 기본적인 어순뿐만 아니라 문장의 체계와 문법 규칙을 갖추어야 한다. 문장 체계에서 지켜야 하는 사항으로는 다음과 같은 것을 들 수 있다.

① 문장의 첫 글자는 언제나 대문자이다.
② 문장은 의미를 명확히 하기 위하여 적절한 구두점을 사용한다.
③ 문장은 지칭 관계를 명확히 하기 위하여 대명사, 대동사를 많이 사용한다.
④ 문장은 문법 규칙에 충실해야 한다.
⑤ 문장은 가능한 한 긴 주어부를 피한다.
⑥ 문장은 신정보(new information)와 구정보(old information)의 관계를 명확히 한다.
⑦ 문장은 맥락에 적합한 어휘를 사용한다.

⑧ 문장은 내포문을 자주 갖는다.

⑨ 문장은 가능한 한 잉여성을 피한다.

이상과 같은 문장의 체계 중에서도 초등학교에서는 ①~③을 익히는 활동이 주가 될 것이다. 물론 초등학교에서도 자기의 생각과 느낌을 표현하는 자유 글쓰기의 기회가 필요에 따라 주어질 수 있다.

3 쓰기 과정

글은 결코 한 순간에 행해지는 것이 아니다. 보이지 않는 독자에게 자기의 생각을 전하는 것이기 때문에 문법 규칙에 정확하고 적절한 어휘를 사용하여 의미가 분명하게 전달될 수 있어야 한다. 그러기 위해서 직접 펜을 들고 쓰기 전에 사전 준비를 위한 계획(planning) 단계, 계획에 따라서 실제로 글을 작성하는 초고 작성(drafting) 단계, 그리고 작성한 초고를 검토 수정하는 편집(editing) 단계로 나눌 수 있다.

초등학교에서 가능한 글쓰기의 수준과는 무관하다고도 치부할 수도 있지만, 아이들도 궁극적으로는 자신의 생각을 표현하는 글을 쓸 수 있어야 하며, 초등 단계에서는 이런 글을 쓰기 위한 기초를 마련하는 편이 바람직하다. 그리고 이와 같은 쓰기 과정을 인식함으로써 쓰기에 대한 관심을 새롭게 갖게 될 것이다. 쓰기의 단계별 과정을 구체적으로 살펴보면 다음과 같이 나누어진다.

(1) 계획 단계

무슨 일에서든 계획이 중요한 것과 마찬가지로 쓰기에서도 계획 단계가 중요하다. 계획 단계에서는 전달하고자 하는 내용을 정리하고 연결해 보아야 한다. 특히 주제가 주어지면 그 주제와 관련된 여러 가지 정보를 생각하고 모아서 연결해 보는 것이 필요하다. 이때 글을 쓰는 목적이 무엇인지에 대해서도 생각해 보아야 할 것이다. 초청을 위한 것인지, 부탁을 하기 위한 글인지, 아니면 감사를 드리기 위한 것인지, 글의 목적에 따라 조직이 달라지며 어휘 선택 역시 달라진다. 그리고 누구에게 쓰는가, 즉 글의 대상도 주요 고려 대상이다. 친구에게 쓰는 편지와 선생님에게 쓰는 편지는 다르며, 개인에게 쓰는 것과 기관에게 쓰는 것이 같을 수 없다.

훌륭한 글을 쓰게 하기 위해서는 관련된 정보를 많이 모아서 충분한 계획을 세워야 한다. 주제에 대한 정보는 자기가 처해 있는 상황과 대상에 대한 정보에 초점을 두어야 하며, 그러기 위해서는 리스트를 작성하거나 [그림 6-1]과 같은 마인드맵을 작성 하게 하여 단어 간의 관계를 나타내도록 할 수 있다. 특히 초등학생들을 위해서는 좀 더 구체화할 수 있는 시각적인 표 등을 작성하도록 돕는 것이 효과적이다. 이런 마인드맵이나 그래픽 조직자(graphic organizer)는 쓰기뿐만 아니라 읽기의 전·중·후 활동에도 유용하게 활용될 수 있다.

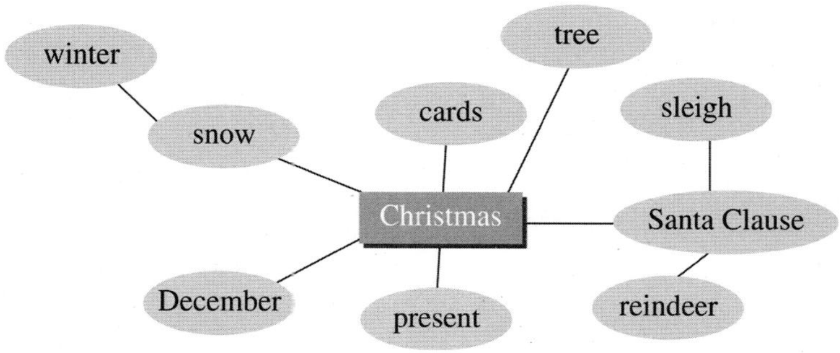

[그림 6-1] 심도(mind map) 작성의 예

(2) 초고 작성 단계

이 단계에서는 충분한 계획을 세운 후 직접 초고를 작성한다. 아무리 충분한 계획을 세웠다고 하여도 실제로 글을 작성하는 과정에서는 원래의 계획과 달라지게 된다. 그래서 Hegde(1994: 22)는 글을 못 쓰는 사람일수록 새로운 아이디어를 찾아내려는 사고 활동을 허용하지 않고 원래의 계획만 고수하려는 경향이 있음을 지적하면서 글이란 끊임없는 사고 작용의 결과임을 강조한다.

초고 작성 단계에서는 써야 할 글의 형태보다는 글의 내용을 중점적으로 생각해야 된다. 따라서 초고 작성의 첫 단계에서는 문법을 거의 생각하지 않고 표현하려는 내용의 골자를 정리하게 된다. 이를 읽기의 관점에서 들여다보면 글을 읽고 내용을 요약해 보는 단계를 뒤집은 것이라고 볼 수 있다. 이런 뒤에 필자는 개별적인 내용을 연결시키고, 연결된 글을 읽으면서 써야 할 내용 중에서 빠진 것은 없는지, 중복되거나 불필요한 것이 들어가지는 않았는지 혹은 내용이 잘못된 것은 없는지, 내용 전후 관계가 분명하게 전개되었는지, 어휘가 적절히 사용되었는지를 글을 쓰는 중에 계속해서 생각하게 된다. 학습자는 이런 식으로 쓴 내용을 읽어보고 수정하고 또 새로운 아이디어를 끌어내어 조직하는 과정을 되풀이한다.

(3) 편집 단계

초고작성을 끝내면 필자는 독자의 입장에서 자기가 쓴 글을 읽어보고 수정하는 편집 단계를 거쳐야 한다. 편집 단계에서는 글의 내용뿐만 아니라 글의 형태까지 자세하게 검토하여 수정한다. 글을 쓴 목적이 잘 나타났으며, 전하고자 하는 내용이 모두 나타났으며, 또 분명하게 나타났는지를 엄밀하게 검토한다. 특히 문법과 구두점 관계뿐만 아니라 전반적인 구조화가 명료하게 되었는지를 살펴보고 만족스럽지 않으면 다시 고쳐 쓴다. 어느 정도까지 고쳐 써야 되는지에 대한 판단은 학습자들이 서로의 글을 고치는 활동을 통해 감을 잡게 되는 경우도 많다. 때로는 수정과정에서 완전히 새로운 발상을 할 수도 있으므로, 이런 과정을 되풀이한다면 비로소 완전한 글쓰기에 한 걸음 다가서게 된다.

그러나 실제로 글을 쓸 때 이 세 과정이 단선적으로 일어나는 것은 아니다. 초고 작성 단계는 물론 편집 단계에서도 모든 것을 버리고 처음으로 돌아가 다시 계획을 세워서 쓰는 일이 부지기수이다. 따라서 글쓰기는 계획에서 초고 작성 그리고 편집 단계를 앞뒤로 왔다 갔다 하는 진자 운동의 반복이라고 비유할 수 있다. 글쓰기의 이런 복잡한 과정은 결국 '명료화로 나아가는 혼잡한 과정'이라 할 수 있으며, 이런 점에서 Smith(1982)는 이를 다음과 같은 시각 이미지로 표현하였다.

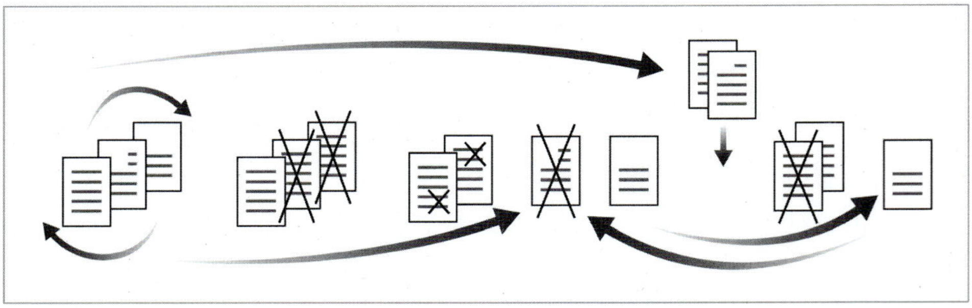

[그림 6-2] 글쓰기 과정

4 쓰기의 단계별 지도

초등학교에서 쓰기는 철자 쓰기 - 단어 쓰기 - 문장 쓰기 세 단계로 나눌 수 있다.

(1) 철자 쓰기 지도

영어의 철자 체계는 대문자와 소문자가 서로 다른 모양을 하고 있으며, 또 인쇄체와 필기체는 그 모습이 상당히 다르다. 학습자는 서명이나 수기교정 등에서 때때로 필기체를 익혀서 쓸 수 있어야 한다. 그러나 대·소문자 및 필기체를 분류하는 것은 영어를 어느 정도 배운 후에서야 의미가 있다. 초등학교 학생들은 이제 시작하는 단계이기 때문에 이들에게 서로 다른 네 가지를 동시에 가르친다는 것은 많은 혼란을 줄 수 있다. 다른 한편으로, 글을 쓴다는 것은 반드시 손으로 쓰는 것만을 의미하지 않는다. 요즘에는 컴퓨터가 널리 보급되면서 컴퓨터 앞에서 글을 쓸 때에 필기체보다는 인쇄체로 쓰는 경우가 훨씬 많다. 이런 상황에서 학생들에게 어떤 형태의 영어를 쓰게 가르쳐야 하는가의 문제가 제기된다.

Doff(1992: 128)는 아래와 같은 세 가지 형태를 제시하고 있다.

① Thank you for your letter of 14th.
② thank you for your letter of 14th.
③ Thank you for your letter of 14th.

①은 보통 책에서 보는 인쇄체로 글자 하나하나가 떨어져 있어 쓰기가 쉬운 편이다. ②는 반흘림체로 단어 속의 글자가 연결되어 있는 경우가 많지만 글자의 모양이 인쇄체와 크게 다르지 않다. 영어권의 대부분의 어린이와 어른들이 사용하고 있는 글자체이다. ③은 완전 흘림체로 모든 글자가 연결되어 있으며 인쇄체와 상당히 다른 모습을 한 글자가 많다. 영어권의 어른들 특히 나이 많은 사람들 사이에 널리 쓰이고 있다.

위의 세 가지 중에서 인쇄체가 쓰기에는 가장 쉽다고는 하지만 실제로 반흘림체가 많이 쓰이고 있기 때문에 초등학교의 쓰기에서는 ①에 익숙해지고 나면 점차 ②의 반흘림체도 허용하는 것이 바람직하다고 볼 수 있다.

그러나 글자를 익혀 쓰는 것은 매우 기계적인 활동이라는 점에서 흥미를 잃기 쉽기 때문에 어떻게 하면 학습자가 흥미 있게 철자를 식별하여 쓰느냐 역시 고려해야 된다. 그러기 위해서는 영어의 자모를 반드시 순서대로 쓰게 하는 것보다 서로 모양이 비슷한 것을 대조하여 쓰게 하는 것이 효과적이다. 예를 들면 인쇄체의 b, d, p, q는 수직선과 호의 위치에 대한 관계에 따라 달라진다. 이런 위치를 익혀서 제대로 쓰기 위하여 처음에는 4선지 위에 둘째 선을 기본으로 하여 b와 d는 위에, p와 q는 아래에 수직선을 그으며, b와 p는 오른쪽에, d와 q는 왼쪽에 호를 붙이는 것을 분명히 해야 한다.

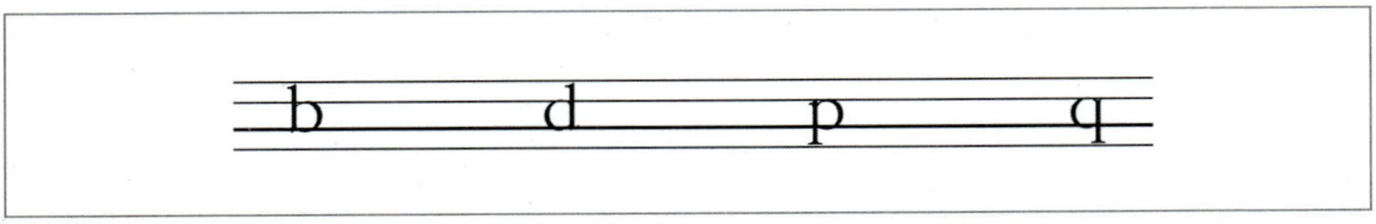

철자 쓰기 지도에서는 다음과 같은 과정을 거칠 수 있다.

① 칠판에 4선을 (둘째 선을 진하게) 긋는다.
② 글자의 이름을 말하면서 가르칠 글자(예를 들어 m)를 해당 선 위에 쓴다.
③ 글자를 쓰는 방법을 설명하면서 두세 번 쓰면서 시범을 보인다.
④ 손가락으로 공중에 혹은 앞사람의 등에 교사를 보면서 따라 쓰게 한다.
⑤ 각자 노트의 4선지 위에 여러 번 쓰게 한다.
⑥ 옆 사람과 비교하여 보고 서로 교정하도록 한다.

그러나 아이들은 언제나 동일한 철자 쓰기 방법에 싫증을 느끼기 쉽다. 학습자가 흥미 있게 철자 쓰기를 하기 위해서는 아래와 같은 다양한 활동을 준비해야 한다.

예 1 그림을 보고 해당 단어의 첫 문자를 쓰세요.

____nt　　　____ee　　　____at

예 2 다음 그림 속에서 영어 문자를 찾아 쓰세요.

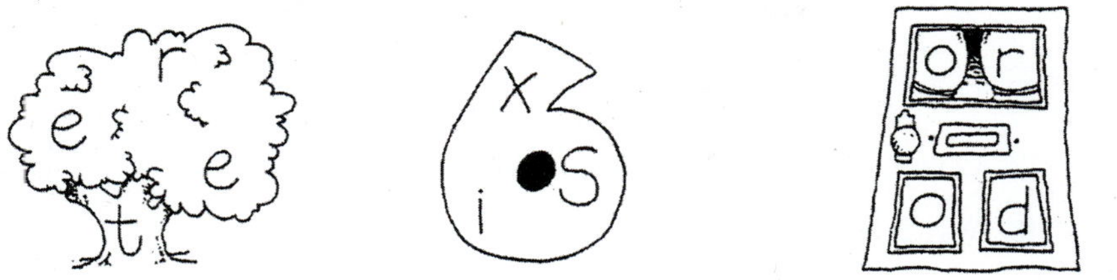

어린 학습자들은 기발한 모양이나 시각이미지에 호기심을 느끼기 때문에 알파벳 모양을 해당 대상물과 유사하게 변형시킨 자료를 이용하면 효과적으로 쓰기 연습을 시킬 수 있다.

(2) 단어 쓰기 지도

단어 쓰기 지도에서는 단어의 철자를 식별하여 쓰는 일과 단어의 철자를 익히는 두 가지로 나누어 생각할 수 있다. 단어를 쓸 때에는 철자 쓰기에서 익힌 개별 철자들을 어떻게 이어주느냐가 중요하다. 이를 위해서는 실제 영어에서 자주 이어지는 철자들(ch, th, ta, ti, et, ot, nt 등)을 연결하여 써서 보여주어야 할 것이다. 교사는 앞의 철자의 끝과 뒤 철자의 시작이 어떻게 이어지는가에 유의하여 다음과 같은 단계를 보여줄 수 있다.

① 개별 철자 c와 h를 나란히 4선지 위에 쓴다.
② c의 끝점과 h의 시작점을 이어준다.
③ (모습을 설명하면서) 두 철자 ch를 이어서 여러 번 쓰면서 시범을 보인다.
④ 손가락으로 허공에 따라 쓰게 한다.
⑤ 각자 노트의 4선지 위에 여러 번 쓰게 한다.
⑥ 옆 사람과 비교하여 보고 서로 교정하도록 한다.

이와 같이 단어 쓰기는 결코 한 번에 숙달되는 것이 아니기 때문에 교사는 아이들이 영어 학습을 해나가면서 지속적으로 관심을 가져 숙달되도록 이끌어야 한다.

글을 쓰기 위해서는 많은 단어의 철자를 익혀서 쓸 수 있어야 하므로 통상적으로 단어를 익혀 쓰는 지도 형태로 진행된다. 특히 영어의 철자는 발음과 일치하지 않는 것이 많아 익히기가 쉽지 않기 때문에 다양한 교수방법이 필요하다. 가령, 새로운 철자를 익힐 때는 다음과 같은 절차들을 거칠 수 있다.

① Look : 단어의 형태와 문자의 숫자를 보고 머릿속에 형상을 그린다.
② Cover : 단어를 소리 내어 말하면서 보지 않고 허공에 손가락으로 써 본다.
③ Write : 종이 위에 단어를 쓴다.
④ Check : 철자가 맞는지 확인하고 틀리면 위의 과정을 반복한다.

물론, 모든 어휘를 위와 같은 방법으로 하면 어린이는 흥미를 잃게 된다. 기계적으로 베껴 쓰는 것도 단어를 익히는 하나의 방법이긴 하지만 무조건 베껴 쓰는 것은 싫증나게 하는 일이며 효과도 없다. 교사는 단어의 특성에 따라 학생들의 흥미를 끌 수 있는 다양한 방법으로 가르쳐야 한다. 이때 학습자에게 베껴 쓰게 할 때도 분명한 이유를 제시하는 것도 잊지 말아야 할 것이다.

단어 쓰기 활동으로는 아래와 같은 여러 가지 유형을 들 수 있다.

① 단어

다음 단어 사슬에서 단어를 있는 대로 찾아 써보게 한다.

grapearapplemonioncarrotomatorange

② 리스트 만들기

단어를 흥미 있게 쓰게 하는 활동으로 리스트나 차트를 만들게 할 수 있다. 이런 활동의 주제는 학습자가 관심을 가지고 흥미 있어 해야 하는데, 가령 구매할 품목(shopping lists), 식단(menus), 좋아하는 운동 경기 종목, 좋아하는 동물, 특정한 날, 예를 들면 Christmas와 관련된 단어 쓰기 등이 있다.

③ 사전 만들기

학습자는 개인 사전을 만듦으로써 영어의 알파벳 순서와 사전을 적절히 사용하는 법을 익히게 된다. 또한 다른 친구나 그룹으로 사전을 만들게 함으로써 협동심의 중요성을 인식하고, 어려운 문제에 대해서도 협의하여 해결하는 방법을 배우게 된다.

④ 철자 바꾸기(anagram)

영어 단어는 철자들이 일정한 순서로 모여서 이루어진다. 따라서 같은 철자라도 순서를 바꿈에 따라 다른 뜻을 나타내게 된다. 철자 바꾸기는 학습자에게 흥미를 느끼도록 하면서 여러 가지 단어를 익히게 할 때 활용할 수 있다. 아래에는 주어진 단어의 철자 중에한 철자를 연속적으로 바꾸어 가면서 정반대말이나 다른 단어가 되는 것을 제시하였다.

car - cat - bat - but – **bus**
give - live - like - lake – **take**
few - new - net - not – **lot**

다음 두 단어의 사이에 이어질 단어들을 써보세요.

cat — dog, boy — man, rich — poor

⑤ 단어 퍼즐

학습한 어휘를 모두 활용하게 할 수 있고, 더욱 쉽게 하기 위해서 범위를 제한하여 단어를 활용하게도 할 수 있다. 상황에 맞게 적절히 선별하는 것 이외에 활동의 유형도 한 가지만 하지 말고 다양하게 제시하는 것이 효과적이다.

예 1 빈칸에 단어 쓰기: 그림에 맞는 단어를 찾아 빈칸에 쓰세요.

예 2 Hide and seek

단어 카드를 만들어 한 번에 5~6장 정도를 칠판에 붙여 보게 한 후에 눈을 감게 하고 하나를 떼어내고 떼어낸 단어를 쓰게 한다. 하는 방법을 알고 난 후에는 그룹이나 짝 활동으로 할 수도 있고, 한 번에 하나 이상의 단어 카드를 숨기고 쓰게 할 수도 있다.

예 3 다음 문자판에서 색(color)의 이름을 찾아 쓰세요.

B	L	A	C	K
L	R	E	D	N
U	T	O	M	I
E	S	H	W	P
G	R	E	E	N

⑥ 그림/표에 이름표 붙이기

실제 언어 상황에서 공원의 나무와 동물원의 우리에 이름표를 붙인다. 이와 같은 실제 언어 상황을 생각하여 그림에 해당하는 이름표를 만들어 붙이게 하여 흥미를 느끼면서 단어를 쓰게 할 수 있다.

예 다음은 동물원 표지판입니다. 적절한 영어 단어를 쓰면서 그림을 완성하여 보세요.

⑦ 어휘 분류하기

분류 개념은 우리의 삶에 광범위하게 요구된다. 어휘를 분류하는 활동은 이런 개념을 심어주고 영어 쓰기 연습에 효과적이다. 가령, 교사는 여러 가지 동물을 제시하고 사육 동물(farm animals)과 야생 동물(wild animals)을 구분하여 쓰게 할 수 있다.

tiger cat horse goat lion cow dog camel chicken bear duck monkey pig wolf zebra	Farm animals	Wild animals

(3) 문장 쓰기 지도

학습자가 단어를 익힌 후에는 단어들을 연결시켜 문장을 쓰는 지도를 하게 된다. 영어의 문장을 쓰기 위해서는 다음과 같은 기본적인 문장 체계를 익혀야 한다.

① 문장의 첫 글자는 언제나 대문자이다.
② 문장의 기본 어순:
- 주어 + 동사 (+ 목적어)
- 관사 + 명사
- 전치사 + (대)명사

③ 의문문은 주어 앞에 조동사를 둔다.
④ '나'를 뜻하는 'I'는 언제나 대문자로 쓴다.
⑤ 문장은 적절한 구두점을 사용한다.

이상의 기본적인 사항 외에도 문장이 지켜야 하는 많은 문법 규칙이 있다. 그러나 교사는 결코 문법을 가르치기 위해 문장을 쓰게 해서는 안 될 것이며, 학습자가 전하고 싶은 내용을 정확하게 표현하기 위해서 문장을 문법에 맞게 쓰는 것이라는 점을 염두에 두어야 된다. 교사는 학습자들이 문법 용어들의 도움 없이도 문장을 쓸 수 있도록 지도해야 한다. 초등학교에서의 쓰기는 글의 형태보다는 글의 내용에 더 관심을 가져 쓰기에 대한 자신감을 심어주는 것이 중요하다. 그러기 위해서 이미 구두로 알고 있는 단어나 문장을 중심으로 다음과 같은 다양한 활동을 수행하면 효과적으로 쓰기를 할 수 있다. 이런 활동에 대한 아래와 같은 자세한 예시는 이후의 쓰기 활동 유형에 잘 제시되어 있다.

① 그림에 설명 붙이기
② 만화나 이야기에 말주머니 쓰기
③ 표나 차트를 보고 문장 쓰기
④ 문장의 짝 찾아 쓰기
⑤ 문장을 순서에 맞게 다시 쓰기
⑥ 질문에 대답 쓰기

5 쓰기 지도 시 유의사항

우리나라 초등학교의 쓰기 활동은 단어와 문장 부호를 포함하여 음성 언어를 보조해 주는 간단하고 실용적인 내용으로 한정되어 있다. 초등학교에서는 이후에 훌륭한 글을 쓸 수 있는 기초를 심어주는 동시에 쓰기를 통해 실제 언어 환경에서 자신의 생각과 아이디어를 빈번하게 표현한다는 사실을 깨닫도록 이끌어야 한다. 이런 점에 의거하여 쓰기 지도에서는 다음과 같은 점에 유의해야 한다.

(1) 좋은 글을 쓰기 위해서는 여러 가지를 고려하면서 많이 연습해야 한다.

① 글의 목적과 요지에 초점을 맞춘다.
② 독자가 누구일지 가늠한다.
③ 쓰기 전에 계획을 세운다.
④ 처음 떠오른 아이디어를 글 속에 쉽게 녹여 넣는다.
⑤ 글을 쓸 때 일반적인 구성에 맞춘다.
⑥ 글에 대한 피드백을 활용한다.
⑦ 자신의 글을 언제나 수정하려고 노력한다.

(2) 문법적인 오류를 지적하기보다는 어떤 내용을 표현했는가를 살펴보고 내용의 창의성에 대해 칭찬해 준다.

교사는 학습자가 쓴 글을 교정할 때 두 가지 관점에서 접근해야 한다. 하나는 글의 내용이며 다른 하나는 문장의 형태이다. 학습자가 쓴 글이 문법적인 잘못이 있어도 내용의 전개가 훌륭하고 창의성이 있는 경우에는 문법적인 오류를 고치는 것으로 끝내지 말고 내용의 우수성을 인정히 준다. 학습자는 교사가 자기의 글 내용에 관심을 갖고 인정해 줄 때 자신감을 갖게 된다. 이를 위해 의미 파악에 문제를 일으키는 중대한 오류만 지적하여 주고 사소한 문법적인 오류는 서서히 고쳐나갈 수 있는 기회를 제공하는 것이 중요하다. 따라서 모든 오류를 지적하지 않아야 하며, 동일한 오류라고 하여도 학습자의 수준에 따라 고쳐주어야 할 것이 있고 고쳐주지 않아야 할 것이 있음에 유의해야 된다.

(3) 글쓰기에 대한 부담감을 느끼지 않게 글 쓸 기회를 많이 제공한다.

초등학교 단계의 쓰기는 음성언어로 익숙해진 것을 문자로 적어보게 하면서 쓰기에 대한 부담을 줄이는 것이 좋다. 그러기 위해서 교사는 쓸 거리를 많이 제시해 주고 쓰여진 모범 글들도 제시해 주어야 한다. 그리고 실제로 글을 쓸 수 있는 기회도 많이 제공해 주어야 한다. 가령 '우체부 놀이'가 이런 목적 달성에 효과적이다. 우선, 학생들 중에서 한 명을 우체부로 정하여 편지가방을 메고 다니게 한다. 우체부는 당번처럼 기간을 정해 두고 돌아가면서 할 수 있다. 교실의 한 쪽에 우체국 코너를 설치하여 필요한 우표, 스탬프, 모조 동전 등을 준비하여 두고, 반에서 어떤 학생에게 전할 말을 글로 써서 우체부에게 주어 전달하게 하면 글쓰기를 생활화하여 쓰기에 대한 부담을 줄일 수 있다.

(4) 단순히 필체만을 숙달시키는 기계적인 쓰기 연습을 강요하지 않으며, 생각하여 써야하는 뚜렷한 이유를 제공하는 쓰기 활동을 시킨다.

우리나라 영어교육에서 학습자가 영어에 쉽게 싫증을 느끼는 이유 중에 하나는 지나치게 많은 기계적인 쓰기 활동을 부과받기 때문이다. 학습자는 의미를 생각할 필요도 없이 혹은 의미를 모르는 상태로 써야 하기에 영어 학습 전체에 대한 흥미를 잃게 되는 것이다. 초기 단계가 지난 학습자들에게는 학습한 내용을 활용할 수 있는 기회를 제공하는 것이 필요하다. 철자와 쓰기에 대한 기본적인 것을 익히고 나면 단순히 구조를 익히기 위한 연습이 아니라 특정 상황에 대한 자신의 생각을 써볼 수 있는 기회를 준다. 이를 위해서는 카드 쓰기, 편지 쓰기, 초청장 쓰기, 메뉴 만들기, 이야기 짓기 등의 기회를 주어 쓰게 하고 쓴 것을 다른 학생들이 읽어보도록 한다. 이런 활동을 성공적으로 완수하려면 함께 협동하는 것이 필수적이다. 실제 언어 환경에서는 쓰기만 분리되기보다는 다른 기능과 함께 일어나기 쉽다. 쓰기 과제를 수행하면서 모둠원과 함께 내용을 토의하고 계획을 세우며 산출물을 수정하면 듣기와 말하기 기능을 동시에 개발하게 된다.

보다 창의적인 쓰기 활동은 계획을 세우고 아이디어를 조직하고 특정 자료 유형의 틀을 이해하는 데 유용한 연습을 제공한다. 가령 꽃씨 봉지나 초대장 및 광고 디자인을 하려면 학습자가 가장 중요한 정보가 무엇인가를 찾아내어 명료하면서도 사람들의 시선을 끌 수 있게 표현해야 한다.

위의 모든 것들은 단어나 문장 수준에서의 기본적인 기능을 충분히 익히지 않고는 달성하기 어렵다. 쓰기 활동이 기본적인 어휘와 문법 구조를 익히는 연습 단계를 벗어나지 못하면 학습자에게 흥미를 주지 못한다. 이런 토대 위에서, 학습자가 글을 잘 쓰기 위해서 다양한 유형의 교재를 접하고 읽고 토의하여야 한다. 이런 활동들은 언어의 다른 기능 즉 듣기, 말하기, 읽기 등과 통합되는 것으로서 다음과 같이 제시될 수 있다.

Poems/Stories	**Descriptions**
Shape poems	Tickets
Alpahabet poems	Diaries
Cartoons	Riddles
Collaborative stories	Seed packets
Newspapers/Magazines	Food packets
Simple autobiographies	Advertisements
Passports	Posters
Plays/Dialogues	Invitations
	Descriptive letters
	Maps or plans + descriptions
Lists/Charts	**Instructions**
Shoppinig lists	How to play a game
Menus	Recipes
Things to take on holiday	How to make a model
Favourite sports	Letters with written directions
Famous people from different countries	Messages
	Notices

6 쓰기 활동의 유형

쓰기 활동 유형을 철자와 단어 수준의 쓰기를 제외한 문장 수준의 쓰기 활동에 한정하여 분류한다면 전적으로 교사의 통제를 받는 통제된 글쓰기, 교사의 전적인 통제보다는 유도에 의하여 어느 정도 학습자의 선택이 주어지는 유도 글쓰기, 그리고 교사로부터 독립되어 학습자의 완전 선택으로 이루어지는 자유로운 글쓰기로 나누어진다.

쓰기는 이처럼 교사에의 전적인 의존에서 벗어나 학습자의 독립으로 옮겨가는 과정이라 할 수 있으며, 쓰기를 지도할 때 교사는 이 과정이 원만하게 진행되도록 도와주어야 할 것이다.

(1) 통제 글쓰기(controlled writing)

초기 단계의 쓰기 활동은 교사의 완전한 통제 하에서 이루어진다. 이런 활동의 목적은 글을 쓰는 데 있어 학습자가 오류를 범하지 않고 쓰기에 자신감을 갖게 하는 것이다. 글을 쓰는 데 있어 학습자의 선택은 거의 주어지지 않으며 활동의 결과는 전적으로 교사의 의도대로 나타난다. 통제 글쓰기는 언어의 형태를 연습하고 익히는 것이기 때문에 자칫하면 내용을 고려하지 않는 의미 없는 기계적인 연습 활동으로 전락하기 쉽다. 그러나 비록 베껴 쓰는 글이라도 의미를 알고 생각하면서 쓰게 해야 흥미 있는 활동이 될 수 있다. 그러기 위해서는 쓰는 목적이 뚜렷해야 한다. 특히 초등학생들에게는 다음과 같이 특정한 과제나 활동을 수행하기 위해 글을 쓰게 하는 것이 효과적이다.

① 베껴 쓰기(copying)

보통 쓰기에서 가장 먼저 시도하는 베껴 쓰기는 알파벳이나 단어 및 문장의 형태를 익히기 위해 주로 제시된 모델을 보고 옮겨 적는 활동을 지칭한다. 아주 초기 단계에서는 보고 옮겨 적는 것도 쉽지 않기 때문에 흐릿한 선이나 점선을 주고 그 위에 덮어 쓰게 할 수도 있다. 베껴 쓰기를 할 때는 대체로 구두나 읽기를 통하여 익숙해져 있는 것을 제시함으로써 소리와 문자 관계를 익히게 한다. 그러므로 베껴 쓰기를 할 때에는 어느 정도 소리 내어 읽으면서 하는 것이 효과적이다.

생각을 하면서 글을 쓰게 하기 위하여 다음과 같은 문장을 주고 사실인 문장만을 베껴 쓰게 할 수 있다.

예

주어진 문장 중에서 내용이 사실인 문장만 옮겨 쓰세요.
① A dog has four legs.
② A bird has four legs.
③ A pig has a long neck.
④ A giraffe has a long neck.
⑤ A rabbit has a long nose.
⑥ An elephant has a long nose.
True sentences: ______________________
____
____
____

그러나 베껴 쓰기를 한다고 하여 한 번에 필요 이상으로 많은 과제를 부과하면 영어에 대한 흥미를 잃을 위험이 있다는 점도 유의해야 한다.

② 양식에 맞춰 옮겨 적기

편지와 같이 글은 종류(genre)에 따라 특정한 글쓰기 양식이 존재한다. 글쓰기에서는 언어의 형태를 익히는 것도 중요하지만 양식을 익히는 것도 중요하다. 글쓰기 양식을 준수하면서 독자에게 필자의 지적 수준을 간접적으로 알려줄 수 있을 뿐만 아니라 이런 양식 자체가 의미를 전달하는 경우도 많기 때문이다. 가령 주소 기재 방식을 준수하지 않으면 특정 주소를 한눈에 파악하기 어렵다. 교사는 틀에 박힌 양식과 함께 일련의 문장들을 제시하여 문장을 적절히 조직하여 옮겨 쓰도록 한다.

예 다음은 Kate가 Miami에서 Jane에서 쓰는 편지이다. 아래에 있는 문장을 편지 양식에 맞추어 적당한 위치에 옮겨 쓰세요.

163 Palmetto Dunes
Miami
June 15th, 1998

Dear Jane,

Miami is fantastic.

____

____

____

Yesterday

____

____

____

Tomorrow

____

____

____

Lovely,
Kate

We went to the cinema.	It's got beautiful beaches.
There are a lot of hotels and restaurants.	Then we went to a restaurant.
We're going to visit the famous aquarium.	We saw a very good film.
The water is green and warm.	

③ 그림에 설명 붙이기

여러 가지 문장을 제시하고 그림의 내용과 일치하는 문장만을 그림 밑에 옮겨 쓰게 한다.

This man is wearing a hat.
He's carrying a stick.
He's running.
He's smiling.

④ 재생하여 쓰기

학습자의 수준에 맞게 간단하고 짧은 문장을 칠판에 쓰고 잠깐 동안 주의 깊게 보게 하고 난 후에 지운 후 재생하여 쓰게 한다. 이런 활동은 그룹별로 경쟁을 시키면 기억력을 향상시키는 훈련에 효과적이다.

⑤ 짝 찾아 쓰기

속담이나 경구 및 간단한 문장들을 수집하여 각각을 전·후반으로 나누어 전반부의 것을 한데 모아 봉투에 담고 후반부를 모아 다른 봉투에 넣어 짝을 찾아 완전한 원래의 문장을 쓰게 한다. 그러나 문장이 너무 많아지면 어렵기 때문에 인원수에 따라 적절히 조절해야 하며 대체로 3~5명으로 된 조에 3~5문장이면 알맞을 것이다.

짝 찾아 쓰기가 끝나면 그림을 준비하여 해당 그림 밑에 붙이게 하여 문장의 의미를 이해시킨다. 이처럼 베껴 쓰면서도 생각 없이 기계적으로 베껴 쓰는 것이 아니라 베껴 써야 하는 이유를 제공해 주어 보다 흥미 있는 활동이 되도록 한다.

전반부	후반부
Look	a thousand words.
Kill two birds	and another man reaps.
Blood is thicker	before you leap.
One picture is worth	than water.
One man sows	with one stone.

⑥ 빈칸 메우기

글의 대부분이 주어지고 몇 단어를 빈칸으로 제시하여 이에 적합한 단어를 쓰게 한다. 학습자가 쓸 단어는 어느 정도 정해져 있지만, 교사는 단순히 기계적인 활동이 아니라 전체적인 글 이해를 요구하는 활동이 되도록 구성한다.

빈칸 메우기 활동은 학습자의 언어 수준에 따라 빈칸을 다양하게 만들 수 있으며, 학습 목표에 따라 소유격이나 전치사와 같은 특정 언어 사항을 빈칸으로 만들 수 있어 다양하게 활용될 수도 있다. 중요한 것은 어느 상황이든 무의미한 문장을 생성하게 하지는 말아야 한다는 사실이다.

예

This is (   ) house. I live here with (   ) family. (   ) mother and father are in the kitchen. They are eating (   ) breakfast. My brother is eating (   ) breakfast.

We like (   ) little house. It is not big, but it is just right for us!

단어: my, your, his, her, its, our, your, their

⑦ Running Dictation

어린 학습자는 한 곳에 가만히 앉아 있기 보다는 움직이기를 좋아한다. 이런 특성에 따라 한곳에 앉아서 부르는 것을 쓰게 하는 대신에 교실의 한 쪽 코너에 글을 붙여두고 그곳에 와서 본 뒤에 자기 자리로 돌아가서 암기하며 쓰게 하는 활동이다. 한 번에 완성하지 못하면 몇 번이라도 반복하여 왕복하면서 쓰게 한다.

이 경우에 그림과 문장을 분리하여 문장은 코너에 두고 그림은 개인이나 그룹별로 나누어 준 다음 그림에 설명을 쓰게 할 수도 있다. 물론 그림에 쓸 내용은 코너에 가서 보고 와야 한다.

예 다음 그림에 대한 설명을 쓰세요.

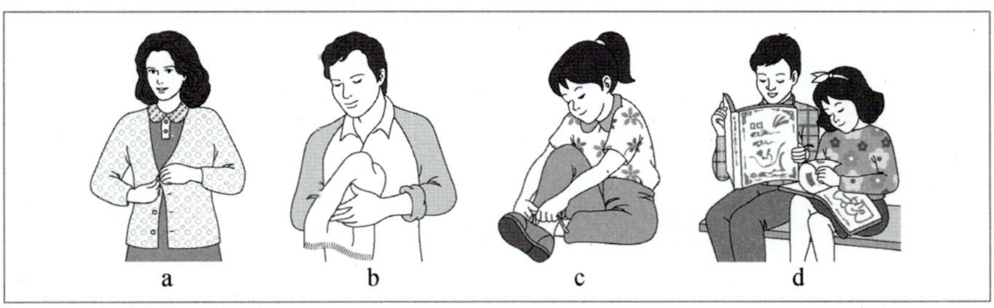

코너의 글 :

> Jane is tying her shoe.
> David is drying his hands.
> Sue is buttoning her sweater.
> Joe and Sandy are reading their books.

(2) 유도 글쓰기(guided writing)

유도 글쓰기는 교사의 통제를 받지만 학습자의 선택권도 어느 정도 주어지는 글쓰기 방식이다. 학습자가 쓰는 결과물이 완전 예상 가능하지는 않으나 이 역시 특정 언어 형태를 집중적으로 활용하게 된다. 이런 글쓰기는 자유 글쓰기로 가는 하나의 과정이다.

① Dictation

문장의 일부 주로 첫 부분만 받아쓰게 하고 나머지는 예시에서와 같이 학습자 스스로가 생각해서 문장을 완성하게 한다.

I like ______________________________.
I don't like ______________________________.
I hate ______________________________.
I love ______________________________.

이런 형태의 글쓰기는 학습자의 수준에 따라서 결과가 다양하게 나타날 수 있다. 초보적인 단계에서는 구체적인 명사, 즉 a dog, an apple 등을 쓰게 할 수도 있고, 초보의 윗단계에서는 'to swim, to sing' 등의 행위를 나타낼 수도 있다. 이런 활동의 핵심은 일부를 제시함으로써 학습자가 글을 쓸 내용을 제한해주는 것이다.

② 편지/카드/초대장 쓰기

이들 글은 특정 양식을 가지고 있을 뿐만 아니라, 뚜렷한 대상이 있어 문자를 통한 의사소통과 밀접히 연관된다. 특히 직접 영어로 말하기는 상대방이 있어야만 가능하지만, 편지나 카드 및 초대장을 쓰는 것은 그런 제약을 받지 않고 영어로 의사소통이 가능하다.

앞에서 언급하였던 글의 내용을 미리 주고 형식과 내용에 맞게 옮겨 적게 하는 통제 글쓰기도 가능하지만, 틀에 박힌 것을 주고 가변적인 내용을 상황에 맞게 직접 쓸 수도 있다. 다음 예는 초청장이다. 빈칸을 상황에 맞게 쓰게 하여 초청장을 전달한다. 앞의 언급에서처럼 실제로 학급에서 돌아가며 우편배달부를 정하여 일정 기간씩 돌아다니면서 편지를 전하게 하면 글쓰기를 더욱 활성화할 수 있다.

초대장 :

Dear ________________________,

Are you free on ____________________?

_____________________ going to the _________________

Would you like to come with ________________________?

Love

____

답장 :

Dear ________________________,

I'd love to go to the _______________ with you.

Thanks.

Love

____

③ 대조문 쓰기

서로 대조적인 그림을 주고 문장을 완성하게 한다.

예 다음 그림을 보고 문장을 완성해 보세요.

Kitty has a big doll.

Rossy has ____ ______________ ____________.

예 Bilgy is blowing bubbles.

Some are big and some ______ _________.

④ 표 보고 쓰기

표는 일상생활에서 많이 활용되는 것으로 핵심적인 정보만을 알기 쉽게 보여준다. 이런 의미에서, 표를 이해하고 해석하는 것은 매우 중요한 언어 기능이다. 이런 기능을 기르기 위하여 표를 보고 문장을 만드는 아래와 같은 활동을 해볼 수 있다.

예 1 다음 표를 보고 문장을 완성해 보세요.

My friend	
Name	Anne
Sex	girl
Age	10 years
Height	tall (1.3m)
Eye color	brown
Hair color	gold
Hobby	swim

I have a friend. Her name is _______ . She is ___________ old.

She is ____ and pretty. She has _____ eyes and ______ hair.

She likes to _________ .

예 2 취미가 무엇인가요? 스포츠를 좋아하세요? 게임을 좋아하세요? 다음에 있는 것을 적절한 위치에 옮겨 써보세요.

basketball, ice hockey, football, tennis, table tennis, photography, collecting matchboxes, collecting poststamps, drawing and painting, reading, skiing, swimming, making models, running, riding, playing the guitar

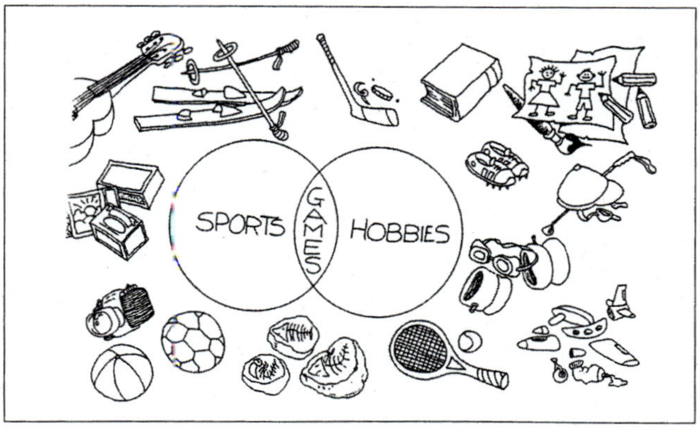

예 3 도형을 보고 예시문과 같이 문장을 만들어보세요.

예시) Football is a sport and it's a game, too.

1) Swimming is ______________________________.

2) Running is ______________________________.

3) Photography is ______________________________.

4) Riding is ______________________________.

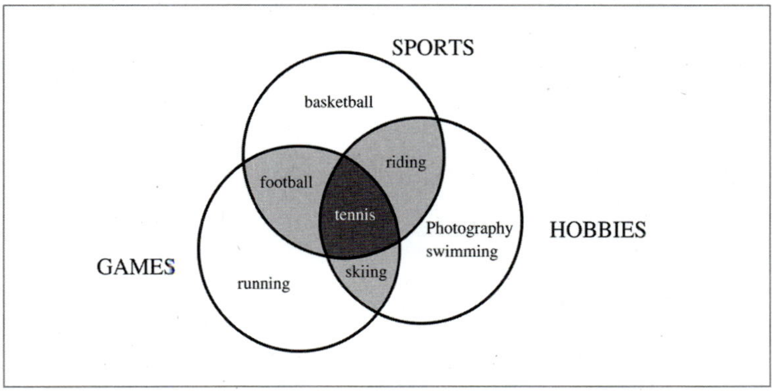

⑤ Simple poems(pattern poems)

어휘력을 높이고 언어를 창의적으로 사용할 기회를 주기 위해서 간단한 시를 쓰게 할 수도 있다. 이를 위해서는 학습자에게 친근한 주제를 주고 관련된 말을 모으게 한다. 이런 활동을 통해 형용사 + 명사 등과 같은 언어 간의 관계를 익힐 수 있다.

이를 위해 교사는 먼저 하나의 모델이 될 시를 칠판에 적고 소리 내어 학생들에게 읽어준다. 이런 후에 교사는 단어 간의 관계를 인식하게 하고 내용을 추가하도록 한다. 주제는 학습자에게 친근하고 구체적인 것으로 하고 언어 수준이 올라감에 따라 관심 있는 추상적인 것으로 옮겨 간다. 아래에 제시된 것처럼 먼저 주제에 대하여 생각해 낼 수 있는 단어를 끌어내고 이를 칠판에 품사별로 구분하여 적는다. 품사 간의 배열에 따른 예를 보이고 학습자가 단어를 이어서 말을 만들게 한다. 창의적인 언어 사용을 위한 분위기를 조성하기 위하여 조용한 음악을 틀어주면 더욱 효과적이다. 혼자가 어려우면 짝끼리나 그룹별로 독창적인 시를 적어서 전시할 수도 있다.

Summer : Hot days
Cold ice cream
Yellow sand
Blue water

⑥ 예시 따라 쓰기

모델이 되는 예시문을 주고 상황에 맞게 단어를 대체하여 새로운 문장을 만들게 한다. 이때 학습자는 글의 형태보다는 글의 내용을 생각하게 되며, 학습자의 언어 수준에 따라 도움이 될 어휘를 적절히 제공해 줄 수 있다.

예 예시문을 참조하여 다음 문장을 완성하세요. Hint의 단어를 이용해도 좋습니다.

예시) Crocodiles have big mouths and very long tails.

1) Tigers have ______________________________ .
2) Rabbits have ______________________________ .
3) Monkeys have ______________________________ .
4) Cats have ______________________________ .

Hint : teeth, ears, eyes, tails, mouths, very, big, long, strong

(3) 자유 글쓰기(free writing)

주로 글의 체제를 익히는 데 초점을 두는 통제 및 유도 글쓰기와 달리 자유 글쓰기는 학습자 자신의 의도에 따라 글을 쓰도록 한다. 여기서 교사가 학습자의 자유스런 표현을 격려하고 도와주는 것이 무엇보다 중요하다. 이런 류의 글쓰기는 단독으로 일어나는 활동이 아니라 지금까지 한 학습을 적용하고 정리하는 데 많이 활용된다. 예를 들어 일과(daily life)와 시간에 대한 학습을 한 후에는 학습자 자신에게 있었던 하루의 일과에 관해서 적어보게 할 수 있고, 가족에 대한 명칭을 학습한 후에는 자기의 가족에 관해 써보게 할 수 있다. 글의 양식도 일상생활에서 많이 접할 수 있는 우편엽서 쓰기, 초청 카드 쓰기, 광고문 쓰기, 편지 쓰기, 일기 쓰기, 이야기 쓰기 등 다양하게 쓸 수 있다.

자유 글쓰기에서는 글쓰기에 대한 교정 지도를 유념해야 한다. 글을 완전히 완성하고 나서 맞고 틀리고를 구분하는 것보다 학습자가 글을 쓰는 과정을 지켜보고 어휘 선정이나 문법적 오류를 학습자가 인지하게 하고 스스로 고칠 수 있게 하는 것이 바람직하다. 이 경우에도 중요한 것은 얼마나 의미 전달이 잘 되느냐의 유무이다. 따라서 모든 오류를 모두 고치게 하는 것이 아니라 의미 전달에 문제가 있는 중대한 오류만을 고치게 함으로써 학습자가 글쓰기에 자신감과 성취감을 갖게 해야 한다. 이렇게 하여 완성된 글을 제출하여 전시한다.

글은 최종적인 작품이 나오기까지 수차례 수정 보완하는 과정을 거치게 된다. 결코 한 번에 쓴 것으로 만족하게 하지 말고 자기가 전하고 싶은 의미가 충분하고 명확히 전달되었는가를 독자의 입장에 서서 읽어보고 수정하는 것을 게을리해서는 안 된다.

학습자가 쓴 최종 글을 쓴 날짜를 기재하여 포트폴리오로 만들면, 학습자 자신이나 교사가 글쓰기 능력이 얼마나 발전되었는가를 기록할 수 있다. 그러면 학습자는 자기의 향상에 고무되어 글쓰기에 자신감을 갖고 더욱 열심히 하게 될 것이다.

자유 글쓰기를 할 때 막연하게 글을 쓰게 하면 학습자는 무엇을 어떻게 써야 할지 모른다. 글을 쓰기 전에는 아이디어를 모으고 글을 쓸 수 있는 분위기를 만들어 주는 활동이 있어야 한다.

① 주제에 대해 써보기

초보 단계에서 무엇에 관해 쓸 것인지 생각한다. 그래서 "What did you do last night?"라는 질문에 가능한 여러 대답(watched TV, read a book 등)들을 칠판에 제시하면 학습자가 적절히 생각하여 쓸 수 있을 것이다.

② 어휘 차트

어휘 차트는 특정 주제나 관련된 어휘들을 일목요연하게 제시하는 차트이다. 초등학생에게는 상황과 관련된 그림과 함께 단어를 제시하는 그림 사전이 효과적이다. 그림사전은 학생들과 함께 만들 수 있다. 그룹별로 나누어 동물, 과일, 학용품, 교통수단 등 그들과 관련된 주제를 정하여 그림을 그리게 하고 그림 옆에 단어를 쓰게 한다. 그리고 학습자가 글을 쓸 때에는 이 그림 사전을 이용하게 하면 쉽게 글을 쓸 수가 있다. 다음의 그림은 식탁에 대한 것으로 여러 가지 식사 도구와 먹을 것을 제시하였다. 비슷한 활동으로 컴퓨터를 활용하여 협동 결과물로 제작하는 것도 가능하다.

③ 어휘망

자유 글쓰기에서는 무엇을 쓸 것인가 하는 내용 전개가 중요하며 관련 어휘를 잘 알아야 한다. 아래와 같은 어휘망을 다 함께 작성해 보면 도움이 될 것이다. 먼저 중심 단어를 한 가운데에 쓴다. 애완동물로 'mouse'에 관해 쓴다면 생쥐의 습성, 모습 등과 관련된 어휘를 학습자로부터 끌어내서 적는다. 영어 단어를 모를 때는 우리말로 말하게 하여 영어로 대체하거나 인터넷을 검색해 보도록 한다. 주요 어휘 중 빠진 것이 있으면 교사가 추가해 준다. 이렇게 필요한 단어가 제시되어 있을 때 학습자는 글의 내용을 생각하면서 용이하게 쓸 수가 있다. 이 활동 또한 전자기기를 활용하여 실시간협동 작업을 한다면 학생들의 흥미를 끌면서도 작성 및 공유 면에서 더욱 편리할 수 있다.

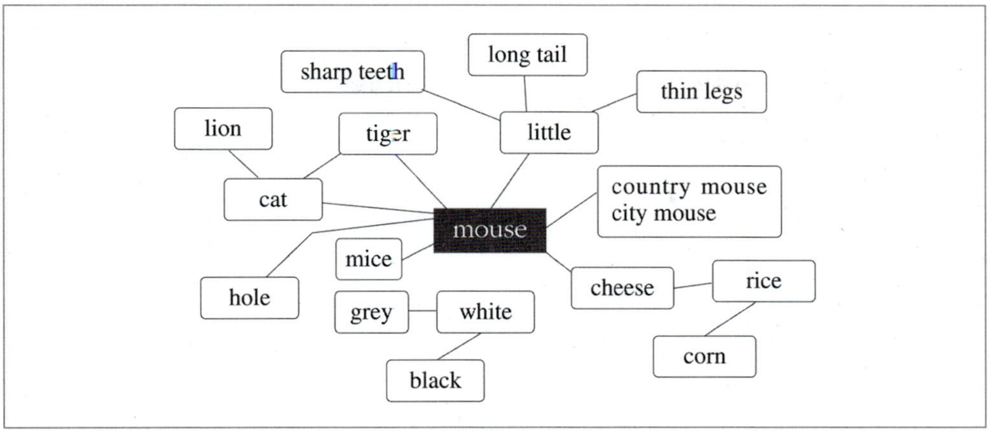

(4) 쓰기 수업 지도

쓰기 수업 지도는 가능한 한 목적이 있고 맥락 속에서 이루어져야 한다. 왜 글을 쓰는지 학생들이 알고 있어야 하며 또 그 목적에 따라서 쓰는 방법도 달라져야 한다. 처음에는 교사의 완전 통제 하에서 제한된 단어와 구조를 사용하여 쓰게 하다가 점차적으로 선택의 기회를 줌으로써 유도 작문과 자유 작문으로 나가게 한다. 또한 듣기, 말하기, 읽기 활동 다음에 제시하여 써야 하는 어휘에 대한 부담을 줄여준다.

자유 작문에서는 다양한 글에 접하게 하고 학생들이 관심 있는 주제를 선정하여 그들의 생활과 관련 있는 글을 쓰도록 한다. 다음은 'vegetables'에 대한 수수께끼를 쓰는 지도 과정이다.

예 ① 주요 단어와 구조를 가르친다.

- names of vegetables, parts of plants
- This is a vegetable.
- Do we eat the leaves of a carrot? Yes, we do. / No, we don't.

② 질문을 위한 표 등을 그려서 틀을 제시한다.

	root	leaves	seeds
carrot	V	×	×
tomato	×	×	V
turnip	V	×	×
lettuce	×	V	×

③ 짝 활동으로 ②의 표를 보고 묻고 답하는 연습을 한다.

Do we eat the root of a carrot? Yes, we do. / No, we don't.

④ 쓰기 모델을 제공한다.

Riddle: We eat the seeds but not the root. What is it?

Response: Is it a tomato?

Response: Yes, it is. / No, it isn't.

⑤ 짝을 지어 여러 가지 수수께끼를 쓰게 한다. 원하면 야채의 이름을 더 추가할 수도 있다.

⑥ 각자가 만든 것을 점검한다. 철자와 구두점, 어순 등을 점검하고 잘못을 고쳐준다. 공통적으로 범하는 잘못이나 중요한 것은 전체에게 알려준다.

3 제시하기 지도

1 제시하기의 특성

현대 사회의 언어 사용을 이해와 표현으로 양분하고 이를 모드에 따라 듣기와 읽기, 그리고 말하기와 쓰기 등으로 분류하는 것은 너무 단순하다. 학습자가 자신의 생각, 느낌, 의견 등을 전달할 때는 다양한 방식과 매체를 활용할 수 있으며 각각의 특성에 따라 수반되는 행위는 단일 모드로 규정될 수 없기 때문이다. 예를 들면 자신의 생각을 전달할 때 그림이나 영상을 활용할 수도 있고, 이러한 자료에 대한 설명은 문자와 음성을 동시에 활용하여 전달될 수 있는 것이다.

초등 영어 교육은 다중 모드의 디지털 텍스트와 첨단기술을 활용한 소통 등 넓어진 언어 사용 양식을 이해하고 효과적으로 활용할 수 있도록 교육할 필요가 있다(Anstey & Bull, 2006; Kress & Jewitt, 2003). 이를 반영하여 2022년 개정 교과과정에서부터는 표현하기에서 제시하기를 추가되었다. 제시하기는 다음과 같이 정의할 수 있다(Singapore MOE, 2020).

The active process of applying skills and strategies to present facts, ideas and points of view through a variety of texts with linguistic, visual, gestural, audio and spatial semiotic features.

즉, 언어적 기술과 비언어적 기술을 결합하고 인쇄물과 비인쇄물 자료를 함께 사용하고, 정보, 미디어, 시각적 문해력 등을 결합하여 학생들이 21세기에 사회적으로 요구되는 역량을 갖출 수 있도록 하는 것이다. 제시하기의 특성은 다음과 같이 제시할 수 있다(Mayer, 2005).

(1) 다중 모드(multi-mode)

그림, 글자, 영상 등 다양한 표현기법을 이해하고 적절히 결합하여 정보를 조직할 수 있어야 한다. 예를 들어, 발표 시 어려운 내용을 단순화하기 위해 그림을 활용하고 키워드는 글자로 표현하는 것 등이 이에 해당할 수 있다.

(2) 시공간적 틀(contextual link)

정보를 형성하기 위해 다양한 요소를 시간/공간적인 틀(contextual link)로 해석하고 적절히 배치할 수 있어야 한다. 예를 들어 발표하고자 하는 사례를 소제목으로 맞춰 분류하고 인지적으로 무리가 가지 않게 연관성을 유지하도록 순차적으로 제시하는 것을 생각해 볼 수 있다.

(3) 다양한 모드의 활용 가능성(affordances of mode)

다양한 모드의 활용 가능성을 이해하고 목적에 맞게 적절히 사용한다. 예를 들어 발표 환경상 영상을 상영하기에는 무리가 있어 순차적으로 그림을 제시하고 장면별로 나누어 설명하는 것이다.

(4) 디지털 기능성(digital functionality)

디지털 자료에서 필요한 내용을 찾아내어 자신의 생각이나 의견을 표현할 수 있다. 예를 들어, 자신이 찾는 단어를 사전에서 찾아서 활용하거나 필요한 정보를 검색해서 발표 자료를 보강하는 것이다.

2 제시하기 과정

제시하기에는 의도가 존재하며 이 목적은 단계와 절차를 따라 구체화될 때 효과적으로 달성할 수 있다. 특히 초급 영어학습자일수록 비언어적인 부분에 먼저 집중하여 큰 흐름을 정한 후 언어적인 요소를 입히는 것이 더욱 효과적이다. 이러한 측면에서 제시하기는 초등영어 학습자에게 더욱 적합한 표현하기 활동이다. 여기서는 학생들이 자신의 생각을 발전시키고 표현하기 위해 여러 가지 표현방법을 개발하고 활용하는 제시하기 과정과 각 과정에서의 지도 방안을 제시한다.

(1) 계획 단계

교사는 학생들이 자신들이 할 발표에 대해 이해하고 그 내용을 준비할 수 있도록 한다. 구체적으로는 학생들이 본인의 관심에 따라 주제를 정하고 발표의 목적이나 청중의 특성에 대해 생각해보도록 한다. 또한 브레인스토밍, 질문, 그래픽 도식자, 스토리보드, 회의, 분류하기, 그물망, 토론하기, 정보 검색 등 다양한 활동 중 선택하여 자신이 발표할 내용이 무엇인지 이끌어 낸다.

학생들이 주제에 대한 지식이 부족할 경우 인터넷이나 다른 보조매체를 활용하여 추가적인 정보 또한 검색하여 보강하도록 할 수 있다. 이렇게 찾은 내용 중 핵심을 파악하여 집중하도록 하고 이를 중심으로 발표계획을 확장해나가도록 한다. 동시에 각 단계에서의 전달에 효과적인 다양한 미디어와 보조자료를 선정하도록 하는데 이때 자료가 한 가지 모드일 필요는 없으며 여러 장치를 동시에 사용하는 것도 가능함을 지도한다. 마지막으로 구체적인 개발 전 본인의 구상을 한 번 더 도식을 통해 정리해 본다.

또한 교사는 명확한 질문을 제시하여 학생들이 자신의 목적, 청중, 생각 등을 명확히 파악해 볼 수 있도록 한다. 이와 관련하여 학생들에게는 다음과 같은 질문을 할 수 있다.

① 나의 목적은 무엇인가? 나의 청중은 누구인가?
② 내가 전달하고자 하는 생각이나 메시지는 무엇인가?
③ 어떤 매체를 사용하는 것이 내 생각을 전달하는 데 도움이 될까?
(예 구두, 인쇄물 등)
④ 어떻게 하면 이런 방식의 제시하기가 더욱 명확해질 수 있을까?
(예 이미지 추가, 소리나 사물 활용, 움직임 활용, 음악 삽입 등)

Santa(1988)의 RAFTS 또한 계획 단계에서 유용하게 활용할 수 있다.

R - the **role** the students will assume
A - the intended **audience** students are addressing
F - the **format** of the presentation
T - the **topic** or subject of the presentation
S - the **strong** verbs (or key words) that give the students their purpose and tone for their presentation

이러한 질문에 답을 함으로써 학생들은 바로 다음 구상단계에 대한 준비를 할 수 있으며 보다 명확한 이해를 가지고 준비함으로써 자신감을 키우게 된다.

(2) 구상 단계

구상 단계에서 학생들은 자신의 생각을 적절히 배열하여 역동적인 도입, 논리적인 흐름의 전개, 강력한 마무리로 이루어지도록 한다. 이 단계는 흐름을 정리하는 것으로 시작한다. 특히 이러한 흐름은 언어적인 요소뿐만 아니라 시각적 자료에 대한 활용까지 포함한다. 초급 학습자일수록 시각적 자료를 잘 활용함으로써 발표의 전달력을 높일 수 있다. 마인드맵, 스토리맵, 개요, 의사결정 틀, 스토리 보드 등 다양한 도식자들을 활용하는 것은 학생들이 지식을 구조화하고 분류하며 암기하고 자신이 배운 것을 다른 사람들에게 전달하게 하는 데 효과적이다(Heryle, 1996).

특히 학생들이 말로 자신의 생각을 전달하는 데 어려움을 겪는다면 이러한 자료가 큰 도움이 될 수 있다. 연구에 따르면 사람들은 언어적 자료보다 시각적 자료를 더 효과적으로 처리하며 시각으로만 정보의 75~80% 정도 습득하게 된다(Markel, 1998). 또한 시각 및 도식 자료는 38% 이상의 기억을 지속하는 데 도움을 주는 것으로 보고된다(Goldsborough, 1998). 정보 도식자는 정보를 더욱 명확하고, 정확하며, 효과적으로 전달하는 데 도움이 된다. 수업시간에 활용할 수 있는 유용한 정보 도식자는 다음과 같이 정리해 볼 수 있다.

유형	목적
다이어그램 (예 벤다이어그램, 나무구조, 척도 등)	내용의 구성 또는 작동원리 제시
기타 일러스트레이션 (예 그림, 콜라주, 포스터, 사진 등)	아이디어 표현
차트 (예 흐름 차트, 표, 타임라인 등)	사실이나 아이디어의 구성/배열 표현
그래프 (예 막대, 선, 원, 파이 그래프 등)	사실 간 관계 제시
지도 (예 조감도, 척도지도, 길이나 장소 지도 등)	공간적인 관계 또는 거리 제시
3D (예 춤, 마임, 롤플레이 등)	아이디어 묘사

또한 구상단계에서는 이해의 어려움이 예상되는 부분이 있는지 미리 점검하고 이러한 어려움을 해결하고자 내용을 변경하거나 명료화하는 방안, 또는 보조자료를 이용하는 방안 등을 비교하여 반영한다.

(3) 연습 및 수정 단계

쓰기에서 초고를 작성한 후 수정 및 편집하는 단계가 있듯이 제시하기에서는 연습 후 수정하는 단계를 갖는 것이 효과적이다. 학생들은 자신이 구상한 내용을 실제로 연습해 보고 수정할 부분과 개선 방안을 찾을 수 있다. 특히 말하기가 수반된다면 녹음이나 녹화를 통해 자신의 수행을 객관화하여 살펴보는 것이 필요하다. 이 과정에서 학생들은 다음의 내용을 점검해 볼 수 있다.

① 발음, 텍스트, 그림 등이 정확하고 명확한가?
- 발음이 정확하고 목소리가 충분히 큰가?
- 텍스트의 크기, 색깔, 배열이 통일감이 있고 쉽게 이해할 수 있나?
- 그림, 영상, 소리 등의 보조자료 제시 및 재생에 문제가 없는가?
- 그림, 영상, 소리 등의 보조자료의 크기, 배열, 순서 등이 적절한가?

② 흐름상 비약이나 중첩이 있지 않은가?
③ 내용이 논리적으로 조직되었는가?
④ 사용된 보조자료가 내용의 전달력을 높이는가?
⑤ 전달력을 높이기 위해 추가하거나 삭제할 자료가 있는가?

(4) 제시하기

이 활동은 현실적인 제약과 활동의 목적에 따라 실시간 또는 비실시간 어느 쪽이든 가능하다. 실시간으로 활동이 진행된다면 학생들이 제시하기를 하면서 청중들의 반응을 수시로 살피며 자신의 발표의 장단점을 파악하도록 한다. 비실시간으로 발표가 이루어진다면 청중들에게 발표에 대한 소감을 받아서 이후 성찰 및 재수정을 위한 자료로 사용하도록 한다.

제 3 부

초등영어 요소 지도

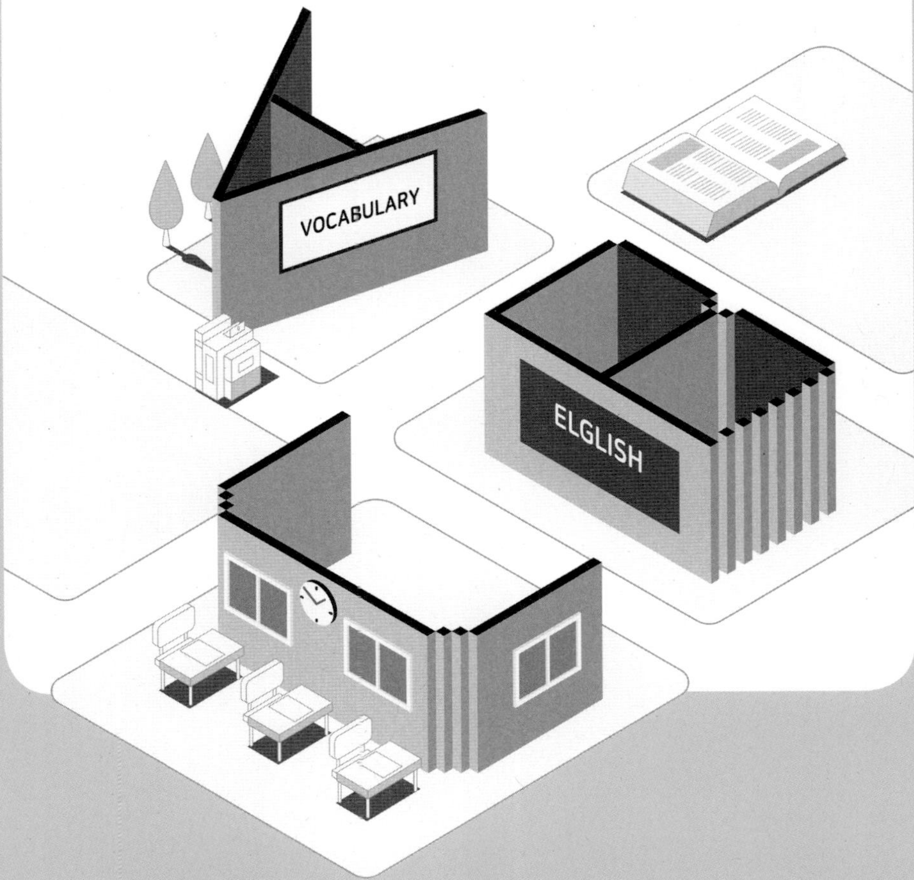

제 7 장
어휘 지도

1. 어휘 학습의 중요성
2. 어휘의 선정 기준
3. 어휘 지식의 구성 요소
4. 어휘 지도법
5. 사전의 이용

의국어로 자신의 의도를 표현하고 원어민 화자들의 말을 이해하기 위해서 어휘 지식은 필수적인 것이다. 실제로 대부분의 외국어교육 프로그램의 중요한 교육 목표 중 하나가 학습자들이 유용한 어휘를 습득하도록 지도하는 것이다. 이에 따라 대부분의 외국어교육용 교재는 매 단원마다 새로운 어휘를 소개하고 그 어휘들의 의미와 사용법을 밝히며 학생들이 그 어휘들을 익히도록 연습시키고 있다. 이 장에서는 어휘 학습과 관련된 여러 문제들에 관해 기술한 다음에 효과적인 어휘 제시 방법 및 어휘 학습 방법에 대해 살펴보도록 한다.

1 어휘 학습의 중요성

어휘 학습의 중요성은 Wilkins(1972: 111)의 다음과 같은 말에서 그 핵심을 찾아볼 수 있다: "While without grammar very little can be conveyed, without vocabulary nothing can be conveyed." 의사소통하기 위해서는 무엇보다도 어휘를 알고 있어야 함을 강조한 Wilkins의 말은 의사소통에 있어 어휘가 차지하는 비중을 단적으로 보여준다. 문법이 언어의 뼈대를 구성하고 있다고 한다면 어휘는 언어를 완성시키는 살과 내장기관에 해당된다. 물론 문법 구조를 제대로 알고 사용할 줄 아는 능력은 외국어로 의사소통하는 데 있어 중요한 역할을 한다. 문법적 지식은 우리가 다양한 문장들을 생성해 내도록 해 주기 때문이다. 그러나 외국어로 자신의 의도를 전달하는 데 있어 어휘 지식은 문법 지식 이상으로 중요하다. 우리가 표현하고자 하는 의미를 나타내는 어휘들을 알고 있지 못하다면 의사소통은 이루어질 수 없으며 외국어 화자들의 발화를 이해할 수도 없을 것이기 때문이다.

영어 모국어 화자들과 의사소통할 때 우리는 문법적으로 결함이 있는 문장을 말하거나 의사소통 능력의 한계 때문에 완전한 문장을 말하지 못하고 단어만을 말하게 되는 경우를 접하게 된다. 이러한 경우에 상당수는 의사소통의 단절 없이 그대로 이해되는 것을 볼 수 있다. 예를 들어, 'I saw him yesterday.'라는 문장 대신 시제가 틀린 'I see him yesterday.'라는 문장을 말했다 하더라도 영어 모국어 화자들은 'yesterday'라는 단어로 미루어 과거에 일어난 일임을 추측하고 이 문장의 의미를 화자가 의도한 대로 이해하게 될 것이다. 또한 가게에서 물건을 산다고 할 때 'I'd like to buy a bottle of milk.'라는 문장 대신에 'milk'라고만 하더라도 점원은 이해하는 데 큰 어려움 없이 우유를 내어줄 것이다. 그러므로 유용한 어휘 지식은 기초적인 의사소통의 기본이 된다고 할 수 있으며, 특히 초등학교 학생들과 같이 영어의 초보 단계에 있는 학생들에게 필수적인 영어의 어휘를 익히도록 지도하는 것은 초등영어교육에 있어 매우 중요한 부분을 차지한다.

이처럼 어휘 학습이 외국어교육에 있어 중요함에도 불구하고, 한 동안 어휘 지도는 외국어 교육과정에서 거의 무시되어 왔다. 문법 번역식 교수법(Grammar-Translation Method)이 성행했던 19세기 후반에서 20세기 초반까지는 문법과 어휘 둘 다에 교수의 초점이 주어졌으나, 청화식 교수법(Audiolingual Method)이 유행했던 20세기 중반

경부터 어휘는 외국어교육에 있어 별로 중요하지 않은 부분으로 간주되었다. 교사는 우선적으로 기본적인 문법 유형들을 가르쳐야 하고, 학생들은 기본 문형들을 내재화시키게 되면 어휘는 저절로 습득된다고 생각하였다. 당시의 저명한 언어학자였던 Hockett(1958)는 어휘가 외국어 학습에서 가장 쉬운 부분이기에 교실에서 가르칠 필요가 거의 없는 부분이라고 주장하기도 하였다. 그러나 1970년대 이후 의사소통적 접근법(Communicative Approach)과 자연적 접근법(Natural Approach)이 언어 학습에서 주도적 역할을 하게 됨에 따라 외국어교육에서 어휘의 위치는 새롭게 평가되었다. 이러한 언어 교수법들은 외국어 학습 초기 단계에서는 문법보다는 어휘 중심으로 가르쳐야 함을 주장하였기 때문이다. Rivers(1983)는 외국어를 성공적으로 사용하려면 적절한 어휘의 습득이 필수적이라고 주장하며 어휘에 대해서는 외국어의 다른 요소, 즉 발음·구문 등과 달리 나이가 들어도 학습 능력이 감퇴되지 않고 오히려 어휘력이 발달함에 따라 새로운 어휘의 습득이 더 용이해진다는 점을 강조하였다.

오늘날에는 외국어습득에 있어 풍부한 어휘의 발달이 중요한 요소가 된다는 것을 부인하는 사람은 없을 것이다. 현재 사용되고 있는 교재들은 내용 구성에 있어 의사소통 기능과 통사적 형식뿐만 아니라 어휘를 고려하여 만들어지는 경우가 대부분이다. 그러면 어떤 기준으로 어휘를 선정하고 어떤 순서로 어휘를 제시해야 할 것인가? 아마도 이 문제는 교재 집필자나 교육과정 개발자들에게 가장 핵심적일 것이다.

2 어휘의 선정 기준

외국어를 가르칠 때 가르칠 어휘를 어떤 기준으로 선정해야 하는가의 문제를 살펴보기 전에 얼마나 많은 단어를 가르쳐야 하는가의 문제에 대해 먼저 생각해 보아야 한다. 일반적으로 모국어 화자들은 상당한 어휘력을 갖추고 있다. 교육받은 원어민 성인의 경우, 약 20,000개의 어휘를 알고 있다(Nation, 2001). 그러나 언어 입력 노출 기회가 적은 환경적 제약으로 인해 외국어 학습자가 이에 상당하는 어휘력을 보유하기는 거의 불가능할 뿐 아니라 그럴 필요도 없을 것이다. 왜냐하면 외국어 학습자는 이보다 훨씬 적은 수의 어휘로도 자신의 의사소통 욕구를 충족시킬 수 있기 때문이다.

외국어 학습자들의 목표 어휘 수는 학습 목적 및 언어 기능에 따라 달라진다. 가장 유명한 어휘 목록, General Service List of English Words(West, 1953)는 자주 사용되는 어휘 2,000개를 제시하였으며, 오랫동안 유용한 목록으로 인정받아 왔다. 하지만 대학교육과 같은 학문적 목적일 경우, 이보다 더 많은 어휘가 필요하며 Academic Word Lists(Coxhead, 2000; Nation, 1990)는 1,000개의 어휘를 더 추가하였다. 언어 기능에 있어서는 문어(written language)가 구어(oral language)에 비해 더 다양하고 풍부한 어휘를 사용하기 때문에 더 많은 어휘 습득이 필요하다. 외국어 학습자가 구어에서 6,000~7,000개, 문어에서 8,000~9,000개 어휘를 알고 있다면 새로운 어휘의 의미도 충분히 유추할 수 있다(Nation, 2006).

초등학교 영어교육의 목표는 학생들의 기초적인 의사소통 능력을 길러 주는 것이므로, 학생들에게 부담이 되는 너무 많은 어휘를 가르치려 하기보다는 유용한 어휘를 가르치고 이를 적절하게 사용하여 기초적인 영어를 이해하고 표현할 수 있도록 지도하는 것이 바람직하다. 외국어 학습자가 습득할 수 있는 어휘 수가 모국어 화자가 알고 있는 어휘 수에 비해 매우 적다고 한다면, 그중 어떤 어휘를 선정해서 가르쳐야 하는가? 아래에서는 올바른 어휘 선정의 기준에 대해 알아보도록 한다.

1 빈도(frequency)

빈도는 어떤 단어가 문어 또는 구어에서 그 언어의 모국어 화자에 의해 얼마나 자주 사용되는가를 나타내는 것으로서 오랫동안 어휘 선정에 있어 가장 중요한 기준으로 간주되어 왔다. 일찍이 West(1953)는 신문, 책 등에서 사용되는 어휘 빈도를 조사한 후, 고빈도 어휘 2,000개를 선정하여 외국어 학습자들에게 제안하였다. 외국어 학습자가 소량이라도 고빈도 어휘를 알고 있다면 영어 텍스트를 이해하는 데 도움이 된다.

이후 컴퓨터 기술이 발달되면서 코퍼스(corpus)라는 방대한 어휘 데이터를 활용한 빈도 산출이 가능하게 되었다. 코퍼스는 구어, 문어, 아동, 성인, 특수 목적 등 다양한 종류가 있으며, 빈도를 계산할 때 목표 어휘가 무엇에 중점을 두느냐를 고려해야 한다. 예를 들면, '말하기' 또는 '듣기' 과목을 위한 어휘를 선정하고자 한다면 구어 자료로부터 빈도를 측정하여야 할 것이며, '읽기' 또는 '쓰기'의 경우라면 문어 자료로부터 빈도를 측정하여야 할 것이다. 또한 코퍼스는 다양한 소프트웨어를 활용하여 동일한 의미를 가진 어휘의 품사별 빈도를 측정할 수 있으며, 모국어 화자들이 실제로 가장 많이 사용하는 단어의 배합(collocation) 관계도 파악할 수 있다.

코퍼스 활용 빈도 산출 방법은 최근 영어교육 교재 및 교육과정에 많이 사용되고 있다. 우리나라 영어과 교육과정의 기본 어휘 목록은 빈도를 주요 선정 기준 중 하나로 적용하고 있으며, 미국, 영국, 호주, 뉴질랜드의 구어 및 문어 등 다양한 코퍼스를 하나의 데이터베이스로 구축한 후, 빈도수를 서로 비교·대조함으로써 상위 빈도 어휘들을 추출하였다.

이상에서 살펴본 바와 같이, 빈도는 어휘 선정에 있어 가장 영향력 있는 기준이라고 할 수 있다. 그러나 어휘 선정이 빈도만을 기준으로 이루어질 수는 없는 것이며 그 밖의 다른 기준 또한 고려하여야 할 것이다. 여러 기준들이 서로 상충될 때도 있을 것이므로, 경우에 따라서는 균형 있고 타당한 어휘 선정을 하기 위해 상당한 지혜가 요구되기도 한다.

2 범위(range)

범위는 어떤 단어가 쓰이는 문맥이 얼마나 다양한가의 문제와 관련된다. 예를 들어 permit이라는 단어는 비교적 공식적인 상황에 한정하여 자주 쓰이는 반면 let은 다양한 문맥에서 광범위하게 쓰인다. 제한된 구어 또는 문어 자료에 쓰이는 단어보다는 다양한 구어 또는 문어 자료에 쓰이는 더 선정할 가치가 높으므로 일반적으로 초등영어에서는 permit보다 let이 우선적으로 제시된다.

3 이용도(availability)

이용도는 어떤 단어의 상황적 유용성을 일컫는 것이며, 구체적으로 어떤 단어가 주어진 상황에서 얼마나 필요한가와 관련된다. 예를 들어, 'blackboard'나 'desk'와 같은 단어는 일반적 상황에서의 빈도는 다소 떨어진다고 하더라도 교실 상황에서는 매우 흔하게 쓰이는 단어가 될 것이다. 이 경우, 이러한 단어들은 학생들이 배워야 할 목표 어휘 목록에 포함하는 것이 좋다. '이용도'는 종종 '상황적 빈도'라고도 일컬어지며, 어휘 선정에 있어 '빈도'라는 기준을 보완해 줄 수 있는 중요한 기준이 된다.

4 적용 범위(coverage)

적용 범위는 어떤 단어가 얼마나 포괄적으로 다양한 것들을 나타내는 데 쓰일 수 있느냐의 문제와 관련된다. 예를 들어, 'bag'이라는 단어는 'suitcase', 'valise', 'handbag', 'sack' 등의 의미를 포함하며 이들 대신에 쓰일 수 있으므로 이러한 단어들보다 적용 범위가 더 넓다고 할 수 있다. '적용 범위'는 또한 어떤 단어가 다른 단어와 결합하여 다른 의미를 얼마나 만들어 낼 수 있는가와도 관련된다. 이러한 관점에서 볼 때, 'book'이라는 단어는 'notebook', 'exercise book', 'textbook'과 같은 단어들보다 적용 범위가 넓다고 할 수 있으며, 'get'과 같은 동사도 여러 단어들과 결합하여 다양한 의미를 만들어 낸다는 점에서 적용 범위가 넓은 대표적 단어 중의 하나로 볼 수 있다.

5 친밀도(familiarity)

친밀도란 화자들이 어떤 단어에 대해 얼마나 친숙하게 느끼고 있는가를 나타내는 것이다. 친밀도는 학습자의 나이, 환경 등에 따라 달라질 수 있으므로, 어휘 목록 개발 시 이러한 특성을 고려할 필요가 있다. 예를 들면, 'elephant'라는 단어는 철자가 길고 복잡하지만, 어린이 학습자에게는 친숙한 어휘라고 할 수 있다.

6 학습 용이도(learnability)

학습 용이도란 단어들이 얼마나 쉽게 학습될 수 있는가를 일컫는다. 학습자들은 낮은 빈도의 구체적 의미를 가진 단어보다 높은 빈도의 추상적 의미를 가진 단어를 학습할 때 더 어려움을 느낀다.

위에서 살펴본 여러 기준을 바탕으로 어휘 선정 절차를 거치게 되면 가장 기본적이고 핵심적인 어휘 목록을 얻게 된다. 외국어 학습자들은 우선 이와 같은 기본 어휘들을 반드시 학습해야 할 것이다. 학습자들의 어휘력이 향상됨에 따라 점차 학습자의 흥미와 요구를 반영하는 어휘 확장을 시도할 수 있다. 예를 들어, 학습자가 과학 기술과 관련된 어휘 지식을 필요로 한다면 이를 반영하는 어휘 지도를 해야 할 것이다.

초등영어 교육과정은 초등학교에서 이수해야 할 기본 어휘 목록을 제시하고 있으므로 교사 스스로 어휘를 선정할 필요는 없다. 그러나 앞서 지적한 바와 같이, 이러한 어휘 목록에 지나치게 제한될 필요는 없으며 학습 과정상 필요하다고 생각되는 어휘는 위에서 제시한 기준에 비추어 볼 때 합당하다고 판단될 경우 교사의 재량으로 제시하고 지도하여도 무방하다.

3 어휘 지식의 구성 요소

영어 모국어 화자들은 과연 어휘의 어떤 면에 대해 알고 있는 것일까? 어휘 지식이란 어떤 지식을 포함하는 것인지 아래와 같이 구분하여 살펴볼 수 있다.

1 의미(meaning)

모국어 화자들은 자신의 모국어에 존재하는 단어들이 무엇을 의미하는지 알고 있다. 예를 들어, 'book'이라는 단어가 사람들이 읽을 수 있도록 인쇄된 쪽들을 모아 겉표지와 함께 묶어 놓은 물건을 가리킨다는 것을 알고 있다는 것이다. 그러나 한 단어가 한 가지 뜻만을 갖고 있는 것은 아니다. 상당수의 영어 단어는 한 가지 이상의 뜻을 갖고 있는데, 예를 들어, 방금 살펴본 'book'이라는 단어의 경우, 명사뿐만 아니라 동사로도 흔히 사용되며 뜻도 열 개 이상이 되는 것을 알 수 있다. 그러므로 한 단어가 어떤 의미로 사용되고 있는지 파악하기 위해서는 단어가 사용되는 맥락을 보아야만 한다. 예를 들어, 만약 어떤 사람이 극장 매표소 앞에서 종업원에게 항의하며 'But I booked my tickets three weeks ago.'라는 문장을 말하였다고 한다면 이때 'book'의 의미는 '예약하다'가 될 것이고, 경찰관이 속도위반한 사람을 기록부에 기록하며 'We booked him for speeding.'이라고 동료에게 말하였다면 이때 'book'의 의미는 '명부에 기입하다'가 될 것이다. 맥락 속에서 단어의 의미를 이해하는 능력은 모국어 화자들이 갖고 있는 어휘 지식 중의 일부이며 외국어 학습자들이 학습해야 할 어휘 지식에 속한다.

또한, 한국어는 유생성(animacity)이라 불리는 생명체적 속성 여부에 따라 동일한 의미라도 어휘를 다르게 사용하지만, 영어는 유생성을 별도로 구분하지 않는다. 가령 'a poor boy / a poor soil'을 살펴보면, 한국어에서는 생명체/무생명체에 따라 각각 '가난한' 소년 / '척박한' 토양으로 다르게 사용되는 반면, 영어에서는 '빈약 · 부족'의 의미로 생명체 · 무생명체에 'poor'가 동일하게 사용된다.

이와 더불어 외국어 학습자들은 영어 단어간에 존재하는 의미 관계(sense relations)를 이해할 필요가 있다. 예를 들어, 'vegetable'이라는 단어는 'carrot', 'cabbage', 'potato'를 포함하는 포괄적인 단어이며 'bad'의 반의어는 'good', 동의어는 'evil'이라는 것 등을 알고 있어야 한다는 것이다.

2 단어 사용(word use)

단어의 의미는 어떻게 단어가 사용되느냐에 의해 변하기도 하고 확장되기도 하며 제한되기도 한다. 단어의 의미는 종종 은유(metaphor)적으로 쓰이거나 숙어(idioms)로 사용되면서 확장된다. 예를 들어, 원래 'hiss'라는 단어는 뱀이 내는 소리를 나타내기 위해 쓰이는 단어였으나, 그 의미가 확장되어 사람들이 서로에게 말하는 방식을 묘사하기 위해서 쓰이게 되었다(예 "Don't move. Or you're dead," she hissed.). 이것은 은유에 의한 확장이라 할 수 있다. 또한, 영어에서 믿을 수 없는 사람을 'snake'라고 부르곤 하는데, 예를 들어, 'He's a real snake in the grass.'라는 문장에서 'snake in the grass'라는 표현은 'raining cats and dogs'와 마찬가지로 숙어적 표현으로 사용된다.

영어 모국어 화자들은 단어들이 서로 결합하는 방식에 대해 알고 있다. 이를 단어의 배합(collocation)이라 부르는데, 예를 들어, 'sprained'라는 단어의 경우, 'sprained ankle', 'sprained wrist'라는 표현은 사용해도 'sprained thigh' 또는 'sprained rib'이라는 표현은 사용하지 않으며, 'strong tea'라는 표현은 있어도 'powerful tea'라는 표현은 영어에 존재하지 않는다. 어떤 단어들이 서로 어울려 나타나고 어떤 단어들이 좀처럼 같이 쓰이지 않는지에 관한 지식은 모국어 화자들이 갖고 있는 어휘 지식의 중요한 부분을 차지하며 외국어 학습자들에게는 학습하기 어려운 부분이다. 예를 들어, 'noise'라는 단어의 경우, 이 단어가 주어와 목적어의 위치에 나타날 때 어울리는 동사가 서로 달라지며, 높은 빈도로 어울려 나타나는 형용사도 제한을 받게 된다. 외국어 학습자들은 이러한 지식을 충분히 갖고 있지 못하며, 이는 다음의 사례에서 확인해 볼 수 있다.

	모국어 화자	외국어 학습자
1. Verb collocate(주어 위치)	diminish	soften
	increase	get bigger
2. Verb collocate(목적어 위치)	make	cause/have
3. Adjective collocate	loud	big/strong
	soft	small/quiet

(Benson, 1985)

언어사용은 사회적 상황과 주제에 따라 달라질 수 있다. 언어사용은 문체(style)와 사용역(register)의 지배를 받게 되는데, 예를 들어, 공식적 상황에서 쓸 수 있는 사과의 표현(예 I really must apologize.)과 비공식적 상황에서 쓸 수 있는 사과의 표현(예 Sorry.)은 분명히 다르다. 또한, 언어사용은 대화를 나누는 두 사람의 관계에 따라서도 달라진다. 예를 들어, 어떤 질병에 대해 두 의사가 나누는 대화는 의사와 환자가 나누는 대화와는 분명히 다를 것이다. 그 밖에 메시지의 전달경로(channel), 즉, 구어냐 문어냐에 따라서도 사용하는 어휘가 달라진다.

영어 모국어 화자들은 단어의 은유적 사용, 단어의 배합, 그리고 문체와 사용역에 따른 단어 선택에 관한 지식을 갖고 있다. 이러한 지식은 영어 어휘를 올바르게 사용하는 데 필수적이다. 그러므로 어휘 지도에 있어 외국어 학습자들이 이러한 지식을 얻는 데에 도움을 줄 수 있는 효과적인 방법들에 대해 생각해 보아야 할 것이다.

3 단어 형성(word formation)

단어는 그것이 문장 중에서 어떻게 사용되느냐에 따라 문법적 맥락(grammatical context)에 맞게 형태가 변화한다. 예를 들어, 'run'이라는 단어의 경우, 동사로 사용될 때 'running'이라는 현재 분사형으로 쓰이기도 하고 'ran'이라는 과거형으로 쓰이기도 하며 'run'이라는 명사로 사용되기도 한다. 'death', 'dead', 'dying', 'die'라는 단어들 간에도 분명한 관계가 존재하는데, 모국어 화자들은 이러한 단어들이 서로 연관되어 있다는 것을 안다.

단어들은 또한 접두사(prefix)나 접미사(suffix)를 붙임으로써 반대의 뜻을 갖거나(예 possible → impossible) 품사가 바뀌게 되는데(예 happy → happily) 이 또한 어휘 지식의 일부분이 된다고 할 수 있다. 영어 모국어 화자들은 영어 단어의 철자와 발음을 알고 있으며, 발음 지식의 일부로서 품사의 변화에 따라 단어의 강세가 변화된다는 것도 알고 있다(예 récord(명사) recórd(동사)).

4 단어 문법(word grammar)

영어의 특정 단어들은 반드시 문법 유형(grammatical patterns)에 맞게 사용되어야 한다. 예를 들어, 명사의 경우, 가산(countable)명사와 불가산(uncountable)명사로 나눌 수 있는데 가산명사만이 복수형을 취할 수 있다. 따라서 furniture와 같은 불가산 명사는 two furnitures와 같이 쓸 수 없다. 또한 'people'과 같은 단어는 반드시 복수형 동사와 사용되어야 하며 'mathematics'와 같은 단어는 반드시 단수형 동사와 사용되어야 한다. 또한, 동사의 경우, 'tell'이나 'ask'와 같은 동사는 뒤에 '목적어+부정사'가 나올 수 있으나 'say'와 같은 동사는 그렇게 사용될 수 없다(He said me to come (X)). 그리고 조동사 'can'이나 'must' 뒤에는 반드시 동사원형이 와야 한다(I must

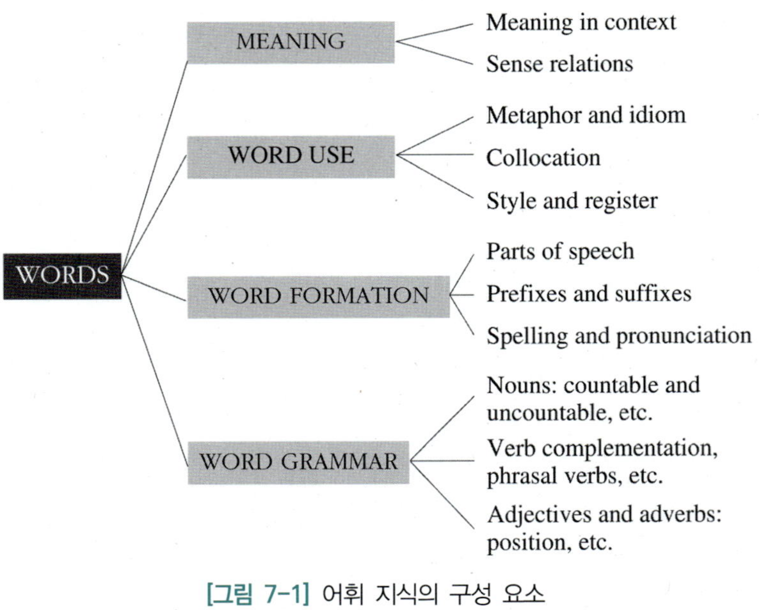

[그림 7-1] 어휘 지식의 구성 요소

to go (X)). 이와 같이 단어와 관련된 문법 규칙은 모국어 화자들이 갖고 있는 어휘 지식의 일부가 되므로 외국어 학습자들 또한 단어를 바르게 사용하기 위해서 반드시 이를 학습해야만 한다.

이상 살펴본 바에 의하면, 어떤 단어를 알고 있다는 것은 단순히 그 단어의 의미를 알고 있는 것에 국한되는 것이 아니라 해당 단어와 관련된 다양한 지식을 갖고 있는 것을 의미한다. 그러므로, 교사는 어휘 지도와 관련하여 학생들이 이러한 지식을 습득할 수 있도록 도와줄 수 있는 지도 방법들에 대해 생각해 보아야 할 것이다.

4 어휘 지도법

어휘를 가르친다는 것은 단순히 새로운 단어를 제시하는 것이 아니며 그 이상의 여러 가지 문제들이 어휘 지도와 관련되어 있다. 다음에서 어휘 지도와 관련된 몇 가지 논의점들을 살펴보도록 하자.

1 능동적 어휘(active vocabulary)와 수동적 어휘(passive vocabulary)

어휘는 종종 능동적 어휘와 수동적 어휘로 나누어진다. 능동적 어휘는 학습자가 말하기 또는 쓰기를 통하여 사용할 수 있는 어휘를 말하며, 수동적 어휘는 학습자가 사용할 수는 없으나 듣기나 읽기에서 이해할 수 있는 어휘를 말한다. 일반적으로 학습자의 어휘저장소에는 수동적 어휘가 능동적 어휘보다 그 숫자가 많다. 이 말은 학습자들이 이해할 수 있는 어휘에 비해 실제로 사용할 수 있는 어휘는 훨씬 적다는 것을 의미한다.

목표 외국어의 숙달 정도에 따라 어휘 지도의 목표도 달라지게 되는데, 초급 단계의 경우는 의사소통에 직접적으로 필요한 능동적 어휘 지도에 중점을 두는 것이 좋으며, 중급 단계에서는 능동적 어휘와 수동적 어휘를 적절히 섞어서 가르치고 고급 단계에서는 수동적 어휘에 더 큰 비중을 두어 가르치는 것이 바람직하다. 이를 그림으로 나타내면 다음과 같다.

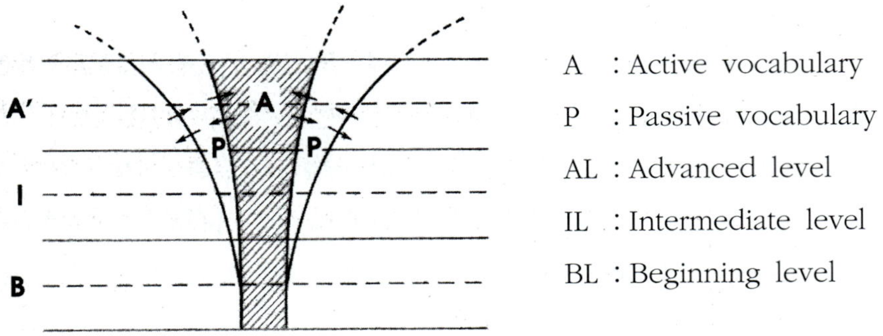

[그림 7-2] 어휘 지도의 목표

위의 그림에서 능동적 어휘에서 수동적 어휘 쪽으로 또는 그 반대쪽으로 작은 화살표들이 나타나 있다. 이것은 어떤 어휘 항목의 위치가 고정된 것이 아님을 뜻한다. 다시 말해, 학습자가 몰랐던 단어를 접하게 됨으로써 그 단어는 수동적 어휘로 되고 수동적 어휘였던 것이 연습을 통해 능동적 어휘가 될 수 있으며, 그 반대로 능동적 어휘였던 것이 사용하지 않게 되면 수동적 어휘로 되고 잘 접하지도 않게 되면 학습자에게서 잊혀져 버릴 수도 있다는 것이다. 그러므로 수동적 어휘를 능동적 어휘로 전환하고 계속 능동적 어휘로 남아 있을 수 있도록 체계적인 말하기 및 쓰기 연습이 동반되어야 할 것이다.

이상에서 살펴보았듯이, 초등영어교육에 있어서 어휘 지도는 의사소통을 촉진시킬 수 있는 능동적 어휘를 우선적으로 가르쳐야 할 것이며, 점차 수동적 어휘를 능동적 어휘로 전환시킬수 있도록 충분한 연습의 기회를 제공해 주어야 할 것이다.

2 어휘 지도의 방법 및 절차

영어 수업을 할 때 어휘를 가르쳐야 할 경우는 크게 두 가지 경우로 나누어 생각해 볼 수 있다. 첫 번째 경우는 계획되지 않은 어휘 지도이고, 두 번째 경우는 계획된 어휘 지도이다. 교사는 수업 중에 갑자기 학생들이 뜻을 모르는 어휘 항목이 나왔을 때 어떻게 해야 할지 여러 시나리오를 생각하고 대처 요령을 익혀두어야 한다. 이처럼 계획되지 않은 상태에서 어휘를 지도해야 할 때, 교사는 과연 이 어휘 항목이 수업 중간에 시간을 들여 지도하고 넘어가야 할 가치가 있는 것인가를 우선적으로 결정해야 한다. 계획된 어휘 지도의 경우, 수업의 중심이 되는 다른 활동과 관련하여 어휘를 활동 전에 지도하거나 활동이 끝난 후 지도하는 방식으로 진행하기도 하고, 때때로 어휘 지도만을 위한 수업을 진행하기도 한다. 후자의 경우는 교수 활동의 일차적인 목표를 어휘 항목들의 제시와 연습에 두게 된다. 초등영어와 같이 기초 단계의 외국어 학습에 있어 어휘 학습은 매우 중요한 부분을 차지하므로, 의사소통 상황 속에서 어휘를 학습해 가는 과정이 초등영어 수업의 기본이라고 해도 과언이 아닐 것이다.

초등영어 수업에서 어휘를 학습시키는 방법 및 절차와 관련하여, Seal(1991)은 어휘 지도를 '3C'의 세 단계로 분류하여 설명하였다.

1단계: Convey meaning
2단계: Check understanding
3단계: Consolidate

1단계에서는 학생들에게 가르치고자 하는 어휘 항목의 의미를 제시한다. 교재는 그림, 몸짓, 실물, 설명 등 다양한 방법을 동원하여 학생들에게 단어의 의미를 알려준다. 예를 들어, 'boring'이라는 단어를 가르친다고 할 때 교사는 다음과 같이 단어의 의미를 설명할 것이다.

교사 : When you go to the movies, sometimes the movie is not very interesting, it makes you want to go to sleep. (교사는 입에 손을 대고 하품을 한다.) The movie is very boring. Or sometimes you have a teacher who speaks very slowly and who never makes you laugh and whose lessons make you go to sleep. The teacher is so boring.

2단계에서는 학습자가 과연 단어의 의미를 제대로 이해했는지 확인하는 과정으로서 교사는 1단계에서 제시했던 단어와 관련된 일련의 질문들을 한다. 만약 학생들이 일관성 있게 이러한 질문들에 올바른 대답을 한다면 교사는 학생들이 단어의 의미를 이해하고 있다고 판단해도 될 것이다. 위에서 제시했던 'boring'이라는 단어와 관련하여 교사는 다음과 같은 질문을 할 수 있다.

교사 : (A학생에게) 1) Do you like boring teachers?
(B학생에게) 2) Is this lesson boring?

(C학생에게) 3) Is this book boring?
(D학생에게) 4) Are you a boring person?
(E학생에게) 5) Am I a boring teacher?

또 다른 예로서, 'pet'이라는 단어의 경우 다음과 같이 교사가 질문들을 해볼 수 있다. 이러한 일련의 질문들을 함으로써 학생들은 새로운 어휘 항목에 많이 접하게 되어 해당 단어의 쓰임에 익숙해질 수 있게 된다.

교사 : What do we call a domestic animal? That's right, a pet. Inho, ask Sumi if she has any pets. Who has a pet? Anyone? You do, Younghee? What is it? What's his name? Tell us about your pet, Kiho. What sort of pets do people keep in Korea? Which pets are best if you live in a city? What about farmers?

3단계에서는 학습한 새로운 어휘를 연습을 통하여 강화함으로써 학습자가 그것을 능동적 어휘로 사용할 수 있도록 하는 단계이다. 이 단계에서 교사는 학습자에게 유의미한 맥락에서 학습한 어휘를 사용해 볼 수 있는 기회를 주어야 할 것이다. 'boring'이라는 단어와 관련하여 교사는 다음의 활동을 지시할 수 있다.

교사 : Turn to the person next to you and ask them if they had a boring weekend. If they say "yes," find out why. (잠시 후에) Now ask the person next to you what television shows they think are boring.

이상의 세 단계는 어휘 지도에 있어 기본적으로 거치게 되는 과정이다. 이러한 과정을 통하여 학습한 어휘는 기회가 있을 때마다 복습의 기회를 주어 능동적 어휘로 남아 있을 수 있도록 해야 하며, 쓰기를 할 수 있는 학생이라면 단어장에 적어 필요할 때 참고로 할 수 있도록 하는 것이 좋다.

각 단계에 알맞은 지도 방법 및 가능한 활동들을 구체적으로 살펴보면 다음과 같다.

(1) 어휘 제시

어휘의 의미를 제시하는 방법은 크게 두 가지로 나눌 수 있는데, 하나는 시각적으로 의미를 알리는 것이고 다른 하나는 학생들이 이미 알고 있는 쉬운 말로 단어의 의미를 설명하는 것이다. 드문 경우이기는 하지만, 소리와 관련된 단어는 소리를 냄으로써 의미를 전달할 수도 있다. 예를 들면, 'whistle'이나 'roar'같은 단어가 이에 해당된다. 대부분의 경우 우리는 처음의 두 방법을 통하여 단어의 의미를 제시하게 되므로 이에 대해 좀 더 자세히 알아보도록 하겠다.

① 시각 자료를 통한 의미 제시

단어의 의미를 알리기 위해 교사는 다양한 시각 자료를 이용할 수 있다. 다음에서 몇 가지 예들을 살펴보도록 하자.

a. 실물(realia)

교사가 가르치고자 하는 단어에 해당하는 실물이 교실에 있는 경우에 교사는 단어를 말하면서 실물을 가리킬 수 있다. 예를 들어, 'pencil', 'bag', 'tallest boy', 'brown shirt', 'my book', 'door', 'window' 등과 같은 단어 또는 구(phrase)는 직접 실물을 가리키며 지도를 할 수 있다. 교실에 없는 물건이라 하더라도 운반이 용이한 것들은 교실로 가져올 수 있다. 'a piece of bread', 'spoon', 'chopstick', 'hat' 등과 같은 단어가 이에 해당한다. 또는 실물 자체를 교실로 가져올 수는 없다고 하더라도 플라스틱 등으로 모형이 만들어져 있는 경우 이들을 이용할 수 있다. 'boat', 'car', 'telephone'과 같은 단어들은 장난감 모형을 이용해 지도할 수 있을 것이다. 한편, 실물이 사물의 이름만 나타내기 위해서 쓰일 수 있는 것은 아니다. 예를 들어, 'cover', 'empty'와 같은 단어는 실물을 조작해 가며 그 의미를 전달할 수 있으며, 'last week', 'tomorrow'와 같은 단어는 실제 달력을 통하여 쉽게 지도할 수 있을 것이다.

b. 그림(pictures)

그림은 초등영어 수업에서 단어의 의미를 제시하기 위해 가장 흔히, 그리고 손쉽게 이용할 수 있는 시각 자료일 것이다. 그림은 실물이나 모형을 교실로 운반할 수 없을 때 주로 사용하게 되는데, 잡지 등에서 오려 사용할 수도 있고 교사가 직접 그릴 수도 있으며 상품화되어 있는 것을 사서 사용할 수도 있다. 때로는 교사가 파워포인트로 자료를 구성하여 실감나는 시각이미지로 단어의 의미를 전달할 수도 있을 것이다. 단어의 의미를 제시하기 위해 흔히 사용하는 것은 그림 카드(picture flash cards)인데, 그림 카드를 만들 때는 그림이 나타내는 바를 금방 알 수 있도록 불필요한 부분을 생략하고 간단·명료하게 그리는 것이 좋다.

경우에 따라서 벽그림(wall pictures)을 이용할 수도 있는데, 개별적으로 의미를 가르치는 것보다 전체적인 맥락에서 의미 파악이 더 쉬운 단어들은 괘도에 한꺼번에 그림을 그리고 그림에 나오는 이름들을 상호 간의 관련성에 유의하면서 가르치는 것이 효과적이다. 예를 들어, 신체 부위를 나타내는 단어들, 방안에 놓는 가구의 이름들이 이에 해당할 것이다. 경우에 따라 그림 대신 사진을 사용할 수도 있다. 다만 사진은 대상이 되는 단어 이외에 주변의 부가적 정보도 그 속에 포함되어 있어서 자칫 학습자가 해당 어휘의 의미를 오해하거나 제대로 파악하지 못할 수 있다. 그러므로 사진을 사용할 때는 의미 파악이 명료한 자료를 구해야 한다.

c. 신체(body)

어떤 단어들은 실물이나 그림을 통하여 뜻을 알리기보다는 신체 행동을 통하여 의미가 분명히 전달되기도 한다. 예를 들어, 동작을 나타내는 동사들(예 'eat' 'wake up', 'run', 'smoke')과 부사들(예 'slowly', 'angrily')이 이에 해당한다. 느낌을 나타내는 형용사들(예 'happy', 'smiling', 'thirty', 'angry', 'hot', 'tired')은 얼굴 표정을 통하여 뜻을 전달할 수 있다. 또한, 'small', 'wide', 'long' 등과 같은 단어들은 손과 팔의 동작에 의해 의미 전달을 할 수 있을 것이다.

② 설명을 통한 의미 제시

시각적으로 뜻을 알려주기 어려운 단어들은 학생들이 이미 알고 있는 쉬운 단어들로 뜻을 설명하여 이해시킬 수 있다. 설명을 통한 의미 제시가 어휘력이 제한되어 있는 초보자들에게 시각적 제시만큼 활용도가 크다고는 할 수 없으나 때때로 상당히 유용한 경우가 있으므로 어떤 방법들이 있는지 알아보도록 하자. 다음의 방법들은 위에서 제시한 시각적 방법들과 병행하여 사용할 수도 있다.

a. 일반어(general words)와 특정어(specific words)

서로 관련이 있는 단어들 중 이미 알고 있는 단어가 있다면 새 단어를 제시하기 위해 이미 배운 단어들을 이용할 수 있다. 예를 들어, 'clothing', 'furniture', 'vegetable', 'fruit'과 같은 일반어(general words)는 각 단어에 해당하는 다양한 예를 들어줌으로써 쉽게 의미를 이해시킬 수 있다. 역으로, 'skylark'과 같은 특정어(specific words)는 'bird'라는 일반어를 이용하여 뜻을 알려줄 수 있다.

b. 동의어(synonyms)와 반의어(antonyms)

단어 간에는 의미 관계가 존재하는 데 이를 이용하여 단어의 뜻을 이해시킬 수 있다. 'sad'(=unhappy), 'stupid'(=foolish), 'evil'(=bad)과 같은 단어는 동의어를 사용하여 의미를 가르칠 수 있으며, 'empty'(≠full), 'cold'(≠hot), 'dirty'(≠clean)와 같은 단어는 반의어를 사용하여 의미를 제시할 수 있다.

c. 예문(illustrative sentences)

어떤 단어의 의미를 분명히 해 줄 수 있는 일련의 문장들을 주고 학생들이 문맥 속에서 그 단어의 의미를 알아내도록 하는 방법을 사용할 수 있다. 단어의 의미를 문맥 속에서 추측해 보도록 하는 것은 학생들이 그 단어가 어떻게 사용되는지 알게 하는 데에 도움을 줄 뿐 아니라, 학생들이 능동적으로 의미 파악에 참여함으로써 교사가 쉽게 의미를 제시해 주는 경우보다 더 큰 학습 효과를 가져온다는 점에서도 권장할 만한 방법이다. 예문을 통해 단어의 의미를 학습시키고자 할 때는 학생들이 이미 알고 있는 쉬운 단어들을 사용해 예문을 만들도록 하여야 되며, 가르치고자 하는 단어의 의미를 분명히 해 줄 수 있도록 예문들을 충분히 주어야 할 것이다. 다음의 예를 살펴보도록 하자.

예 1 Hate

My father hates potatoes, but he loves rice. He likes carrots, beans and most other vegetables, but he refuses to eat potatoes. He hates them.

예 2 Traffic

There is a lot of traffic in cities. Traffic is a nuisance. Traffic is dangerous, too.

〈예 1〉의 'hate'라는 단어의 경우는 'like'라는 친숙한 동사와 그 의미를 대조시킴으로써 명백히 단어의 뜻을 전달하고 있으나, 〈예 2〉의 'traffic'이라는 단어의 경우는 예문이 불충분할 뿐 아니라 'nuisance'라는 쉽지 않은 단어를 사용함으로써 더욱 단어의 의미를 알아내기 어렵게 하고 있다.

d. 그림 도식(pictorial schemata)

단어들과의 관계를 나타내 주는 각종 시각적 도식, 예를 들면, 수학에서 집합 상호의 관계를 나타내기 위해 사용되는 벤다이어그램(Venn diagram), 격자표(grid), 나무 도식(tree diagram), 눈금자(scale) 등을 이용하여 새로운 단어를 소개할 수 있다. 이 방법에서는 이미 알고 있는 단어를 이용해 기본 도식을 보여준 후 그 틀에 들어갈 만한 다른 단어를 소개한다. 다음의 예는 형용사를 가르치기 위한 도식이다. 학생들이 'hot'과 그보다 한 단계 위인 'boiling'의 관계를 이해하게 되면 그와 유사한 관계를 갖고 있는 'wet'과 'soaking', 그리고 'cold'와 'freezing'의 관계도 자연스럽게 이해하게 된다는 것이다.

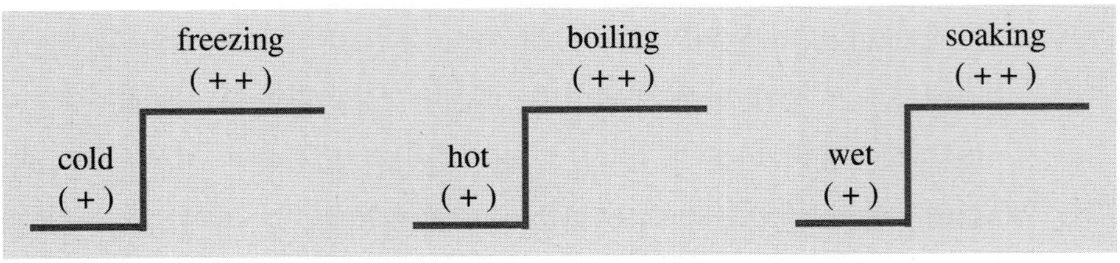

[그림 7-3] 그림 도식을 이용한 형용사의 제시

다음의 예는 빈도 부사를 가르치기 위해 눈금자를 이용하는 경우이다. 먼저 학생들이 잘 알고 있는 두 개의 부사 'never'와 'always'를 소개한 후 그 사이에 들어가는 부사들은 단어 간의 상호 관계를 보여주며 제시한다. 이때 학습시키고자 하는 부사가 포함되어 있는 여러 예문들을 제시하여 학생들이 정확히 의미를 파악할 수 있도록 하여야 할 것이다. 예를 들어, 'usually'라는 부사의 경우 다음과 같은 예문들을 줄 수 있을 것이다: "I usually go to bed at 10 o'clock. But when I have some work to do, I go to bed at 12 o'clock."

e. 어휘망(vocabulary network)

어휘는 의미 관계가 있는 다른 단어들과 연결시켜 가르칠 때 기억에 오래 남는다. '어휘망'이란 가운데에 주제가 되는 단어를 적고 그 바깥쪽으로 그 단어와 연결된 다른 단어들을 적어 넣어 가며 서로 관련된 단어들을 제시하여 학습시키는 방법으로서 매우 효과적인 어휘 지도 방법 중 하나로 평가받고 있다. 학습자들이 어휘망을 시각적으로 기억함으로써 나중까지 단어들을 잊지 않게 된다는 것이다. 어휘망을 통하여 단어를 학습시킬 때, 교사는 학생들이 관련된 단어를 열거하도록 격려해야 하며, 학생이 우리말로 이야기한 단어의 영어 표현은 무엇인지 분명히 제시해 주어야 한다. 학생들이 아직 영어 읽기에 익숙하지 않다면 각 원 안에 영어 단어 대신 우리말 단어를 써넣거나 그림을 그려 넣고 영어로 말하게 함으로써 학습시킬 수 있다. 아래의 예는 'bedroom'과 관련된 단어를 학습시키기 위한 어휘망이다.

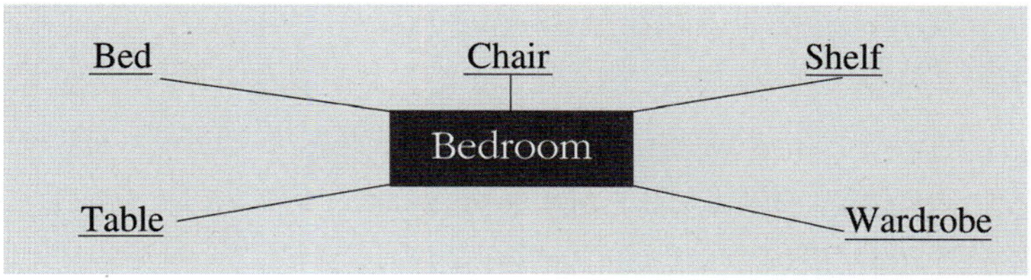

[그림 7-4] 어휘망을 이용한 어휘 지도

f. 접두사(prefix)와 접미사(suffix)

앞서 우리는 영어 모국어 화자들이 단어형성에 관한 지식을 갖고 있음을 살펴보았다. 단어들은 접두사나 접미사를 붙임으로써 반대의 뜻을 갖거나 품사가 바뀌게 되는데, 이러한 지식이 학생들의 단어 학습에 도움을 줄 수 있다. 초등학교에서 언어의 형식적 측면인 단어형성 과정에 대해 자세히 학습시킬 필요는 없으나, 간단한 접두사나 접미사의 경우는 알고 있으면 단어의 의미를 추측하는 데 도움을 줄 수 있다. 이러한 예로는 'un-'(예 'unhappy'), '-ness'(예 'goodness'), '-ly'(예 'greatly') 등이 있다.

g. 번역(translation)

어떤 단어는 초보자들에게 의미를 영어로 설명하는 것이 상당히 어려울 수 있다. 예를 들어, 친족 관계를 나타내는 'uncle', 'cousin' 등의 단어라든지 추상적 의미를 갖는 'peace', 'fortune' 등의 단어는 우리말로 뜻을 이야기해 주는 것이 수업 진행상 훨씬 효과적일 것이다. 영어 단어를 우리말로 번역해 주는 것이 가장 빠르고 쉬운 어휘 지도 방법이기는 하지만, 너무 자주 이 방법에 의존하다 보면 학생들이 새로운 단어와 상호 작용하며 의미를 파악하려는 노력을 게을리하게 되어 오히려 학습 효과가 떨어질 수 있으므로 주의해서 사용해야 한다.

③ 어휘 제시의 절차

어휘를 제시할 때 다음의 순서를 따르도록 하는 것이 도움이 될 것이다.

1단계 : 새로 나온 단어를 두세번 정도 정확히 소리내어 발음하며 동시에 시각 자료 또는 설명을 통해 의미를 나타낸다.

2단계 : 학생들이 단어를 따라 하게 한다. 이때 학생들이 올바르게 단어를 발음하는지 주시하여야 하며, 그림카드, 실물 등 시각 자료가 있을 때는 이를 칠판에 붙이거나 앞에 놓아두어 학생들이 발음과 의미를 연관지을 수 있도록 한다.

3단계 : 학생들이 읽기를 할 수 있다면 단어카드를 칠판에 붙이거나 단어를 칠판에 쓰고 학생들이 읽도록 한다. 이때 학급 전체, 그룹, 개인 등에게 다양하게 시켜 볼 수 있다.

4단계 : 학생들에게 단어가 어떻게 사용되는지 알려주기 위해 단어가 사용되는 간단한 예문을 말해 주거나 칠판에 쓴다.

④ 어휘 제시의 실례

초등학교에서는 아래와 같이 그림을 통해 어휘를 제시할 수 있다.

예 1 'say'와 'tell'

교사 : He says he likes apples.
He tells Wendy he likes apples.

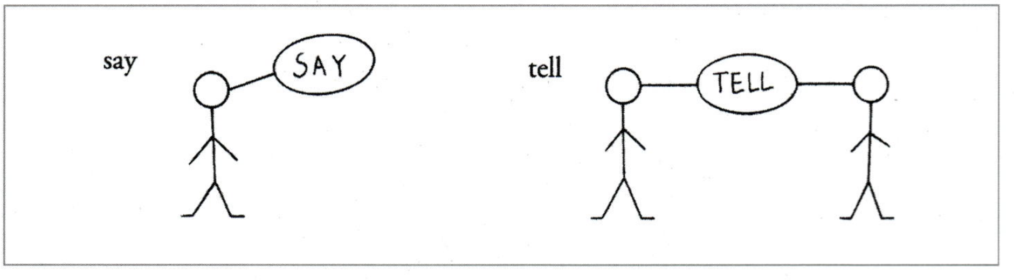

예 2 'like'와 'dislike'

교사 : He likes sweets.
(카드의 뒷면을 보이며)
(She doesn't like sweets.)
(She dislikes sweets.)

예 3 전치사

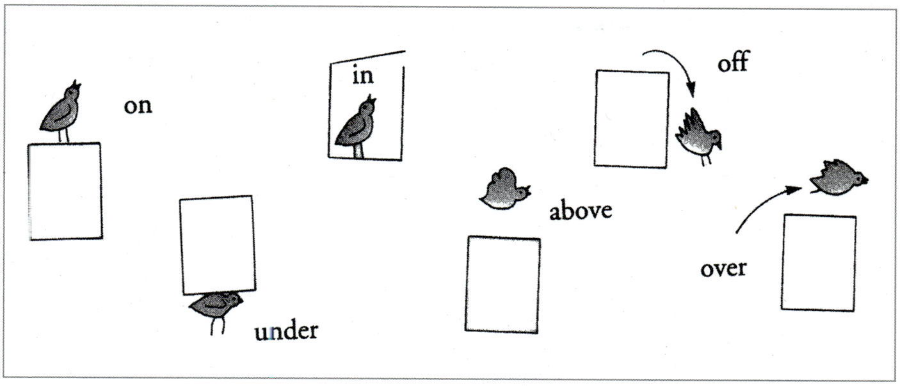

예 4 'because'

교사 : He caught a cold because he got wet.

예 5 벽그림을 이용한 어휘 제시

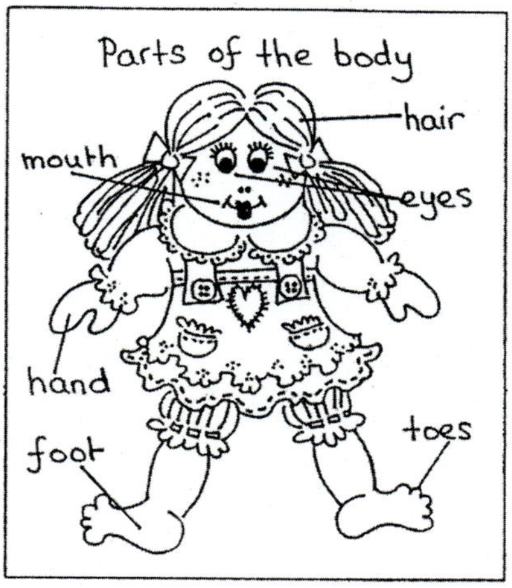

예 6 Word drawing

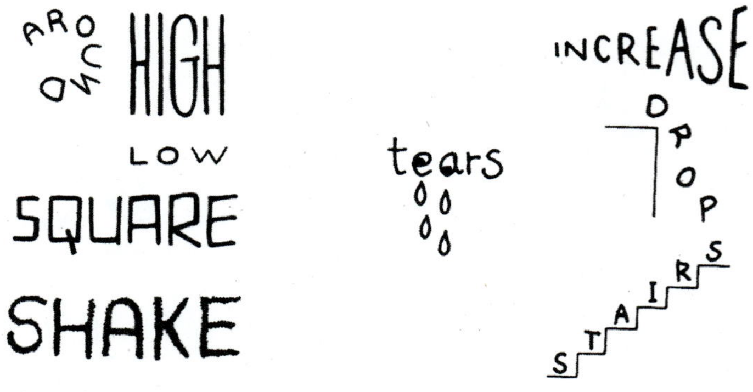

(2) 어휘 연습

어휘를 제시한 후, 학생들이 제시된 어휘를 능동적 어휘로 사용할 수 있게 하기 위해서는 다양한 활동을 통하여 어휘가 내재화되도록 유도하여야 한다. 다음에서는 어휘 연습을 위한 활동 또는 게임의 실례를 보도록 할 것이다.

예 1 Odd words out

4~5개의 단어나 단어를 나타내는 그림을 주고 그중 같은 종류가 아닌 것을 골라내게 한다. 단어들은 여러 가지 기준에 따라 다음과 같이 같은 종류로 분류될 수 있다.

thematic　　cat, fish, flower, dog
sound　　cat, dog, hat, fat
grammatical　　jump, think, swim, fast
shape/size　　mouse, ant, frog, elephant

개별 활동, 또는 짝 활동으로 실시할 수 있으며, 활동 후 학생이 특정 단어를 선택한 이유를 말해보도록 한다.

학생 : The cat is the odd one out.

교사 : Why?

학생 : Because it is an animal and the other pictures are fruits.

예 2 Hangman

① 학급을 두 그룹으로 나누고 각 그룹이 한 단어씩 선택하게 한다.

② 한쪽 그룹의 대표가 앞으로 나와 선택한 단어의 철자 수만큼 칠판에 밑줄을 긋는다. 예를 들어, 'nurse'라는 단어의 경우 '_ _ _ _ _'가 될 것이다.

③ 상대편 그룹은 영어의 철자를 한 개씩 부른다.

④ 만약 상대 그룹이 부른 철자가 단어에 있으면 적어 넣는다 (예 _ _ _ _e).

그러나 상대편이 부른 철자가 단어에 없으면 앞에 나와 있는 대표는 상대편이 틀린 철자를 부를 때마다 다음 그림의 순서로 그림을 그려 사람을 교수형에 처한다.

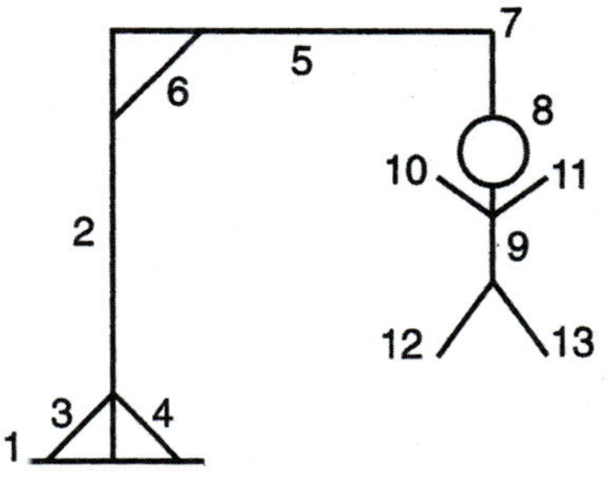

⑤ 대표가 사람을 교수형에 처하면 그 그룹이 이기고, 그 전에 상대편 그룹이 단어를 알아맞히면 상대 그룹이 이긴다.

예 3 Happy families

① 학급을 4명이 한 조가 되도록 나누고 각 학생에게 여러 단어 가족에 속하는 그림 카드를 섞어서 4장씩 나누어준다. 각 카드에는 단어 가족이 될 수 있는 단어들이 적혀 있거나 그림으로 표시되어 있다.

② 그림카드를 받은 학생은 자기가 받은 카드 중 같은 단어 가족에 속하는 카드의 쌍을 뽑아 내려놓는다.

③ 쌍이 되지 않는 카드의 짝을 찾기 위해 다른 학생에게 예를 들어, 'Can

I have an onion?'이라고 묻는다. 만약 그 학생이 그 카드를 갖고 있으면 카드를 주며 'Yes, here you are.'라고 말하고, 갖고 있지 않으면 'Sorry, I haven't got one.'이라고 말하며 질문할 순서를 넘겨받는다.

④ 모든 카드를 쌍으로 먼저 내려놓는 학생이 이긴다.

단어 가족을 구성할 수 있는 범주로는 다음과 같은 것들이 있을 수 있다.

toys : different colors and/or size

foods : sets of sweet food, drinks, fruit and vegetables

animals : animals living in the sea, in the jungle, in houses, and on the farm

household objects : things in the living room, things in the kitchen

sports : sports goods, kinds of sports

예 4 Vocabulary squares

다음과 같은 틀에 가로, 세로 또는 대각선으로 단어를 써넣고 빈칸을 다른 철자로 채운 뒤, 찾아야 할 단어들이 어떤 범주에 속하는지 알려주는 대표어를 주거나, 찾아야 할 단어들의 그림을 주어 단어를 찾게 한다.

B	M	C	A	R	Z
I	U	V	H	O	P
K	X	S	E	T	L
E	L	N	K	C	A
H	T	R	A	I	N
T	A	O	B	U	E

TRANSPORT

예 5 Tennis

짝 활동으로 A학생이 어떤 단어를 말하면 B학생이 그 단어와 같은 단어 가족에 속하는 다른 단어를 말한다. 다시 A학생이 받아서 같은 단어 가족에 속하는 단어를 말하고 B학생이 계속한다. 둘 중 단어를 말하지 못하는 사람이 나올 때까지 계속한다. 점수를 매기고 단어 가족을 바꾸어 가며 활동을 할 수 있다.

A : rabbit

B : cat

A : dog

B : mouse

A : (단어를 말하지 못한다) SCORE:0-1

A : table

B : chair

A : desk

B : (단어를 말하지 못한다) SCORE: 1-1

예 6 Information gap crosswords

짝 활동으로 각 학생이 자신의 종이에 나와 있는 단어를 몸짓, 그림, 설명 등으로 상대편 학생에게 의미를 전달하면 상대편 학생은 단어의 의미를 추측하여 빈칸을 채워 넣는다.

예 7 Vocabulary jigsaws

학생들이 단어와 그림을 맞추어 jigsaw puzzle을 완성하도록 한다. 각 그룹에서 한 사람씩 나와 주어진 퍼즐을 가장 빨리 완성한 그룹이 이긴다.

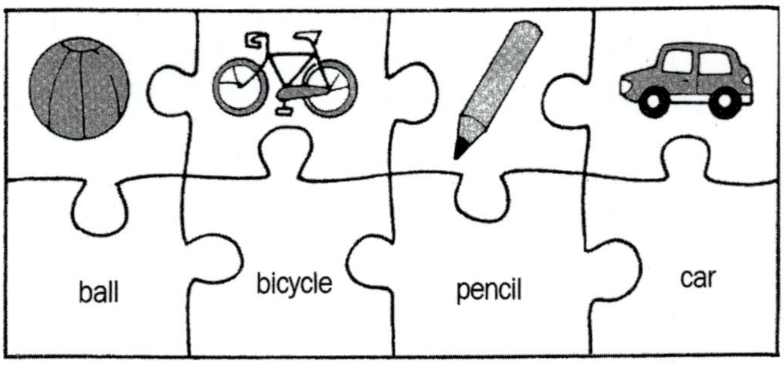

예 8 Memory game

다음과 같은 그림을 2분 동안 보여준 뒤 학생들이 기억하고 있는 단어를 나열해 보도록 한다. 학급을 그룹으로 나누어 각 그룹에서 기억할 수 있는 단어들을 모두 쓰게 하여 가장 많이 쓴 그룹이 이긴다.

예 9 Clothes matching game procedure:

① 학생들을 3명이 한 조가 되게 한 후 각 조에게 다음과 같은 종이를 한 장씩 나누어 준다.

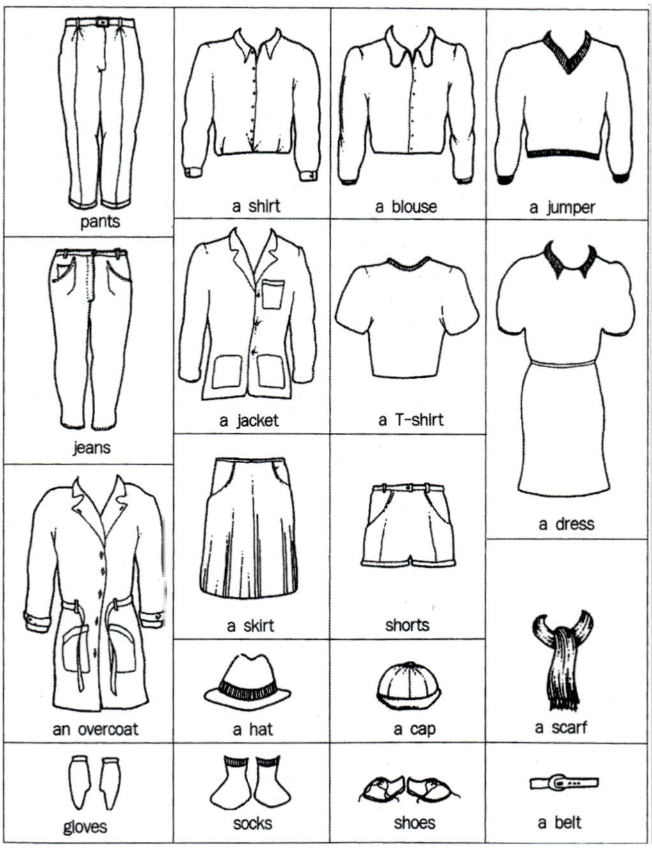

② 그림을 오려 한 사람이 6장씩 갖도록 하고 단어는 책상 가운데에 뒤집어서 쌓아 놓도록 한다.

③ 차례대로 한 학생이 단어를 집어 옆의 학생에게 자신이 집은 단어에 해당하는 그림을 갖고 있는지 묻는다. 예를 들어, 'Sumi, have you got a shirt?'이라고 말한다.

④ 만일 수미가 질문한 학생이 요구하는 그림을 갖고 있으면 그 그림을 질문한 학생에게 주도록 하고, 갖고 있지 않으면 집은 단어를 단어더미의 맨 밑에 넣는다. 가장 많이 그림과 단어의 쌍을 모으는 사람이 이긴다.

예 10 What's my job?

① 직업을 나타내는 단어카드 또는 그림카드를 여러 장 준비한다.

② 학급을 두 팀으로 나누고 A팀에서 한 사람을 나오게 하여 카드를 보여준다. 카드를 본 사람은 몸동작으로 카드에 나와 있는 직업을 흉내낸다.

③ B팀의 학생들은 어떤 직업인지 알아맞힌다. 제대로 알아맞히면 1점을 얻고 틀리면 A팀에게 기회가 넘어간다.

예 11 Bingo

① 가로와 세로 칸의 숫자가 같은 9칸, 16칸, 또는 25칸의 표를 만들어 학생들에게 나누어 준다.

② 학생들이 학습내용에 해당하는 단어나 숫자 등을 자유롭게 써서 표를 완성하게 한다. 문자를 모르는 경우 그림으로 그려 넣게 할 수도 있다.

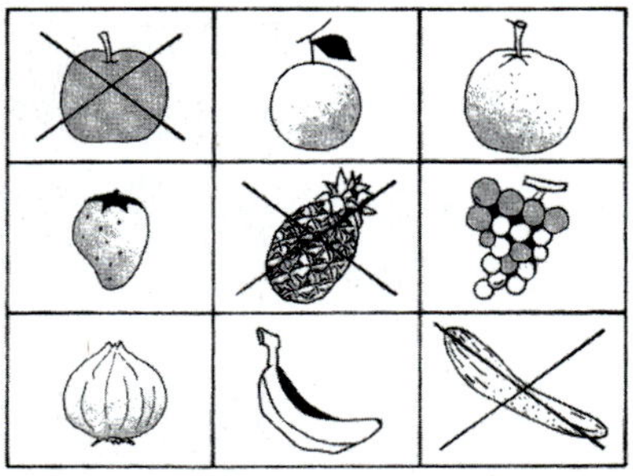

③ 학생들은 교사가 불러 주는 것을 ×표하여 지워나간다.

④ 가로, 세로 또는 대각선의 칸(3개, 4개 또는 5개)에 전부 ×표를 하여 지운 학생이 '빙고'라고 외친다.

예 12 Word building activities

다음과 같이 단어들의 철자를 나누어 놓고(아래의 경우 동물의 이름을 나타내는 단어) 학생들이 결합하여 완성시키도록 한다.

cro	gu	ar	____________
e	co	roo	____________
ja	ga	phant	____________
kan	le	dile	____________

예 13 Word sorting activities

다음과 같이 여러 개의 단어 또는 단어카드를 주고 오른쪽에 나와 있는 제목에 따라 분류하도록 한다.

apple	ear	
banana	elephant	
black	eye	*colors*
blue	green	*parts of the body*
body	head	*food*
bread	leg	*animals*
brown	lion	
cat	nose	
cow	red	

예 14 Word chains

다음과 같이 철자가 연결된 문장을 주고 동물 이름을 찾아 밑줄을 치도록 한다. 또는 칠판에 한 단어를 쓰고 그 단어의 앞 또는 뒤와 연결하여 단어를 이어 나가도록 할 수 있다.

lionsandtigersandjaguarsandcheetahsarecats

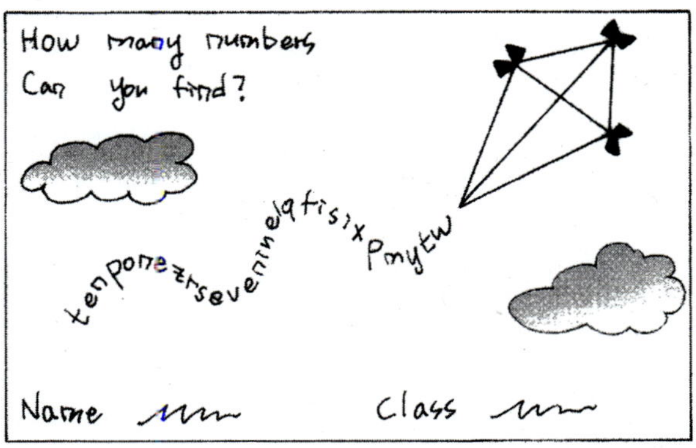

③ ②

KISSTOPLAYELLOW

④ ①

예 15 Pelmanism

4명이 한 그룹이 되게 하여 그룹당 단어와 그림으로 구성된 10쌍 정도의 카드를 주고 잘 섞어 책상 위에 가지런히 엎어놓도록 한다. 학생이 카드의 위치를 제대로 기억하여 짝을 이루는 단어와 그림의 두 개의 카드를 뒤집으면 카드를 갖게 된다. 카드를 가장 많이 모은 사람이 이긴다.

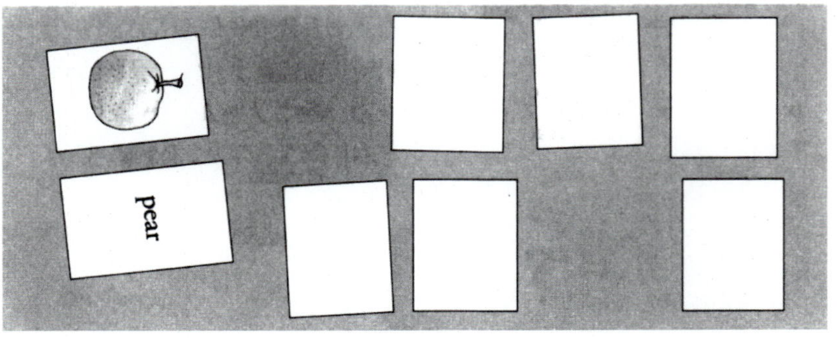

예 16 Board game

① 학생들을 소그룹으로 나누고, 각 그룹에 과일/직업/운동/동물/음식/옷/장난감 등이 그려진 보드와 주사위를 하나씩 나누어 준다.

② 주사위를 던져서 정해지는 그림의 단어를 바르게 소리 내어 말할 수 있으면 앞으로 가고 그렇지 못하면 출발점으로 되돌아간다.

③ 도착점에 가장 먼저 도달한 사람이 이긴다.

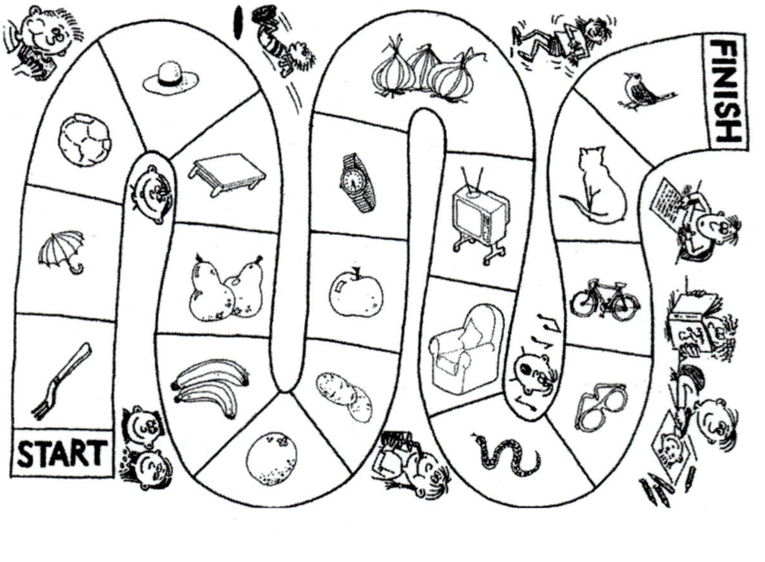

예 17 Find things

교사는 '숨은 그림 찾기'의 그림을 각 학생에게 한 장씩 나누어주고 숨겨진 그림의 단어를 하나씩 소리 내어 발음한다. 학생들은 교사가 발음하는 단어에 해당되는 그림을 찾아 표시한다.

예 18 Vocabulary quiz

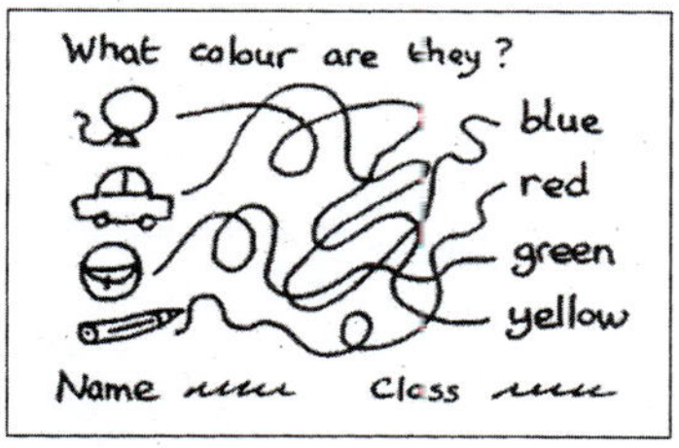

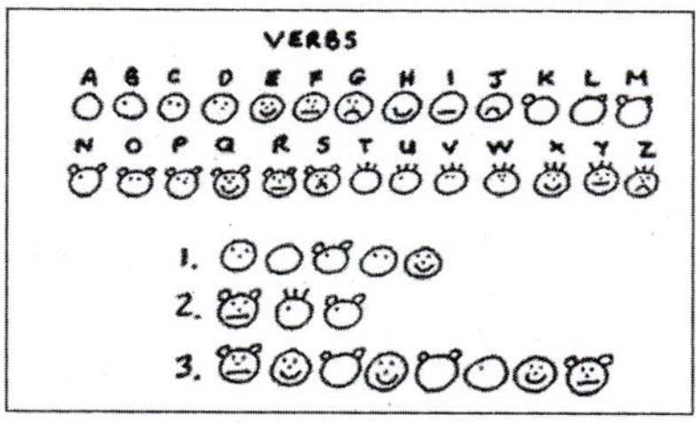

OPPOSITES

expensive thick
early near short
easy cheap
love thin small
large far difficult
late long hate

SYNONYMS

like answer sick sad come back
shut close tidy
neat
ill
reply return enjoy
correct
right unhappy

QUIZ CARDS

Cow 1. It's got 4 legs 2. It's got a long tail 3. It lives on a farm 4. Milk comes from it	Bee 1. It's an insect 2. It's very busy in the summer 3. It likes flowers 4. It makes honey
Pig 1. It's an animal 2. It's got 4 legs and a funny nose 3. You can eat the meat from this animal 4. The meat is called pork	Rabbit 1. It's a small four-legged animal 2. It is sometimes a pet 3. It eats plants 4. It has big ears
Caterpillar 1. It's a larva 2. It's often green 3. It eats leaves 4. It turns into a butterfly	Cat 1. It's a small animal 2. It's got 4 legs 3. It drinks milk 4. It eats mice

예 19 Unusual view

사물의 그림을 주고 이름을 알아맞히도록 하되 학생들의 호기심을 자극하고 도전감을 주기 위해 평범한 모습이 아닌 다른 각도에서 본 특이한 모습을 보여주거나 일부분만을 확대해서 보여주도록 한다.

교사 : What is this?/What are these?

학생 : It's a window.

교사 : It could be, but it isn't.

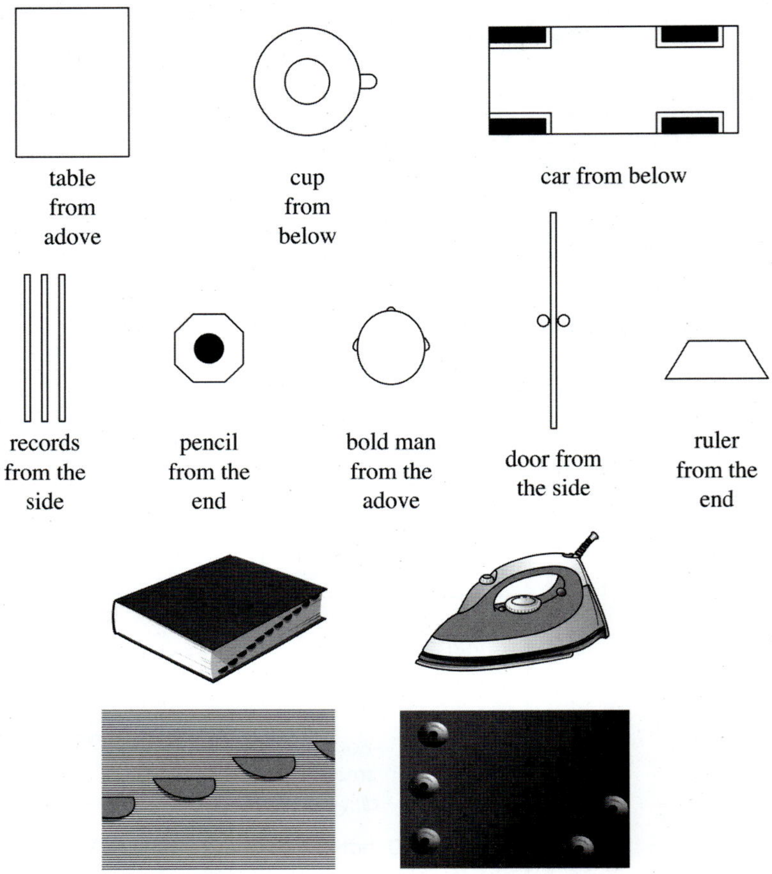

예 20 Where's the mouse?

전치사를 연습시키기 위해 겉의 카드에 그림을 그리고 구멍을 뚫은 뒤, 안의 카드를 움직여 쥐의 위치를 바꾸어 가며 질문을 한다.

교사 : (안에 있는 카드를 당겨서 쥐가 의자 위에 오도록 하면서)

Where's the mouse?

학생 : On the chair.

교사 : (카드를 약간 더 당겨서 쥐가 식탁 밑으로 오게 하면서)

The mouse is not on the chair. Where's the mouse?

학생 : Under the table. The mouse is under the table.

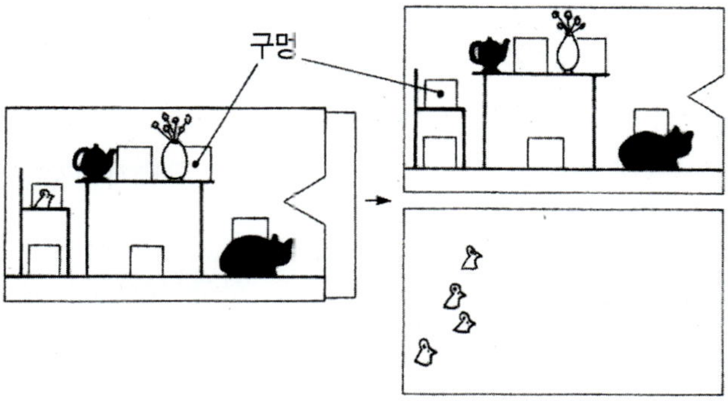

예 21 PPT를 이용한 학습

교사는 다양한 사물이 그려진 그림을 스크린에 보여주고 학생들이 사물의 이름을 확인하도록 한다. 이때 교사는 학습자의 흥미를 유발할 수 있도록 다양한 사물의 이미지가 겹쳐진 상태로 그림을 제시하여 사물의 개수와 이름을 학생들이 맞추도록 한다. 경우에 따라, 교사는 숨은 그림 찾기 혹은 두 그림의 다른 부분 찾기 형태를 통해 어휘를 익히도록 할 수 있다.

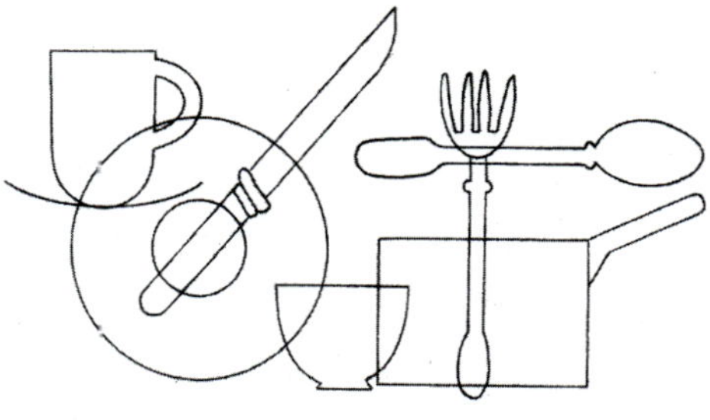

교사는 그림에 사람의 형태 및 다양한 종류와 색깔의 옷, 신발, 머리 등을 보여주고 색깔, 옷 이름 등을 아래와 같이 학습시킬 수도 있다.

교사 : What is she wearing?

학생 : She is wearing yellow pants and a green shirt.

5 사전의 이용

한 언어에 존재하는 단어의 수는 셀 수 없을 만큼 많다. 교사는 앞에서 제시했던 여러 기준에 근거하여 가르쳐야 할 어휘 항목을 선정하여 지도하지만, 학생들은 때때로 배우지 않은 여러 단어의 의미를 알고 싶어 할지도 모른다. 이러한 학생들의 욕구는 자연스러운 것이며 어휘 확장의 촉진제로서 작용하게 될 것이다. 따라서, 학생들이 배우고 있는 외국어의 새로운 낱말의 의미에 대해 알고 싶을 때마다 스스로 찾아볼 수 있도록 사전의 이용법을 알려주는 것은 초보단계의 학습자에게도 이로운 일일 것이다.

사전에는 '영한 사전'과 같이 영어 단어의 뜻을 한국어로 풀이해 놓은 것이 있고 '영영 사전'과 같이 영어로 단어의 뜻을 풀이해 놓은 것이 있다. 학자에 따라서는 영한 사전을 사용하는 것이 단어의 정확한 의미와 사용을 파악하는 데에 문제가 있다 하여 사용하지 말 것을 주장하는 사람도 있으나, 언어 능력이 제한된 학습자들이 처음부터 영영 사전을 사용하는 것은 여러 면에서 부담이 될 수도 있으므로 영한 사전의 이용을 막을 필요는 없다. 다만, 영영 사전이 영한 사전 보다 단어의 의미를 보다 정확히 전달한다는 것은 확실하므로 학습자의 언어 능력이 향상됨에 따라 점차 영영 사전을 사용하도록 권장하는 것이 바람직하다. 따라서 단계별로 보자면, (1) 영한 사전, (2) 영한 사전 + 영영 사전, (3) 영영 사전 + 영한 사전, (4) 영영 사전으로 순차적으로 발전시키는 것이 좋을 것이다. 초등학생의 경우는 일단 주제별로 정리되어 있는 그림 사전을 이용하도록 하고 점차 단어의 의미가 예문과 함께 제시되어 있는 글자 중심의 사전을 사용하도록 유도하여야 할 것이다.

교사는 학생들이 아무 어려움 없이 사전을 이용할 수 있다고 간주하지 말고 유용한 사전 이용법에 대해 학생들에게 알려 주어야 할 것이다. 실제 연습을 통해 찾는 방법과 함께 사전에 나타나 있는 기호 및 여러 정보에 대해 알려 주어야 할 것이며, 모르는 단어가 나올 때마다 즉시 사전을 펼쳐 보는 것이 아니라 문맥을 통해 추측을 해보고 확인하는 과정으로서 사전을 이용해야 한다는 것도 숙지시켜야 할 것이다. 또한, 사전을 통해 단어의 의미를 이해하고 난 후, 그 단어를 사용하여 짧은 문장을 만들어 보게 하는 것도 좋은 방법이다. 단어는 게임 형식으로 구성될 수도 있다. 즉, 학급을 두 그룹으로 나누고 각 그룹이 찾아야 할 단어의 목록을 다르게 만들어, 한쪽 그룹의 학생들이 찾은 단어를 이용하여 만든 문장들을 듣고 상대편 그룹이 단어의 의미를 알아맞히도록 할 수 있는 것이다.

또한 4차 산업혁명과 함께 테크놀로지가 급속도로 발전하면서 어휘학습에서도 디지털 기기 및 AI 활용이 확산되고 있다. 예를 들면, 학생들이 영어 학습 활동 중 모르는 어휘를 마주쳤을 때, 온라인 화면에서 하이퍼 링크를 통해 그 어휘에 대한 정보(예 의미, 발음, 예문, 문화 등)를 바로 확인할 수 있으며, 교실 내에 구비된 AI 챗봇에게 찾고 있는 어휘를 물어볼 수도 있고, 번역기를 활용할 수도 있을 것이다. 교사는 학습 목적 및 학생들의 영어 수준에 따라 적절한 디지털 기기를 제공해야 하며, 종이사전과 마찬가지로 학생들이 지나치게 의존하지 않도록 유의해야 할 것이다. 또한 교사는 학생들에게 디지털 기기 또는 AI 챗봇 사용 방법을 자세히 설명하고 충분한 연습을 하게 한 후 유용하게 활용할 수 있도록 지도해야 할 것이다.

제 8 장
발음 지도

1. 발음 지도의 중요성
2. 발음 기관
3. 영어 자음과 모음의 발음
4. 영어의 강세, 리듬 및 억양

외국어 학습에 있어 가장 어려운 과정 중 하나가 목표어의 발음을 익히는 일이며, 많은 교사들이 가장 지도하기 어려운 부분 중 하나가 목표어의 발음이다. 영어를 가르치는 교사 중에서 정확한 발음모델이 될 수 있는 사람이 적고 설사 발음을 훌륭히 구사하는 교사라 하더라도 발음을 지도하는 방법을 모르는 경우가 많기 때문이다. 따라서 대부분의 경우 원어민 화자 발음의 오디오 및 동영상 자료를 활용하여 영어 발음을 익히게 하는 정도에 머물고 있다. 그러나 교사가 발음 지도를 제대로 하려면 영어 발음의 기본 원리 및 지도 방법을 알아야 한다. 이 장에서는 영어 발음 지도를 하기 위한 기초로서 영어의 발음 체계 및 발음 방법에 대해 알아보고 초등학교 학생들에게 영어 발음 지도를 하기 위한 방법과 구체적 활동에 대해 살펴보도록 한다.

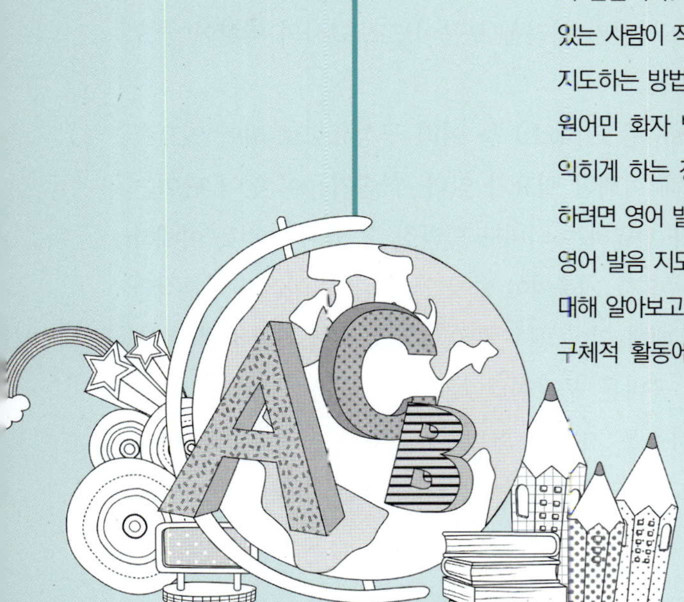

1 발음 지도의 중요성

외국어의 발음 체계에 숙달하게 되는 것은 외국어 학습자들에게는 상당히 어려운 일이다. 언어의 다른 면, 즉, 구문, 어휘 등의 습득에 비해 발음의 경우에는 모국어의 영향이 크게 작용하며, 학습자의 나이 또한 발음 습득에 상당한 영향을 미친다. 우리는 주변에서 영어의 어휘, 문법 등 발음을 제외한 다른 면에 있어서는 거의 모국어 화자와 유사한 언어 능력을 갖고 있지만 발음에 있어서만은 그런 능력을 갖고 있지 못한 사람들을 자주 보게 된다. 언어습득 이론에 따르면, 사춘기 이후에 외국어를 학습하기 시작한 학습자가 모국어 화자와 거의 유사한 발음을 습득하는 것은 불가능하다.

초등학생의 경우는 사춘기 이전에 영어를 학습한다는 점에서 발음 습득에 있어서는 성인에 비해 훨씬 유리한 입장이다. 그러나 초등학생 또한 이미 모국어의 발음이 습관화된 상태이기 때문에 영어 발음 지도가 제대로 이루어지지 못한다면 학생들은 올바른 영어 발음을 습득하지 못할 뿐 아니라 틀린 발음이 굳어지게 되고 고치기 어렵게 되기도 한다. 더구나, 우리나라와 같이 교실 밖에서 영어를 접하기 어려운 외국어교육 상황에서는 수업 중에 올바른 발음의 표본을 들려주어 이를 내재화할 수 있도록 유도하는 것이 매우 중요하다. 오늘날에는 각종 온라인 자료를 통해 학생들이 영어 원어민 화자들의 발음에 접할 수 있는 기회가 많으므로 교사는 자연스러운 영어 입력을 많이 제공함으로써 학생들이 영어 발음에 익숙해지도록 이끌어야 한다. 무엇보다도 교사가 좀 더 체계적으로 발음을 지도한다면 학습이 더 효율적으로 이루어지고 학습 과정이 촉진될 것이다. 발음 학습은 학습자들이 스스로 방법을 깨닫기 어려운 부분이므로 교사의 역할이 중요하다.

영어 발음은 음(sounds), 강세(stress), 음도(pitch) 등 여러 구성요소로 되어 있으므로 학습자들이 이들 각각의 기능에 대해 이해할 필요가 있다. 학습자들이 영어 단어는 다양한 강세 유형을 가지며 음도에 따라 전달하는 의미도 달라질 수 있다는 것을 이해하게 되면, 말을 할 때 발음의 어떤 면에 주의를 기울여야 할지 알게 된다. 이러한 기본적인 인식 변화는 성공적으로 의사소통하는 데에 있어 매우 중요한 요소로서 작용하게 된다. 학습자들은 문법적으로나 어휘적으로 올바른 문장이라 하더라도 발음을 제대로 하지 못하면 이해 불가능한 말이 되어 의사소통 자체가 좌절될 수 있다는 것을 깨달아야 한다. 또한 발음 학습은 언어 학습의 다른 면들과 마찬가지로 학습자의 꾸준한 노력이 있어야 한다는 것도 인식해야 한다. 이러한 과정에서 중요한 인도자가 될 수 있는 사람이 바로 교사이다. 교사는 초등학교 학생들에게 영어 발음 규칙을 일일이 설명할 필요는 없으나 여러 학습 활동을 계획하고 조직할 때 항상 학생들이 자연스럽게 영어 발음을 익힐 수 있는 방법에 대해 생각해야 할 것이며, 학생들이 어려움을 느끼는 영어 발음이 무엇인가에 대해 관심을 갖고 체계적으로 지도하여야 할 것이다.

그러면 영어 발음 지도의 목표를 어디에 두어야 할까? 이 문제에 대해서는 여러 주장들이 나오고 있는데, 과거에는 주로 모국어 화자와 유사한 발음(nativeness principle)이 발음 지도의 목표가 되었으나, 영어가 국제어로서 다양한 언어적 배경을 가진 사람들의 의사소통 수단이 됨에 따라 발음 교육의 목표도 이러한 시각에서 재정립되었다. 외국어 학습자가 모국어 화자와 거의 유사하게 발음한다는 것은 성취하기 어려운 목표이며 이러한 어려운 목표를 성취했다고 해서 특별히 의사소통을 더 잘하는 것도 아니다. 발음은 모국어 화자와 다르다 하더라도 정확하고 유창한 영어를 구사하면 오히려 더 의사소통이 잘되는 경우를 얼마든지 볼 수 있다. 따라서 발음 교육의 목표로서 보다 현실성이 있는 것은 자신의 말을 이해시킬 수 있는 발음(intelligibility principle)이라 할 수 있을 것이다. 대화 상대자가 자신의 발음으로 인해 이해에 지장을 받아 계속 반복해 줄 것을 요청하게 된다면 원활한 의사소통은 이루어지기 어렵기 때문이다. 그러므로 교사는 이러한 목표를 염두에 두고 학생들을 지도하여야 할 것이며, 교사 자신의 발화도 학생들에게는 중요한 언어 입력이 되므로 자신의 발음 향상을 위해 노력해야 할 것이다.

2 발음 기관

허파에서부터 입술에 이르기까지 발음에 관여하는 기관들을 편의상 호흡부(the respiratory system), 발성부(the phonatory system), 조음부(the articulatory system)로 나누어 볼 수 있다.

각 부의 주요 기관을 살펴보면, 호흡부에는 허파(lungs), 발성부에는 후두(larynx), 그리고 조음부에는 인두(pharynx)를 포함하여 구강(oral cavity) 및 비강(nasal cavity)이 있다. 그런데 각 부가 발음작용에 기여하는 역할은 서로 다르다. 호흡부에서는 소리의 원천을 제공하는 기류작용을 하고 발성부에서는 음성(voice)의 유무를 결정하는 발성작용을 하며, 조음부에서는 모든 소리 하나하나가 특징을 띠도록 고르는 작업, 즉, 조음작용을 하여 비로소 우리가 들을 수 있는 말의 소리가 이루어진다.

허파에서 시작된 공기의 흐름은 기관(trachea)을 통하여 올라와서 맨 먼저 성대(vocal cords)를 통과하게 된다. 성대는 마치 입술과 같은 모양으로, 이것을 열기도 하고 닫을 수도 있게 되어 있다. 이 성대가 열려 있을 때 그 열려 있는 틈을 성문(glottis)이라고 부른다.

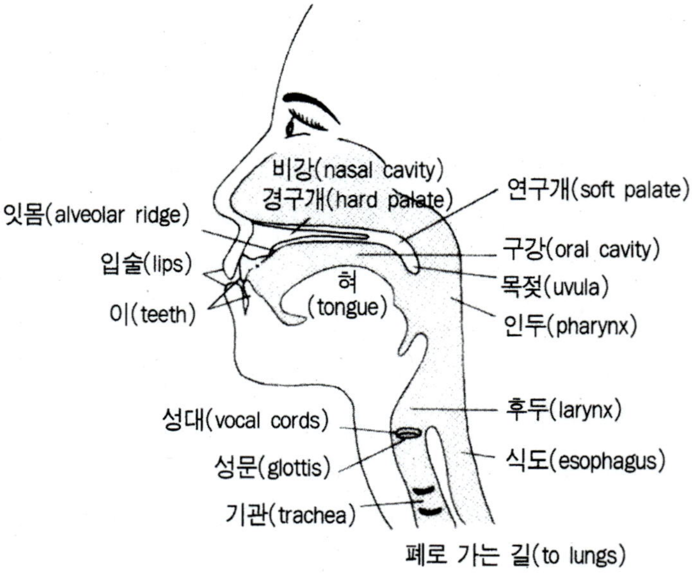

[그림 8-1] 발음 기관

우리가 보통 숨을 쉬고 있을 때 성대는 넓게 열려 있어서 공기가 아무런 장애 없이 통과하게 된다. 이러한 상태(open glottis)에서 언어음을 낼 때는 성대의 울림이 전혀 없는 음, 즉 무성음(voiceless sound)이 된다. 그리고 성대가 완전히 닫히지 않고 서로 가까워져 좁아진 상태(narrow glottis)에서는 허파에서 올라온 공기가 통과하면서 성대가 진동하여 소리가 나게 되며, 이렇게 이루어지는 음은 유성음(voiced sound)이라고 불린다.

조음부에 있는 비강과 인두는 부속 기관을 가지고 있지 않지만 구강은 여러 기관으로 세분된다. 구강의 윗부분은 고정되어 있으며, 구강의 아랫부분에 붙은 기관들을 움직여 발음하게 된다. 따라서, 한 언어의 특정 말소리는 혀와 입술을 움직여 입안의 모양과 크기를 변화시킴으로써 만들어지게 되는 것이다.

모든 언어의 소리는 크게 자음과 모음으로 구분된다. 모음은 비교적 공기의 흐름이 자유롭도록 입을 벌려 발음되는 소리이고, 자음은 입안이 좁아지거나 공기의 흐름이 방해를 받아 만들어지는 소리이다. 다음에서는 영어 자음과 모음의 발음 방법에 대해 자세히 알아보도록 한다.

3 영어 자음(consonants)과 모음(vowels)의 발음

1 자음

일반적으로 자음을 기술할 때는 조음점(point of articulation)과 조음 방식(manner of articulation)이 소리의 분류를 위한 기준이 된다. 조음점이란 조음이 어느 곳에서 행해지는지 입안의 위치를 말하는 것이고, 조음 방식이란 조음 위치에서 각기 각 조음을 완성시켜줄 기본 방식을 일컫는다.

조음점에 따라 자음을 분류하면 다음과 같다.

a. 양순음(bilabial) : 두 입술이 접촉해 있을 때 나는 소리이다. 처음에는 입술이 붙어 있다가 떨어지면서 발음이 된다. (예 /p/ pie, /b/ bat, /m/ my, /w/ way)
b. 순치음(labiodental) : 아랫입술과 윗니가 접촉하여 나는 소리이다. (예 /f/ fat, /v/ save)
c. 치음(dental) : 윗니와 혀끝이 접촉할 때 나는 소리이다. (예 /θ/ thin, /ð/ thus)
d. 치경음(alveolar) : 혀끝을 윗니 바로 뒤의 치경에 접촉할 때 나는 소리이다. (예 /t/ top, /d/ dip, /s/ sit, /z/ zoo, /n/ nut, /l/ lap, /r/ right)
e. 경구개 치경음(plato-alveolar) : 혀가 경구개의 앞부분, 즉 치경 근처에 접근하며 나는 소리이다. (예 /ʃ/ shoot, /ʧ/ child, /ʒ/ pleasure, /ʤ/ judge)
f. 경구개음(platal) : 혀 앞과 경구개의 접근으로 만들어진다. (예 /j/ you)
g. 연구개음(velar) : 혀 뒤가 상승하여 연구개와 접촉함으로써 만들어지는 소리이다. (예 /k/ kill, /g/ give, /ŋ/sing)
h. 성문음(glottal) : 성문에서 공기가 장애를 받아 나는 소리이다. (예 /h/ have)

다음은 조음 방식에 따른 자음의 분류이다.

a. **파열음**(stop) : 공기의 흐름이 입을 통해 빠져나가지 못하도록 완전히 폐쇄되었다가 조음기관이 열리면 공기는 파열하는 소리를 내면서 빠져나가게 된다. (예 /p/, /b/, /t/, /d/, /k/, /g/)

b. **마찰음**(fricative) : 두 개의 조음기관이 가깝게 접근해 있어서 그 틈을 빠져나가는 기류가 방해를 받아 마찰할 때 생기는 소리다. (예 /f/, /v/, /θ/, /ð/, /s/, /z/, /ʃ/, /ʒ/, /h/)

c. **파찰음**(affricate) : 파열음으로 시작해서 마찰음으로 지속되는 소리를 말한다. 공기의 흐름이 차단되었다가 파열하는 순간 약간의 간격을 만들어 같은 위치에서 마찰하는 소리가 나게 된다. (예 /ʧ/, /ʤ/)

d. **비음**(nasals) : 구강이 봉쇄되어 공기가 비강으로만 빠져나갈 때 생기는 소리이다. (예 /m/, /n/, /ŋ/)

e. **유음** (liquids) : 구강의 중심선에서는 공기의 흐름이 폐쇄되나, 혀의 양쪽 측면 또는 입천장 사이에 공기가 빠져나갈 수 있는 간격이 생겨 소리가 나게 된다. (예 /l/, /r/)

f. **전이음**(glide) : 발음하는 도중에 발음기관이 뒤따르는 모음의 위치로 신속하고 자연스럽게 이동해 가는 음이다. 따라서 활음 또는 반모음(semi-vowel)이라고도 한다. (예 /w/, /j/)

이상에서 살펴본 기준에 따라 만들어진 영어 자음표는 다음과 같다. 영어의 각 자음이 쓰이는 단어의 예를 살펴보기 바란다.

[표 8-1] 영어의 자음 조직

조음점 / 성대 진동 / 조음 방식	양순음 (bilabial)		순치음 (labio-dental)		치음 (dental)		치경음 (alveolar)		경구개 치경음 (palatal veolar)		경구개음 palatal		연구개음 (velar)		성문음 (glottal)	
	무	유	무	유	무	유	무	유	무	유	무	유	무	유	무	유
파열음 (stop)	p	b					t	d					k	g		
마찰음 (fricative)			f	v	θ	ð	s	z	ʃ	ʒ					h	
파찰음 (affricate)									ʧ	ʤ						
유음 (liquid)								l, r[4]								
전이음 (glide)		w										j				
비 음 (nasal)		m						n						ŋ		

4 영어의 /l,r/은 환경에 따라 다양하게 발음된다. 일반적으로 /l/은 혀의 가장자리를 이용하여 발성하는 설측음(lateral)에 해당하므로 조음방식에서 rhotic에 해당하는 /r/과 구분된다.

[표 8-2] 영어 자음의 예

Symbol	Initial	Medial	Final
/p/	pie	happy	stop
/b/	buy	rubber	rob
/p/	pie	happy	stop
/t/	two	attack	hit
/d/	dog	sudden	could
/k/	cut	liquid	back
/g/	go	bigger	rug
/f/	fin	laughing	if
/v/	view	loving	move
/θ/	thick	author	bath
/ð/	these	mother	bathe
/s/	sit	nicely	rice
/z/	zoo	easy	lose
/ʃ/	she	nation	wish
/ʒ/	-	leisure	beige
/h/	heat	perhaps	-
/ʧ/	cheese	richer	beach
/ʤ/	jaw	major	edge
/l/	like	silly	ball
/m/	more	summer	dumb
/n/	nice	running	soon
/ŋ/	-	singer	ring
/w/	wet	nowhere	-
/r/	red	courage	-
/j/	you	beyond	-

2 모음

영어 모음의 구분은 다음의 네 가지 요소에 의존한다.

a. **혀의 높이**(tongue height) : 어떤 모음을 발음할 때 혀의 가장 높은 부분이 입천장 가까이 높이 올라가 있을 경우 이것을 고모음(high vowel), 중간일 때는 중모음(mid vowel), 아주 낮을 때는 저모음(low vowel)이라고 부른다.
b. **혀의 위치**(tongue position) : 혀의 가장 높은 부분이 앞으로 나와 있을 때는 전설모음(front vowel), 중간쯤일 때는 중설모음(central vowel), 목구멍 쪽으로 들어가 있을 때는 후설모음(back vowel)이라 한다.
c. **입술의 모양**(lip position) : 입술을 동그랗게 오므려 발음하는 것을 원순모음(round vowel)이라고 하고 그렇지 않은 것을 평순모음(unround vowel)이라고 한다. 대체로 영어의 전설모음과 중설모음은 평순음이고 후설모음은 원순음이다.
d. **발음기관의 긴장도**(tenseness) : 발음 기관의 근육이 긴장하는 경우 긴장모음(tense vowel), 이완하는 경우 이완모음(lax vowel)이라고 한다. 보통 긴장모음은 이완모음에 비해 더 길고 혀의 위치가 더 높다.

위의 네 가지 요소 중에서 혀의 높이와 모양이 모음 분류에 있어 가장 중요한 요소가 된다. 그래서 보통 모음도표는 이런 두 가지 차원에 따라 기술된다.

[표 8-3]은 혀의 높이와 혀의 모양에 따른 모음들의 공간적인 관계를 나타내는 도표(Kenyon, J. S. & Knott, T. A., 1953)이다. 표에 기재된 영어 모음의 위치를 보고 각 모음에 해당하는 영어 단어들의 예를 [표 8-4]에서 찾아보기 바란다.

[표 8-3] 영어 모음(Kenyon의 모음도)

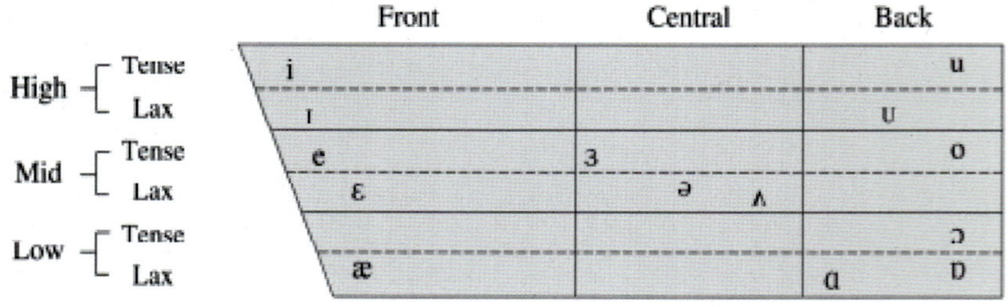

[표 8-4] 모음 종류

단모음(short vowels)						
/I/	pit	build	pretty	system	women	busy
/ɜ/	egg	head	said	many	friend	again
/æ/	am	ant	aunt	salmon	ran	marry
/ə/	the	alone	second	upon	famous	sofa
/ʌ/	cup	some	blood	rough	brother	come
/U/	book	look	good	wolf	wood	could
/ɔ/	all	talk	draw	broad	walk	saw
/ɑ/	father	calm	farm	body	part	got
장모음(long vowels)						
/i/	we	each	meet	police	fatigue	people
/e/	radio	wait	they	great	play	apron
/u/	soon	move	blue	you	use	cool
/o/	go	phone	home	boat	don't	low
이중모음(diphthongs)						
/ai/	I	ice	light	buy	high	climb
/ɔi/	toy	join	coin	boy	voice	enjoy
/au/	loud	hour	out	mouse	now	about
/iə/*	ear	year	hear	clear	beer	cheer
/εə/*	air	hair	chair	wear	care	square
/uə/*	poor	your	sure	tour	during	cure
/ɔə/*	or	for	store	door	before	warm

※ 이 모음들은 미국영어에서는 철자 'r'이 들어 있는 경우 /ir/, /εr/, /ur/, /ɔr/로 발음된다.

3 자음과 모음의 지도 방법

외국어 학습자들이 앞서 언급한 유형 2, 4의 자음과 같이 모국어 발음과 생경한 외국어의 음을 접하게 되었을 때, 그들은 생소한 언어음을 자신의 모국어에서 친숙한 언어음의 변이형으로 지각하게 된다. 예를 들어, 우리말에는 존재하지 않는 영어의 /ʃ/음을 듣게 되었을 때 이를 우리말의 /ㅅ/으로 지각하는 경향이 있다는 것이다. 이러한 경향이 지속되면 학습자는 외국어의 언어음들을 제대로 구별하지 못하게 될 뿐 아니라 제대로 발음할 수도 없게 된다. 음들을 구분하지 못하는 학습자가 생소한 음을 올바르게 발음하는 것은 불가능한 일이다. 그러므로 영어 교사는 한국 학생들이 어려움을 겪게 될 영어의 음들을 선별하여 '청각적 식별'과 '산출'의 두 가지 측면에서 체계적으로 지도하여야 할 것이다. 그러기 위해서 교사는 영어와 한국어의 음운조직 및 양 언어 간의 유사점과 차이점에 대해 알고 있어야 하며, 영어의 언어음들을 효과적으로 지도할 수 있는 방법들에 대해서도 알고 있어야 한다.

영어 발음 학습 시에 한국 학생들에게 어려움이 예상되는 몇 개의 발음은 다음과 같다.

a. 한국어에 존재하지 않는 영어음 : /f/, /v/, /θ/, /ð/, /ɔ/, /ʌ/
b. 한국어에 비슷한 음이 있으나 구별하기 어려운 영어의 발음 : /p,f/, /s,z/, /b,v/, /l,r/, /s,ʃ/, /s,θ/, /d,ð/, /d,ʒ/, /z,ʒ/, /i,I/, /u,U/, /o,ɔ/, /ɛ,æ/, /ə,ɔ/

이상과 같이 학습자들이 익히기 어려운 발음들을 지도하기 위해 다음과 같이 전통적인 방법을 포함하여 다양한 방법들을 사용할 수 있다.

① Listen and imitate/repeat

직접 교수법과 청각 구두 교수법에서 사용되던 전통적인 방법으로 원어민 화자의 발음을 듣고 모방하여 따라 하는 방법이다. 잘못하면 기계적으로 되기 쉬운 단점이 있기는 하지만, 영어 발음을 익히는 데 있어 기본적인 과정이므로 발음 지도 시 많이 사용하게 된다.

② Tongue-twisters

'She sells sea shells by the seashore.' 'Peter Piper picked a peck of pickled peppers.'와 같이 비슷한 발음을 모아 놓아 혀가 잘 돌지 않는 어려운 어구를 말하게 함으로써 발음을 연습시키는 방법이다. 이 방법은 원래 영어 원어민 화자의 조음 훈련을 위해 사용되었던 것인데 외국인 영어 학습자의 발음 지도에도 사용되고 있다. 이러한 어구들을 발음하는 것은 원어민 화자에게조차도 쉬운 일이 아니므로 영어 학습자들에게 자주 사용하는 것은 바람직하지 못하지만 흥미 차원에서 이따금 사용할 수 있다.

③ **최소 대립쌍 훈련**(minimal pair practice)

최소 대립쌍, 즉 다른 발음은 똑같고 단지 한 음만 다른 한 쌍의 단어를 대비시켜 연습시킴으로써 학습자들이 어려움을 느끼는 두 발음 간의 차이를 인식하게 하는 방법이다. 예를 들어 'road'와 'load'는 단지 /r/과 /l/음만 다른 최소 대립쌍이 된다. 영어에는 최소 대립쌍이 상당히 많이 존재하는 데, 자음의 경우 발음할 때 성대가 진동하느냐하지 않느냐, 즉 유성음이냐 무성음이냐에 따라 다음과 같은 최소 대립쌍들이 나올 수 있다.

/p/ and /b/ (Pete, beat)   /s/ and /z/ (Sue, zoo)
/f/ and /v/ (fast, vast)   /ʧ/ and /ʤ/ (choke, joke)
/k/ and /g/ (core, gore)   /t/ and /d/ (to, do)

다음은 한국 학생들이 흔히 혼동하는 발음들을 포함하고 있는 최소 대립쌍들이다.

/f/ and /p/ (fat, pat)   /v/ and /b/ (vase, base)
/θ/ and /s/ (think, sink)   /ð/ and /d/ (they, day)
/s/ and /ʃ/ (sea, she)   /s/ and /z/ (sip, zip)
/r/ and /l/ (correct, collect)

이러한 최소 대립쌍들은 영어 학습자에게 발음하기 어려운 자음의 쌍들을 포함하므로 청각적 식별 및 발음의 측면에서 유용하다. 모음의 경우도 아래와 같이 최소 대립쌍 훈련을 통하여 장모음과 단모음, 혹은 비슷한 모음들을 구분하도록 할 수 있다.

/i/ and /I/ (leave, live)   /ɛ/ and /æ/ (men, man)
/u/ and /U/ (fool, full)   /ɔ/ and /ə/ (walk, work)
/o/ and /ɔ/(boat, bought)

학생들이 음을 듣고 어떤 발음인지 식별하도록 하는 연습은 그림 또는 단어를 사용하여 할 수 있다. 가령, 다음과 같이 그림을 주거나 단어를 칠판에 쓰고 차례대로 번호를 매긴 뒤 교사 또는 원어민이 말하는 단어에 해당되는 번호를 불러 골라낼 수 있다. 아래의 그림에서는 세 개의 음이 대조되고 있다.

1
(pen)

2
(pan)

3
(pin)

최소 대립쌍을 문장 중에서 식별하도록 연습시키기 위해 단어 대신에 단어가 들어간 문장을 말하고 학생들은 자신이 들은 문장이 어떤 것인지 표시하게 하는 방법을 사용할 수도 있다.

He's gone to get a cap.
He's gone to get a cab.

There's a flower in the glass.
There's a flower in the grass.

발음 식별 훈련을 시키기에 앞서 교사는 분명한 표본을 보여주어야 하고, 필요하다면 쉬운 말로 조음 위치와 방법에 대해 설명해 주어야 한다. 학생들이 번호를 부른 후에는 즉시 피드백(feedback)을 주도록 하고, 틀린 번호를 선택한 경우에는 다시 한번 대립쌍을 들을 기회를 주어 두 음의 발음상의 차이를 지각할 수 있도록 하여야 할 것이다. 최소 대립쌍을 발음할 때 교사는 처음에는 다소 느리고 과장되게 발음하여 학생들이 학습하고자 하는 발음을 분명하고 정확하게 들을 수 있도록 하고 나중에 자연스러운 발음을 들려주는 것이 좋다. 청각적 식별 훈련은 발음 연습으로 이어질 수 있다.

영어의 음들은 나타나는 위치와 주변음에 따라 발음이 약간씩 달라지므로, 학습자의 수준에 따라 음이 단어의 처음, 중간, 끝에 나타났을 때의 예를 들려주며 발음이 어떻게 달라지는지 알려주는 것도 도움이 될 수 있다. 예를 들어, /t/음이 단어 또는 강세 음절의 처음에 나타날 때는 강하게 공기를 유출하며 발음되지만(예 tip, guitar), /s/음 뒤 또는 단어의 끝에서는 그러한 공기의 유출이 없이 발음된다(예 still, mat). 이러한 차이를 초등학교 학생들에게 쉽게 알려줄 수 있는 방법은 얇은 종이를 대고 발음해 보도록 하는 것인데, 기음(aspirate; 공기의 유출이 있는 음)인 경우에는 종이가 움직이는 것을 볼 수 있다. 또한, 유성음과 무성음의 차이를 느껴보게 하기 위해 손가락을 성대에 대고 발음해 보도록 할 수 있다. 유성음인 경우 성대가 울리는 것을 학생들이 분명히 느낄 수 있을 것이다.

④ Listening for a specified word

교사는 학생들이 찾아야 할 특정 단어를 정해 주고 여러 개의 비슷한 단어를 말한다. 학생들은 그중 찾아야 할 단어가 어떤 것인지 번호를 적는다(예 one - 'pet', two- 'pit', three - 'Pete').

⑤ Which order?

교사는 종이에 일련의 유사한 단어를 주고 학생들에게 교사가 발음하는 순서대로 번호를 적게 한다(예 pit(2), Pete(3), pet(1)).

⑥ Write the word you hear

교사가 단어를 말하면 학생들은 들은 대로 단어를 쓰거나 빠진 철자를 적어 넣는다. 영어는 발음과 철자가 일대일 대응이 되지 않기 때문에 때때로 한 개 이상의 답변이 나올 수 있다(예 /mit/ 'meet' 또는 'meat'). 따라서 학생들이 쓴 단어가 영어에 존재하는 것이면 모두 인정하여야 할 것이다. 단어를 쓰도록 하는 대신에 교사의 말을 듣고 문맥상 적당한 단어를 추측하여 달하도록 할 수 있다. 이때 빠진 단어는 교사가 연습시키고자 하는 발음을 포함하고 있는 것이다.

Missing words

Say a word to fill the gap.

a) A boy and a ________________ .

b) First, second and ________________ .

c) A pigeon is a kind of ________________ .

⑦ Rhyming words

교사가 한 단어를 말하면 학생들은 그 단어와 운을 이루는 다른 단어들을 말한다. 연습의 목적이 발음에 있으므로 학생들이 잘 모르는 단어를 사용해도 될 것이다.

교사 : Tie (자신의 넥타이를 가리키며)

학생 : My, eye, why, cry, . . .

교사 : Pear (그림카드를 보이며)

학생 : bear, chair, . . .

⑧ Same or different?

교사가 두 개의 단어를 차례로 말하면 학생들은 두 단어의 발음이 같은 경우 'same'이라고 외치고 다른 경우 'different'라고 외친다.

교사 : Royal (휴지) Royal.

학생 : Same.

교사 : Royal (휴지) Loyal.

학생 : Different.

⑨ Odd one out

교사가 세 개 또는 네 개의 단어를 말하면 학생들은 그중 발음이 다른 단어를 고른다.

교사 : One-Pear (휴지) Two-Pear (휴지) Three-Bear.

학생 : Three.

⑩ How many times did you hear it?

교사는 학생들에게 짧은 구 또는 문장을 말하며 그 가운데서 특정음이 몇 번 나왔는지 알아맞히게 한다. 어떤 음이 몇 번 나왔는지 세어 보기 위해서는 발음에 주의를 기울여 집중해서 들어야 하기 때문에 청각적 식별 능력을 키우는 데 도움이 된다(예 /ʃ/ 'She likes fish.').

⑪ Word bank improvisation

학생들이 어려움을 느끼는 발음이 포함되어 있는 단어들이 나올 때마다 큰 종이에 적어 두고 학생들에게 그 단어들을 되도록 많이 사용해 문장을 만들어 보도록 한다. 짝 활동에서 처음에는 문장을 써 보도록 하고 이어서 구두로 이야기해 보도록 한다. 이 방법은 학생들에게 지속적으로 발음 연습 및 어휘 복습을 시킬 수 있다는 점에서 유용하다. 이와 비슷한 방법으로, 특정음을 연습시키기 위하여 그 음이 들어간 단어들을 모아 놓고 그 단어들을 사용해 문장을 만들어 보도록 할 수 있다. 아래의 예는 /ɑ/음과 /æ/ 음을 연습시키기 위해 단어들을 모아 놓은 경우이다.

where	everywhere	joy	liar
my	around	town	now
clear	rose	high	brown
goat	rice	low	down
wide	narrow	old	ate
plane	today	near	pure
road	bike	field	sewer

The old goat went to the town and ate the rice.

Roads in the old town are so narrow.

Planes today are wide and high, not narrow and low.

Making sentences

Make three sentences. In each sentence, use one word from group 1 and one word from group 2.

Group 1			*Group 2*		
last dark marvellous	fast black	calm glad bad	farm party car	part jam hat	rabbit man

She drives a black car.

He wears a black hat.

⑫ Buzz words

이 방법은 발음 연습뿐만 아니라 의미를 생각하며 듣는 훈련을 할 때도 유용하다. 교사는 문장을 읽으며 어려운 발음이 포함되어 있는 단어가 나올 때마다 단어 대신 'buzz'라고 말한다. 학생들은 어떤 단어가 문맥상 적당할까 생각해서 빠진 단어를 말한다.

교사 : The other day I took my son to the doctors. He was buzz.
학생1 : Was he sick?
교사 : Correct. Class, repeat. He was sick.
교사 : My friend's wife doesn't eat much. She is buzz, not fat.
학생2 : Thin?
교사 : Right. She's thin. Repeat. She's thin.
교사 : Last night I woke up feeling buzz. I went to the kitchen for a drink. I felt buzz.
학생3 : Thirsty?
교사 : That's it! Class, repeat. I was thirsty. etc.

⑬ games

초등학교에서는 게임을 통한 학습이 효과적이므로 발음 지도를 위해 여러 가지 게임을 이용할 수 있다. 지도하고자 하는 발음이 무엇이냐에 따라 사용되는 단어도 달라지게 되고 게임의 형태도 달라지게 되므로 교사는 어휘 지도를 위해 사용했던 방법들을 적절히 변형하여 발음 지도에 사용하면 될 것이다. 다음의 예를 참고할 수 있다.

a. Phonetic bingo

일반적인 빙고 게임에서와 마찬가지로 교사는 학생들에게 빙고판을 나누어주고 학습하고 있는 발음이 포함되어 있는 여러 단어들을 원하는 대로 적어 넣게 한다 (또는 단어를 나타내는 그림을 그려 넣게 할 수 있다). 예를 들어, 단어들은 mouth/mouse와 같은 최소 대립쌍을 포함할 것이다. 그리고 나서, 교사가 부르는 대로 칸을 지워나가 가로 또는 세로로 먼저 칸을 다 지우는 학생이 승리한다.

b. Join the dots

교사가 부르는 순서대로 단어를 연결하도록 하는 게임으로, 포함되는 단어는 학생들이 식별하기 어려운 발음을 포함하고 있다. 다음의 예에서 학생들은 곰이 무엇을 하고 있는지 알아맞히기 위해 순서대로 단어를 연결하여야 한다.

c. Pronunciation journey

교사는 칠판에 칸을 나누어 최소 대립쌍이 되는 두 단어를 왼쪽과 오른쪽에 각각 한 개씩 적어 넣는다. 그리고 학생들에게 아래와 같은 지도를 한 장씩 나누어준다. 학생들은 1번에서부터 시작하여 목적지를 향해 길을 떠나게 되는데, 갈림길에 도착했을 때 교사가 칠판의 왼쪽에 써 있는 단어를 말하면 왼쪽으로 가고 오른쪽에 써 있는 단어를 말하면 오른쪽으로 간다.

왼쪽	오른쪽
men	man
place	plays
taught	thought
ship	sheep

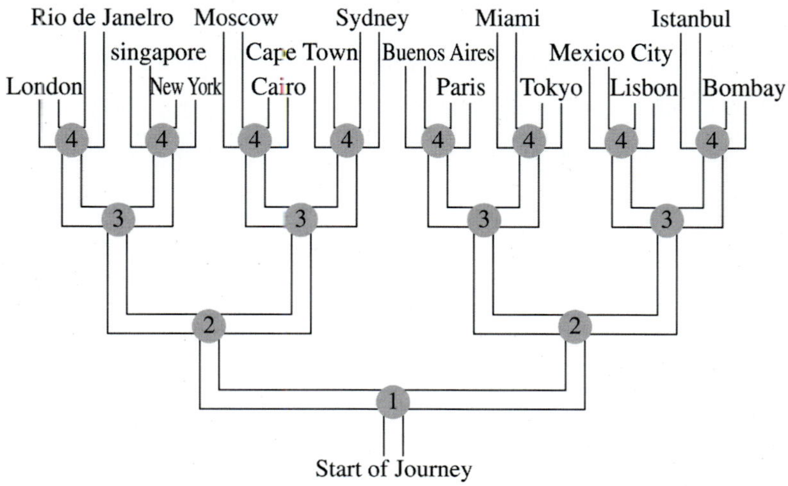

⑭ Phonics

이것은 발음중심교수법으로서 학생들이 영어 알파벳 또는 알파벳의 결합체를 보고 그들이 어떤 소리와 연관되는지 익히도록 하는 방법이다(예 sh - /ʃ/). (자세한 것은 5장을 참고)

4 영어의 강세, 리듬 및 억양

세계에서 사용되고 있는 여러 영어 방언들은 발음에 있어 차이들을 보여준다. 대표적인 경우로서, 영국 영어와 미국 영어 사이에도 발음 차이가 있음을 알 수 있다. 그러나, 세계의 다양한 지역에서 사용되고 있는 영어는 강세, 리듬 및 억양에 있어서는 거의 비슷한 특성을 보이고 있다. 즉, 단어 또는 구에서 동일한 음절에 강세를 주는 경향이 있으며, 놀람, 혐오, 의문 등을 표현하기 위해 각기 비슷한 음도(pitch)를 사용한다.

이러한 언어의 음악적 특성들을 '초분절자질(suprasegmental features)'이라 부르며 이것은 자음, 모음과 같은 언어음 각각의 발음 못지 않게 중요하다. 어떤 언어의 초분절자질들을 제대로 익히지 못하면 모국어 화자들이 이해하기 어려운 발화를 하게 되어 때때로 의사전달이 불가능해지기 때문이다.

초분절자질들은 초보 단계에서부터 언어사용의 중요한 요소로서 연습을 시켜야 하며 잘못 되었을 경우 수정을 해 주어 올바른 발화습관이 확립되도록 해야 한다. 만약 이러한 학습이 제대로 이루어지지 않아 잘못된 발화습관이 굳어지게 되면, 학생들은 영어를 말할 때 한국어와 마찬가지로 평탄한 음도로 말을 하거나 각 음절을 동일한 길이와 강도로 발음하게 될 것이다. 다음에서는 영어의 초분절자질들에 대해 알아보고 이들을 학습시킬 수 있는 방법을 살펴보도록 한다.

1 강세(stress)

영어에서 어떤 음절은 그 주변의 다른 음절보다 더 힘을 주어 강하게 발음하게 된다. 이때 그 음절은 강세를 받는다고 말하는 데, 대체로 강세를 받는 음절은 그렇지 않은 음절에 비해 약간 길게, 그리고 더 높은 음도로 발음하게 된다. 강세는 제1강세, 제2강세, 제3강세, 약강세 등 4단계로 나눌 수 있는데, 보통 가장 강한 제1강세만을 표시한다. 2음절 이상의 영어 단어들은 명확히 강하고 길게 발음되는 하나의 음절을 갖고 있다. 예를 들어, 'apartment'라는 단어에서 '-part-'에 강세가 주어짐을 알 수 있다. 한국어는 영어와는 달리 낱말 단위로 음절 간의 뚜렷한 차이가 나지 않고 음의 세기나 길이가 거의 같으므로, 영어의 특징 중의 하나인 강세를 익히는 일은 발음학습에서 매우 중요하다.

(1) 단어 강세(word stress)

단어의 어떤 음절에 강세가 오는지를 예견해 줄 수 있는 영어 강세 위치 규칙은 너무 복잡하기도 하고 여전히 논란의 여지도 있으므로 그러한 규칙에 의존하는 것은 현명한 생각이 아니다. 따라서 아래에서 예로 들 몇 가지 경우를 제외하고는 강세는 새로운 단어를 학습할 때 발음의 일부분으로서 학습하여야 할 것이다. 강세의 위치는 사전에 발음과 함께 표시된 것을 참고한다.

강세는 영어에 있어서는 자음 · 모음의 명확한 발음만큼 중요한 부분이다. 실제로 영어의 모국어 화자들과 의사소통할 때 강세를 주어야 할 음절에 강세를 주지 않거나 엉뚱한 음절에 강세를 주어 발음하게 되는 경우, 모국어 화자들이 무슨 말인지 전혀 이해하지 못하는 일이 흔히 벌어지기 때문이다. 예를 들어 정기간행물을 뜻하는 'periodical'을 발음할 때 'perióodical'로 발음하지 않으면 도서관 사서가 곧바로 무슨 말인지 알아듣지 못하는 사태가 생길 수 있다.

때때로 강세는 단어들을 문법적 또는 의미적으로 구별 짓는 역할을 한다. 예를 들어, 동사로도 사용되고 명사로도 사용되는 단어들은 강세의 위치에 따라 품사가 달라지게 된다. 일반적으로 명사는 첫음절에, 그리고 동사는 뒷음절에 강세를 받게 된다(예 an íncrease / to incréase, a récord/ to recórd, an áddress/ to addréss, a présent/ to presént). 강세 위치는 발음상 동일한 단어와 구의 의미도 변화시킬 수 있는데, a bláckbird(지빠귀)/a black bírd(검은 새), a bláckboard(칠판), a black bóard(검은 판), an English teacher(영어 선생) /an English téacher(영국인 선생) 등이 그 예이다. 'blackboard'와 같은 합성어들은 보통 첫음절에 강세가 주어지고 'black board'와 같이 '형용사 + 명사'로 이루어진 구들은 두 번째 단어에 강세가 주어진다.

(2) 문장 강세(sentence stress)

강세는 단어에만 주어지는 것이 아니라 문장에도 주어질 수 있는데, 문장에 주어지는 강세를 '문장 강세'라고 한다. 다음의 예를 살펴보자.

I like dógs.
I am glád to sèe you.

위 문장의 단어들은 모두 단음절어이기 때문에 개별적으로는 어떤 단어도 강세를 받지 않는다. 그러나 문장 내에서 몇 단어는 강세를 받고 있는데, 이를 문장 강세라 부른다.

문장 강세는 일반적으로 내용어(content words), 즉 의미상 어떤 내용이 있는 단어에 주어지게 된다. 영어에서 내용어가 될 수 있는 단어들은 명사, 동사, 형용사, 부사, 지시사(this, that, these, those), 의문사(who, when, why, where 등)이다. 이에 비해 문장 강세를 받지 않는 단어들은 기능어(function words)들인데, 이들은 의미상 어떠한 내용이 있는 것이 아니라 단지 문장 속에서 낱말 사이를 연결하여 문장을 구성하는 기능을 한다. 기능어는 관사(a, an, the), 전치사(to, of, in 등), 인칭대명사(I, me, he him, it 등), 소유형용사(my, his, yours 등), 관계대명사(who, that, which 등), 접속사(and, but, that, as 등), 조동사(can, could, must 등), 'be' 동사, 'have' 동사 등을 포함하며, 말하는 사람이 특별히 강조하고자 하지 않는 이상 강세를 받지 않게 된다.

영어에서 강세를 받지 않는 음절의 모음은 발화 중에 약화되어 대부분 /ə/(schwa) 또는 장모음 /i/ 등의 경우 /ɪ/로 발음되는데, 이렇게 약화된 발음을 포함하는 문장들을 외국어 학습자가 듣고 이해하기는 상당히 어려운 일이다. 그러나, 강세 음절과 비강세 음절이 교체되어 가며 발생하는 영어의 리듬은 비강세 음절을 약하게 발음함으로써 얻어지는 것이므로, 학습자들이 영어의 리듬 패턴에 익숙해지고 보다 나은 청취력을 갖도록 하기 위해서는 초급 단계에서부터 약화된 발음을 인식하도록 지도하여야 할 것이다. 다음의 예를 보도록 하자.

I **can** do it. /kən/
At least one. /ət/
What **has** he done? /əz/
He's rich **and** famous. /ən/
I'll **be** there. /bɪ/

2 리듬(rhythm)

영어의 리듬은 제1강세를 중심으로 거의 주기적으로 이루어지므로 강세 박자 리듬(stress-timed rhythm)이라 불린다(Abercrombie, 1967). 반면에 한국어는 강세와 전혀 관계없이 각 음절을 거의 동일한 길이와 강도로 발음하여 리듬을 이루므로 음절 박자 리듬(syllable-timed rhythm) 언어라 불린다. 이처럼 영어와 한국어는 리듬에 있어서 차이를 보이므로, 영어의 리듬을 익히는 것은 한국어 학습자들에게는 어려운 학습과제 중 하나라 할 수 있다.

영어의 문장은 발화할 때 몇 부분으로 나누어지게 되는데, 각 부분은 하나의 강세를 받는 음절을 포함한다. 강세를 받는 두 음절 사이에 몇 개의 음절이 오든지 상관없이 두 음절 간에는 거의 비슷한 시간 간격을 유지하게 된다. 이를 '등시간격성'의 원리라 한다. 따라서 두 음절 사이에 강세를 받지 않는 음절이 한 개만 오게 되면 천천히 발음하게 되는 반면, 여러 개의 비강세 음절이 오게 되면 빠르게 발음하게 되는 것이다. 다음 문장들을 예로 보도록 하자.

The dóctor's a sùrgeon.
The dóctor's a good sùrgeon.
The dóctor's a very good sùrgeon.
The dóctor's not a very good sùrgeon.

위의 4개의 문장은 모두 두 개의 강음절 'doc-'과 'sur-'을 갖고 있다. 그러나 'doc-'과 'sur-' 사이에 오는 약음절의 수는 첫 문장의 경우는 2개, 두 번째 문장의 경우는 3개, 세 번째 문장의 경우는 5개, 그리고 마지막 문장의 경우는 6개이다. 영어는 강세를 받는 두 음절 사이를 거의 같은 시간 간격으로 말하게 되므로, 강음절 사이에 오는 약음절 수가 많을수록 빠르게 발음할 수밖에 없는 것이다.

한국어의 기본 음절 구조는 V(모음), CV(자음+모음), VC(모음+자음), CVC(자음+모음+자음)로서, 한국어에서는 자음이 여러 개 겹쳐서 나타나지 않는다. 그러나 영어의 음절 구조는 이보다 훨씬 복잡하며, 여러 개의 자음이 같은 음절 내에서 겹쳐서 나타날 수 있다. 예를 들어, 한 음절로 이루어진 spring [spriŋ]이라는 단어의 경우는 [spr-]과 같이 세 개의 자음이 겹쳐서 나온다. 이러한 단어들을 발음할 때, 한 음절 내 자음이 연이어 나오는 것에 익숙하지 않은 한국 영어 학습자들은 한국어의 음절 구조대로 겹쳐 오는 각 자음 사이에 [으]를 삽입하여 세 음절인 [스프링]이라고 발음하는 경향이 있다. 따라서 자음군을 단일 음절 단위 속에서 한번에 발음하도록 지도하는 것은 영어 교사가 반드시 유념해야 할 발음지도 항목이다.

3 억양(intonation)

억양은 발화자의 감정, 심적 태도, 반응 등을 나타내 주는 목소리의 고저 변화를 말한다. 같은 문장이라 하더라도 억양형에 따라 전달하는 의미가 달라질 수 있으므로, 학습자들이 자연스러운 언어사용을 하도록 하기 위해서는 반드시 올바른 억양형을 습득하도록 하여야 할 것이다. 억양의 중심은 '음도(pitch)'와 '말미연접(terminal juncture)'이다.

음도는 소리의 상대적인 높이를 말하는 데, 일반적으로 4단계로 나누어진다:

4 — 초고음도(extra-high pitch)
3 — 고음도(high pitch)
2 — 중음도(mid pitch)
1 — 저음도(low pitch)

초고음도는 특히 강조를 필요로 하거나 놀람을 나타낼 때 사용된다. 고음도는 보통 문장의 어느 한 부분을 강조할 때, 중음도는 일반적으로 문장의 처음에서, 그리고 저음도는 보통 문장의 끝에서 사용된다. 높이의 변화는 숫자 또는 선으로 표시하는 것이 일반적이다.

^{2}He works in a ^{3}factory^{1}. He works in a factory.

^{2}Is she singing^{3}? Is she singing?

말미연접은 각 의사단락(thought group)을 어떻게 끝마치느냐에 관계한다. 말미연접에는 다음 3가지가 있다:

/↓/ 하강말미연접(falling terminal juncture)
/↑/ 상승말미연접(rising terminal juncture)
/→/ 지속말미연접(sustained terminal juncture)

음도와 말미연접이 결합된 형태를 억양형이라 하는데, 말미연접이 다름에 따라 억양형은 하강조(falling intonation), 상승조(rising intonation), 평탄조(level intonation)의 3가지로 분류된다.

(1) 하강조

하강조는 문장의 마지막 강세를 받는 음절에서 고음도로 올라갔다가 다시 저음도로 떨어지는 억양형을 말하는 데, 보통 서술문에서 많이 쓰이며 발화에 대한 화자의 확신 또는 권위를 표현한다. 하강조는 다음과 같은 문형에서 주로 사용된다.

① 서술문

He went to the park yesterday

② 명령문

Open the window

③ 감탄문

What a beautiful day!

④ 의문사로 시작되는 의문문

Where are you going?

⑤ 선택 의문문

Is this a pen or a pencil?

⑥ 확인 부가 의문문

This is important, isn't it?

(2) 상승조

상승조는 마지막 강세음절에서 고음도로 올라간 후, 저음도로 떨어지지 않고 문장의 마지막까지 고음도를 그대로 유지하는 억양형을 말하는 데, 불확실성, 공손함("Would you mind opening the window?"와 같은 요청의 의문문에서)을 나타내거나 의문문의 경우 정보의 요구를 나타낸다. 상승조는 다음과 같은 경우에 주로 사용된다.

① Yes-no 의문문

Can you speak English? Is that true?

② 반복 의문문

What did you say?

③ 질문의 부가 의문문

This is important, isn't it?

④ 같은 종류의 사물의 열거

One, two, three, four, five

⑤ 부르는 말

My friend, I'm glad to see you.

(3) 평탄조

말이 아직 다 끝나지 않은 상태에서 다음으로 옮아가기 전에 동일한 음도로 얼마동안 그대로 수평을 유지하는 억양형을 평탄조라 한다.

① 불완전문

He is a good boy, …

② 중문('and' 또는 'but'으로 연결된 문장)

I was too tired, and went to bed early.

4 강세, 리듬 및 억양 지도 방법

(1) 강세 지도

교사는 단어, 구 또는 문장을 말할 때 강세를 받는 음절을 크고 길게 발음함으로써 학생들이 강세 유형에 주의를 기울이도록 할 수 있다. 그러나 이러한 기본적인 방법 이외에도 학생들에게 강세 유형을 익히도록 할 수 있는 다음과 같은 여러 방법들이 있다.

① 강세 음절은 큰 동그라미로, 비강세 음절은 작은 동그라미로 나타낸다. 학생들이 문자를 알고 있으면 단어 또는 문장을 동그라미 밑에 같이 써 주고 그렇지 않으면 동그라미만을 그린다.

O o	O o o	o O o	o O	o o O
office	restaurant	policeman	hello	cigarette

o	O	o	o
What	time	is	it?

② 강세를 받는 음절 밑에 밑줄을 긋거나 색분필로 철자를 쓴다.

officer See you tonight.

③ 강세 유형에 맞추어 손뼉을 치는데, 강음절은 크게 치고 약음절은 작게 친다. 손뼉을 치는 대신 책상을 가볍게 두드리거나, 강세의 유무에 따라 주먹을 쥐었다 펴는 것과 같은 몸짓으로 강약을 표시할 수도 있다. 또는 목소리를 이용해 강음절에는 'DA', 약음절에는 'de'로 강약을 표시할 수 있다.

Pass the **salt**, **please.**
CLAP clap CLAP(pause) CLAP

a **ki**lo of **su**gar = de-DA-de-de-DA-de

④ 학생들에게 문장에서 비강세 음절이 오는 부분은 휴지를 하고 강세를 받는 음절들만을 먼저 말하게 한 후, 나중에 전체 문장을 말하게 한다. 비슷한 방법으로, 문장들을 들으면서 강세를 받는 음절 밑에 밑줄을 긋게 하거나 강세를 받는 단어들만 받아쓰게 할 수 있다. 이러한 방법들을 통해 학생들이 메시지를 이해하기 위해 모든 단어들을 알아들어야만 하는 것은 아님을 깨닫게 할 수 있다.

This is a **let**ter from New **York.**
This **let** **York.**

Do you want tea or coffee?
tea **coffee**

⑤ 그림 카드 등 시각 자료와 실물을 교실로 가져와 이들을 보이면서 강세 연습을 시킨다.

It's a **bot**tle.

It's a **big** bottle.

It's a **small** bottle.

⑥ 의견의 불일치(disagreements)를 나타내는 문장들을 통해 중요한 단어가 강세를 받는다는 것을 알려준다.

A : Two and two are **five**.

B : No, two and two are **four**.

A : Is it the **first** of November?

B : No. It's the **sec**ond of November.

⑦ 강세는 발화의 초점이 되는 새로운 정보로 이동할 수 있다는 것을 보여주기 위해 교사가 기본 문장에서 한 번에 한 단어씩 바꾸어 말을 하면 학생들이 교사가 틀리게 말한 부분을 고쳐 원래의 문장대로 말하게 한다. 또는 색깔이 있는 물건들을 하나씩 제시하며 강세가 어떻게 변화하는지 보여준다.

기본 문장 : Mr. Jones was late this morning.

교사 : Mr. **Smith** was late this morning.

(다른 누구도 아닌 Mr. Smith가 늦음)

학생 : No. Mr. **Jones** was late this morning.

교사 : Mr. Jones was late **yesterday**.

(Mr. Jones가 오늘도 엊그제도 아닌 바로 어제 늦음)

학생 : No. Mr. Jones was late this **morning**.

교사 : Mr. Jones was **on time** this morning.

학생 : No. Mr. Jones was **late** this morning.

교사 : **Mrs.** Jones was late this morning.

학생 : No. **Mr.** . . .

That's a **blue pen**.

That's a **red** pen.

That's a red **book**.

That's a **blue** book.

⑧ 화자의 의도에 따라 문장 강세가 바뀔 수 있다는 것을 보여주기 위해 대화문을 이용한다.

A : **What** do you **do**?

B : I'm a **tea**cher. What do **you** do?

A : I work in an **office**.

⑨ 문장에서 어떤 단어가 중요하고 강세를 받게 될지에 관해 생각해 볼 기회를 주기 위해, 전달해야 할 하나의 메시지를 주고 그것을 전보문(telegram)으로 쓰게 하거나 역으로 전보문을 주고 그것을 완전한 문장들로 쓰게 한다.

We've been delayed. We'll arrive a bit late. We'll meet you at the exit from the platform, at Waterloo Station.

↔ | Delayed. Arriving late. Meet Waterloo Station. Exit. Platform. |

(2) 리듬 및 억양 지도

초등학교 학생들에게 우리말과 다른 영어의 리듬과 억양을 가장 잘 익히게 할 수 있는 방법 중 하나가 노래와 챈트를 통한 지도일 것이다. 학생들은 노래와 챈트를 통해 유용한 표현들을 배우고 말하기, 듣기 능력을 향상시키는 것은 물론이고 영어의 리듬과 억양을 무의식적으로 자연스럽게 익히게 된다. 율동을 겸하거나 게임 형식을 취하면 이러한 활동들은 학생들에게 더욱 흥미를 주게 될 것이다. 챈트를 할 때에는 손가락으로 소리를 내거나 책상을 가볍게 두드리며 박자를 맞추는 것이 리듬을 지각하는 데에 도움이 된다. 다음에서 챈트의 예를 보도록 하자(Graham, 1992). 첫번째의 것은 주격 대명사를 연습시키기 위한 챈트이고 두 번째의 것은 /ʧ/음을 연습시키기 위한 챈트인데, 어떤 유형의 챈트이든 간에 영어의 리듬과 음조를 익히는 데 상당히 많은 도움을 줄 수 있다.

예 1

Where's Jack?

He's not here.

Where did he go?

I don't know.

Where's Mary?

She's not here.

Where did she go?

I don't know

Where are Jack and Mary?

They're not here.

Where did they go?

I don't know.

예 2

Where's Charlie?

He's in the kitchen.

What's he doing?

Eating lunch.

Charlie's in the kitchen eating lunch.

Charlie's in the kitchen eating lunch.

Lunch, lunch, eating lunch,

Charlie's in the kitchen eating lunch.

시(poems) 또한 강세 박자 언어인 영어의 리듬을 익히는 데 도움을 줄 수 있다. 강세 박자 언어의 특징 중의 하나가 비강세 모음의 약화 현상인데, 시를 통해 강약이 교체되는 영어의 리듬 속에서 약화된 모음의 발음을 자연스럽게 익힐 수 있게 된다.

Roses are red
violets are blue
sugar is sweet
and I love you.

The snow is white
the sky is blue
you don't write
but I love you.

The sea is green
the sky is blue
love is blind
and I love you.

Gorillas are black
the earth is blue
we are alive
and I love you.

그러면 다음에서 초등학교 학생들에게 영어의 억양을 익히게 해 줄 수 있는 그 밖의 방법들을 살펴보도록 하자.

① 교사가 학생들에게 억양형을 보여줄 수 있는 방법은 크게 두 가지가 있다. 첫째는 오케스트라의 지휘를 하듯이 팔과 손을 움직여 억양의 변화를 표시하는 것이고, 둘째는 칠판에 억양형을 그리는 것이다. 칠판에 억양형을 그리는 대신 단어 카드를 억양에 따라 다른 위치에 붙임으로써 억양 변화를 알려줄 수 있다.

saw
I you there.

'I'm Italian.'

'He's the teacher.'

② 학생들이 올바른 강세와 억양으로 영어 문장을 말하도록 하기 위해서는 반복 연습(repetition drill)을 시키는 것이 좋다. 연습을 시키기 전에 교사는 정상 속도로 분명한 강세와 자연스러운 억양을 사용하여 문장을 말한다. 이때 억양형을 보여주기 위해 제스처를 사용한다. 학생들이 잘 따라 하지 못할 때는 아래의 예시와 같이 문장

뒤에서부터 시작하여 문장 요소를 덧붙이면서 마지막에는 문장 앞에서부터 전체를 따라 하도록 이끄는 방법(back-chaining)을 사용한다. 문장의 억양형을 결정하는 것은 문장의 마지막 강세 음절이기 때문이다.

교사 : Listen. You can sit *down* if you like. You can sit *down* if you like. de-de-de-DA-de-de-DA. You can sit down if you like.

교사 : If you *like*. If you *like*. Everybody.
학생 : If you *like*.
교사 : Sit *down* if you *like*.
학생 : Sit *down* if you *like*.
교사 : You can sit *down* if you *like*.
학생 : You can sit *down* if you *like*.

③ 학생들에게 동일한 문장을 상냥하게 말해보거나 퉁명스럽게 말해보는 등 분위기에 따라 다르게 표현해 보도록 함으로써 같은 문장이라 하더라도 억양에 따라 전달하는 의미가 달라질 수 있음을 깨닫게 한다. 역할극을 이용하면 이러한 연습이 더욱 흥미로워질 것이다.

④ 초등학교 학생들은 음악적 감각이 발달되어 있고 모방 능력이 뛰어나므로 학생들에게 영어의 자연스러운 대화, 또는 문장들을 많이 듣게 함으로써 억양과 강세 등 초분절자질들이 자연스럽게 익히도록 한다. 녹음 테이프를 이용할 뿐만 아니라 다양한 비디오 자료를 보여줌으로써 억양과 얼굴 표정, 제스처 등이 어떻게 상호 작용하는지 알려주도록 한다.

⑤ 강세를 받는 부분을 읽거나 들을 때 악기를 두드리고 고무줄을 늘이는 등 아동들의 신체 움직임을 활용한 여러 가지 활동을 통하여 흥미롭게 영어의 강세와 리듬을 익히게 한다. 예를 들어, 강세 보드(stress board)를 활용하여 단어나 문장의 강세 곡선을 시각화하는 퀴즈를 한다거나, 단어나 문장의 강세 강약 순서에 따라 큰 눈과 작은 눈을 빈 종이에 붙인 후 그 주변을 개성 있는 몬스터 모양으로 그려보는 강세 몬스터(stress monster)를 제작해 볼 수 있다(허은경, 2011: 67-68).

〈강세보드 구현〉

1음절 강세	fish, apple, orange, hamburger	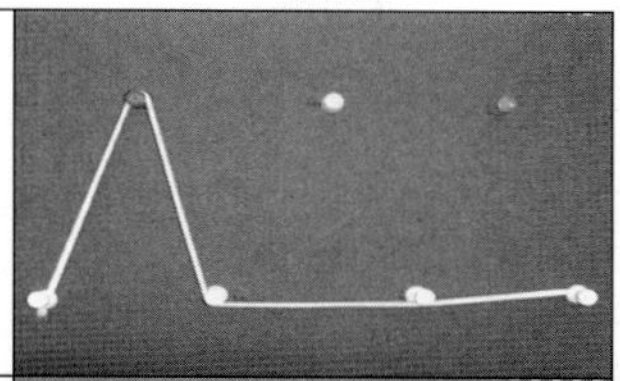
2음절 강세	eraser, banana, tomato	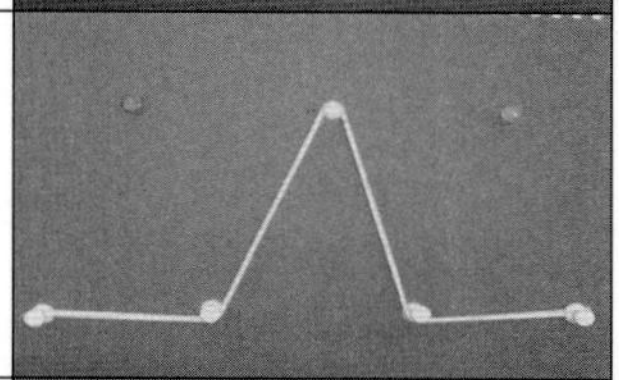
3음절 강세	kangaroo	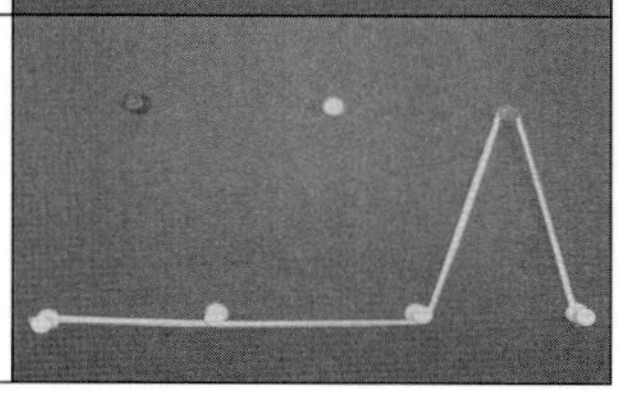

〈강세 몬스터〉

1음절 강세	Dog	
2음절 강세	Monkey	

제 9 장
문법 지도

1. 문법 지도의 중요성
2. 문법 지도의 원리, 방법, 절차
3. 문법 지도 단계별 원칙과 사례

목표 외국어에 대한 학습자의 문법 능력은 가장 기초적인 언어 능력일 것이다. 학습자의 발음이 아무리 훌륭하다고 하더라도 문법상 중대한 오류를 범했다면 의사소통이 제대로 될 수 없기 때문이다. 어순에 있어서의 오류가 대표적인 사례에 해당될 것이다. 또한 의사소통이 되지 않을 정도로 심각한 오류는 아니라 하더라도 학습자가 문법적 오류가 많은 부정확한 문장들을 계속 산출하게 된다면 이것 역시 우리가 지향하는 영어교육의 목표와는 거리가 먼 것이다. 그러므로 영문법을 적절히 사용할 줄 아는 능력을 기르는 것은 영어교육에서 필수적이다. 이 장에서는 문법 지도의 절차와 방법 등 문법 지도와 관련된 여러 문제들에 관해 살펴보도록 할 것이다.

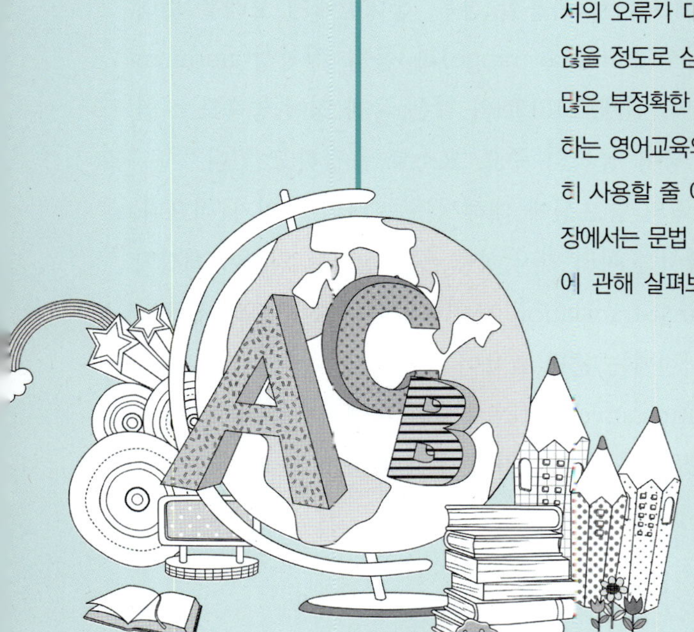

1 문법 지도의 중요성

문법(grammar)은 구와 문장에서 표현들의 관계와 형태를 주관한다. 예를 들어, 등교 방식에 대한 문장인 'He goes to school by bus.'는 주어-동사, 이동동사-목적지, 이동-수단 등 다양한 관계를 포함한다. 더불어 주격 대명사(=He), 3인칭 단수 현재형 동사(=goes) 등의 형태를 담고 있다. 이러한 관계와 형태에 대한 규칙들을 총칭하여 문법이라고 한다.

문법은 다양한 문장을 이해하고 표현하는 기본 뼈대이다. 만일 목표 외국어의 문법이 제대로 학습되지 못하면 언어 능력의 비약적 성장을 기대할 수 없다. 언어의 4기능(듣기, 말하기, 읽기, 쓰기) 능력과 직접적인 관련이 있으며, 잘못 학습되어 습관이 되어버린 문법적 오류는 고치기 매우 어렵기 때문이다.

문법의 중요성은 의사소통의 차원에서도 확인할 수 있다. 영어 학습자가 의사소통에서 자신이 원하는 바를 표현하고 상대방의 말을 올바르게 이해하기 위해서는 다양한 언어 형태를 정확하게 사용할 수 있어야 한다. 만약 학습자가 사용할 수 있는 언어 형태가 다양하지 않다면 상황과 맥락에 적절하지 못한 형태가 사용될 우려가 있다. 예를 들어, 'She gave me a book.'이라는 문장이 자연스러운 맥락에서 4형식 구문(SVOO)을 사용하지 못하는 학습자라면 대신 'She gave a book to me.'라는 어색한 문장을 사용할 것이다. 또한 학습자가 사용하는 형태가 정확하지 않다면 의사소통 장애를 유발할 수 있다. 예를 들어, 영어 학습자가 과거형 동사(예 I bought)를 사용해야 하는 맥락에서 현재형 동사(예 I buy)를 사용할 경우, 상대방에게 오해를 불러일으킬 수 있다. 따라서, 문법 다양성(grammar range)과 문법 정확성(grammar accuracy) 모두 의사소통에서 중요하며, 실제로 IELTS와 같은 국제 영어 능숙도 시험들은 문법 다양성과 문법 정확성을 영어 능력의 주요 요소로 측정하고 있다.

이처럼 문법 지식 혹은 문법적 능력의 중요성에 대해서는 논란의 여지가 적으나, "문법 교육"의 중요성과 필요성에 대해서는 여러 가지 상충 혹은 상반된 의견이 제기되어 왔다. 문법 번역식 교수법(Grammar-translation Method)이나 인지주의 접근법(Cognitive Approach)이 성행했던 시절에는 문법 교육이 상당히 중시되었으나, 1970년대 이후 의사소통적 접근법(Communicative Approach)과 자연적 접근법(Natural Approach)이 언어 교육의 흐름을 주도하게 됨에 따라 문법 교육은 크게 가치가 없는 것으로 인식되었다. 의사소통적 접근법(Widdowson, 1978)은 언어 규칙의 학습이 실제 언어사용에는 별 도움이 되지 못하므로, 기계적 연습에서 탈피하여 역할 놀이, 문제 해결, 게임 등 의사소통적 활동 속에서 언어 학습이 이루어지도록 하여야 한다고 주장하였다. 또한 자연적 접근(Krashen & Terrell, 1983)은 학습자가 충분한 언어 입력을 얻게 되면 문법은 저절로 습득이 될 수 있다고 주장하였다.

물론 미국에 이민가서 영어를 배우는 경우와 같이 자연적 언어 입력을 많이 얻을 수 있는 상황에서는 문법 교육을 특별히 실시하지 않아도 자연적 접근에서 주장하는 바와 같이 문법을 저절로 습득할 가능성이 있다. 그러나 영어를 외국어(English as a Foreign Language: EFL)로 배우는 우리나라의 경우, 유의미한 영어 입력과 영어 출력이 충분하지 않아 영어의 중요한 문법 사항들이 저절로 습득되기를 기대하기 어렵다. Eskey(1983: 319)는 "We used to believe that if students learned the form, communication would somehcw take care of itself. Now we seem to believe that if students somehow learn to communicate, mastery of the forms will take care of itself."라고 언급하면서 의사소통 활동을 한다고 하여 문법이 저절로 습득되는 것은 아님을 지적한 바 있으며, Pienemann(1984)은 "giving up the instruction of syntax is to allow for the fossilization of interlanguage in simplified form."이라고 주장하며 문법 교육의 경시는 단순화된 형태로밖에 표현할 줄 모르는 외국어 학습자를 기르는 결과를 낳게 될 것이라고 경고한 바 있다.

그러므로 제한된 영어 교수-학습 시간을 최대한 효율적으로 이용하기 위해서는 문법 습득이 저절로 일어나기를 기대하고 방치하기보다는 균형 있게 잘 짜여진 계획을 바탕으로 학습이 점진적이고 체계적으로 이루어질 수 있도록 지도하는 것이 바람직하다. 실제로 여러 연구(Long, 1983; Pienemann, 1984; Pica, 1983; Shintani, Ellis, & Suzuki, 2014)에서 문법 지도가 학습자들이 문법 구조를 익히는 속도를 가속화할 뿐 아니라, 문법 지도 없이 학습하는 경우보다 더 높은 정도의 문법적 정확성을 습득할 수 있도록 한다고 주장한다.

2 문법 지도의 원리, 방법, 절차

1 문법 지도 원리

영어교육의 주된 목표가 '의사소통 능력'을 길러주는 것이므로, 문법교육은 의사소통에 필요한 '문법적 능력'을 길러주어야 한다. 여기서 '문법적 능력'이란 정확한 언어 형태를 사용하는 것뿐만 아니라 다양한 언어 형태로 의미를 풍부하게 표현하고 상황과 맥락에 적절하게 사용하는 것을 포함하는 개념이다. 그러므로 문법 교육은 아래의 도식과 같이, 형태-의미-사용(Form-Meaning-Use)이라는 3가지 측면의 균형적 발달을 추구해야 한다.

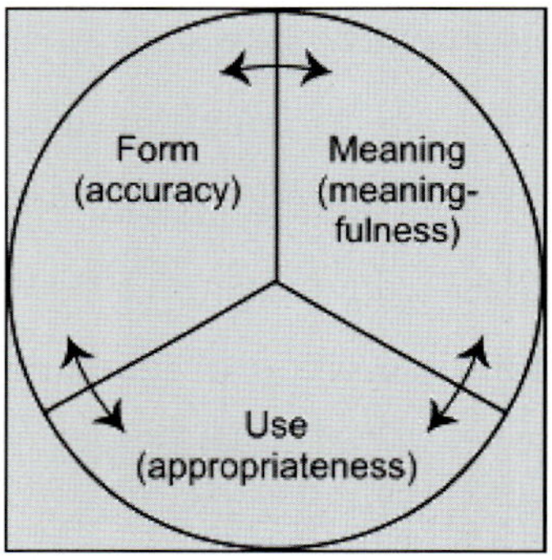

예를 들어, 영어의 소유격을 가르친다고 할 때, 소유격은 ''s'를 붙여 만든다는 단순 명제를 주입하는 것이 아니라, 소유(예 John's pen), 양(예 a month's vacation), 관계(예 Jack's wife) 등 다양한 의미를 나타낼 수 있다는 것을 가르쳐야 한다. 더불어 언제 ''s'를 사용하고 언제 소유형용사(his, her, their 등) 또는 'of the 명사'를 사용하는지 등을 가르쳐야 한다. 물론 이러한 다양한 의미와 사용에 대해 한꺼번에 가르치기는 어려운 일이므로 처음에는 가장 기본적인 부분을 다루고 학습자의 언어 능력이 향상되어 감에 따라 차츰 범위를 넓혀 가야 한다.

교사는 문법 교육을 문법 번역식 교수법의 복잡한 규칙 설명이나 청화식 교수법의 지루한 기계적 연습이라고 생각하기보다 학습자가 반드시 알아야 할 문법을 다양한 방법과 활동을 통해 지도하는 것이라고 생각해야 한다. 이를 위해 학생들의 흥미와 관심을 불러 일으키는 연습 활동들을 활용해야 할 것이다. 그렇다면 학습자의 흥미와 관심을 끌기 위해서 언어 연습 활동은 어떠한 자질들을 갖추고 있어야 할까? 이와 관련하여 Ur(1988)은 다음의 여덟 가지 자질들을 제시하고 있다.

① 주제(topic)

학습자의 흥미를 유발하려면, 교사는 학습자와 관련되어 있고, 학습자가 어느 정도 알고 있지만 더 알고 싶어하고, 학습자의 호기심과 상상력을 자극하는 주제를 제공해야 한다. 문법 연습에 적당한 주제로서 추천할 만한 것으로는 개인의 경험, 느낌 또는 기호, TV 프로그램, 영화 등 오락물, 가수, 운동 선수, 외계인 등 상상의 세계, 자연, 지리에 관한 일반 상식 등과 같은 것들이 있다.

② 시각적 중심(visual focus)

학습에서 시각 자료는 매우 중요하다. 청각만 이용하는 수업보다는 청각과 시각을 동시에 이용하는 수업이 훨씬 효과적일 것이다. 시각 자료는 학습 내용을 명료하게 함으로써 학습자의 이해와 수행에 도움을 주고 학습 활동을 흥미롭게 만든다. 시각 자료로 사용될 수 있는 것은 그림, 사진, 영상, 표, 간단한 메모 등 다양하며, 교사나 학생의 얼굴 표정과 동작, 교실 환경 등도 이용될 수 있다.

③ 개방성(open-endedness)

개방성 있는 과제는 획일적인 반응보다 다양한 반응들이 요구하므로 학습자에게 흥미를 줄 수 있다. 학습 구문 속에 학습자가 원하는 단어를 선택하여 반응할 수 있다면 학습자의 참여 동기는 커질 수 있다. 예를 들어, 'usually'를 연습할 때 주어진 문장에 'usually'를 끼워 넣어 말하기 보다는, 주말에 주로 하는 일, 지루할 때 주로 하는 일 등의 조건에 따라 자유롭게 말하게 한다면 훨씬 재미있는 활동이 될 수 있을 것이다.

④ 정보차(information gap)

정보차 활동은 한 학습자가 필요한 정보를 다른 학습자가 갖고 있어 이를 얻기 위해 의사소통이 일어나는 활동을 말한다. 정보차 활동은 학습자에게 목적 의식을 주고 도전감과 현실감을 준다는 점에서 흥미로운 활동이라 할 수 있다. 이러한 활동에서 학습자들은 필요한 정보를 얻기 위해 상대방에게 서로 질문을 하게 되므로 의문문의 연습에 도움이 된다. 구체적 활동으로는 빈 칸 채우기, 그림 완성하기 등이 있다.

⑤ 개인화(personalization)

학생들 자신의 경험, 의견, 생각과 느낌 등에 근거를 둔 활동은 학습자의 흥미를 자극할 수 있다. 객관적인 사실을 표현하거나 학생들 자신의 생활과는 전혀 상관없는 문제를 다루기보다는 학생들 자신의 다양한 경험이라든가 독창적인 생각을 표현하도록 하는 것이 말하는 사람과 듣는 사람 모두에게 더 큰 흥미를 줄 것이다. 예를 들어, 그림을 보며 문장을 만드는 것보다 자신에 관한 문장을 만드는 것이 더 흥미로울 것이다.

⑥ 적당한 긴장(pleasurable tension)

대부분의 게임이 흥미를 주는 이유는 적당한 긴장감을 주기 때문이다. 문법 연습 활동에서도 그러한 긴장감을 제공할 수 있다. 이를 위해 활동의 목표가 분명히 정의되어야 하며 목표의 성취가 너무 쉽거나 너무 어렵지 않아 적당한 도전감을 주어야 한다. 또한 활동의 결과에 대해 호기심을 느낄 수 있도록 결과의 예견이 쉽지 않은 활동이 더 흥미를 일으킬 것이다. 예를 들어, 현재 진행형을 연습시킬 때 벽그림을 주고 보이는 대로 묘사하게 하는 것보다 시간 제한을 하여 그동안에 가장 많은 문장을 말하는 그룹이 이기는 것으로 규칙을 정하면 활동이 더 흥미로울 것이다.

⑦ 즐거움(entertainment)

학생들의 재미있는 반응들을 이끌어낼 수 있는 활동, 예상 밖의 기발한 대답을 끌어낼 수 있는 활동들은 학생들에게 즐거움을 줄 것이며 학생들의 흥미를 자극하여 학습 효과도 높일 것이다. 예를 들어, 가능성을 나타내는 'can' 구문을 연습시킬 때, 추측 게임 형식으로 학급을 그룹으로 나누어 각 그룹에게 한 개의 물건을 주고 그 물건으로 할 수 있는 일을 생각나는 대로 이야기해 보게 한다면 재미있는 묘사가 많이 나올 것이다. 브레인스토밍(brainstorming) 방법은 이런 의미에서 유용하다고 할 수 있다.

⑧ 연극(play-acting)

초등학교 학생들은 상상력이 풍부하므로 현실에서 탈피하여 가상적인 상황에 놓이는 것을 좋아한다. 따라서 학생들에게 가상적인 상황을 주고 역할 놀이를 하도록 하는 것은 학습자의 흥미를 자극할 뿐만 아니라 사용하는 언어의 범위도 넓힐 수 있는 좋은 기회라 할 수 있다. 예를 들어, '장보기', '우주선에서', '무인도에서' 등의 가상적 상황을 주고 목표 구문을 활용해서 연기하도록 지도할 수 있다.

2 문법 지도 방법

문법을 지도하는 방법은 크게 두 가지로 나눌 수 있다. 하나는 연역적 방법(deductive method)이고 다른 하나는 귀납적 방법(inductive method)이다. 연역적 방법에서는 문법 규칙에 대해 먼저 배우고 이를 문장이나 어구에 적용하는 연습을 한다. 반면, 귀납적 방법에서는 목표 문법 규칙과 관련이 있는 다양한 예시들을 먼저 제공하고 학생들 스스로 규칙을 발견할 수 있도록 유도한다.

연역적 방법은 짧은 시간 안에 규칙을 알려줄 수 있어 편리하다. 이 방법은 주로 어린 학습자들보다는 나이가 든 학습자들에게 더 적당하며 다소 복잡한 문법 구조(예 가정법 과거 완료)를 가르칠 때 유용하다.

귀납적 방법은 학생들이 예들을 보며 쉽게 규칙을 발견할 수 있는 간단한 문법의 지도에 주로 사용할 수 있다. 이 방법은 학생들이 규칙의 발견과정에 적극적으로 참여하게 되므로 학습의욕을 높인다는 장점이 있다. 예를 들어, 영어의 복수형을 귀납적으로 지도하기 위하여 교사는 먼저 실물 혹은 사진과 함께 'a book', 'two books'와 같은 다양한 음성 및 문자 예시를 제공한다. 학생들을 이 예시들을 통해 스스로 규칙성을 발견하고 단수형과 복수형을 이해 및 표현하는 연습을 한다. 이때 교사는 학생들에게 규칙에 대해 설명해 보도록 시킬 수도 있고, 학생들의 설명을 보다 명료하게 정리해 줄 수도 있다. 단, 교사는 초등학생들의 인지 수준을 고려하여 어려운 문법 용어(예 to 부정사)는 사용하지 않아야 할 것이다.

연역적 방법과 귀납적 방법 각각 나름대로의 장점이 있으므로 두 방법을 절충하여 사용해야 된다. 초등학생에게는 일반적으로 귀납적 방법이 바람직하나, 다소 복잡한 구문을 지도할 때는 학생들이 규칙성을 발견하기 어려울 수 있으므로 연역적 방법을 활용하는 편이 나을 수도 있다.

어떤 방법을 사용하든 간에, 배운 규칙을 내재화하기 위해서는 일정 분량의 기계적 연습과 게임, 활동, 문제해결 등과 같은 의사소통 활동이 필요하다. 즉, 규칙을 안다고 하여 실제 의사소통 상황에서 사용할 수 있는 것은 아니므로 연습을 통해 형태 자체에 익숙해지고 의미에 중점을 두는 흥미 있는 의사소통 활동 속에서 규칙을 활용해 보아야 한다.

3 문법 지도 절차

연역적 방법을 사용하느냐 귀납적 방법을 사용하느냐에 따라 문법 지도의 절차가 달라질 수 있다는 것을 염두에 두면서, 구문 지도를 할 때 일반적으로 따르게 되는 절차를 예를 통해 살펴보도록 한다.

• **1단계 : 형태와 의미의 제시(presentation of form and meaning)**

우선 가르치고자 하는 새로운 문법 구조의 형태와 의미, 그리고 사용에 대해 알려준다. 예를 들어, 'There is a book on the table.'이라는 구문을 가르칠 때 교사는 실물이나 그림을 보여주며 학생들이 구문의 의미를 이해할 수 있도록 한다.

교사 : Look at this picture. This is a nice room. What can you see?
학생 : A table, a cat, a book, a sofa, and a doll.
교사 : Very good. Look at the table. There is a book on the table.

교사는 'There is a cat under the table.' 'There is a doll on the sofa.' 등 목표 구문의 다양한 예문들을 제공한다. 더불어 학생들이 이러한 구문에 친숙해질 수 있도록 교사는 반복 연습(repetition drill)을 시킨다.

교사 : Repeat. (탁자 위 책을 가리키며) There is a book on the table.
학생: There is a book on the table.

교사는 칠판에 예문을 적는다. 이때 구문의 골격이 되는 부분은 밑줄이나 색깔로 강조한다(아래 좌측). 골격구조(skeleton structure)만을 적을 수도 있고, 필요하다면 같은 구조 내에서 대체될 수 있는 단어들을 첨가하기도 한다(아래 우측).

There's a book on the table.

There's a [ ] — on / under / in / over — the [ ]

• **2단계** : 통제적 문법 연습(controlled grammar practice)

학생들이 구문을 연습할 수 있도록 다양한 시각자료를 이용해 대체 연습(substitution drill)을 시킨다. 시각자료로 사용될 수 있는 것은 그림카드, 낱말카드, 실물, 칠판의 그림 등이다.

대체 연습

교사 : (책상 위에 펜이 놓여 있는 그림을 보인다.)
학생 : There is a pen on the desk.
교사 : (상자 속에 공이 들어 있는 그림을 보인다.)
학생 : There is a ball in the box.
교사 : (탁자 아래에 고양이가 있는 그림을 보인다.)
학생 : There is a cat under the table.

대체 연습이 끝난 후 학습한 구문을 써보도록 할 수 있다. 대체 연습은 문법 구조에 대한 기계적인 연습이므로 이것에 너무 많이 의존하지 말고 학생들이 학습한 구문을 의미 있게 사용할 수 있는 연습 상황을 만드는 것이 바람직하다. 통제 연습이라고 하여 반드시 기계적인 것은 아니라는 점을 염두에 두면서 유의미적 연습(meaningful practice)이 될 수 있도록 수업을 구성해야 된다. 이를 위해, 학습 목표가 되는 구문을 사용하여 말하도록 하되 학습자 자신의 기호, 생각 등 학습자에게 진실한 문장(true sentences)을 말하게 하거나 몇 개의 가능한 대답 중에서 학습자가 말하고 싶은 것을 선택하게 하는 등의 방법을 사용할 수 있다.

유의미한 연습

교사는 6장의 그림을 칠판에 붙여 놓고 학생들이 짝을 이루어 A학생이 그림 중 하나를 묘사하면 그것이 어느 것인지 B학생이 맞추도록 한다.

A학생 : There is a ball in the box.
B학생 : Is it number 1?
A학생 : Yes, it is.

• **3단계** : 의사소통적 문법 연습(communicative grammar practice)

2단계에서는 통제된 연습을 통해 학생들이 구문에 익숙해지도록 연습시켰다면, 3단계에서는 학습한 구문을 의사소통 상황에서 보다 자유롭고 의미 있게 사용할 수 있는 기회를 준다. 학생들이 학습한 구문을 자연스럽게 사용할 수 있도록 하기 위해서 학생 자신과 가족, 친구 등에 대해 이야기할 수 있도록 유도하고, 학습한 구문을 사용하게 될다양한 게임, 활동 등에 학생들을 참여시킴으로써 문법 구조가 자연스럽게 내재화되도록 한다.

의사소통적 문법 연습 단계에서는 말하는 내용에 초점이 주어지게 되며 학습한 구문은 의사소통을 위한 수단으로서 자연스럽게 사용되게 된다. 'There's a X on/in/under the X.' 구문과 관련해서 해볼 수 있는 활동으로는 학생들에게 자신의 방을 묘사해 보게 한다거나 다음과 같은 그림을 주고 1~2분 동안 그림을 보며 쥐가 어디 있는지 기억하게 하여 가장 많이 기억하는 사람이 이기는 게임을 해볼 수 있다.

이상의 세 단계 중에서 문법 규칙에 대한 설명은 2단계의 대체 연습 전후로 제시할 수 있으며 때로는 생략될 수도 있다.

3 문법 지도 단계별 원칙과 사례

1 형태와 의미의 제시(presentation of form and meaning)

학습 구문을 제시할 때는 다음의 기본 원칙을 염두에 두어야 할 것이다.

a. 학생들이 다양하게 사용할 수 있는 유용한 구문을 제시해야 한다.
b. 구문의 형태-의미-사용(상황)을 쉽게 이해할 수 있도록 분명히 제시한다.
c. 생생하고 흥미 있는 제시 상황을 만든다.
d. 제시 상황이 구문의 의미와 사용을 알려주기에 적합해야 한다.

이러한 기본 원칙들을 지키며 다양한 방법으로 구문을 제시할 수 있다.

① 시각적 표시(visual representation)

가장 간단하고 분명하게 문법 구조의 의미를 밝힐 수 있는 방법 중 하나는 시각적으로 보여주는 것이다.

예 1 단순 현재 시제

교사 : (Judy의 그림을 보이며) This is Judy.
(첫 번째 시계를 보이며) What time is it? What does Judy do at that time? Right, she wakes up. (학생들이 추측을 한 후 카드를 뒤집어 Judy가 일어나는 그림을 보여준다. 나머지 카드도 이런 식으로 제시하여 습관적인 행동을 나타낼 때는 현재시제를 사용한다는 것을 알려준다.)

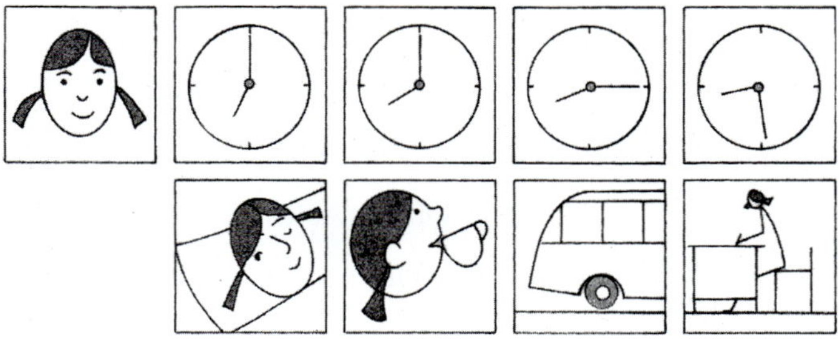

예 2 동사의 축약형

'She will arrive tomorr0ow.' 'She'll arrive tomorrow.'

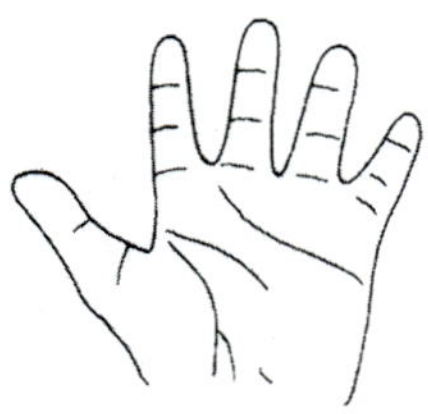

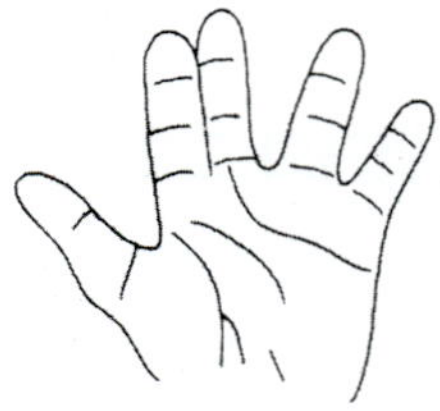

예 3 과거 진행 시제

아파트 7층에서 8시에 살인사건이 일어났는데, 각 층의 사람들은 그 시간에 무엇을 하고 있었는지 조사한다.

교사 : What was Johnson doing at eight o'clock?

학생 : He was watching television.

교사 : What about Mary? What was Mary doing at eight o'clock?

학생 : She was reading.

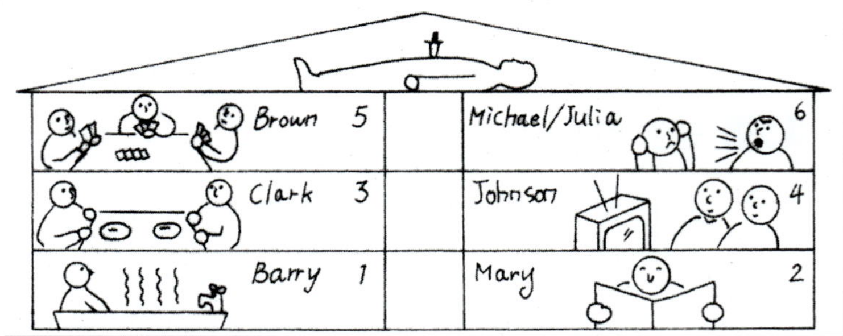

예 4 can/can't

교사 : (너무 작아서 학생들이 무엇인지 볼 수 없는 그림을 들고) What's this? (학생들로부터 대답이 없다) What's wrong? Can't you see it? (학생 한 명을 앞으로 나오게 하여 그림을 들고 있게 하고 교사는 교실 뒤로 간다) Oh no, I can't see it. Can you see it? Come a little closer. No, I can't see it. Can you see it? Can you? Oh! I can see it!

② 대화문의 활용(Using a dialogue)

교사는 가르치고자 하는 문법 구조의 의미가 분명히 나타나 있고 적절하게 사용되고 있는 대화문을 통해 문법 구조를 제시할 수 있다. 학생들은 대화문을 듣거나 읽음으로써 새로운 문법 구조가 의사소통 상황에서 어떤 의미로 어떻게 사용되는지에 대해 이해하게 된다. 대화문은 후속 짝 활동 연습에서도 사용할 수 있으므로 유용하다.

예 Do로 시작하는 의문문(음식 선호 묻기)

Do you like pizza? Yes, I do. / No, I don't.

③ 도표의 이용(Using charts)

가르치고자 하는 구문을 사용하여 도표를 채워 나감으로써 학생들이 구문의 의미를 파악하게 한다.

예 How does X get to school?

교사는 학급의 학생 중 몇 명을 지적하여 학교에 어떻게 오는지 묻고 그들의 대답을 표시한다. 도표를 완성시킨 후 교사는 질문과 대답을 연결하여 제시한다.

Name	bus	car	train	bicycle	foot
Sumi		✓			

교사 : How does Sumi get to school? 학생: By car.

④ 예시문 활용(Using examples)

때때로 두 구문간의 차이에 대해 설명해주어야 할 경우가 있다. 이 경우, 각 구문이 사용되는 실례를 들어줌으로써 의미 차이를 쉽게 알려줄 수 있다. 이때 우리말로 문법적 설명을 곁들이는 것이 규칙을 분명히 이해하는 것에 도움을 줄 수 있다.

예 'How many?' vs. 'How much?'

How many eggs/books/bags?
How much sugar/butter/water?

2 통제적 문법 연습: 문형 연습(pattern drill)

문법 구조의 제시가 끝나면 교사는 학생들이 새로운 언어를 익히도록 하기 위해 일반적으로 문형 연습을 시키게 된다. 문형 연습에는 반복연습부터 대체표의 활용까지 여러 종류가 있다. 이런 활동은 학급 전체가 동시에 문법 유형을 연습할 수 있다는 점에서 도움이 된다. 특히 학생수가 많은 학급의 경우 개인적으로 연습시키는 것이 어려우므로, 전체가 함께 구문을 말하게 함으로써 모든 학생이 연습의 기회를 갖도록 할 수 있다. 또한 문형연습은 학생들이 학습해야 할 구문을 여러 번 말하고 듣는 동안 중요한 표현들을 암기하도록 하여 문법 구조의 내재화에 도움을 준다.

문형 연습이 여러 장점을 갖고 있기는 하지만, 단점도 있으므로 주의하여 사용하여야 한다. 문형 연습은 쉽게 학생들을 지루하게 만들 수 있으며, 연습 자체가 의미 없는 기계적 훈련이 되기 쉽다. 특히, 초등학교 학생들은 한 가지에 집중할 수 있는 시간이 짧고 쉽게 싫증을 내는 경향이 있으므로 더욱 그러할 것이다. 문형 연습은 언어 학습에 있어 꼭 필요하며 충분한 활용 가치가 있으나 잘못 사용한다면 오히려 언어 학습에 흥미를 잃게 하는 결과를 가져올 수 있으므로, 다음 사항을 염두에 두고 사용하여야 할 것이다(Cross, 1995).

a. 학생들의 흥미와 관련된 문맥 속에서 연습이 이루어지도록 한다.
b. 학생들은 자신의 연습 발화가 의미하는 바를 알고 있어야 한다.
c. 학생들은 발화 전에 문형에 익숙해질 수 있도록 몇 번 들을 기회를 있어야 한다.
d. 긴 문장은 짧게 끊어서 연습을 시킨다.
e. 학생들이 학급 전체의 반복연습을 통해 문형에 익숙해지고 자신감을 갖기 전에는 개인을 지적하여 말하도록 요구하지 않는 것이 좋다.
f. 짧은 시간(한 연습당 1분 정도) 동안 사용하며 한 번에 6개 이상의 연습을 시키지 않는 것이 좋다.
g. 현실성 있는 문장을 연습한다. 실생활에서 쓰이지 않은 문장은 연습하지 않는다.
h. 연습에 흥미를 주기 위해 그림 등 시각자료를 활용한다.
I. 연습이 지루해지지 않기 위해서 진행을 빨리 하여 활발한 분위기를 만든다.
j. 연습 중간에 교사는 불필요한 말을 자제하고 되도록 몸짓으로 지시한다.
k. 연습이 끝난 후에는 잊지 말고 칭찬을 해주도록 한다.

그러면 다음에서 문형 연습의 종류를 살펴보도록 하자.

① 반복 연습(repetition drill)

문형연습의 가장 기본이 되며 주로 문법 구조의 제시가 있은 후 첫 단계에 실시하게 된다. 반복 연습은 학습하는 구문의 발음, 강세, 억양형 등을 익히는 데 도움이 된다. 반복 연습은 학급 전체, 학급 절반, 그룹, 개인 등의 단위로 진행할 수 있다.

예 교사 : Repeat. I like apples. 학생 : I like apples.
교사 : I like bananas. 학생 : I like bananas.

긴 문장의 경우 한 번에 따라 하기가 어려울 수 있다. 이럴 경우에는 앞에서부터 끊어서 따라 하게 하거나(forward chaining) 또는 뒤에서부터 끊어서 따라 하게(back chaining) 할 수 있다. 일반적으로 뒤에서부터 끊어서 따라 하게 하는 방법이 더 바람직하다.

예

Forward chaining	Back chaining
교사 : My uncle.	교사 : By bus.
학생 : My uncle.	학생 : By bus.
교사 : My uncle always goes.	교사 : Went to school by bus.
학생 : My uncle always goes.	학생 : Went to school by bus.

② 대체 연습(substitution drill)

대체 연습은 모델이 되는 기본 문장을 익혀 정확히 외우게 한 후, 교사의 신호에 따라 기본 문장 중 어느 한 부분을 다른 단어 또는 구(phrase)로 대체해 넣는 연습이다. 대체 연습은 어휘 및 어형 변화를 연습하는 데에 좋으며, 비교 구문 등과 같이 문장 구조를 연습시키는 데에도 유용하다.

대체 연습을 할 때 신호는 구두로 하거나 그림 또는 실물, 단어 카드를 사용하여 할 수 있다. 학습자가 어느 정도 새로운 언어 구조에 익숙해졌느냐에 따라 대체해야 할 부분도 달라질 수 있다. 처음에는 한 단어씩 대체하는 것부터 시작해서 구와 문장으로 발전하고 최종적으로는 교사의 신호 없이 학습자 스스로 학습한 구문을 사용해 문장을 만들어 보는 정도(free substitution)까지 시도할 수 있다.

예 1 실물을 이용한 신호

교사 : (책을 가리킨다.) Repeat. Do you have a book?

학생 : Do you have a book?

교사 : (연필을 가리킨다.)

학생 : Do you have a pencil?

예 2 구두 신호

교사 : (You want to play) football.

학생 : Let's play football.

교사 : (You want to go) swimming.

학생 : Let's go swimming.

예 3 그림을 이용한 신호

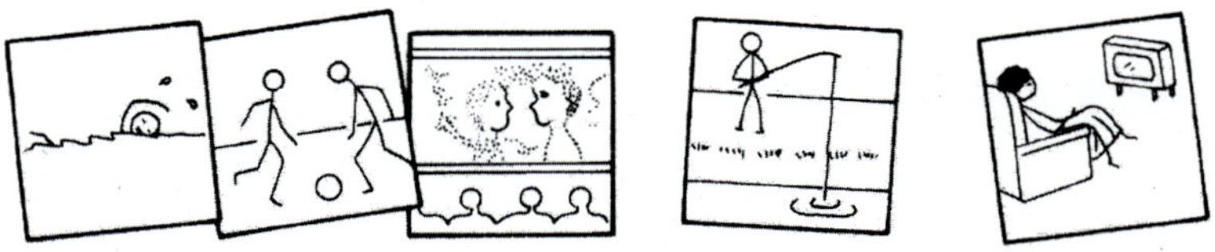

Let's go swimming.　　Let's play football.

Let's go to the movies.　　Let's go fishing.

Let's watch television.

③ **변형 연습(transformation drill)**

교사의 지시에 따라 긍정문을 부정문으로, 평서문을 의문문으로 바꾸거나 시제, 주어 등을 바꾸어서 문장을 변형시키는 연습이다. 한 번에 여러 가지 변형을 요구하면 학습자들에게 인지적으로 부담이 되므로 한 번에 한 가지 변형만을 연습시키는 것이 좋다.

예 'be' 동사의 의문형

교사 : Listen and make a question. He is a good student.

학생 : Is he a good student?

교사 : They are good teachers.

학생 : Are they good teachers?

④ 대화 연습(conversation drill)

대화 상황에서 상대방의 말에 대해 적절히 반응하는 과정을 통해 일정한 구문을 연습하게 된다.

예 "You need" 구문

교사 : Oh dear, it's raining. (우산 그림을 보인다.)

학생 : You need an umbrella.

교사 : I'm so cold. (웃옷의 그림을 보인다.)

학생 : You need a jacket.

⑤ 확장 연습(expansion drill)

모델이 되는 문장에 단어를 첨가하여 문장을 확장시키는 연습으로서, 빈도 부사 또는 형용사 등과 같은 단어들이 문장의 어느 위치에 오게 되는가를 연습시킬 때 유용하다. 혹은 핵심 단어들만을 주고 이들을 확장하여 문장을 완성시키는 연습도 가능하다.

예 1 빈도 부사

교사 : The baby cries. ('often'이라고 말한다.)

학생 : The baby often cries.

교사 : He's hungry. (always)

학생 : He's always hungry.

예 2 John/ vacation/ July → John is going to have a vacation in July.

Tom/ tennis/yesterday → Tom played tennis yesterday.

⑥ 대체표의 활용

대체표는 어떤 문장에서 각 단어 대신에 쓰일 수 있는 단어들을 문장에서의 위치에 따라 배열해 놓은 표를 말한다. 대체표는 여러 단어들을 다양하게 결합하여 많은 다른 문장들을 산출하도록 훈련시킬 목적으로 사용하며, 말하기뿐만 아니라 쓰기 연습에 유용하다.

예

I'm You're He's	eating preparing	breakfast. lunch. dinner.

3 통제적 문법 연습: 유의미한 연습(meaningful practice)

기계적 연습(예 A)과 유의미한 연습(예 B) 간의 차이를 분명히 하기 위해 다음의 예를 보도록 하자.

예 A

Jane likes tea but she doesn't like coffee.

a) folk music/pop music
b) walking/swimming
c) cats/dogs

예 B

Talk about yourself.

I like tea. / I don't like tea.

What about
a) coffee?
b) pop music?
c) cats?

〈예 A〉에서는 교사의 신호에 따라 학생들이 기계적으로 반응하게 된다. 〈예 B〉에서는 학생 자신의 기호에 대해 말해야 하기 때문에 대답을 하기 위해서는 문장의 의미에 대해 생각하게 되고, 질문 자체가 학생 자신에 관한 것이므로 말하는 사람과 듣는 사람 모두 흥미를 갖게 된다. 작은 변화만으로도 연습을 보다 의미 있고 흥미롭게 만들 수 있음을 알 수 있다.

유의미한 연습의 사례들을 더 살펴보도록 하자.

예 1 be 동사 현재형

특정 그림을 주고 대체표를 활용하여 묘사하는 연습이다. 학생들은 의미를 고려해야 하기 때문에 기계적인 반응을 할 수 없을 것이다. 더불어 학생들이 스스로 의미를 선택하여 표현할 수 있기에 흥미를 불러일으킬 수 있다.

Say/Write true sentences about the pictures.

<table>
<tr><td rowspan="2">The</td><td>tree
ball
boy</td><td>is</td><td rowspan="2">happy.
green.
red.
small.
blue.</td></tr>
<tr><td>trees
balls</td><td>are</td></tr>
</table>

예 2 현재 진행형

mime game — "What is she/he doing?"

아래의 그림을 주고 학생들이 그림에 나타난 동작을 알아맞히도록 한다. 또는 한 학생을 앞으로 나오게 하여 해야 할 동작을 은밀히 일러주고 연기를 시켜 다른 학생들이 추측하여 알아맞히도록 할 수 있다. 추측하는 과정이 포함되어 있어 학생들의 적극적인 참여를 유도할 수 있다.

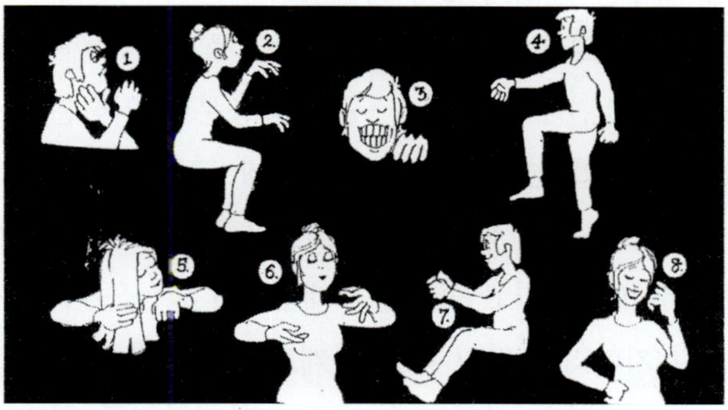

교사 : (1번 그림을 가리키며) What is he doing?

학생 : Is he eating?

교사 : No, he isn't eating. What is he doing?

학생 : Is he shaving?

예 3 Do you like . . . ?

짝 활동 또는 소그룹 활동으로 사용할 수 있다. 상대방이 좋아하는 것이 무엇이고 싫어하는 것이 무엇인지 알아내도록 한다면 정해진 문형을 반복적으로 사용하고 듣게 되지만 친구의 기호에 대한 진실한 질문이 되므로 유의미한 연습이 될 것이다.

Sumi : Do you like cats?

Inho : Yes, I do.

Sumi : Do you like snakes?

Inho : No, I don't.

	Inho	Sumi
cats	Yes	
snakes	No	
tigers		
meat		

4 의사소통적 문법 연습(communicative grammar practice)

통제 연습 단계에서 학생들은 제한된 수의 언어 형태만을 사용하는 반면, 의사소통적 문법 연습 단계에 도달하면 자신의 생각과 경험을 표현하기 위해, 또는 주어진 과제를 수행하거나 문제를 해결하기 위해 다양한 표현과 구조를 사용하게 된다. 활동 중에 주로 사용하게 될 구문은 당연히 학습 목표 구문이지만, 의사소통을 위해 때때로 학생들은 교사가 예상치 못한 구문도 사용하게 될 것이다. 이때 학생들이 학습 구문이 아닌 다른 구문만을 주로 사용하게 된다면 학습 효과가 낮아질 수 있다. 따라서 의사소통적 문법 연습 이전 단계에서 학습 구문을 충분히 익히는 것이 중요하다.

의사소통적 문법 연습을 시작하기 전에 교사는 활동이 어떻게 진행되어야 하는지 분명히 지시를 해 주고 시범을 보임으로써 학생들이 혼동 없이 활동에 임할 수 있도록 하여야 할 것이다. 그리고 학생들의 대부분이 활동을 마쳤다고 생각되면 모든 학생들이 끝낼 때까지 기다리지 말고 다음 단계로 진행하되, 활동의 결과에 대해서는 표본으로 몇 그룹 또는 개인을 지적하여 반드시 확인하도록 한다.

문법 연습을 위한 의사소통 활동을 성공적으로 이끌려면 어떠한 점에 주의하여야 할지 살펴보면 다음과 같다.

a. 학습자들이 적극적으로 학습 목표가 되는 언어를 사용하도록 하기 위해서는 수행해야 할 어떤 과제를 주고 그 과제를 수행하는 과정에서 언어를 자연스럽게 사용하도록 유도하는 것이 바람직하다. 수행해야 할 과제는 문제 해결, 그림 완성, 빈칸 채우기 등과 같이 확실한 결과를 요구하는 것, 즉 뚜렷한 목표가 있는 과제가 효과적이며, 과제의 목표를 성취하기 위해 반복적으로 최대한 언어를 많이 사용하도록 하는 과제가 이상적이다.

b. 언어 연습의 측면에서 양과 질 모두에 있어 매우 우수한 활동이라 하더라도 학습자의 흥미를 자극할 수 없는 활동은 학습에 별 도움이 되지 못할 것이다. 모든 학습에 있어 가장 중요한 요소는 학습자 자신의 내재적 동기(intrinsic motivation)이기 때문이다.

다음에서는 의사소통적 문법 연습 단계에서 할 수 있는 활동들의 실례를 살펴보도록 한다.

예 1 Yes/no questions

'twenty questions'와 같은 guessing game ("Guess What I Am", "Guess what I Have" 또는 "Guess who I Am")으로서 한 학생이 앞으로 나와 어떤 물건, 동물, 직업 등 한 가지 이름을 선택하여 생각하고 있으면 나머지 학생들은 그 학생이 생각하고 있는 단어가 무엇인지 알아맞히기 위하여 yes/no 질문을 한다.

A : Is it in the classroom? B : No, it isn't.
C : Can we eat it? B : Yes, we can.
D : Is it round? B : Yes, it is.
E : Is it an apple? B : Yes.

예 2 How many Xs are there?

① 학생들에게 수업 하루 전에 주머니 또는 상자에 여러 개의 작은 물건들을 담아 다음 날 가져오도록 지시한다. 가져오는 물건들은 학생들이 영어로 이름을 알고 있는 것(예 연필, 숟가락, 사진, 사탕)이어야 한다.
② 짝 활동 또는 소그룹 활동으로 주머니의 주인이 예를 들어, "How many pencils are there?"라고 물으면 다른 학생(들)은 개수를 추측하여 대답한다. 물건의 주인은 "No", "Nearly" 또는 "That's right."으로 반응한다.
③ 물건의 개수를 알아맞힌 학생이 질문할 순서를 넘겨받는다.

예 3 명령문

명령형을 익히게 하기 위한 듣기 훈련으로서 'Simon says 게임("Simon says"라는 말이 들어갈 때만 명령에 따르고 그렇지 않을 때는 따르지 않는 게임)'과 같은 것을 할 수 있고 말하기 연습을 위해서 '길 찾기'와 같은 활동을 할 수 있다.

A : I'm at the telephone box. Where is the Records Music?
B : Go straight on High Street. Then turn right.

예 4 be going to

각 학생에게 다음과 같은 주간 계획표를 주고 서로 상의해서 다음 주에 만날 약속을 정하도록 하는 짝 활동이다. 교사는 학생들이 만난 후에는 무엇을 할 것인지 계획을 세워보게 할 수 있다(예 "What are you going to do on Tuesday?", "Are you going to be free on Friday?).

▶ Student A's diary

	Monday	Tuesday	Wednesday	Thursday	Friday	Saturday	Sunday
09:00-11:00	English lesson	shopping		piano lesson			
11:00-13:00					basketball	church	
13:00-15:00	library		library	lunch with Sumi		visit friend	
15:00-17:00		reading					

▶ Student B's diary

	Monday	Tuesday	Wednesday	Thursday	Friday	Saturday	Sunday
09:00-11:00	swimming lesson		swimming lesson		swimming lesson		
11:00-13:00							
13:00-15:00		computer lesson		shopping			visit uncle
15:00-17:00			home work			home work	

예 5 부정문

'Find the difference' 활동으로 짝을 이루는 두 명의 학생에게 다음과 같이 비슷하지만 약간씩 다른 그림들이 그려진 종이를 각각 한 장씩 주고 대화를 통해 차이점들을 발견하게 한다. 이때 각자의 그림을 상대방에게 보여주지 않도록 주의한다.

A : Number one is a man. B : Yes, it's a man.

A : He has black hair. B : No, he doesn't have black hair.

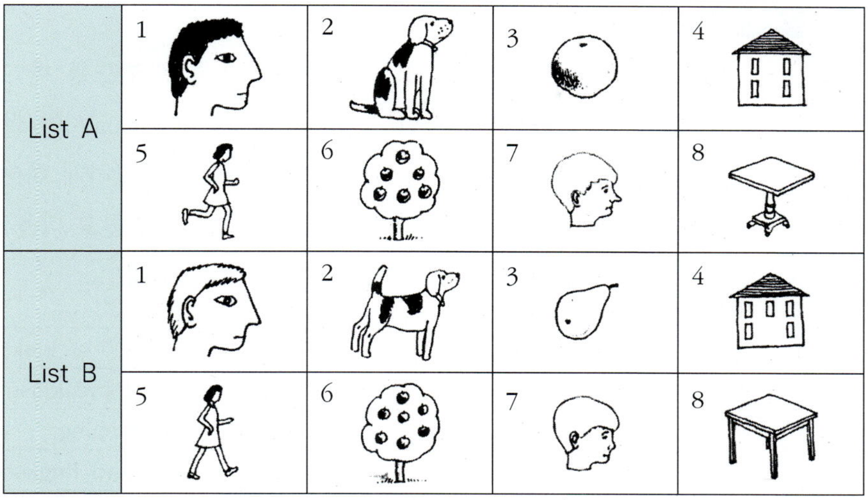

예 6 Do you like…?

① 각 학생에게 다음과 같은 종이를 한 장씩 나누어준다.

② 각 학생에게 자기가 좋아하는 음식 5가지를 골라 O 표시를 한다.

③ 각 학생은 번갈아 가며 "Do you like…?"로 질문을 하여 상대방이 좋아하는 음식을 알아맞힌다. 상대방이 좋아하는 음식을 제대로 추측하여 먼저 모두 알아맞히는 사람이 이긴다.

예 7 어순/문장 구조

다음과 같이 하나의 문장을 반으로 나누어 놓은 카드를 한 그룹(3~4명)당 한 벌씩 주고 짝을 맞추게 한다. 일정 시간이 지난 후 교사는 학생들이 얼마나 잘 맞추었는지 확인을 한다. 그룹당 한 문장씩을 말하게 하여 옳은 문장을 말하면 1점을 주고 틀린 문장을 말하면 점수를 주지 않고 다음 그룹에게 기회를 준다. 옳은 문장을 모두 말할 때까지 계속한다.

The train usually …	… leaves at 7 o'clock.
He never has …	… pizza for breakfast.
We often play tennis …	… in the evening.
I speak …	… Korean and English.
She sometimes …	… makes spaghetti.
He left home …	… two years ago.
I took a taxi …	… to the airport.
They walked their dog …	… in the park.

예 8 both A and B

① 학생들에게 다음과 같은 작은 그림을 2~3개씩 나누어주고 칠판 가운데에 하나의 그림을 붙인다.

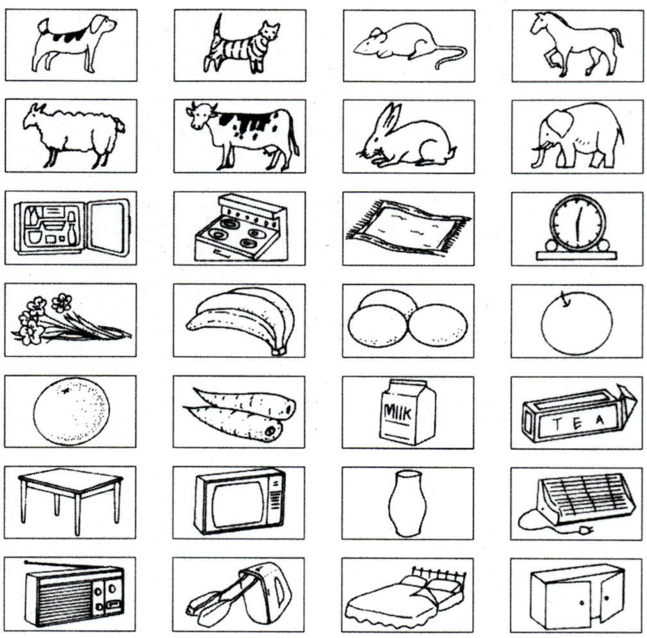

② 학생들은 교사가 붙인 그림 옆에 자기의 그림을 붙이기 위해서 두 그림 간에 어떤 유사점이 있는지 말해야만 한다. 예를 들어, 개 그림 옆에 탁자 그림을 붙였다면 학생은 다음과 같이 말할 것이다 : "Both the dog and the table have four legs." 또한 탁자 그림 옆에 연필 그림을 붙였다면 그 학생은 다음과 같이 말할 것이다 : "Both the table and the pencil are made of wood." 이런 식으로 계속하여 자기가 가진 그림을 먼저 모두 붙이는 사람이 이긴다.

제 10 장
문화 지도

1. 문화의 의미와 문화 간 의사소통 능력
2. 문화학습의 범위와 단계
3. 초등영어교육의 문화 지도 필요성과 목표
4. 초등영어교육의 문화 지도 방법
5. 문화 지도 활동 사례

오늘날 국제어 · 지구어로서 영어의 위치가 굳어지면서 영어교육에서 문화교육의 목표와 방향을 어떻게 설정해야 하는가도 중요한 문제로 부각되었다. 영어과에서 이루어진 문화교육은 영미문화를 익힘으로써 영어권 대화자를 만났을 때 원활하게 대화하도록 하는 데에 방향이 맞추어지는 바람에 단편적인 배경지식을 간간이 영어 수업에서 확인하는 경우가 대부분이었다. 그렇지만 앞으로 영어교육에서 하게 될 문화교육은 영어권과 비영어권을 막론하고 문화 간 차이를 인식한 후 유연하게 주어진 상황에 대처함으로써 원활한 소통능력을 키우는 방향을 취하게 될 것이다. 교사는 언어학습만으로 문화지식이나 이해역량이 자동으로 생성되지 않음을 인식하면서 좁게는 학습자의 흥미와 동기를 부여하고 넓게는 타문화 이해를 통한 소통역량 증진을 위해 문화학습에 관심을 기울여야 한다. 이런 의미에서, 이번 장에서는 문화와 문화 간 의사소통 능력의 의미와 필요성을 짚어본 후 문화학습의 절차, 목표, 그리고 교수(기)법을 살펴보도록 한다.

1 문화의 의미와 문화 간 의사소통 능력

문화는 문학, 음악, 미술 등과 같이 쉽게 관찰이 가능한 물질적 측면부터 행동양식, 가치, 신념, 태도와 같이 내재적인 혹은 정신적 차원까지 매우 다양하게 규정될 수 있다. 이에 대해 Brooks(1975)는 음악, 무용, 문학, 예술, 건축, 정치, 경제 등 제도와 관행으로 정형화된 형식적 문화를 고유명사처럼 인간사회에 굳어졌다는 의미에서 "big C" 문화(Culture)로, 일상에 스며든 행동양식, 태도, 신념, 가치체계처럼 집단이 보편적으로 공유하지만 외적으로 드러나지 않는 문화를 "little c" 문화(culture)로 명명한 바 있다. 이처럼 문화 이해는 크게 보아 문화적 형식과 문화적 가치 파악으로 구분된다. 문화적 형식은 고성(古城)이나 사찰처럼 물질적 산물(product)과 춤이나 제사처럼 집단의 가치가 물리적으로 구체화되는 관행적 행위(practice)를 포함한다. 문화적 가치는 종교와 생활습관 등의 영향으로 타 문화집단과 다르게 세상을 바라보는 관점이나 독특한 사고방식을 지칭한다.

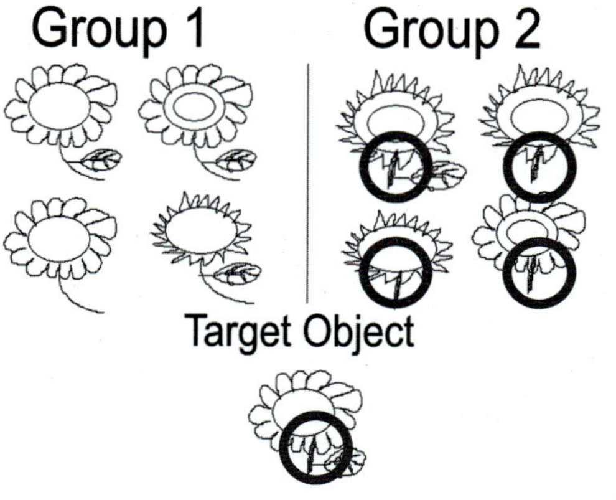

[그림 10-1] 한국인과 서양인의 사물 인식 차이 예시(Nisbett, 2003)

문화적 가치의 대표적인 사례로는 문화마다 사물을 바라보는 관점이 다르다는 사실을 들 수 있다. Nisbett(2003)은 [그림 10-1]과 같이 집단 1과 집단 2를 한국인과 서양인에게 보여주었을 때 어떤 집단이 아래의 목표 사물과 더 유사한지 묻는 실험을 진행하였다. 그 결과, 한국인들이 목표사물과의 집단 유사성(family resemblance)에 주목하여 60%가 집단 1을 선택한 반면, 서양인은 목표사물의 짧고 굵은 일직선 줄기만 유일하게 집단 2의 네 송이와 공통적이라고 여겨 67%가 집단 2를 선택하였다. 완벽하게 동일하지 않아도 전체적으로 바라보며 유사도를 찾으려는 한국인과 부분별로 따지면서 공통점을 찾는 서양인의 문화적 가치의 차이점이 확인된 것이다. 집단 2가 목표사물과 유사하다는 서양인의 특성을 이해하지 못하는 한국인은 서양인을 고집불통이라고 단정하여 대화를 중단하고 말 것이다.

이와 같이, 영어 사용자의 문화적 정체성이 다양해진 상황을 감안할 때, 다른 문화권 사람들끼리 원만하게 소통하려면 영어 능력만으로 부족하다. 상대방 문화의 형식적 특징을 숙지하는 동시에 중시하거나 꺼리는 가치를 두루 알고 있어야 의사소통 단절을 예방할 수 있다. 가령, 미국의 뉴욕에 관해 대화를 나누려면 자유의 여신상이나 타임스퀘어가 무엇인지 알고 있어야 하며, 상대방이 돼지고기를 먹지 않는 문화권 출신이라면 음식에 관해 이야기할 때 관련 주제를 피해야 할 것이다. 이처럼 상대방 문화를 이해하고 원만한 소통에 이르려면 문화 간 의사소통 능력(intercultural communicative competence)을 갖추어야 한다.

문화 간 의사소통 능력은 제2언어 또는 외국어 학습자가 원어민과 유사한 언어 능력이라는 이상적이되 현실적이지 않은 목표에 도달하려고 애쓰기보다 다른 문화권 화자의 문화적 배경이나 처지를 이해하고 융통성 있게 대처하며 원만하게 소통하는 기술을 뜻한다(Byram, 1997). 성공적인 의사소통은 다른 문화에 대해 알고 개방적인 태도를 지님과 동시에 다른 문화권 사람들에게 자신이 어떻게 인식될 것이냐에 대해서도 객관적으로 들여다볼 수 있을 때라야 가능하다. 이러한 관점에서 Hymes(1972)가 주창한 의사소통 능력은 언어 능력과 구분되는 실제적 언어수행이 언어교육에서 중요하다는 인식 전환의 계기가 되었으나 여전히 한계를 지닌다. Hymes의 의사소통 능력은 '언어 수준이 낮은' 외국어 학습자가 '완벽한 언어 수준을 갖춘' 원어민과 소통하는 것을 전제로 하는데 이러한 의사소통 능력만으로는 다양한 문화권 사람들이 영어를 공용어로 활용하여 소통하는 경우를 고려할 수 없기 때문이다.

문화는 우리의 삶을 형성하는 틀이기 때문에 무의식중에 우리의 언어, 사고, 행동을 지배한다. 언어는 문화 구성원들 간의 관계를 조직하는 동시에 구성원들의 이념과 세계관을 드러내는 거울과 같다. 이처럼 문화가 의사소통에 미치는 영향이 지대하다는 점은 타 문화권 사람과의 소통에서 문화이해 역량이 80%가량 영향을 미친다는 Simons 등(1993)의 주장을 통해 뒷받침된다. 결국, 문화 간 의사소통 능력은 원어민과 동일한 표현능력까지는 아니더라도 소통에 무리가 없는 일정 수준의 언어 능력과 더불어 다른 문화권 사람들과의 성공적 의사소통에 반드시 필요한 것이다. 이러한 능력을 갖춘 외국어 사용자는 문화 간 화자(intercultural speaker)로 불린다(Byram, 1997).

문화 간 대화능력을 갖춘 문화 간 화자가 되려면 타 문화권 사람들의 발화 의도를 이해할 줄 알아야 한다. 미국을 처음 방문한 한국인은 사람이 거의 다니지 않는 미국의 한적한 마을이나 대학 교정을 걷다가 우연히 마주친 낯선 현지인이 미소를 지으며 인사를 건네면 당혹스러워하다가 같은 방식으로 응대하지 못한 채 우물쭈물할 수 있다. 이럴 때, 현지인은 인사를 받아주지 않는 한국인을 나쁜 사람으로 의심할 수 있다.

문화 간 대화능력은 속담과 같이 문화적 색채가 가미된 언어의 숨은 의미를 파악하는 능력과도 연관된다. 영어권 원어민에게 타인 소유물이 좋아 보인다는 의미에서 "남의 떡이 커 보인다"를 영어로 직역해주면 '색깔이나 모양이 달라서 그런가?'라고 엉뚱하게 생각할 수 있다. 반대로, 한국인에게 "The grass is always greener on the other side of the fence."라고 하면 풀 색깔이 다른 것이 무슨 속뜻인지 쉽게 짐작하기 어렵다. 높은 인구밀도 때문에 먹고 사는 문제에 민감한 문화와 잔디와 농장처럼 사적 공간을 가꾸는 일에 관심을 두는 문화의 차이를 이해해야만 언어의 속뜻을 제대로 짚을 수 있다.

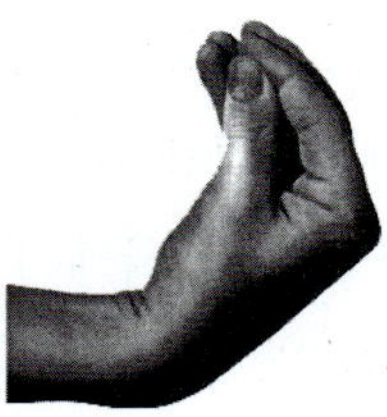	1. 궁금함(query) 2. 조롱(ridicule) 3. "강조"(emphasis) 4. 많이(much) 5. 무섭다(fear) 6. 좋다(good)	• 이탈리아 • 프랑스 • 스페인 • 그리스

[그림 10-2] 몸동작의 다양한 속뜻 예시

몸동작과 같은 비언어 메시지의 의미를 이해하는 능력도 문화 간 대화능력에 속한다. 손가락을 모아 하늘로 들어 올리는 동작은 서양인들 사이에서 상황에 따라 5~6가지의 다양한 의미로 파악된다. 이 동작은 "궁금함, 조롱, 강조, 많이"라는 의미로 이탈리아를 중심으로 한 남유럽에서 자주 사용되며, 경우에 따라 프랑스에서 "무섭다"거나 그리스에서 "좋다"는 의미를 지닌다. 이처럼 모르는 타문화의 몸짓은 배워서 이해하면 되지만, 어떤 경우에는 설령 알더라도 자문화의 기준에서 납득하기 어렵기도 하다. 심각한 일이 아니라는 의미로 "It's not that serious, right?"을 들은 미국인이 고개를 가로저으며 "No"라고 말하는 경우를 예로 들 수 있다. 한국인은 영어에서 질문에 부정적 표현을 사용한 것과 무관하게 핵심 의미에 대해 동의하면 "Yes" 그렇지 않으면 "No"로 반응한다는 사실을 알고 있어도 막상 이런 상황에 처하면 고개를 젓는 모습에 순간적으로 당황하여 '내 생각에 반대하나?'라고 놀랄 수 있다.

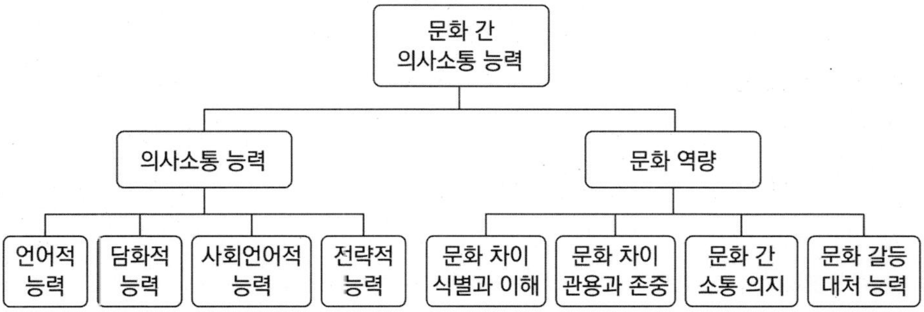

[그림 10-3] 문화 간 의사소통 능력, 의사소통 능력, 문화 역량의 개념 위계

이와 같이 문화 간 의사소통 능력을 갖춘 문화 간 화자가 되려면 언어적·사회언어적·담화적·전략적 능력과 같은 의사소통 능력뿐만 아니라 타문화의 차이를 인식하고 관용적 태도로 수용하려는 실천의지와 같은 문화 간 이해역량(intercultural competence)도 갖추어야 한다.

문화 간 이해 단계와 관련하여, Hanvey(1987)는 학습자의 목표 문화 이해가 피상적 고정관념에 사로잡히는 1단계, 자기문화와 다른 목표 문화의 세부적이며 미묘한 문화적 특징을 이해하는 2단계, 목표 문화 사람들의 관점에서 깊이 이해하는 3단계, 목표 문화에 완전히 동화되는 4단계로 구분하였다. Scarcella와 Oxford(1992)는 위 4단계 중에서 영어 학습자들이 2단계 정도의 문화적 이해를 습득할 것을 권하고 있다. 이에 따라, 초등교육에서 문화를 배울 때에는 무엇보다 편견에 사로잡혀 특정 문화를 과잉일반화하는 문화적 고정관념을 타파하는 반(反)편견교육을 통해 포용성을 기르는 것이 중요하다(곽선영과 심창용, 2013).

2 문화학습의 범위와 단계

1 문화학습 범위

문화학습에서 다루는 영역은 일반적으로 문화 산물, 문화 관행, 문화수행자, 문화공동체, 문화 관점이라는 5가지로 구분된다(Moran, 2001). 이 중에서 문화 산물과 문화 행위는 문화적 특징을 가시적으로 드러내기 때문에 초등교육에서 다루기 적합하다. 문화공동체와 문화수행자는 둘 이상의 문화정체성을 지닐 수 있기 때문에 제한적인 시공간 조건에서만 문화적 특징을 겉으로 내비친다. 문화 관점은 특정 문화의 가치체계와 연관되는 관계로 인해 문화를 경험하며 감정이입이 일어날 때라야 파악되는 심층적 문화이해에 해당된다. 따라서 문화 관점은 비가시적 영역에 속한다.

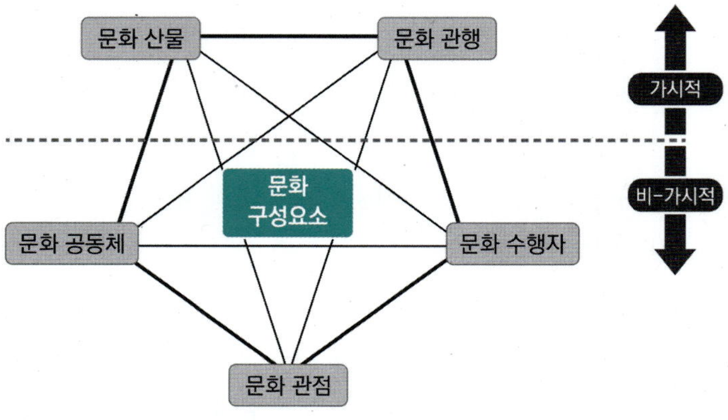

[그림 10-4] 문화학습의 5가지 범위(Moran, 2001)

문화 산물은 특정 문화권에서 생산한 예술작품이나 공산품 이외에도 정치체제나 명절과 같은 제도까지 포함한다. 문화 관행은 문화수행자가 문화 산물을 이용하여 특정 시공간에서 행위를 수행하는 것을 뜻한다. 따라서 문화 산물, 문화 관행, 문화수행자는 분리불가분의 관계를 이룬다. 예를 들어, 한국인이 한복을 입고 추석에 송편을 빚는 행위를 떠올릴 수 있다. 이 문장은 문화학습 범위를 기준으로 "한국인(문화수행자), 한복, 송편, 추석(이상 문화 산물), 입고 빚다(이상 문화 관행)"로 분석될 수 있다. 여기에서 문화수행자는 문화 산물과 문화 행위가 속한 특정 문화정체성을 지니지 않을 수 있다. 민속촌을 방문한 일본인이 송편을 한번 빚었다고 해서 한국문화를 이해하거나 한국적 정체성을 획득했다고 볼 수 없을 것이다. 문화공동체는 문화수행자들이 문화 산물을 가지고 문화 행위를 하는 집단을 상정한 것으로, 한국에 살면서 매일 등교해서 한국의 교육과정에 따라 공부하는 한국학생들을 생각해 볼 수 있다. 문화공동체는 문화수행자들과 마찬가지로 복수의 중첩 정체성을 지니기 때문에 대부분 머리로 특정 이미지를 그릴 뿐이지 실제로 확인하기 어렵다. 학생들이 하교하면 학생의 정체성에서 벗어날 뿐 아니라 한국의 교육과정을 따르는 모든 학생들의 실제 학습 장면을 일일이 눈으로 확인할 수도 없다. 마지막으로, 문화 관점은 문화공동체에 속한 문화수행자가 특정한 문화 산물을 가지고 문화 행위를 수행할 때 해당 문화의 어떤 가치체계를 왜 그러한 방식으로 내비치는지 이유와 의미를 발견하는 것과 관련된다. 서양인들이 악의가 없다는 의미로 무기를 들지 않고 손을 맞잡은 것에서 악수 인사가 유래되었다는 사실을 발견하면 스스로를 지키기 위한 서양인의 독자적 기질과 세계관을 이해할 수 있다.

초등영어교육에 적용하기 위한 문화학습 범주는 아무래도 어린 학습자의 눈에 드러나는 문화 산물과 문화 행위일 것이다. 아동의 흥미를 자극하는 문화 산물은 언어학습 소재에 해당되고, 아동이 좋아하는 문화 행위는 적합한 언어학습 활동으로 볼 수 있다. 명절, 경축일, 관행, 음식과 같이 체험할 수 있는 활동이야말로 초등영어교육에서 다룰 수 있는 대표적인 사례일 것이다. 만일 교사가 문화 산물, 문화 행위와 결합한 영어 학습을 통해 의사소통 능력뿐 아니라 문화 간 이해역량을 한 단계 끌어올려 문화 간 대화능력을 전반적으로 향상시킬 계획이라면 모국어 사용을 허용하면서 학습한 문화 내용의 의미를 짚어보는 시간을 마련할 수 있을 것이다.

2 문화학습 단계

문화를 바라보는 시선이 다양하듯 문화 지도에서 다루는 배움의 위계와 절차도 특정한 몇 가지로 규정될 수 없다. 일반적으로 통용되는 사례로는 다음과 같은 문화 지도 4단계를 들 수 있다(Moran, 2001).

첫 번째 단계인 '방법 알기'(knowing how)는 체험에 입각하여 문화적 특징을 보여주는 행위를 익히는 것이다. 아파트 생활이 무엇인지 파악한 후 한국의 주거문화를 알기 위해 몸소 아파트를 방문하거나 교외문화(suburban culture)를 배운 후 미국의 교외

[표 10-1] 문화 지도 4단계(Moran, 2001)

단계	활동	결과물
1. 방법 알기	체험 숙달	암시적 문화
2. 대상 알기	정보 수집	명시적 문화
3. 이유 알기	이유와 관점 획득	문화 심층 이해
4. 자기 알기	묵상적 추론	자기인식 비약

지역에 가서 살아보는 사례를 생각해 볼 수 있다. 학습자는 이 단계에서 문화적으로 유의미한 경험에 참여하기(participation)를 해본다.

두 번째 단계인 '대상 알기'(knowing about)는 체험으로 습득한 절차적 지식을 문화 산물과 관련지어 사실적 문화 정보로 구체화하는 것이다. 예를 들어, 베트남이 프랑스의 지배를 받았을 때 풍부한 쌀을 바게트로 만들어 바삭한 식감의 반미샌드위치라는 음식을 창조하였다는 문화상식을 생각해 볼 수 있다. 학습자는 이 단계에서 문화적으로 의미 있는 사실을 파악하여 말하거나 쓰는 기술행위(description)에 집중한다.

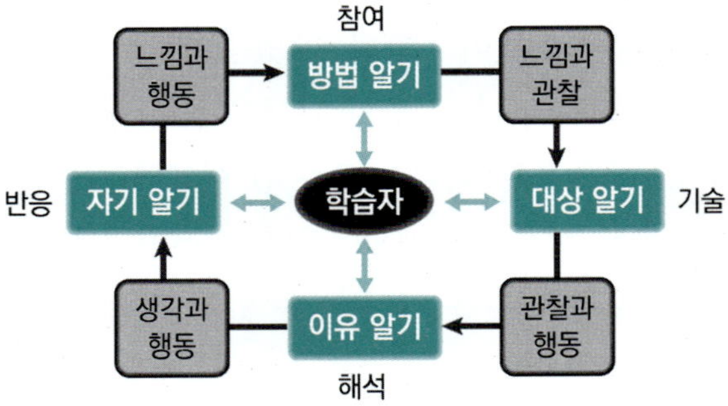

[그림 10-5] 문화학습의 단계와 절차

세 번째 단계인 '이유 알기'(knowing why)는 몸과 머리로 문화를 파악하고 난 뒤에 겉으로 드러나지 않아도 문화마다 사물이나 현상을 바라보는 관점의 차이와 문화 현상 이면의 이유를 묵상적 추론을 거쳐 발견하는 것이다. 가령, 경제력을 갖춘 미국 중산층에서 삭막한 도심과 거친 야생자연의 중간에 자리한 교외지역의 규격화된 주택을 부동산업자에게 구입하여 여유롭게 마당을 가꾸며 아름다운 자연을 즐기려 했음을 짐작해 볼 수 있다. 학습자는 이 단계에서 몸과 머리로 익힌 문화 내용의 숨은 관점이나 의미를 발견하기 위한 해석하기(interpretation)에 주안점을 둔다.

네 번째 단계인 '자기 알기'(knowing oneself)는 자문화와 타문화를 종합적으로 비교하면서 자신이 속한 문화적 정체성을 보다 명료하게 인식하는 것이다. 일례로, 한국의 아파트 생활을 미국의 교외거주와 비교해 보면 한국의 아파트 문화가 어떤 특징을 지니고 있는지 명료하게 이해할 수 있다. 땅이 부족할 뿐 아니라 자동차 이용이 미국보다 불편한 한국에서는 아름다운 조경과 편의시설을 통해 자연의 안락함과 도시의 편리함을 두루 제공하는 아파트를 선호한다. 미국의 경우에 집주인이 시설물을 관리하는 차이가 있을 뿐, 한국의 아파트와 미국의 교외주택은 규격화된 주택에서 안락한 자연풍경과 도시생활을 동시에 즐긴다는 공통점을 지니는 것이다. 학습자는 이 단계에서 자신이 속한 문화와 타문화의 공통점과 차이점을 떠올리며 심층적 문화이해에 도달함으로써 문화 포용성과 같은 변화된 행동을 보여주는 반응하기(response)를 수행한다. 이렇게 자기 인식의 수준이 높아지면 새로운 문화에 다시 참여하여 체험하는 과정을 지속한다.

3 초등영어교육의 문화 지도 필요성과 목표

1 문화 지도의 필요성

초등학생들은 구체적인 경험을 통해 새로운 개념을 이해함으로써 사회적이며 이타적 성품을 갖추어 새로운 문화를 받아들이기 좋은 심리상태로 향하게 된다. 이 시기의 아동들이 자기중심적 사고에서 벗어남에 따라 의사소통에서도 청자의 관점이나 요구를 인식하여 상호적으로 접근하는 모습을 보인다. 언어적 장벽이 국가 간 차이, 문화적 거리와 밀접히 관련되었다는 연구 결과(Carpenter & Torney, 1974)와 10~11세가 이방인에게 가장 개방적인 태도를 보이는 시기라는 사실(Lambert & Klineberg, 1967)을 감안할 때, 초등영어교육에서 영어와 문화를 결합한 수업이 필요함을 짐작할 수 있다. 초등영어 수업에서 타문화를 경험하는 것은 자문화중심주의를 버리고 타언어 사용자들을 이해하여 친밀감을 형성하여 궁극적으로 자문화와 모국어를 제대로 이해하는 계기가 된다. 이런 이유로, 초등영어교육에서는 영어권 문화 산물과 문화 행위를 직·간접적으로 경험하면서 목표 문화와 언어를 효과적으로 결합하는 수업을 시도해야 한다.

2 문화 지도의 목표

초등영어교육에서 문화 지도의 최종 목표인 문화 간 의사소통 능력을 함양하려면 "① 목표 문화에 대한 사실적 지식 습득, ② 다른 문화에 대한 존중과 개방의 태도 신장, ③ 자신의 문화에 대한 이해 증진, ④ 문화현상을 탐구, 발견, 분석할 수 있는 기술의 개발"이라는 4가지 하위 목표들을 달성하기 위해 노력해야 한다. 이러한 목표들에 다가가려면 아동의 흥미와 수준에 부합하는 다양한 문화 지도 활동들을 구안해야 한다. 그럴 때라야 아동들이 자문화중심주의나 문화사대주의에 빠지지 않고 균형잡힌 문화이해에 도달할 수 있을 것이다.

문화 지도의 하위 목표들을 구체적으로 기술하면 아래와 같이 재정리될 수 있다 (Seeley, 1984).

① 다양한 문화의 사람들이 음식, 주거, 사회적 접촉과 같은 기본적인 인간요구에 대해 다르게 반응한다는 것을 학생들이 인식하고 이러한 다른 행동들을 자신의 기준에서 판단하지 않고 자연스럽고 당연한 것으로서 받아들여야 한다.

② 타문화에서 나이, 성별, 사회계층, 거주 장소 등 여러 사회적 변인에 따라 어떻게 말과 행동이 달라지는지 이해해야 한다.

③ 일상생활에서 목표 문화의 사람들이 보편적으로 어떻게 행동하느냐를 이해해야 한다.

④ 학생들이 영어 단어 또는 표현들을 학습할 때 이와 연결된 문화적 의미도 이해할 수 있어야 한다.

⑤ 목표 문화와 관련된 행위들을 지나치게 정형화하거나 과잉 일반화해서 생각하지 않고 목표 문화 내에 존재하는 다양성을 인정해야 한다.

⑥ 학생들이 목표 문화에 대해 호기심을 갖고 계속적으로 탐구할 수 있도록 지도해야 한다.

위의 항목들은 초등영어교육에서 학년(별 연계성)과 수업 목표에 따라 강조점이나 방향을 달리하여 변형될 수 있다. 예를 들어, 수업시간에 초대에 응하거나 거절할 때 사용하는 표현, 식사를 주문할 때 쓰는 표현 등 음식과 관련된 표현들을 가르친다면 언어적 표현과 더불어 식사예절, 음식의 종류 등 비언어적 정보를 아동에게 제공하여 언어와 문화를 동시에 배워야 할 것이다. 다만, 초등영어 문화수업에서 목표 문화를 모국어문화와 관련지어 학습해야 한다는 사실만큼은 놓치지 말아야 한다. 영미문화만 지나치게 강조하고 모국어문화를 경시하면, 영미문화가 우월하고 모국어문화가 열등하다는 잘못된 인식을 심어 줄 수 있기 때문이다. 교사는 표면적으로 다르게 보여도 기저에서 유사성이 있는 외국 문화의 관행 또는 경험 등을 소개하면서 학습자 스스로 긍정적 방향에서 다양한 시각을 갖도록 지도해야 한다. 이럴 때라야 각각의 문화가 나름의 가치와 장점을 갖고 있으며 단지 관점과 행동 양식이 다를 뿐이라는 것을 아동이 이해할 수 있다.

4 초등영어교육의 문화 지도 방법

초등영어 수업과 문화를 통합적으로 지도할 때 무엇보다 중요한 것은 학생들의 발달단계와 영어의 숙달정도, 그리고 흥미를 고려하여 지도할 내용을 선정하는 일이다. 학생들 자신의 관심 또는 흥미와 유리되어 있는 목표 문화에 대한 정보는 아무리 잘 계획되고 체계적으로 지도된다 해도 교육적 효과를 거두기 어렵기 때문이다. 또한, 초등학생들은 목표 문화에 대해 토의하거나 설명을 들음으로써 문화를 이해하게 되기보다는 문화 행위 또는 여러 현상들을 의미 있는 의사소통 상황에서 직접 경험함으로써 이해하게 된다는 것을 염두에 두고 학생들의 연령, 흥미, 그리고 교실 여건에 맞는 다양한 활동들을 준비하여야 한다.

초등영어 수업에서 가능한 문화 학습 범위 중에서 문화 산물과 문화 관행에 속하는 사례를 열거하면 다음과 같다.

문화 산물(Cultural Products): 흥미를 끄는 구체적 대상

- 일상: 직업, 가게(식당), 선물, 간판·표지판, 교통, 정치·경제·사회제도 등
- 토산품: 인형, 탈, 행운과 불운 상징물/색깔, 깃발(휘장), 전통 물품 등
- 의식주: 음식, 의복, 가옥
- 생물: 의미가 담긴 동물이나 식물
- 역사: 인물(위인), 유물(문화재), 의미가 담긴 장소나 상징물

- 지리: 기후/날씨, 계절, 지형, 자연풍광, 명승지, 시간대 등
- 언어: 전래동화(전설, 민담, 영웅담), 동요, 속담, 명언 등
- 예술: 악기, 영화, 가요, 미술과 음악작품
- 경제: 시장, 화폐

문화 관행(Cultural Practices): 문화적 특징을 담은 행위

- 전통관행: 춤, 세시풍속(새해맞이, 명절 등)
- 예의범절: 몸동작을 포함한 인사와 호칭 방법 등
- 생활습관: 식습관, 숫자세기, 요일의 의미, 금기, 특이한 관행
- 여가활동: 여행, 놀이, 운동, 취미, 초대, 주말 보내기 등
- 일상생활: 가정(주거 및 생일 문화 등), 학교(입학, 졸업, 방학, 수업 등)

초등영어교육의 문화학습 범위는 사실상 초등학교 모든 교과의 주제를 포괄한다. 이런 이유로, 초등영어교육의 문화 지도는 주제 혹은 내용중심교수법과 명확하게 구분되지 않을 수 있다. 문화 지도와 내용중심교수법이 초등 수준에서 일상생활과 연관된 사물이나 현상을 영어 학습과 통합한다는 점에서 공통점을 지니는 것이다. 다만, 개념상으로 문화 지도에서는 문화 간 이해능력 함양, 내용중심교수법에서는 교과 내용지식 숙지에 상대적으로 초점을 맞춘다.

1 문화 지도 방법

위에 제시된 것과 같은 문화학습 내용들을 영어 수업에서 효과적으로 지도하기 위해 사용 가능한 방법은 다음과 같다.

① 직접 설명 및 원어민 교류

목표 문화와 관련된 어떤 주제에 대해 슬라이드, 그림 등의 시각 자료를 이용하여 간단히 설명하는 방식은 짧은 시간에 효과적으로 문화지식을 학습자에게 전달하기 용이하다. 예를 들어, 미국의 슈퍼마켓에 관한 이미지와 동영상 자료를 보여주면서 어떤 물건이 한국의 경우와 같고 다른지 살펴보고 물건들의 이름을 영어로 배울 수 있다. 특히 아동이 관심을 가질만한 식료품 등에 초점을 두면서 좋아하고 싫어하는 것에 관해 영어로 묻고 답하는 활동을 진행하면 영어와 문화를 통합하여 익히게 된다. 모둠활동으로는 학습자들끼리 슈퍼마켓에서 살 물건의 목록을 작성하고 쇼핑을 해보는

역할극을 수행할 수 있다.

원어민을 초청하여 문화에 관한 강연을 듣거나 학습자들과 자유롭게 대화를 나누는 기회도 실제적인 목표어 사용과 문화를 간접적으로 경험하는 것이다. 학습자들은 원어민 화자와 접촉하면서 목표 문화에 관한 이해 뿐 아니라 발화시 사용하는 몸짓, 표정, 영어 발음 및 억양, 유용한 영어표현들을 배우게 된다. 초청 대상 원어민은 학습자들과 관심사를 공유하고 교감이 가능한 직업과 연령대일수록 바람직하다. 또한, 원어민과 만나기 전에 학습자들도 나름대로 문화와 언어를 배울 준비를 해야 한다. 학습자들은 원어민과의 만남이 확정되면 무엇에 대해 이야기할 것인지 사전에 질문들을 준비한다. 이 과정에서 교사는 목표 문화에서 금기시되어 있거나 사회적으로 적절하게 여겨지지 않는 주제들을 알려준다. 고학년 학생이라면 교사의 도움을 받아 원어민 화자의 목표 문화와 출신지역을 미리 학습해 볼 수 있다. 원어민 방문 이후에 학습자들은 감사와 안부를 묻는 이메일이나 동영상 메시지를 보낼 수 있다. 교사는 원어민과 대화를 나눈 소감문을 작성하거나 비언어 매체를 활용한 온라인 콘텐츠를 제작함으로써 목표 문화와 모국어문화를 깊이 생각하는 과업을 학습자에게 제시할 수도 있다. 개인 차원의 교류 이외에도, 기관끼리 연결하여 원어민 화자들과 국제교류 프로젝트를 진행함으로써 영어교육과 문화 지도를 결합하는 방법도 존재한다. 대표적으로, 영연방 국가와 한국의 초등학교 교실을 연결하여 각국의 명절 풍습과 같은 주제를 선정하여 한 학기가량 공통 프로젝트를 수행하면서 언어와 문화를 익히고 결과물을 교환하는 방식으로 운영되는 영국문화원의 교실 연결 활동(Connecting Classroom)을 들 수 있다(양나리 외, 2018).

② 콘텐츠 제시

초등영어 수업에서 활용하기 적합한 문화콘텐츠로는 동영상, 이미지, 음성(음악) 등을 생각해 볼 수 있다. 동영상은 음식 주문하기와 인사하기 등 목표 문화와 관련한 흥미로운 상식과 몸동작을 자막과 더불어 압축적으로 제시하기 때문에 외국어에 능숙하지 않은 초등학생들도 직관적으로 의미를 짐작할 수 있다. 동영상으로 해볼 수 있는 활동으로는 모국어문화와 유사하거나 다른 콘텐츠 내용 분석 모둠토의, 언어와 문화적 준거에 입각한 콘텐츠 변형, 콘텐츠의 일부나 전체에 관한 상황극 등을 생각해 볼 수 있다. 특히 만화영화는 목표 문화의 특징을 보여주면서도 언어적으로도 수업과 결합하기 쉽기 때문에 초등수준에 적합한 콘텐츠다. 다만, 교사는 사전에 과다할 정도로 구체적이고 복잡한 문화 지식, 부정확한 발화나 어려운 언어 수준, 아동에게 부적합한 표현이나 영상, 너무 길거나 짧은 길이 등을 걸러내어 양질의 콘텐츠를 선별해야 한다.

이미지는 목표 문화의 특색을 담은 명화나 목표어 원어민 사이에서 유행하는 이모티콘처럼 정지화면으로 제시되는 온갖 시각자료를 통칭한다. 문화학습에서 다루는 이미지 속에는 검지와 엄지를 동그랗게 모아 OK를 뜻하는 사진처럼 문화적 특징을 표현한 것들도 포함된다. 이미지가 언어와 결합하는 것과 같은 다매체 통합 사례도 가능하다. 일례로, 벽에 귀모양이 그려져 있는 독특한 삽화는 "Walls have ears."라는 언어표현과 결합하여 학습자에게 '말조심하라'는 목표 문화의 독특한 표현방식을 알려준다. 이미지들은 하이퍼링크를 통해 관련된 문화를 드러내는 다른 이미지, 동영상, 그리고 음성자료라는 다양한 매체로 확장될 수도 있다.

음성자료는 문화정보를 담은 동요 영상처럼 시각자료와 결합하여 제시되는 경우가 일반적이다. 음성만 제시될 경우에는 타문화의 악기나 리듬감이 묻어나는 민속음악처럼 음성자료만으로도 특정 문화권의 정취를 느낄 수 있는 것이어야 한다. 교사는 음악을 듣고 학습자들이 몰입하는 상황을 가정하면서 어떻게 느꼈는지 감정 표현하고 답하기(Are you happy/sad? Yes/No.)와 결합하거나 모국어문화의 유사한 음악을 떠올리거나 찾는 활동을 진행할 수 있다. 동영상이나 이미지와 마찬가지로, 음성자료도 하이퍼링크를 통해 다양한 매체로 형상화된 유사한 콘텐츠로 확장될 수 있다.

③ 가상현실 체험

학습자들은 가상현실, 증강현실, 메타버스 등의 새로운 기술이 교육현장에 도입되면서 학습자들이 간단한 디바이스를 활용하여 목표 문화 현장에 가지 않고도 생생하게 문화를 경험할 수 있다. 학습자들은 문화적 특색이 드러나는 메타버스에서 물건을 사고판다거나 눈길을 사로잡는 문화상징물을 접하면서 크기, 모양, 색깔을 표현하는 활동을 수행할 수 있다. 학습자들은 교사가 소개한 멀티미디어를 활용하여 주어진 문화체험 미션을 시도해 볼 수 있다. 예를 들어, 사물 소개·묘사하기 및 길을 묻고 답하는 표현을 익힌 후 메타버스의 특정 지점부터 인도의 타지마할(Taj Mahal)까지 사람들을 안내하여 해당 문화상징물을 소개하는 가이드 역할을 모둠원끼리 해볼 수 있다. 가상현실까지는 아니더라도, 문화적 특징이 드러나는 목표 문화의 거리뷰를 살펴보는 동시에 식당이나 미술관 등을 클릭하여 실내로 이동한 후 학습자의 흥미를 자극하는 물상을 가지고 묻거나 대답해 볼 수도 있다. 이와 연관된 활동으로는 여행계획 작성하고 친구와 대화해 보기 등을 생각해 볼 수 있다.

온라인을 이용하지 않더라도 교실에서도 가상현실 체험을 해볼 수 있다. 예를 들어,

학습자들이 영국 또는 미국에 있는 도시를 여행한다고 가정한 후 교실 공간을 구획하여 각종 교보재를 이용하여 공항, 비행기, 여행지처럼 꾸미고 여행에서 실제로 벌어질 일들을 재연하는 활동들을 떠올려 볼 수 있다. 활동에 앞서, 교사는 학습자들에게 여권과 비행기표, 기내식 메뉴 등을 제공한다. 목적지에 도착한 학습자들은 그 지역을 대표하는 문화상징물들의 사진 또는 슬라이드를 찾아 보여주고 소개함으로써 여행하는 느낌을 최대한 살린다. 교사는 이러한 활동에 필요한 영어표현들을 미리 제시함으로써 학습들의 가상 체험 도중에 검색을 위해 몰입에 방해를 받지 않도록 준비해야 한다.

④ 이야기 체험

영미문화와 관련된 신화, 민화, 전설과 근대에 이르러 간행된 수많은 동화는 목표문화의 가치체계를 반영하고 있다. 이런 의미에서, 이야기 혹은 스토리텔링은 목표문화 사람들의 생각과 가치관을 투영하였다는 점에서 문화 지도에 효과적인 자료이다. 만일 영어 수업에서 영미권 신화, 동화, 전설 등을 제2언어 학습자들에게 소개하면, 이들은 목표 문화의 아동들과 동일한 문화적 경험을 향유할 수 있다. 특히 이야기를 콘텐츠나 가상현실 체험과 결합하면 실감나게 문화와 언어를 배울 수 있다.

초등영어교육에서 활용 가능한 이야기는 문화적으로 의미 있는 주제와 내용을 다루면서도 비슷한 표현들이 반복되어 줄거리 전개가 예측하기 쉬운 것이어야 한다. 도입, 전개, 갈등의 고조, 결말, 인물과 상황 묘사가 간결하여 선과 악, 행복과 불행 등의 주제가 선명한 이야기 구성이 초등영어 문화 지도에 적합하다. 교사는 필요에 따라 학습자의 언어와 인지 수준에 맞는 이야기의 핵심적인 부분만 제시하거나 그림과 같은 시각적 보조자료를 수업에 이용할 수도 있다. 아동들은 위기를 기지로 극복하는 영웅적 주인공의 승리에 몰입한다는 점을 고려할 때, 교사는 초등학생들 수준에서 유치하게 느껴지지 않는 애니메이션 시리즈 중에서 문화적으로 흥미로운 주제를 담은 에피소드들을 선별하여 위기의 유형에 알맞은 영어표현과 결합할 수 있다. 카렌이 갖고 싶던 빨간 구두를 신은 후 춤추는 저주에서 벗어나지 못해 발목과 목숨을 잃는 안데르센 동화 「빨간구두」는 『꼬마히어로 슈퍼잭』의 "댄스 댄스 댄스" 에피소드에서 슈퍼잭이 발을 재빨리 움직여 악당 레오박사가 사람들에게 강제로 빨간 구두를 신겨 춤추게 하는 상황을 해결한 후 오히려 악당들이 빨간 구두를 신고 춤추게 벌주는 희극적 결말과 비교해 볼 수 있다. 이 과정에서 학습자들은 빠르고 느린 동작이나 구두의 색깔에 관한 영어를 배우는 동시에 빨간구두가 서양에서 통제가 불가능한 허영심, 열정, 혹은 마법을 뜻한다는 문화상식도 익힐 수 있다. 만약 이야기 중에서 다문화동화를 활용한다면, 상이한 문화에 속한 인물들의 입장에서 관점을 비교하는 과정을 거치게 되므로 초등수준에서도 문화행위나 문화지식을 배우는 수준을 뛰어넘어 문화의 심층적 의미까지 짚어볼 수 있다.

⑤ 결정적 사건 기법(critical incident technique)

결정적 사건 기법은 인간의 심리적 특성이 드러나는 특정한 상황을 설계하여 피험자의 반응을 수합하는 심리학의 연구기법이다(Flanagan, 1954). 결정적 사건 제시는 문화 행위를 효과적으로 지도하기 위해 학습자에게 특정한 갈등 상황을 부여하여 문화 간 대화능력을 키우는 방향으로 응용될 수 있다. 가령, 미국의 식당에서 팁을 줘야 하거나 선물을 줄 때 피해야 하는 물건/색깔/숫자 등이 포함된 상황을 기술한 글이나 역할극 대본을 모둠에게 제시한 후 해결책을 토론하거나 역할극을 수행하는 수업을 생각해 볼 수 있다. 이처럼 문화 간 차이에서 초래된 오해와 갈등을 해소하는 상황은 사건의 발단과 갈등을 거쳐 해결에 이르는 일련의 이야기 형식을 취하는 경우가 많다. 이렇게 이야기 다시 쓰기, 사건 속 인물 인터뷰하기 등 다양한 활동을 결정적 사건과 결합하는 문화 지도 방법은 초등학생의 문화 간 의사소통 능력 신장에 기여할 수 있다(최영인과 노경희, 2020).

⑥ 문화 산물 제작

초등학생은 구체적인 사물을 오감을 활용하여 경험하는 것을 좋아하기 때문에 공작활동을 통해 문화와 언어를 효과적으로 배울 수 있다. 가령, 교사는 학생들에게 모국어 문화의 흥미로운 사물에 영어 이름표를 달고 미래의 누군가에게 하고 싶은 영어 메모를 넣은 문화캡슐을 만들 수 있을 것이다. 문화 산물 제작에는 온라인 매체를 이용한 문화콘텐츠 제작도 포함된다. 모국어문화 혹은 영어권문화의 흥미로운 사물을 골라 유형에 따라 모둠을 나누어 소개하는 영상을 제작하여 공유한 후 피드백을 받아 수정하고 학급 전체를 대상으로 발표하는 일련의 과정을 거치면 영어와 문화학습을 효과적으로 통합할 수 있다.

2 문화 지도 기법

초등영어 수업에서 문화 지도를 할 경우에 일반적으로 아래의 다섯 가지 기법을 주로 활용할 수 있다.

첫째, 영어 어휘를 가르칠 때 그림을 이용하는 경우가 많은데 단순히 단어의 의미만 나타내는 그림만 사용할 것이 아니라 그 단어가 영미문화권에서 어떤 상황에서 사용되는지 나타내 주는 그림들을 보조로 사용하면 도움이 될 것이다. 예를 들어, 음식 이름을 가르칠 때 목표 문화의 아침, 점심, 저녁 상차림이라든가 명절 상차림 등을 보여주는 것은 아동들에게 목표 문화의 식생활에 대한 정보를 제공해줄 것이다.

둘째, 목표 문화에서 사용되지만 한국문화에서는 익숙하지 않은 물건 또는 물건의 사진을 가져와 학생들에게 그 물건과 관련된 여러 질문들을 하고 집단별로 답을 생각해 내게 하는 것은 아동의 호기심을 자극하며 목표 문화권의 생활에 대해 생각해 보게 한다는 점에서 유용하다.

셋째, 고학년의 경우, 한국을 외국인에게 소개할 때 아동이 무엇을 왜 보여줄 것인지 말해보게 하고, 동일한 질문을 형제자매, 부모님, 할머니, 할아버지께 직접 해보도록 지시할 수 있다. 아동은 이렇게 함으로써 한국문화 내에서도 의견이 다양하다는 것을 알게 된다. 이런 연후에 교사가 외국에서 한국을 소개하는 자료들을 제시하여 어떻게 느꼈는지 생각토록 하면 아동의 입장에서 외국인의 시각으로 한국문화를 객관적으로 파악하게 이끌 수 있다. 그 결과, 아동은 한국문화에 대한 외국인의 시각과 우리의 시각의 차이점을 식별하게 된다. 또한, 아동이 목표 문화에 대한 정형화된 사고를 갖게 되는 것을 방지하기 위해 어떤 물건을 조각으로 내서 주머니에 넣고 조각들을 단지 만져봄으로써 물건이름을 알아맞히는 게임을 할 수도 있다. 아동은 이러한 게임을 통해 간접적으로나마 단편적인 사실만 가지고 타문화를 오해하지 않아야 한다는 교훈을 얻게 된다(Mantle-Bromley, 1992; Omaggio, 1993: 402에서 재인용).

넷째, 영어 수업에서 목표 문화에서 중요한 명절과 축제를 가급적 직접 해보도록 한다. 예를 들어, 미국문화에서 어린이들에게 중요한 행사의 하나인 Halloween은 미술시간에 자료를 준비하여 영어시간에 시연해 보면 효과적이다. 이렇게 타 교과와 연계하여 영어 수업을 기획하면 영어 학습에 동기를 부여하고 타 교과에서 배운 내용을 강화하는 이중의 장점을 지닌다. 일례로, 수학과 연결하여 목표 문화에서의 무게와 길이를 재는 단위가 소개될 수 있고 실과시간에 목표 문화의 음식을 만들어 볼 수 있다.

다섯째, 목표 문화의 노래, 게임, 챈트, 만화, 속담 등을 이용하여 지도하고 모방극, 역할극 등을 다양하게 이용하며, 잡지, 책, 그림, 광고문, 지도, 달력, 동전 등 학생들의 수준에 맞는 목표 문화의 각종 자료들을 준비하여 교실에 전시하고 수업 시간에 이용하도록 한다.

5 문화 지도 활동 사례

문화 학습에는 방법 알기를 통한 문화행위 습득, 대상 알기를 통한 문화지식 파악, 이유 알기를 통한 심층적 문화이해, 그리고 타문화와의 비교를 통한 자기 알기 등 4단계가 있다. 초등영어교육에서는 아동의 흥미와 인지 발달 정도를 고려하여 이 중에서 방법 알기, 정보 알기와 같이 문화행위와 관련 정보 파악에 주안점을 두고 문화를 배우는 것이 바람직하다. 이에 따라, 이하 항목에서는 문화 산물과 문화 관행에 해당하는 초등영어 문화 지도 활동들의 사례들을 소개하였다. 초등교사는 아래의 사례들을 영어 수업에 기계적으로 적용하기보다 문화 범주에 속하는 내용이 방대하고 수시로 변하는 점을 감안하여 창의성을 발휘해 문화와 영어가 융합된 활동들로 적극적으로 구안해야 할 것이다.

1 문화 산물

예 1 Guess Who? Guess What?

① 타문화의 특성이 드러나는 유명한 인물이나 사물의 이미지를 준비하여 학습자들에게 보여준다.

② 교사는 이미지의 특징(성별, 생물/무생물, 직업 등)에 관해 Yes/No로 대답할 수 있는 질문을 던진다.

③ 학습자들이 검색을 통해 원하는 타문화 이미지를 찾아 서로에게 묻고 답하는 스피드 퀴즈처럼 게임이나 놀이로 변형한다.

Is it a man/woman?

Is he/she alive?

Is he/she a singer?

예 2 Brainstorming

어휘망을 이용하여 한 가지 주제와 관련된 단어들을 아동들이 즉석에서 혹은 찾아서 말하면 교사가 이를 적어 전체가 보게끔 한다. 교사와 학습자들은 정리한 어휘와 영어 문형을 결합한 대화를 이어간다.

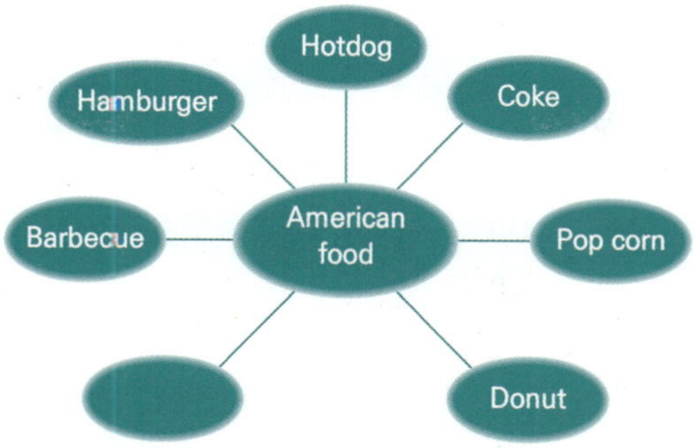

교사 : (미국 음식들을 조사하여 어휘망을 완성한 후 학생 1을 보고) Do you like barbecue?

학생 1 : Yes, I Do. I like barbecue. (학생 2를 보고) Do you like a hamburger?

학생 2 : No, I don't. I don't like a hamburger. (학생 3을 보고) Do you like Donuts?

학생 3: Yes, I do. I like donuts …

예 3 Odd One Out

① 미국 또는 영국 문화를 나타내는 4장의 그림카드와 다른 문화를 나타내는 1장의 카드 등 5장의 카드를 3~4명으로 구성된 각 그룹에게 한 벌씩 나누어준다.

② 학생들은 상의하여 어울리지 않는 카드 한 장이 어느 것인지 뽑아낸다. 예를 들어, 5장의 카드가 각각 baseball, cricket, ice hockey, American football, soccer를 나타낸다면 어울리지 않는 카드는 cricket을 나타내는 카드일 것이다. cricket만 미국에서 거의 하지 않기 때문이다.

③ 각 그룹은 자신의 결과를 보고하고 왜 그 카드를 뽑아냈는지 설명한다.

예 4 Culture Image and Word Match

① 미국 또는 영국의 특정 장소를 나타낸 이미지들과 각 이미지를 설명하는 간단한 언어 표현(어휘나 문장)을 준비한다.

② 학급을 두 모둠으로 나눈 후, 한 모둠에는 이미지만 주고 다른 모둠에는 언어 표현만 제시한다.

③ 이미지만 가진 학생은 언어 표현만 지닌 모둠원과 차례로 만나 언어 및

비언어 수단을 두루 사용하여 찾기 원하는 언어 표현을 설명한다. 이때, 학생들은 이미지를 보여주거나 모국어를 사용한다거나 직접 문화 산물의 명칭을 말하지 못한다.

④ 언어 표현만 가진 학생은 설명을 듣고 적합한 표현을 골라 상대방에게 전달한다. 다른 표현을 전달하면 다시 설명하거나 다른 모둠원을 만나야 한다.

⑤ 모든 이미지와 언어 표현을 올바로 짝지은 것만 점수를 부여한다.

⑥ 이미지와 언어 표현 모둠을 교대하여 활동을 반복한다.

⑦ 필요시, 다양한 문화 산물을 이용하여 여러 번 같은 활동을 반복한 후 총점을 매겨 우승자를 가린다.

This is a large clock tower in London.
It's hundred ninety years old.

예 5 My Souvenir Show and Tell

학생들에게 미국 또는 영국을 나타내는 사물을 하나씩 상자에서 가져와 소개해 보도록 한다. 교사는 미리 다음과 같은 질문과 대답 문형을 알려주거나 학생들이 번역기 표현사전을 활용하여 준비하도록 지도한다.

What's this? It's a worry doll.
Where does it come from? It comes from Italy.
How does it work? It works like this.
Who made it? Mozart made it.

예 6 Currency Deals

① 미국 또는 영국의 지폐와 동전을 가져와 각 지폐 또는 동전이 나타내는 금액을 알려준다.

② 학생들이 지폐와 동전을 복사하거나 그대로 베껴서 여러 개 준비하도록 한다.

③ 교사가 각 금액을 부르면 학생들은 해당하는 동전 또는 지폐를 들어 보이도록 함으로써 학생들이 영어권 국가의 화폐와 숫자 체계를 익힌다.

④ 물건 사기, 음식 주문하기 등 화폐가 사용되는 상황을 제시하여 만든 돈을 사용하도록 한다.

예 7 Coloring Easter Eggs

교사는 부활절 무렵에 학생들에게 삶은 달걀에 원하는 방식으로 예쁘게 그림을 그리는 의미를 설명한다. 이후, 학생은 자신이 원하는 이미지를 달걀에 그리고 영어로 의도한 바를 교사가 제시한 영어 표현을 활용하여 설명한다.

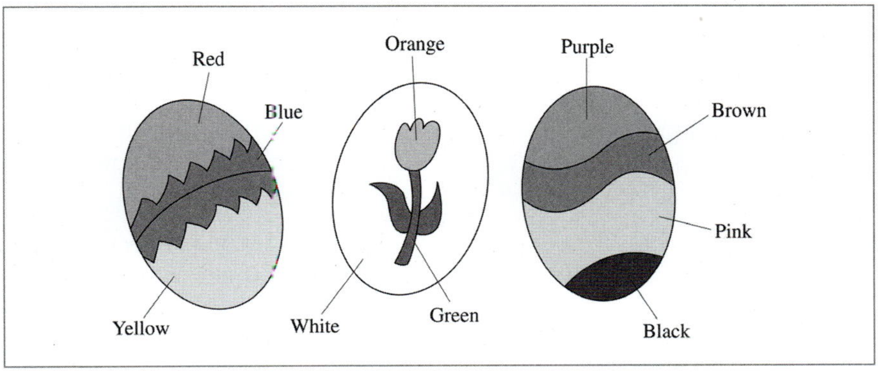

2 문화 관행

예 1 Word Associations

음식에 관한 새로운 어휘를 학습하고 나서 학생들이 이미 알고 있는 어휘와 방금 학습한 어휘 등을 칠판에 적고 미국이나 영국 등 특정 국가의 'breakfast', 'lunch', 또는 'dinner'라는 단어와 적합한 어휘를 연결한다. 필요하다면 각국의 식사 장면이나 동영상을 소개하여 정답을 찾는 단서로 활용한다.

steak cereal hamburger scrambled eggs rice fish pizza salad donuts bacon	breakfast

예 2 Same or Different?

특정 영어권 문화의 관행을 담은 짧은 동영상을 본 후 목표 문화와 한국문화의 공통점과 차이점들을 표로 정리하거나 창의적인 이미지로 표현한다. 경우에 따라 이미지에 영어 어휘나 문장을 덧붙이도록 지도한다.

Same	Different
The Americans and the Koreans both think it is polite to listen carefully to the other person. The Americans and the Koreans both do something physical to show they are happy to meet another person.	When the Americans talk to each other, they look at the other person's eyes. The Koreans wouldn't look straight at the other person's eyes. When people meet, the Americans hug and kiss. The Koreans shake hands or nod their heads. When one American passes another on the street, he/she often smiles to the stranger. The Koreans never smile to a stranger.

예 3 Body Language Quiz

영국 또는 미국에서 흔히 사용되는 몸동작이 그려진 이미지를 제시한 후 학생들에게 그 의미를 추측하도록 한다.

1 → 'Good luck!', 2 → A person is crazy.
3 → 'I don't know.' or 'I have no idea.'
4 → 'I can't/didn't hear you.'
5 → 'That's enough.' or 'It's all over for me.'
6 → rejection or refusal, 7 → 'Oh, I forgot.'
8 → 'Come here.', 9 → 'OK.'
10 → 'Relax.' or 'Wait a second.'

예 4 Cultural Misunderstanding Busters

영어 원어민 화자와 외국인 간에 문화적 차이로 인해 의사소통에 있어 문제가 발생하는 동영상을 보여준 후 문제가 발생한 이유를 모둠끼리 토의하거나 검색을 통해 찾도록 한다. 필요시, 교사는 학생들에게 미국 또는 영국 문화의 여러 상황을 주고 문화적으로 적절한 행동이 무엇인지 선택하는 활동을 진행할 수도 있다.

예 5 Experiencing Halloween Day

① 교사는 Halloween이 어떤 날인지 그림과 함께 설명하면서 영어 어휘도 병행하여 지도한다.

2. Prepositions:

in	on	our of	in front of
behind	over	next to	

3. Write the correct preposition on the line.
   a. A witch is riding ______________ a broom.
   b. She is flying ______________ the cemetery.
   c. A cat is sitting ______________ the witch.
   d. A ghost is coming ______________ a grave.
   e. A jack-o'-lantern is ______________ the fence.
   f. An owl is sitting ______________ a branch of a tree.
   g. The jack-o'-lantern is ______________ the tree.
   h. A skeleton is sitting ______________ a grave.
   (Claire 1990:50)

② 교사는 미국 아동들이 Halloween에서 무엇을 하는지 이미지와 짧은 동영상을 통해 하나씩 설명한다.

③ 학생들은 Halloween 가면을 만들어 보고 역할 놀이를 한다.

④ 학생들은 Halloween과 관련된 어휘를 노트에 적고 빈칸에 적절한 단어를 채워 넣는다.

October 31 is ____________. Children ____________ Halloween. Children ______________ costumes and masks. They go to their __________ houses. The children ____________ on the door. They say, "_____________!"

The neighbor gives them _______ or _______. The children say, "______________________."

TRICK OR TREAT

1. October 31 is Halloween.

2. Children like Halloween.

3. Children wear costumes and

4. They go to their neighbors' houses.

5. They knock on the door.

6. They say, "Trick or Treat!"

7. The neighbor gives them candy or money.

8. The children say, "Thank you."

예 6 Experiencing Thanksgiving Day

① 교사는 이미지나 동영상과 함께 Thanksgiving day의 유래에 대해 설명한다.

Thanksgiving Day is a day to give thanks for the things we have.

② Thanksgiving Day 날짜와 미국인들의 해당 명절 관행을 시각자료와 더불어 설명한다.

ALL ABOUT THANKSGIVING

1. The fourth Thursday of November is Thanksgiving.

2. This year, Thanksgiving is November ______.

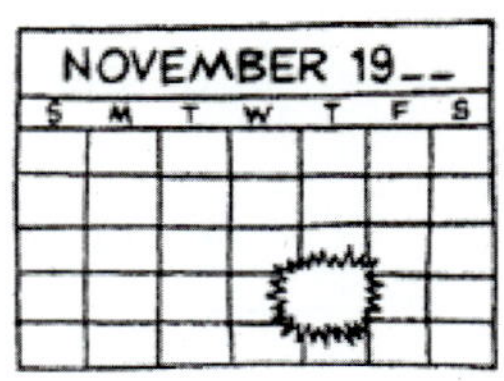

3. There is no school on Thanksgiving. There is no school on Friday.

4. Thanksgiving is a happy holiday.

5. Families get together on Thanksgiving. They invite friends too.

6. Americans like to eat a big dinner on Thanksgiving. Most people eat turkey.

7. Other traditional foods are corn, stuffing, beans, sweet potatoes, gravy, and cranberry sauce.

8. Traditional desserts are apple pie and pumpkin pie.

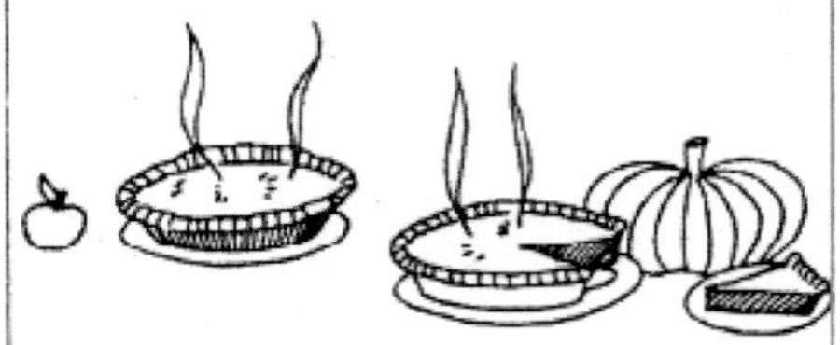

③ Thanksgiving 관련 어휘를 학습하고 문장을 완성하는 연습을 한다.

Match:

a. turkey

b. corn

c. apple

d. pie

e. family

Complete the sentences:

1. The fourth Thursday of is Thanksgiving.
2. get together on Thanksgiving.
3. Most people eat on Thanksgiving.

④ Thanksgiving과 관련된 어휘를 이용하여 빙고게임을 하거나 교사의 지시를 따라 칠면조 만들기 공작활동을 한다.

Trace one hand on paper.
Cut it out.
Draw the beak, eyes, legs, and tail feathers on colored paper.
Cut them out.
Put the turkey together on another paper.

⑤ 학생들이 올해에는 무엇에 감사해야 할지 생각해 본 후 글로 써 보거나 말해보게 한다.

WHAT ARE YOU THANKFUL FOR THIS YEAR?

I am thankful for/that ________________________________.

제4부

초등영어 수업의 실제

제 11 장

초등영어 교실 발화

1. 교사 발화
2. 교실 영어

초등영어교사가 영어교수법 지식을 갖추고 학생에 대해 잘 파악하고 있다고 해서 반드시 수업도 훌륭하게 진행하는 것은 아니다. 훌륭한 수업은 학생이 배울 내용을 선정하고 배열한 후, 이에 적합한 교수법을 사용하는 계획 수립부터 실제 교실 수업에서 맞닥뜨리게 될 다양한 상황 대처 능력, 그리고 학생에게 적합한 구체적인 교사 발화 등이 톱니바퀴처럼 맞물려 돌아가는 것이어야 한다. 본 장에서는 초등영어 수업에 적합한 교실 발화에 초점을 두면서 교수 방법이 수업 실행으로 옮겨질 때 고려해야 할 사항을 살펴보고자 한다.

1 교사 발화

교사 발화(Teacher talk)는 외국어 학습 상황에서 가장 유의미한 입력과 출력 자료 중 하나이다. 교사 발화는 언어에 따라 영어와 한국어 발화로, 유형에 따라 지시적 혹은 비지시적 발화 등으로 세밀하게 나누어진다. 따라서 영어 교사에게는 학생의 영어 발화에 대해 명확하게 이해하고 발화를 실제로 분석할 줄 아는 능력이 필요하다. 특히 초등영어교사는 영어에 익숙하지 않은 학생들을 대상으로 최적화된 영어 입력을 제공해야 되기 때문에 영어 표현을 계획적으로 사용할 수 있어야 한다. 본 절에서는 외국어 학습 상황을 감안하여 교사의 발화에 관해 살펴보는 것으로부터 시작하여 교사의 질문 및 교사의 학습자 발화 오류 수정에 대하여 살펴보기로 한다.

1 교사 발화의 특성

교사 발화는 교사가 교실 학습 상황에서 교수·학습과 관련된 내용을 말할 때 사용하는 언어로, 학생들의 이해를 돕거나 상호작용을 유지하기 위해 사용하는 언어를 말한다. 교사 발화는 외국어 학습에서 입력과 출력의 중요한 자료가 되며 언어 학습을 위해 필수적인 요소이다. 교사 발화는 의사소통적 발화, 교사의 질문, 교사의 피드백 등 다양한 형태로 나타난다. 교사 발화는 학생들을 수업에 참여할 수 있도록 유도할 수 있으며 활발한 상호작용을 이끌어낼 수 있으므로 교사 발화의 의미와 방법을 잘 알고 있어야 한다.

(1) 교사 발화의 의미와 필요성

교사 발화를 정의한 학자들을 살펴보면, Ellis(1985)는 외국어 교실에서 교사가 사용하는 교사의 언어로 정의하였으며, Chaudron(1998)은 학생들의 수준에 맞춰 언어의 여러 가지 특성을 조정한 교사의 언어라고 정의하였다. Nunan(1991)은 교사 발화는 외국어 교실에서 교사가 사용하는 언어로, 외국어를 효과적으로 가르치기 위해 단순화한 언어라고 정의하였다. 결국, 교사 발화란 교사가 외국어 학습 환경에서 외국어를 효과적으로 가르치기 위하여 학생들의 언어 수준을 고려하여 조정해 사용하는 언어라 할 수 있다.

Chaudron(1988: 85)은 이러한 교사 발화의 특성으로 어휘적, 음운적, 통사적, 담화적 특성을 언급하였다. 먼저 어휘적 특성으로는 학생들이 이해할 수 있는 쉬운 어휘나 문장을 사용하며, 학생들이 이해하지 못하였을 때에는 어휘를 더 쉬운 어휘로 바꾸거나 문장을 단순화시키는 경향이 있다. 음운적 특성으로는 학생들이 교사의 발화를 충분히 이해할 수 있도록 천천히 말하고, 각 발화 사이에 적당한 간격을 두어 학생들이 이해할 수 있도록 충분한 시간을 준다. 통사적 특성으로는 학생들의 수준에 따라 단문을 자주 사용하며, 의문문보다 서술문을 더 많이 사용하여 학생들의 이해를 돕기도 한다. 마지막으로 담화적 특성은 교사와 학생 간의 상호작용을 활성화하기 위해, 질문하거나 반복된 표현을 사용하기도 한다.

① Rate of speech appears to be slower.
② Pauses, which may be evidence of the speaker planning more , are possibly more frequent and longer.
③ Pronunciation tends to be exaggerated and simplified.
④ Vocabulary use is more basic.
⑤ Degree of subordination is slower.
⑥ More declaratives and statements are used than questions.
⑦ Teachers may self-repeat more frequently.

학생들의 외국어에 대한 이해와 표현의 기회를 제공하기 위해 제공되는 교사 발화는 교사에게 요구되는 전문성 영역 중의 하나이다. 그만큼 학생들의 교수·학습을 향상시키고 학생들이 외국어 학습에 적극적으로 참여하도록 유도하는 도구가 된다. 이밖에도 교사 발화는 교실에서 벌어지는 상황을 효율적으로 관리할 수 있을 뿐만 아니라 학생들의 언어습득에도 도움이 된다. 교사 발화는 간단한 설명이나 지시부터, 질문과 피드백 그리고 교실 영어처럼 입력의 재료가 되기도 한다. 따라서 교사는 교사 발화의 의미와 특성을 잘 기억하여 효율적인 수업이 진행되도록 다양한 교사 발화 유형과 내용을 알고 있어야 한다.

(2) 교사 발화 유형

교사 발화 유형은 학자마다 다르게 분류하고 있다. Flanders(1970)는 교사 발화를 지시적인 것과 비지시적인 것으로 분류하였는데, 이는 교사 발화 유형 분석의 바탕이 되고 있으며 외국어 수업을 분석할 때 많이 사용된다. 먼저 지시적 발화 종류와 특징을 살펴보면 다음과 같다.

① 강의: 가르칠 내용에 대한 사실적 정보, 의견 제시
② 안내: 학습할 내용 안내, 학생들이 해야 할 행동에 대한 명령
③ 비평 또는 정당화: 부적절한 학생 행동을 변화시키고자 하는 교사의 진술; 교사가 왜 이 행동을 하고 있는지에 대한 설명

교사의 지시적 발화는 때론 비시지적 발화와 혼동되어 사용되기도 한다. 따라서 교사 발화를 분석할 경우, 학습과 교사 발화 맥락을 잘 살펴볼 필요가 있다. 교사의 비시적 발화의 경우는 다음과 같다.

① 감정 수용: 학생들의 다양한 감정을 수용하는 것으로 긍정적 또는 부정적인 감정으로 표현될 수 있다.
② 칭찬 또는 격려: 학생들의 행동을 칭찬하거나 교사 질문에 대한 학생의 답을 격려할 때 사용된다.
③ 학생 의견 수용: 학생들의 감정보다는 의견에 초점을 두어 수용하는 것으로 표현될 수 있다(예 I understand what you mean).
④ 질문: 학생으로부터 답이나 과정을 물어보기 위해 사용된다.

2 교실 담화의 유형

교실에서 이루어지는 교사 발화는 필연적으로 학생들과의 상호작용을 이끌어낸다. 즉 담화를 형성하게 되는데, 교실에서 발생하는 담화는 주로 교사와 학생 또는 학생과 학생 사이에 일어난다. 교실 담화를 이끌어 내는 교사 발화의 유형은 교사와 학생의 발화 숫자만큼 다양할 수밖에 없다. 이 중에서 Sinclair와 Coulthard(1975)가 제안한 IRF(Initiation-Response-Feedback)는 외국어 수업에서 이루어지는 담화 패턴을 연구하는 대표적인 사례로 꼽힌다.

IRF는 교실 담화의 기본패턴을 이루는 것으로 '처음-중간-끝' 3단계 층위를 이루는 담화구조를 지칭한다. 이런 발화 패턴은 다음과 같은 방식으로 구체화될 수 있다.

T: (물건을 들어 보이며) What is it in English? Can anyone tell me about it?

S: It is a Barbie doll.

T: That's right. It's a Barbie doll in blue dress.

위의 대화는 교사가 학생에게 질문을 던지면 학생은 이에 대해 대답을 하고 교사가 다시 한번 학생의 대답에 반응을 보이는 방식으로 구성되어 있다. 비록 IRF는 교사 주도로 이루어지는 기계적 수업 진행이라는 한계를 지니고 있지만, 많은 학생을 지도해야 하는 교실 환경 속에서 이런 패턴을 사용하는 것을 나쁘게 볼 필요는 없다.

IRF는 다양한 변이형을 지니고 있다. 일례로 IRE(Initiation-Response-Evaluation)와 같이 교사의 평가적 피드백 형태로 구분될 수도 있으며, 아래와 같이 학생이 교사의 피드백에 다시 한번 반응을 보이는 IRFR(Initiation-Response-Feedback-Response)와 같은 경우도 있다.

T: What do you do every morning?

S: I clean my teeth.

T: You clean your teeth every morning.

S: I clean my teeth every morning.

만일 담화를 이끄는 주체를 교사와 학생으로 구분하고, 도입 발화를 질문과 제안 등으로 세밀하게 나누며, 반응 역시 단순 반응이나 평가 등으로 세분한다면, IRF는 단지 교사가 주도하는 교사와 학생의 일방적 대화가 아니라 아래에 제시한 형태들처럼 다양한 양상을 띠게 될 것이다(Tapper,1996).

- SO(Student Offer) + TE(Teacher Evaluation)

  S: Can I cut this paper like this?

  T: Oh, sure. You did a good job.

- SO(Student Offer)+SE(Student Evaluation)

  S1: Let me do it. Why don't you take a rest?

  S2: Thank you so much.

위의 담화 패턴들은 실제 교실 담화에서 두 사람이 한 번씩 발화하는 것으로 끝나지 않고 패턴들끼리 중첩되거나 일정하게 형성된 패턴이 반복되는 형태로 나타난다. 또한 가지 염두에 둘 점은 발화가 지속적으로 이어지도록 하는 것이다. 가령, 교사는 이런 목적을 달성하기 위해서 'QQ → SA + EI'라 불리는 담화 절차를 사용할 수 있다 (Nation & Newton, 2009). 이런 담화 절차는 어떤 질문(Q: Question)이 주어지면 이에 대한 짧은 대답(SA: Short Answer)을 먼저 한 다음에 질문과 관련된 몇 가지 추가 정보(EI: Extra Information)도 더불어 제시하는 순서로 이어진다. 아래의 예시 대화를 보면 대답에 뒤이은 추가 정보를 통해 발화가 이어지고 있음을 알게 된다.

T: How was your trip?

S: It was really fun. I went to many interesting places.

T: What places did you visit?

교사는 이처럼 학생들과의 대화가 끊기지 않도록 노력하는 동시에 학생의 수준이 올라가거나 학생이 반응하는 양상에 따라 담화 패턴을 다양화하기 위한 교수기법의 개발을 위해 노력해야 한다.

3 교사 질문

교사 발화 중에서 교사 질문은 학생들의 의사소통 능력을 신장하고 언어적 반응을 유발하는 데 필수적이다. Brown(1994)는 교사 질문은 외국어 수업에서 학생들의 상호작용을 이끌어내고 의사소통 능력을 키우는 데 필수적이라고 주장한다. 교사 질문이 가지고 있는 장점은 다음과 같다. 첫째, 교사의 질문 후에 자연스럽게 대답하는 구조가 이어져 자연스럽게 언어를 표현할 수 있는 기회가 된다. 둘째, 학생이 제대로 이해했는지 질문을 통해 확인할 수 있고, 즉각적인 피드백을 줄 수 있다. 셋째, 학생들이 자신들이 생각하고 있는 내용을 자연스럽게 말할 수 있도록 기회를 줄 수 있다. 이와 같이 교사 질문은 언어 학습에서 학생들과의 자연스러운 상호작용을 유도하며, 특히 구조화된 교사의 질문은 학생들에게 언어 학습의 기회가 된다는 점을 잘 이해하여 교사는 수업 계획 시 어떠한 질문을 할 것인지 미리 구상하고 계획해야 한다.

(1) 교사 질문의 필요성

교사 질문의 필요성에 대해 Richard와 Lockhart(1996: 185)는 다음과 같이 언급한다.

① Questions stimulate and maintain students' interest.
② Questions encourage students to think and focus on the content of the lesson.
③ Questions enable a teacher to clarify what a student has said.
④ Questions enable a teacher to elicit particular structures of vocabulary items.
⑤ Questions enable teachers to check students' understanding.
⑥ Questions encourage student participation in a lesson.

이외에도 교사는 질문을 통해 새로운 주제를 제시하거나 상호작용 과정을 적절하게 조절을 한다. 또한 학습자의 주의를 집중시키고, 학생들의 다양한 언어적 반응을 이끌어내기 때문에 교사는 질문 유형을 명확하게 이해하고 교수·학습 과정에서 효율적으로 사용할 수 있어야 한다.

(2) 교사 질문 유형

교사 질문 유형은 연구자들에 따라 다양하게 분류된다. Barnes(1969)는 교사의 질문 유형을 질문에 대한 답의 범위에 따라 폐쇄형 질문(closed questions)과 개방형 질문(open-ended questions)으로 분류했다. 폐쇄형 질문은 교사가 이미 알고 있는 내용에 대한 질문으로 학생들로부터 필요한 정보나 답을 얻는 것을 목적으로 하며 답의 범위는 한정적이다. 반면 개방형 질문은 정답이 정해져 있지 않기 때문에 학생들의 답은 학생들의 경험에 따라 다양하게 나오게 된다.

Richard와 Lockhart(1996)은 질문의 역할에 초점을 두고 절차적 질문(procedural questions), 수렴형 질문(convergent questions), 확산적 질문(divergent questions)으로 나누었다. 절차형 질문은 수업의 관리와 관련된 질문으로 예를 들면, Do you understand what I want you to do? Did anyone bring a dictionary to class?와 같은 질문이 있다. 수렴형 질문은 학습 내용에 초점을 두어 학생들의 이해 여부를 확인하거나 다음 단계로 넘어가기 위해 확인하는 질문으로 What did Cathy buy in the store? What are the names of school supplies? 등과 같은 질문이 이에 속한다. 반면 확산형 질문은 수렴형 질문에 반대되는 질문으로 학생들이 자신의 경험과 정보를 활용하여 대답을 요구하는 질문이며 예를 들면, What did you do last summer vacation? Do you think internet games have had any negative effects? 등의

질문이 있다.

Long과 Sato(1983:276)은 교실 담화에서 자주 발생하는 질문 유형을 다음과 같이 체계화시켰다.

[표 11-1] 질문 유형

질문 유형		정의	예
반향적 질문	이해점검	학생들이 이해했는지 묻는 질문	Do you understand?
	명료화 요청	학생들이 했던 말을 명확히 설명하도록 요청하는 질문	Did you say camping? What do you mean?
	발화 확인	학생들이 들은 것이나 이해한 것에 대해 확인하는 질문	What did Minho say?
지시적 질문	참조성 질문	답이 정해져 있지 않고, 학생들이 자기 경험과 정보를 바탕으로 답을 요구하는 질문	What did you do last Sunday?
	전시형 질문	교사가 이미 답을 알고 있으나 학생들의 이해여부를 확인하기 위해 하는 질문	What's this in English?
	표현적 질문	교사가 학생들에게 자신의 태도나 감정을 전달하고자 할 때 사용하는 질문	It's very hot here, isn't it?
	수사적 질문	학생들에게 답을 얻기 위해서기보다는 교사 자신의 행동의 정당성이나 효과를 얻기 위한 질문	Why did I do that? Because I …

반향적 질문은 주로 상대가 했던 말을 반복하도록 요청하는 질문이며, 지시적 질문은 정보를 얻기 위해 하는 질문이다. 반향적 질문 중에서 학생들과 의사소통이 활발한 질문은 명료화 요청 질문으로 교사는 학생들에게 자신이 했던 발화를 다시 설명하거나 다른 형태로 대답하게 운영할 수 있다. 반면 발화 확인 질문은 협상의 정도가 가장 낮은 질문으로 교사의 질문에 학생들은 정해진 답을 제시하게 된다.

이밖에도 많은 연구자들이 교사의 질문을 다양하게 분류하여 제시하고 있는데, 중요한 것은 교사 질문에 따라 학생들과의 상호작용이 다양하게 일어남을 이해하고 적절한 질문을 통해 학생들의 반응을 이끌어 내는 것이다.

4 발화 오류 수정

학생들은 외국어로 발화를 할 때 필연적으로 오류(error)나 실수(mistake)를 범할 수밖에 없다. 외국어 학습자들의 영어 능력은 목표 언어 발달 도상에 위치하고 있으며, 이런 의미에서 이들은 일정한 체계에 따라 반복적으로 자기만의 발화 오류를 범하는 것이다. 다만 여기에서 의미하는 오류(error)는 언어 수행 과정에서 외적 환경의 일시적 영향이나 부주의로 인해 이미 학습한 언어 체계를 정확하게 활용하지 못하는 실수(mistake)와는 구분되는 것임을 유념해야 한다. 영어교사는 학생들의 단순 실수보다는 이들의 발화 오류에 초점을 두며 피드백을 제공하여 의사소통 능력 신장에 도움을 주어야 한다. 이때 교사가 신경을 쓸 부분은 학생들의 흥미와 동기를 저하하지 않는 수준 내에서 발화 오류를 수정해야 된다는 점이다. 교사의 과도한 개입은 자칫 학습자들에게 영어 사용에 대한 불안감을 가중시킬 우려가 크기 때문이다. 교사는 개별 학생의 특성을 정확하게 진단하고 바로 이 순간에 가장 적절한 처치를 할 수 있어야 하는 것이다.

(1) 오류의 유형

학생들의 발화 오류를 살펴보면 의사소통에 영향을 주는 포괄적 오류(Global error)와 의사소통에 영향을 주지 않는 부분적 오류(Local error)로 나눌 수 있다. 학생들의 포괄적 오류는 어순, 연결사 등 정상적인 의사소통에 영향을 주는 오류이므로 교사의 피드백과 함께 교정이 필요하지만 부분적 오류의 경우 의사소통에 영향을 주지 않는다면 수정하는 데 신중을 기해야 한다. 학생들의 이러한 오류는 주로 언어 간 전이(Interlingual transfer)나 언어 내 전이(Intralingual transfer)로 인해 발생한다. 언어 간 전이는 제2언어 학습의 초기 단계에 많이 발생하는 데 모국어의 간섭현상으로 발생하는 오류이다. 학습자가 제2언어 학습에 적용할 수 있는 규칙이 모국어 밖에는 없기 때문에 모국어의 규칙을 적용함으로써 발생한다. 예를 들면 한국어의 어순을 영어의 어순과 동일하게 생각하여 발화할 수 있다. 언어 내 전이는 제2언어 체계의 일부분을 습득하기 시작하면서 발생한다. 즉 학습과정에서 많이 발생하는 데 목표어 자체 내의 간섭으로 과잉 일반화의 현상이 일어난다. 예를 들면 "He comed yesterday."에서 학습자들이 comed를 사용하는 이유는 과거형을 만드는 규칙을 모든 동사에 일반화하여 적용시켰기 때문에 발생한다. 교사는 이런 오류 발생에 대한 원인을 분석하여 피드백을 줄 필요가 있다.

(2) 오류의 수정(error correction)

학습자들의 오류를 지나치게 많이 수정하게 되면 학습자의 정의적 상태가 불안해져 발화하는 데 자신감이 없어지고, 너무 교정을 하지 않게 되면 학습자의 오류가 화석화, 즉 부정확한 언어 형태가 학습자의 체계 속에서 영구적으로 굳어져 버릴 수 있다. 따라서 적절한 오류 수정이 필요하다. 교사가 오류 수정을 할 때 다음의 사항을 주의해야 한다.

① 즉각적인 오류 수정은 피하며 필요할 경우 학습 활동이 끝난 후 교정하는 것이 좋다.
② 의사소통 전달에 큰 지장이 없으면 가급적 오류 수정은 하지 않는다.
③ 포괄적 오류는 먼저 교정 하고, 부분적 오류는 추후에 교정하는 것이 좋다.
④ 학습자의 오류에 초점을 두기보다는 학습자를 격려하는 차원에서 수정한다.
⑤ 학습자의 오류를 수정해야 한다면, 미루지 말고 신속하게 하는 것이 좋다.
⑥ 학습자의 오류는 가능한 학습자 스스로 발견하고 교정하도록 하는 것이 좋다.

(3) 오류 수정 방법

학습자들의 오류를 범했을 때 교사가 줄 수 있는 피드백은 여러 가지 방법이 있다. Lyster와 Ranta(1997)는 학습자와 교사와의 대화 과정에서 발생하는 오류에 대해 줄 수 있는 피드백을 크게 6가지로 분류하였는데 첫째, 명시적 수정, 둘째, 되고쳐주기, 셋째, 유도하기, 넷째, 메타언어적 피드백, 다섯째, 명료화 요구, 여섯 째, 반복하기이다. 각 교정의 피드백 유형과 예시는 다음 표와 같다.

이들 피드백 중 되고쳐주기, 반복, 명료화 요구는 학습자가 자신의 오류를 간접적으로 알게 하는 방법으로 암시적 피드백이라고 한다. 반면 명시적 교정, 유도하기, 메타언어학적 피드백은 학습자의 오류에 대해 교사가 직접 설명을 덧붙여 오류 수정을 하는 것으로 명시적 피드백이라고도 한다. 암시적이든 명시적 피드백이든 교사가 긍정적인 피드백을 주었을 때 학생의 의사소통을 촉진하고 학습 동기나 흥미를 지속시킬 수 있다.

[표 11-2] 피드백 유형

피드백 유형	정 의	예
명시적 수정 (explicit correction)	학생의 발화 중 잘못된 형태나 오류를 교사가 명확하게 지시하고 교정	S: He runs fastly. T: Fastly isn't right. You should say, "He runs fast."
되고쳐주기 (Recast)	학생의 오류를 재수정하여 말하기	S: Where you go tomorrow? T: Where *will* I go tomorrow? S: Yes. Where will you go tomorrow? T: I go to my grandmother's house.
유도하기 (Elicitation)	학생 스스로 오류를 찾아 교정할 수 있도록 유도하기	S: My father cleans the dish. T: He cleans the ...? S: Dishes?
메타언어적 피드백 (Metalinguistic feedback)	학생의 발화와 관련된 해설, 정보를 제공하거나 질문하기	S: I go to the park yesterday. S: Well, okay. Please use the past tense.
명료화 요구 (Clarification request)	학생에게 다시 발화하도록 유도하거나 학생의 말을 일부 반복하여 오류를 깨닫게 하기	S: He go to school. T: Excuse me. S: He go to school. T: He what? S: He goes to school.
반복하기 (Repetition)	학생의 잘못된 발화를 반복하여 말하기	S: He's in the bathroom. T: He's in the *bathroom*? S: Oh. He's in the bedroom.

2 교실 영어

영어방송을 듣거나 본다고 해서 영어를 자동으로 배우게 되는 것이 아닌 것처럼, 교사가 수업시간에 영어를 원어민처럼 구사한다고 해서 해당 교사의 영어 수업이 훌륭한 것은 아니다. 특히 초등영어교사는 영어를 외국어로 처음 접하는 학생들에게 적합한 영어 발화에 대한 사전 지식을 갖춘 상태에서 이들에게 최적화된 입력을 제공할 수 있어야 한다. 왜냐하면 학생을 감안하지 않은 교사의 일방적 발화는 아무도 없는 공간에 홀로 외치는 것과 다르지 않기 때문이다. 본 절에서는 교실 영어의 의미와 유형에 대해 살펴보면서 교사가 수업에 요긴하게 활용할 수 있는 영어 발화에 대해 알아보기로 한다.

1 교실 영어

일반적으로 교실 영어는 영어교사가 영어로 수업을 진행할 때 사용하는 언어를 의미한다(Hughes, 1981). 교실 영어를 이해할 때 가장 유념할 점은 원어민이 일상생활에서 실제로 사용하는 영어 표현과 교실 영어가 동일하지 않다는 사실이다. 영어교사가 교실 상황에서 학생들에게 제공해야 하는 최적화된 언어 입력 자료는 언어 사용의 실제성은 떨어지더라도 학습 효과를 극대화하기 위한 계획적인 영어 표현이어야 한다.

(1) 교실 영어의 의미와 필요성

교실 영어는 교실 상황에서 교사와 학생, 학생과 학생간 의사소통을 위한 수단으로써 사용되어지는 언어이다(Willis, 1981). 수업 목표의 달성을 위해서 교사가 사용하는 영어뿐만 아니라 수업을 진행하는 데 사용되어지는 교사 및 학습자가 사용하는 모든 영어를 교실 영어라고도 한다. 외국어 학습 상황에서는 원어민 영어교사라 할지라도 교실 영어를 사용하여 수업을 진행해야 한다. 실제로 교육과정(2015)에서도 교사가 교실 영어로 지시하거나 요청하는 말을 자주 들려주는 것을 명시적으로 제시하고 있다. 즉, 교실 영어를 자주 제공하여 학생들이 교실에서 일어나는 활동이나 필요한 행동에 대해 자연스럽게 말할 수 있도록 격려해야 한다고 언급한다. 다만, 비원어민 영어교사와 원어민 영어교사가 사용하는 교실 영어는 수업 상황에서 다른 양상으로 전개될 가능성이 높다. 예를 들어, 비원어민 영어교사가 수업 진행과 관련된 영어 표현을 주로 사용한다면, 원어민 영어교사는 쉬운 표현을 선택하여 배경지식 설명에 상대적으로 공을 들이는 방식으로 수업을 진행할 확률이 높다.

비원어민 영어교사가 교실 영어를 사용하였을 때 기대할 수 있는 효과를 구체적으로 정리하면 아래와 같다.

① 학생들이 교사의 요청에 영어로 반응해야 하므로 인위적이기는 해도 교실 밖에서 접하기 어려운 영어 몰입 환경을 조성한다.
② 학생들이 차시마다 반복적으로 제시되는 동일한 표현을 이해하기 용이하여 영어 사용에 대한 자신감을 갖게 된다.
③ 학생들에게 비원어민이 영어를 구사하는 모범적인 사례를 보여준다.
④ 학생들의 모국어 사용을 통제하여 수업 분위기가 어수선해지는 것을 방지한다.
⑤ 학생들이 교사의 비언어적 메시지와 주변 정보를 통해 부족한 언어 능력을 보완하여 대략적인

의미 파악 능력을 키우게 된다.
⑥ 영어 표현을 치밀하게 계획하고 사용하도록 하여 비원어민 교사의 영어 능력 향상과 자신감 고취에 기여한다.
⑦ 교사가 모국어로 다시 설명할 때 소요되는 시간을 절약할 수 있다.

이 외에도, 학생이 초기 학습 단계부터 영어만으로 진행하는 수업에 익숙해지면 외국어를 듣고 모국어로 번역한 후 다시 외국어 표현을 조합하여 발화하는 정보 처리 절차를 단축할 수 있다. 한편, 교사가 모국어로 외국어 수업을 진행하면 문법 용어를 사용하여 구문을 분석하고 번역을 시도하는 등 자신의 언어 분석 능력을 발휘하려는 유혹에 빠지기 쉽다. 영어 교사는 영어에 대한 지식을 전달하는 것이 아니라 영어를 제대로 사용하도록 이끄는 것이 자신에게 주어진 사명임을 잊지 말아야 한다.

(2) 교실 영어 사용 시 유의점

영어교사는 교실 영어를 사용할 때 학생들의 수준과 교실 환경 등을 유념해야 한다. 특히 초등영어교사가 유념해야 할 부분에 초점을 두어 정리하면 아래와 같다.

① 저학년일수록 단순한 영어표현을 또렷한 발음으로 천천히 반복적으로 사용한다.
② 저학년일수록 큼직하고 분명한 몸동작과 영어 발화를 병용하기 위해 노력한다.
③ 고학년인 경우에 단순 명령형보다는 간접적인 요청이나 권유형을 곁들인다.
④ 고학년인 경우에 동일한 내용이더라도 다양한 표현을 시도한다.
⑤ 고학년인 경우에 전달식 발화를 지양하고 가급적 학생과 상호작용을 시도한다.
⑥ 가급적 학습자가 영어로 길게 반응할 수 있도록 계획된 발화를 구사한다.
⑦ 복잡한 내용은 시각 자료를 준비하여 학생의 이해를 돕도록 한다.
⑧ 필요에 따라 계획된 최소한의 한국어 발화를 병용할 수 있다.
⑨ 학생들과의 상호작용을 무시한 채 대본만 앵무새처럼 읽지 않는다.
⑩ 영어표현을 제대로 이해했는지 다양한 수단을 사용하여 수시로 점검한다.

초등영어 수업에서는 무엇보다도 교사가 신체언어와 교실 영어를 병용하는 것이 효과적이다. 아래에 제시된 그림은 교실 영어에서 신체 사용의 몇 가지 사례들이다.

Stop talking!

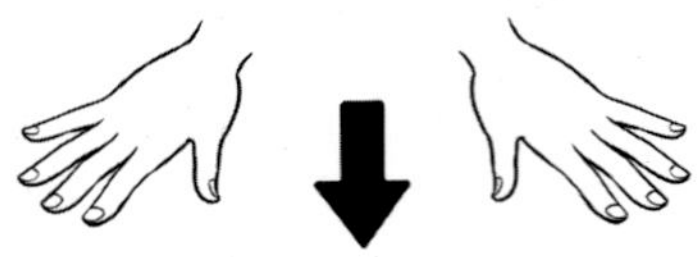

Sit down!

Say it Louder!

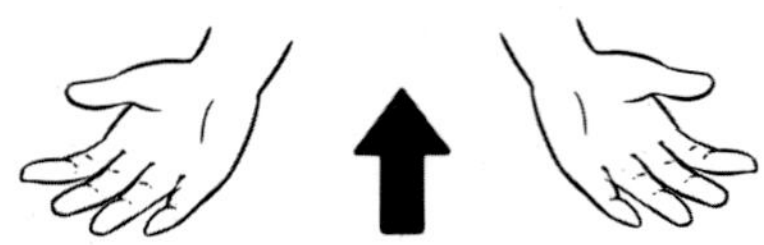

Stand up!

특히 초등학교 저학년을 대상으로 하는 경우에, 교사는 학년 초에 학생들이 교실 영어에 익숙해지도록 하기 위해서 아래와 같은 시각 자료를 사용하여 발화의 의미가 무엇인지 이해하도록 해야 한다. 이동한과 김솔(2020)은 교실 영어를 사용함에 있어 여러 가지 전제조건을 제시하였는데, 첫째, 학생과의 친밀하고 원만한 관계를 형성해야 한다. 둘째, 학생의 수준 파악을 통한 정확한 영어 표현을 구사해야 한다. 셋째, 원어민 수준의 완벽한 영어 구사에 대한 고정관념에서 벗어나야 한다. 넷째, 교실 영어만 100% 사용하는 것은 자제해야 한다. 다섯째, 간단한 영어 표현을 주기적으로 반복한다. 여섯째, 필요한 경우에 한국어로 설명해주는 것을 고려해야 한다. 일곱째, 교실 영어는 짧고 간단해야 한다(KISS: Keep it short and simple).

교실 영어를 사용하는 교사는 비원어미 화자의 롤 모델을 제시하는 것이 중요하다. 이는 학생들이 교사의 실수나 배우는 과정을 직접 경험함으로써 영어 발화에 자신감을 갖고 활동에 참여할 수 있다는 점에서 중요하다.

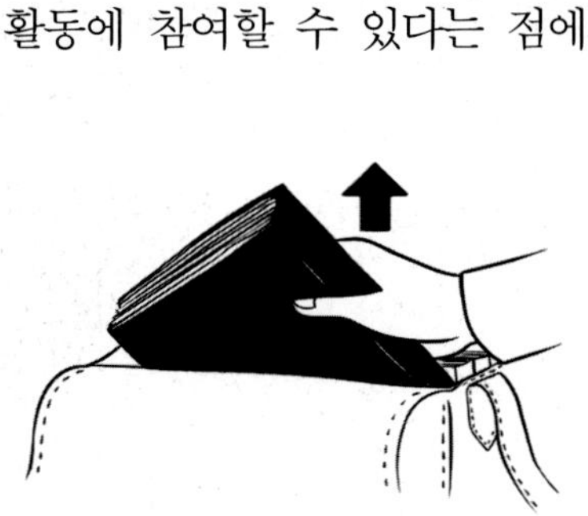

Take out your book.

Open your books at page 5.

Put your picture on the board.

Share your book with Jisu.

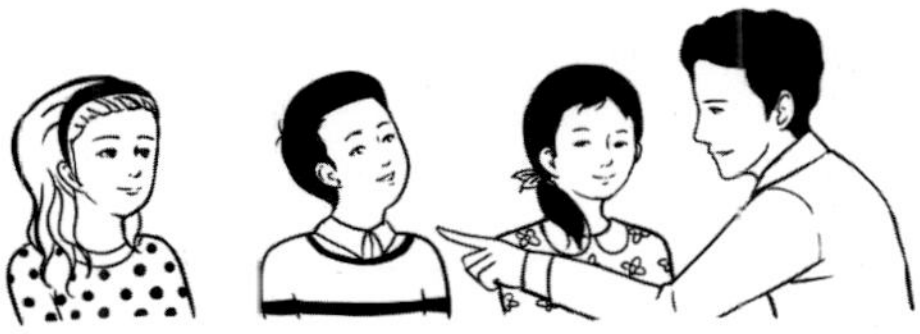

Now it's your turn.

Put up your hands.

(4) 교실 영어의 유형

비원어민 교사는 내용 설명이나 토의 목적보다는 수업 진행을 위한 도구로 교실 영어를 사용하는 경우가 많다. 아래의 내용은 Hughes(1981)가 제안한 교실 영어를 활용한 수업 진행 사례에 구체적인 교실 영어 예시를 추가한 것이다.

A. 수업 구성

① 지시

• 반복적 교실 활동

- Open your books to page 55.
- Close your books.
- Come here and write it on the board.
- Listen to the dialogue.
- Get into groups of three.
- Work in pairs.

- Do it this way. Like this, not like that.
- Let's sing.
- Let's play a game.
- Let's have a quiz.
- Let's read it aloud (together).
- Let's move on to the next (previous) page.
- Look at the fifth line from the bottom (top).

• 통제 및 요청

- Let me check your attendance. Who's absent today?
- It's time to start now.
- Clap your hands three times.
- Shake hands with your partners.
- Thumbs up (down).
- Nod your head.
- Who would like to read?
- Eyes on me, everyone.
- Close your eyes.
- I want you to speak a little bit louder. Say it louder. Speak up.
- Can you close the door?
- Turn on (off) the lights.
- Be quiet, please.
- Stand up.
- Sit down. / Have a seat.
- Put your hands up (down).
- Put your hands on your head.
- Make four lines here. Get into a line. You are the line leader.
- Pass out these handouts. Take one and pass them on.
- I will collect your answer sheets.
- Share it with your partner.
- Don't touch your smartphone.

• 제안

- Do you want to hear it again?
- Can you come to the front?
- Which picture do you want to choose?

② 순서

• 절차

- First of all …
- Now we will go on to Exercise 2.
- All finished?

• 점검

- Whose turn is it?
- Which line are you on?
- Can you all see the board?
- Can you hear what I am saying? Is everything clear?
- Do you have any questions? One at a time.
- Can you say that again?
- Are you ready?
- How many did you get right (wrong)?

• 시간

- Take your time. Slow down.
- Your time is up.
- I'll give you five minutes.
- You have five minutes to do this. / Five minutes left.
- Finish it in ten to fifteen minutes.

• 활동 소개

- Let me explain the next topic.
- You will do xxx in this exercise.

③ 감독

• 주의집중

- Stop talking.
- Listen to what Jane is saying.

• 경고

- Watch out!
- Mind your step!
- OK. That's enough.
- Don't poke him with your pencil.

B. 질문

① 묻기

• 사실

- Where (Who) is Jack?
- Who said that?
- What is the color of xxx?

• 판단

- What do you think about xxx?
- How can you tell the difference between xxx and ooo?

② 대답

• 확인

- Yes, that's right.
- Almost. Try it again.
- Right, but what about xxx?

• 격려

- Very good.
- Could you explain more about what you mean?

C. 설명

① 메타언어

• 번역, 재진술, 정의, 요약

- What's the Korean word for 'doll' ?
- Explain it in your own words.
- What's the meaning of peace?
- Say three key words from the story.

• 활동 지시

- Fill in the blanks.
- Mark the right answers.
- Change the words in xxx.

② 참조

• 상황묘사

- There are three people in the picture.
- In the background, you can see ...
- I'll draw a boy on the board.
- What's going on here?

• 환기

- As I said earlier, ...
- As you know, ...
- Do you remember what Min-hee said?

D. 상호작용

① 정의적 반응

• 감정

- That's interesting!
- I am very sorry.
- Don't worry about it.

• 상태 및 태도

- It's very kind of you.
- Today I was disappointed with your behavior.
- Calm down.
- You look different today.
- You don't look well. You have a headache (stomachache).

② **사회적 관습**

• 인사 및 날짜

- Good morning.
- How are you, everyone?
- How did you spend the weekend?
- What day is it today?
- That's all for today.
- See you again on Thursday.

• 날씨

- (partly) Sunny (cloudy, foggy, rainy)
- How is the weather today?

• 풍습

- Happy birthday!
- Merry Christmas!

영어 교사는 위에서 제시한 표현들 이외에도 교실에서 사용 가능한 단순 명료한 교실 영어 표현을 찾아서 정리할 필요가 있다. 앞서 언급한 교실 영어 사용의 장점 외에도 모국어 사용을 제한하는 경우 학생들의 활동을 통제하기 유리할 수 있다는 이점이 있으므로 정확하고 유창한 교실 영어 사용을 위해 연습해야 할 것이다.

제 12 장

초등영어 수업 계획과 관찰

1. 수업 계획의 의미와 필요성
2. 수업 계획의 이점과 이유
3. 수업 계획 수립의 준비사항
4. 수업 계획의 원칙
5. 수업 계획의 단계
6. 본시 수업 계획 및 지도안 작성
7. 수업 관찰과 수업 계획 평가

초등영어교사가 영어교수법 지식을 갖추었을 뿐 아니라 학생에 대해 잘 파악하고 있다고 해서 반드시 수업도 훌륭하게 진행하는 것은 아니다. 훌륭한 수업은 학생이 배울 내용을 선정하고 배열한 후, 이에 적합한 교수법을 사용하는 계획 수립부터 실제 교실 수업에서 맞닥뜨리게 될 다양한 상황 대처 능력, 그리고 수업 관찰을 통한 성찰 등이 톱니바퀴처럼 맞물려 돌아가는 것이어야 한다. 본 장에서는 초등영어 수업을 위한 수업 계획에 초점을 두면서 교수 방법이 수업 실행으로 옮겨질 때 고려해야 할 사항을 살펴보고자 한다.

1 수업 계획의 의미와 필요성

교사는 수업에 들어갈 때 계획(plan)을 가지고 있어야 한다. 이때의 계획은 수업을 진행할 내용을 기억할 수 있도록 도와주는 간단한 메모 수준일 수도 있고 두 쪽 이상으로 자세한 형식을 가진 것일 수도 있다. 수업 계획은 교사 자신의 수업 진행에 초점을 두고 작성된 것으로 비공식적 문서일 수도 있고, 공개 수업이나 장학지도를 받는 경우처럼 형식적 요건을 좀 더 엄격하게 갖춘 공식적인 문서로 제작되어 수업 관찰자들에게 배부되는 것이기도 하다. 학문적으로 볼 때, 수업 계획은 수업에 대한 교사가 자신의 교육 철학 및 교수 지식을 토대로 다양한 수업 변인들인 학습자, 수업 자료, 과업 등의 정보를 종합하여 자신의 수업에 어떻게 반영할 것인지 판단하는 일련의 결정 과정이다(Wajnryb, 1992). 수업 계획서 혹은 수업 지도안(lesson plan)은 형식적 요건을 갖추어 위의 수업 계획을 공식화된 문서로 생산한 것으로, 수업과 관련된 정보를 일목요연하게 파악할 수 있는 유용한 기록물이다. 그렇다고 교사가 수업 계획을 그대로 수행해야 되는 것은 아니다. 동일한 내용을 여러 번 가르치더라도 학습 환경이 완전히 달라질 수 있으므로, 정적인 상태인 계획(planning)은 본질적으로 동적인 교수 활동(teaching) 속에서 얼마든지 수정될 수 있다. 이렇듯 수업 상황에서 즉각적으로 내리는 결정들(up-and-running decisions) 역시 수업 전에 세운 계획과 대등한 중요성을 지닌다.

수업 계획 수립의 기본 요소는 무엇을 가르칠 것인가, 어떤 순서로, 얼마만큼의 시간을 들여서 가르칠 것인가를 결정하는 것이다. 수업 계획은 교사로 하여금 다음 단계에서 무엇을 할 것인가를 알려주는 지도(road map) 역할을 한다. 활동의 순서 배열(sequence)을 통하여 수업의 목표와 목적들을 상기시켜 주기 때문이다. 또한 수업 계획은 수업시간에 무엇을 하였는지를 기록하는 역할도 수행한다. 이러한 기록은 쪽지 시험, 중간고사, 기말고사 등의 평가를 계획할 때 중요한 참고 자료가 된다. 이전 수업들에 대한 기록은 동일한 내용을 다시 가르칠 때 중요한 참고가 되어 자료를 재차 개발해야 하는 수고를 덜어주기도 한다. 뿐만 아니라, 잘 정리된 수업 계획은 결강을 하게 되었을 때 대체 교수에게 좋은 정보를 제공하기도 한다. 교사가 학생들의 충실한 수업 준비를 기대하는 것처럼 학생들도 교사가 충실하게 수업을 준비해올 것을 기대한다. 수업 계획은 교사의 철저한 준비에 있어서 중요한 부분을 이루는 것이다.

훌륭한 수업 계획은 거시적 계획과 미시적 계획의 결과물이어야 한다. 거시적으로 보면 수업 계획은 교수법, 교육과정, 교과서, 기타 보충 교재 등에 반영되어 나타나는 학습과 교육에 대한 철학이 반영된 것이라고 할 수 있으며, 이들은 구체적인 수업을 통하여 구현되는 것이다. 즉, 어느 구체적인 수업 계획은 일상적인 수업에서 드러나게 되는 계획의 많은 단계 중의 마지막 지점이라고 할 수 있는 것이다. 수업 계획은 수업에 들어가는 마지막 순간까지 가장 적합한 방향을 찾는 과정이라는 점에서 수업에 대한 미시적 조율일 뿐 교과과정에 기초한 거시적 수준의 계획 변경을 의미하는 것은 아니다.

이에 덧붙여, 훌륭한 수업 계획은 교사가 기계적으로 주어진 활동을 순차적으로 수행할 것을 요구하는 지시가 아니다. 수업 계획은 무엇을 어떻게 가르쳐야 한다고 지시하는 것이 아니라 수업의 방향과 활동을 안내하는 것이다. 수업 계획은 교사가 주도하여 수립하지만 교사만을 위한 것은 아니다. 왜냐하면 수업 계획은 교사, 행정가, 수업 관찰자, 대체 교사, 그리고 학생들과 같이 수업과 관련된 모든 사람들에게 수업에 관한 필요한 정보를 제공하는 역할을 수행하기 때문이다.

논자들 중에는 수업 계획을 충실히 이행하지 못하는 현실을 예로 삼아 즉각적인 상황 대응이 훨씬 중요하다고 강조하면서 수업 계획 무용론을 주창하기도 한다. 이들 중에는 심지어 교과서 지도서에 제시된 수업 지도안 만으로도 훌륭한 수업이 가능하다고 설파하는 경우가 있다. 그러나 수업 상황에서의 임기응변을 제대로 발휘하려면 가능한 변수를 미리 예상해 보는 충실한 수업 계획이 전제되어야 한다. 진정한 임기응변은 시간에 쫓겨 다음 활동으로 급하게 이동하는 것이 아니라 학습자, 교실 환경, 활동의 성격, 이전과 이후 학습 내용 등을 종합적으로 고려하여 가장 적절한 대안을 제시하는 것이다. 또한 교과서 지도서에서 소개한 수업 지도안은 이상적인 학습자를 전제로 하여 임의로 구안한 예시이므로, 특정 교사가 가르치는 특정 학생을 염두에 두면서 맥락화시키는 작업을 반드시 거쳐야 한다.

의심할 바 없이, 훌륭한 초등영어교사는 원활한 수업 진행을 위해서 제2언어 혹은 외국어 학습과 교수에 관한 다양한 지식을 갖추고 있어야 한다. 이러한 배경 지식은 교사가 학습자의 언어 발달적 특성과 교실 환경을 감안하여 적합하게 수업을 계획하고 실행할 수 있는 기반이 되기 때문이다.

2 수업 계획의 이점과 이유

본 절에서는 영어교육에 있어서 수업 계획의 이점과 이유에 대해 구체적으로 소개하고자 한다. 초등영어 수업은 대체로 활동적인 수업을 선호하는 초등학생의 성향을 반영하여 다양한 활동으로 채워져 있다는 점에서, 초등영어교사는 수업 중간에 즉각적으로 수업 계획과 다르게 진행할 생각의 여유를 가지기 쉽지 않다. 따라서 교사는 수업 시간에 최대의 학습 효과를 얻기 위해서 수업을 더 면밀하게 계획하여 비상시에도 대응할 준비를 갖추고 있어야 한다.

Scott과 Ytreberg(2000: 97)는 초등영어 수업에 있어서의 계획 수립이 지니는 이점을 다음과 같이 소개하고 있다. 첫째, 교실에서 교사가 시간을 용이하게 배분할 수 있도록 한다. 둘째, 기존 수업 계획을 활용하면 교사의 수업 준비 시간을 절약해준다. 셋째, 교사가 단원마다 무엇을 준비해야 되는지 명확히 알려준다. 넷째, 수업의 내용, 활동, 시간의 균형을 어떻게 맞출 것인가를 쉽게 알 수 있도록 한다. 다섯째, 교사들에게 안정감과 자신감을 심어주고 학생들에게도 동일한 영향을 미친다. 여섯째, 교사가 다음에 무엇을 할 것인가를 염려하지 않고 열정을 갖고 수업에 임하도록 해준다. 일곱째, 학생들이 교사의 알찬 수업 계획에 동화되어 수업에 충실히 참여하게 된다. 여덟째, 시간이 지날수록 학생들이 잘 계획된 수업을 좋아하게 된다.

한편, Moon(2000: 100)은 교사들을 설문한 결과 다음과 같은 이유로 수업 계획을 실행한다고 결론을 내린다.

① 수업에 자신감을 가져다준다.
② 부드럽고 유연한 수업에 필요한 체계적인 개요/안내/참고의 역할을 해준다.
③ 미래의 수업 계획에 필요한 유용한 근거가 된다.
④ 더욱 조직적으로 만들어준다.
⑤ 각기 다른 학생들의 필요를 충족시켜주는 실제적 수업을 할 수 있도록 해준다.
⑥ 자신의 수업 목표를 달성했는지를 알려주는 도구의 역할을 한다.
⑦ 자신의 수업 수행평가를 할 수 있는 준거가 된다.
⑧ 자신이 수업에 많은 노력을 하였다는 증거가 된다.
⑨ 교육과정과 관련하여 방향감각을 제공해준다.
⑩ 자신의 수업에서 무엇이 문제인가를 규명해주는 데 도움이 된다.

⑪ 행정적으로 요구되는 필수 사항이다.

이상과 같이, 교사들은 행정적 의무를 수행하기 위한 목적으로서가 아니라 수업의 질 향상을 위한 반성적 도구로 수업 계획을 수립하는 것이다.

3 수업 계획 수립의 준비사항

교사는 수업 계획을 구체적으로 수립하기 위해 주요 사항을 미리 점검해야 한다. Slattery와 Willis(2001: 131)는 위의 점검 사항들을 다음의 세 가지 단계로 나누어 제시하고 있다. 각 항목들은 구체적인 수업 계획을 세우는 목적 이외에도 수업 실행에서 발생할 돌발상황 대처와도 밀접히 관련되어 있다.

1 수업 전 점검 사항

새 학기 혹은 새로운 학급의 영어 수업을 시작하기 전에 다음과 같은 점들을 미리 생각해 보아야 한다.

① 즐겁고 편안한 분위기를 만든다.
② 자유롭게 이동할 수 있도록 교실을 정리한다.
③ 교사가 활용할 수 있는 벽면을 준비해두고 이를 아동들의 눈높이에 맞추어서 자유롭게 접할 수 있도록 한다.
④ 교실을 이동해 가면서 수업을 할 경우에는 접을 수 있는 딱딱한 판이나 말아서 사용할 수 있는 게시판, 혹은 포스터를 준비하여 가지고 다닌다.
⑤ 몇 가지 언어 연습 활동에 재활용될 수 있는 전시물(display)을 제작한다.
⑥ 전시물을 계속 늘려나가되, 아동들이 싫증을 낼 만하면 새로운 것으로 교체한다.
⑦ 연중 수업에 등장하는 주제들 중에 상호 연관성 있는 것들은 잘 연결해서 소개하도록 계획을 세운다.

2 일반적 수업준비 사항

아래의 사항들은 실제 수업을 하면서 염두에 둘 내용들이다.

① 가능한 많은 영어를 사용하여 지도한다.
② 필요한 수업 재료는 사전에 준비한다.
③ 수업 내용을 작은 단계로 나누어 생각하고 이들을 순차적으로 잘 연결하여 진행한다. 활기차고 동적인 활동 다음에는 조용한 활동으로 이어지도록 세심하게 구성한다.
④ 학생들에게 무엇을 할 것인가를 분명하게 소개하고, 왜 그것을 하는가를 알 수 있도록 도와준다.
⑤ 학생들이 편안하게 느끼도록 하는 익숙한 유형의 활동을 제시해야 한다.
⑥ 학생들이 어떻게 언어를 습득하는가에 관한 교사 자신의 지식을 항상 상기해야 한다.
⑦ 매 활동마다 왜 이 활동을 하는가에 대한 질문을 교사 자신에게 해보며, 학생들의 4가지 언어 기능의 향상을 위해 그들에게 줄 수 있는 기회가 무엇이 있을 것인지 지속적으로 고민한다.
⑧ 학생들이 이미 알고 있는 표현을 자주 사용하여 학습효과를 높이는 데 최대한 이용한다.
⑨ 맥락을 활용하는 학습 과제를 계획하여 사용한다.
⑩ 교사는 학생 한 명 한 명이 제대로 학습하고 있음을 알고 있다는 개별적인 관심을 자주 표명해야 한다.

3 수업에 필요한 구체적 언어 계획(Classroom English)

교사들은 수업 중에 자주 사용할 수 있는 구체적인 표현들을 잘 익혀두면 자신감을 갖고 여유롭게 수업을 이끌 수 있을 것이다. 특히 다음의 몇 가지 표현은 수업에서 유용 하게 사용될 수 있다.

① 수업을 시작할 때 학생들에게 할 인사말
② 수업을 시작·종료할 때 사용할 다양한 화제와 상례적인 말

③ 활동, 학급 정리 및 수업 전개와 지시에 필요한 말
④ 학생들에게 해줄 긍정적인 말

4 수업 계획의 원칙

수업 계획도 다른 교수기술과 마찬가지로 경험이 쌓이면서 일정한 원칙을 자연스럽게 익히게 되어 수월하게 수립할 수 있게 된다. 일관성(coherence), 다양성(variety), 그리고 융통성(flexibility)은 경험이 많은 교사들에게 초보 교사에게 해줄 훌륭한 수업 계획의 원칙을 물을 때 빈번하게 등장하는 항목들이다. Jensen(2001: 403)은 이들에 대해 아래와 같이 소개한다.

1 일관성(coherence)

훌륭한 수업은 일관성에 입각하여 자연스럽게 흘러가야 한다. 즉, 수업은 각 활동들이 개별적으로 무관하게 나열되는 것이 아니라 단일한 목적 하에 어우러지는 것이어야 한다는 것이다. 거시적으로 보자면, 수업들은 여러 차시 혹은 여러 단원에 걸쳐 자연스럽게 연결되어야 한다. 미시적으로 보자면, 학생들은 각 활동들의 내용과 이유에 대해 이해하여야 된다. 거시적이고 미시적인 차원이 모두 달성되었을 때라야 가장 효과적인 일관성 있는 학습을 달성하였다고 말할 수 있다.

2 다양성(variety)

훌륭한 수업은 다양성 또한 갖추어야 한다. 다양성도 거시적인 측면과 미시적인 측면을 두루 갖추어야 한다. 대부분의 학생들은 수업 시간에 교사, 교재, 동급생, 수업 진행 측면에서 익숙해야지 편안하다고 느낀다. 그러나 교사는 지루함과 피곤함을 피하기 위해서 수업 계획은 똑같은 유형을 지나치게 반복하지 말아야 한다. 거시적인 측면에서는 수업 내용, 사용 언어, 수업 기술에서 다양함을 추구해야 한다. 미시적인 측면에서

는 수업 내용의 난이도 등에 따라서 각종 활동에 소요되는 시간과 같은 수업의 진도가 조절되어야 한다. 수업 내용이나 활동의 성격에 따라 교사 위주 혹은 학생 위주의 활동들이 적당한 비율로 분배되어야 한다. 어느 날에는 학생들이 활발하게 수업에 참여하다가도 다른 날은 교사가 제시하는 내용이나 전략들을 경청하기 위해서 차분하게 진행하는 경우도 있어야 할 것이다. 또한 각 수업은 학급 전체, 소집단, 짝, 그리고 개인 활동과 같은 집단 구성의 다양성도 확보해야 한다. 마지막으로, 수업 내용과 활동에 따라 분위기 전환이 원활하게 이루어져야 한다. 교사의 개인적인 당일의 기분, 학생들의 상태에 따른 분위기, 날씨, 당일의 과제, 수업 내용의 특성, 혹은 설명하기 어려운 기타 변인 등이 수업 분위기 전환에 반영될 수 있을 것이다.

3 융통성(flexibility)

수업 계획은 교사들을 일정하게 정해진 계획에 따라 묶어두기 위한 도구가 아니다. 유능한 교사는 수업 계획서에 집착하지 않고 자신이 임하고 있는 수업의 현 시점에서 생각하고 언제 어떤 활동을 할 것인지 결정해야 한다. 예를 들어, 어느 학생이 흥미로운 질문을 던지면 예상하지 않았지만 나름의 가치를 지니는 수업 상황을 만들어 낼 수 있다. 교사가 칠판에 판서를 하거나 멀티미디어를 활용하여 수업을 진행하다가 새로운 아이디어가 떠오를 경우가 많다. 이러한 아이디어들은 사전에 고려한 것이 아니기 때문에 전달 과정에서 생각처럼 되지 않을 수 있지만 교사가 재량을 발휘할 필요는 있다. 교사는 교육과정에 제시된 성취기준과 교수·학습 지침을 염두에 두면서도 지나치게 이에 얽매이지 않고 학습자의 수준과 교실 환경을 감안한 수업 계획을 수립해야 한다.

이 외에도 교사는 수업 계획을 수립할 때 필요한 내용을 빠뜨리지 않고 유기적으로 구성하되 지나치게 복잡하고 형식적인 요소에 치중하지 않아야 한다. 또한 수업 계획은 교육 상황과 여건을 고려하면서 교사 위주가 아닌 학습자의 입장에서 유의미한 학습이 되게끔 구성되어야 한다. 마지막으로, 교사는 수업 계획이 적절한지에 대해 수업 전후로 평가를 실시하여 수업 계획서의 작성 방식을 포함하여 교재와 교수법 개선을 위해 노력해야 한다.

5 수업 계획의 단계

수업 계획은 크게 장기 수업 계획과 단기 수업 계획으로 나누어지며, 후자까지의 윤곽이 드러나면 본격적으로 수업 지도안을 작성하게 된다.

1 장기 수업 계획

교사는 학기와 학년이 시작하기 전에 한 학기 또는 일 년 동안의 수업 계획인 장기 계획을 수립한다. 교사는 장기 계획을 수립할 때 학습 목표, 교수 방법, 평가에 관하여 같은 교재를 사용할 동료 교사와 논의하여 필요한 사항을 누락하지 않도록 해야 한다. 또한 교사는 교과서 내용을 검토하면서 일부 내용과 활동이 학습자에게 부적절하다고 판단하여 가르칠 내용이나 순서를 수정할 수 있다. 일례로 교과서에서 크리스마스에 관한 내용을 6월에 배우도록 제시되었다면 가르치는 순서를 조정할 수 있을 것이다. 만약 교재로 교과서를 사용하지 않는다면 이번 학기 중에 다룰 적절한 내용을 결정하고 각각의 주제에 대하여 무슨 활동으로 어느 정도 시간을 할애하여 가르칠지 결정해야 한다. [표 12-1]은 교과서를 활용한 장기 수업 계획 사례이다.

[표 12-1] 장기 수업 계획표의 예

주	기간	요일	단원명	차시	학습주제	쪽수
1	3월 1주	수	1. How Are You?	1/6	Look and Listen, Listen and Repeat, Let's Practice 1	8-9
		금	1. How Are You?	2/6	Listen and Speak, Look and Speak, Let's Sing, Let's Practice 2	10-11
2	3월 2주	월	1. How Are You?	3/6	Listen and Read, Let's Read, Let's Practice 3	12-13
		수	1. How Are You?	4/6	Let's Write, Read and Write, Listen and Write, Let's Practice 4	16-17
		금	1. How Are You?	5/6	Go Story, Activity, Activity 1, Activity 2	14-15

주	기간	요일	단원명	차시	학습주제	쪽수
3	3월 3주	월	1. How Are You?	6/6	Let's Review	18-19
		수	심화보충(담임재량)		심화보충(담임재량)	
		금	2. Do You Have English Class Today?	1/6	Look and Listen, Listen and Repeat, Let's Practice 1	20-21
4	3월 4주	월	2. Do You Have English Class Today?	2/6	Listen and Speak, Look and Speak, Let's Sing, Let's Practice 2	22-23
		수	2. Do You Have English Class Today?	3/6	Listen and Read, Let's Read, Let's Practice 3	24-25
		금	2. Do You Have English Class Today?	4/6	Let's Write, Read and Write, Listen and Write, Let's Practice 4	26-27
5	- 생 략 -					
19	7월 1주	월	7. How About Playing Tennis?	2/6	Listen and Speak, Look and Speak, Let's Sing, Let's Practice 2	94-95
		수	7. How About Playing Tennis?	3/6	Listen and Read, Let's Read, Let's Practice 3	96-97
		금	7. How About Playing Tennis?	4/6	Let's Write, Read and Write, Listen and Write, Let's Practice 4	98-99
20	7월 2주	월	7. How About Playing Tennis?	5/6	Go Story, Activity 1, Activity 2	100-101
		수	7. How About Playing Tennis?	6/6	Let's Review	102-103
		금	심화보충(담임재량)	-	심화보충(담임재량)	-
	총시수	56				

5, 6학년군의 경우 일주일에 영어 수업이 3시간임을 고려하여 학기 계획을 세울 수 있다. 5, 6학년군의 경우 영어 기준시수는 34주를 기준으로 102시간을 확보해야 한다. 학교 상황에 따라 추가적으로 더 운영할 수 있는데, 1학기와 2학기의 수업 일수를 고려하여 작성하는 것이 중요하다. 학기가 시작되기 전, 각 학교는 교육과정 운영 시수를 확정하고, 교과별로 수업시수가 정해지기 때문에 학교 운영계획에 맞춰 작성하면 된다. 영어 전담의 경우, 5, 6학년 각 반 수업 시간표를 확인하여 작성하면 되는데, 장기 계획은 [표 12-1]과 큰 차이는 없다.

2 단기 수업 계획

단기 계획은 보통 4시간 내지 6시간의 수업 계획, 즉 1개 단원을 다룬다. 일단 장기 수업 계획이 수립되면, 교사는 상대적으로 수월하게 단기 수업 계획을 수립할 수 있다. 교사는 하나의 주제, 한 과(unit)의 수업을 계획할 수 있다. 만약 동일한 수업을 진행할 동료교사가 주변에 있다면 이 단계의 수업 계획을 같이 수립하는 것이 바람직하다.

대체적으로, 교과서는 수많은 숙고과정을 거쳐 집필된 것이므로 교과서에 주어진 계획을 참고하면 단기계획 수립에 용이하다. 경험이 적은 교사는 교과서의 틀을 존중하면서 현장에 맞추어 가면 되고, 경험이 풍부한 교사는 주어진 계획을 수정하면서 상대적으로 대폭적으로 수정할 수도 있다.

우선, 교사는 교재를 꼼꼼히 검토하면서 교사나 아동들이 해야 할 활동과 학습할 언어 기능을 결정한다. 또한 교사는 간단한 표현이라도 문법책과 사전을 참고하는 습관을 갖고 언어의 정확한 용법을 확인해야 한다. 이런 연후에 한 과를 가르칠 방법을 결정하고 주제에 적합한 구체적인 학습 활동을 찾아야 할 것이다. 교사는 학생의 학습 상태를 점검하고 반성적인 교수·학습을 위해 평가 역시 학습 계획에 포함시켜야 한다.

교사는 수업의 진행 방향과 내용을 확정하기 위해 단기 계획을 수립하는 것이므로 지나칠 정도로 상세하게 단기 수업 계획의 세부 항목에 집착할 필요가 없다. 다음의 [표 12-2]에 주어진 내용은 초등학교 5·6학년 수준의 학생을 위한 2주짜리 단기 수업계획표의 예시이다.

[표 12-2] 단기 수업 계획표의 예

기간	단원	5. May I take a picture?		
	차시	학습너용	주요자료	평가
4월 3-주	1/6	Look and Listen, Listen and Repeat, Let's Practice 1	동기유발 자료 준비	
	2/6	Listen and Speak, Look and Speak, Let's Sing, Let's Play 1	빙고 게임 학습지 준비	빙고 게임 시 말하기 관찰 평가
	3/6	Listen and Read, Let's Read, Let's Practice 2	읽기 학습지 준비	
	4/6	Let's Write, Read and Write, Listen and Write, Let's Play 2	그림 카드 준비(게임용)	
	5/6	Go Story, Activity 1, Activity 2	역할놀이	
	6/6	Let's Review	복습 활동지 준비	단원 지필평가

단기 수업 계획을 작성할 때는 차시별로 필요한 자료, 학습지, 평가 계획을 세워두면 효율적으로 활용할 수 있다. 학습 진도를 확인하면서 심화보충 시간을 계획할 수도 있고, 바로 다음 단원을 계획할 수 있다.

6 본시 수업 계획 및 지도안 작성

위에서 소개한 장기 및 단기 수업 계획에 비하여 수업 지도안은 매 수업이 있기 전에 작성된다는 점에서 수업 계획 중 가장 구체성을 지닌 것이라고 볼 수 있다. 단기 수업 계획이 수립되어 있다면 본시 수업 이전에 가르칠 것과 그 후에 가르쳐야 할 것을 교사가 이미 알고 있기 때문에 본시 수업 계획을 용이하게 수립할 수 있을 것이다. 경력이 많지 않은 교사들은 상세하게 수업 계획을 작성하지만 경력이 쌓이면서 수업 계획을 덜 상세하게 작성하는 경향이 있다. 이것은 교사가 게을러서 아니라, 경험이 쌓이면서 숙달도가 높아져 모든 것을 기록할 필요성을 느끼지 않을 뿐만 아니라 수업 계획의 핵심 내용만 정확히 기재한다면 실제 수업에서 큰 어려움을 느끼지 않다는 점을 터득했기 때문이다.

본 절에서는 본시 수업 계획 수립에서의 유의사항, 본시 학습의 구성 요소 및 학습 지도안 작성 시의 실무적 고려사항, 그리고 수업 지도안의 모형과 예시를 살펴볼 것이다.

1 수업 지도안 작성 시 유의사항

교사는 수업을 계획하기에 앞서 학습자들이 최근에 다양한 교과목에서 배운 내용과 관심사, 학습자 영어 수준, 수업에서의 교실영어 구사 비율, 교실 여건, 장·단기 학교 운영 계획, 영어과 교육과정 등을 두루 감안해야 한다. 교사는 특히 수업의 주요 활동을 선정하고 조직할 때 아래와 같은 점에 유의해야 한다.

① 활동의 주안점은 무엇이며 이를 달성하기 위한 상황은 어떻게 설정할 것인가?

② 활동을 어떻게 구성해야 학습자의 인지적·정의적 성장에 도움이 되는가? 어떻게 학습자들을 조직하여 위의 목적을 달성할 것인가?

③ 성공적인 학습에 필요한 준비물은 무엇인가?
④ 활동의 국면마다 사용할 언어는 무엇인가?

교사는 활동을 원활하게 운영하기 위해서 다음과 같은 세부 사항에 대해서도 숙고해야 한다.

① 모둠 편성을 하는 방식 및 모둠 활동을 언제 어떻게 실시할 것인지 결정한다.
② 본시 학습 내용을 전시 학습 내용과 연결시킨 후, 다음 학습 내용과도 연결시켜 생각해 본다.
③ 각 학습 활동에 소요될 시간을 생각해 본다.
④ 필요할 것으로 예상되는 내용과 활동보다 항상 더 많이 준비한다.
⑤ 조용한 연습과 시끄러운 연습, 듣기 · 말하기 · 읽기 · 쓰기 학습, 개별 학습과 짝 학습, 그룹 활동과 전체 활동, 교사와 학생 그리고 학생끼리의 활동을 균형 있게 배분한다.

2 수업 지도안의 구성 요소

수업 지도안은 크게 세안과 약안으로 나눌 수 있다. 영어 수업에서 세안은 본시 교수 · 학습 계획뿐만 아니라 [표 12-2]와 같이 한 단원의 수업 계획 모두를 포함한다. 약안은 본시 교수 · 학습 계획만을 말한다. 세안에 들어갈 내용은 교과별로 조금씩 차이가 있고, 학교별로 다르지만 기본적으로 3개 파트로 구성된다.

▶ 파트 1: 교수 · 학습 배경

파트 1에서 교사는 자신의 영어 수업에 대한 철학, 관점 등을 기술하고, 본 수업을 계획하게 된 이유 등을 간단하게 기술한다. 교사가 활용하고자 하는 교수법에 대한 이론적 배경, 필요성 등을 설명하고 교사가 가르칠 학생들을 분석한 내용을 기입한다. 영어 학습에 대한 흥미, 호기심, 자신감 등과 같은 정의적 영역과 의사소통 기능 중 자신 있는 영역 등을 살펴보고, 도움이 필요한 영역 등을 분석하여 이에 근거한 본시학습 전략을 제시할 수도 있다.

▶ 파트 2: 단원 분석

① 단원명(subject; title of lesson): 단원명을 밝힌다.

② 단원 개관: 단원의 개관에서는 설정한 단원에 대한 간단한 설명과 설정한 단원을 통해 목표하는 바를 설명한다. 단원과 관련된 교수법, 활동 등을 소개하여 전체적인 맥락을 안내한다.

③ 단원 목표: 단원 목표에서는 언어 기능에 대한 목표와 주요 의사소통 기능, 언어 형식, 주요/신출 어휘를 안내한다.

④ 단원 계열: 본 단원의 제목과 주제, 학습 내용외에 선수학습과 후속학습이 어떻게 연계가 되는지 설명한다.

⑤ 단원 지도 계획 및 유의점: 차시별로 학습 범위와 학습 내용 및 활동을 안내하고, 특히 가르치는 본 차시에 대해 구체적인 내용을 설명한다. 아울러 단원을 지도할 때 유의할 점을 안내한다.

▶ 파트 3: 교수 · 학습 계획

① 기본정보(Information): 교수 · 학습 지도안 기본정보, 즉 학습, 학생, 교사, 날짜, 차시, 교과서 쪽 등을 수업지도안에 작성한다.

② 목적(Goals; Aims; Objectives): 일반적으로 학습자가 배우는 언어표현인 내용 기준과 배운 것을 어떻게 활용할지에 해당하는 수행 기준으로 구분하여 기술한다. 예를 들어서, 목적이 "Students can talk together about their nationalities by using 'Where are you from?' and 'I am from ○○○.' "인 수업에서는 학생들이 국적을 묻고 답하는 표현(내용 기준)을 배우기 위해서 'Where are you from?'과 'I am from ○○○'을 사용한 발화(수행 기준)를 연습한다. 수업의 목적은 하나 이상일 수 있지만 초등영어교육에서는 단일 차시를 기준으로 할 때 한 문장당 한 가지씩 총 2~3가지를 설정하는 경우가 대부분이다.

③ 교재(Materials): 학습자가 해당 수업에서 배울 주 · 부교재와 수업 중에 쓰일 여러 가지 교육 보조자료 (teaching aids)를 제시한다.

④ 동기 부여(Motivation techniques; Attention-gathering): 학습자가 배우고 싶은 마음이 들도록 하기 위해서 수업을 시작할 때 지난 시간과의 연관이나 이번 시간에 배울 내용을 매력적으로 제시할 방안을 강구한다.

⑤ 진행/과정(Procedures; Activities): 수업 계획서의 본론에 해당하는 부분으로서, 교사가 무엇을 어떻게 가르칠 것이며 학습자들은 무엇을 할 것인지에 관해 기술한다. 학습자, 교사, 교재, 교실환경 변인을 감안하여 수업에서 활용할 교수 · 학습 모형을 분명하게 제시하고 각 활동의 세부적인 절차와 시간계획을 포

함한다.

⑥ 숙제(Assignment; Homework): 숙제의 분량, 종류, 기한, 수행 방식을 자세히 기재하여 학습자들에게 명확히 이해시킬 수 있도록 한다.

⑦ 종결(Culminating activities; Concluding activities): 수업 시간에 배운 내용을 정리하는 것뿐만 아니라 학습자의 성취도를 평가할 계획도 포함한다. 평가를 위해 언어 교육의 특성을 살린 다양한 시험 형태를 사용할 수 있기 때문에 반드시 시험지를 사용할 필요는 없다. 때로는 듣기, 대화 연습, 받아쓰기, 읽기 등 이미 배운 것을 재활용해도 무방하다. 최근의 배움 중심 학습에 대한 요구를 수용하여, 학습자 스스로가 참여해서 학습 요점과 결론을 토의하는 것도 가능하다.

⑧ 평가(evaluation): 이 항목은 학습자의 학업 성취도가 아니라 교사 자신의 발전과 교육 전반의 일관성 있는 개선을 도모하기 위해 추가된 것이다. 교사는 수업 계획서 및 이를 실제로 수행한 결과에 대한 의견을 정리하여 다음 수업 계획서 작성의 참고자료로 활용한다.

3 수업 계획서 작성의 실제

이상에서 살펴본 수업 계획과 관련된 여러 가지 배경 지식을 가지고 구체적인 본시 수업 지도안을 작성해 볼 수 있다([표 12-3], [표 12-4]). 다만 이들은 수업 지도안의 기본적인 윤곽에 관한 예이기 때문에 절대적인 것은 아니다. 수업 지도안은 수업 내용과 학급의 인원 수, 학년, 학생들의 영어 실력, 심지어는 교사 자신의 준비 등 많은 변인에 따라서 다양하게 변형되어 활용될 수 있다. 마지막으로, 영어를 통한 영어 지도가 권장되는 추세를 감안하여 영어로 된 형식을 제시할 것이다.

[표 12-3] 수업 지도안 기본 모형(1)

<table>
<tr><th>교과</th><td>영어</td><th>단원(차시)</th><td colspan="3">Lesson 5. May I take your order?</td></tr>
<tr><th>학반</th><td>5학년</td><th>일시</th><td>2/5</td><th>지도교사</th><td>Kate</td></tr>
<tr><th>성취기준</th><td colspan="5">[6영02-07] 일상생활 주제에 관한 담화나 글의 세부 정보를 간단한 문장으로 묻거나 답한다.</td></tr>
<tr><th>학습목표</th><td colspan="2">허락을 요청하고 이에 답하는 말과 권유하는 말을 할 수 있다.</td><th>학생참여 수업모형</th><td colspan="2">PPP</td></tr>
</table>

핵심역량과 활동	협력적 소통역량	Talk Together 대화 듣고 말해보기 Play the Game '주문표 완성하기' 놀이하기			
	공동체역량	Play the Game '이심전심' 놀이하기			
교수 학습 자료	교사	교과서, ppt, 단어 카드, 이심전심 활동지			
	학생	교과서, 필기구			
학습단계 (시량)	학습내용	교수·학습 활동		핵심역량 요소	자료(■) 및 유의점(※)
		교사	학생		
도입	인사	Good morning, everyone? ~~~~~	Hello, teacher. ~~~~		인사 그림 카드
전개	활동1	Let's sing. ~~~~~	~~~~~		활동자료
마무리	복습	Let's review today's lesson. ~~~~~			평가문항

평가 계획			
과제	허락을 요청하고 이에 답하는 말과 권유하는 말을 할 수 있다.		
평가 기준	수준	평가 내용	평가방법
	상	허락을 요청하는 표현을 알고 문장을 구성하여 자연스럽게 의사소통을 할 수 있다.	교사 관찰평가, 자기/동료 평가
	중	허락을 요청하는 표현을 알지만 문장 구성 능력이 부족하여 의사소통하는 데 노력이 필요하다.	
	하	허락을 요청하는 표현을 잘 알지 못해 문장 구성 후 의사소통하는 데 어려움을 느낀다.	
피드백	■수준에 따라 심화 과제, 동일한 수준의 과제, 낮은 수준의 과제 추가 제공		

[표 12-4] 수업 지도안 기본 모형(2)

Topic		
Class		
Language Objectives		
Structures		
Vocabulary		
Corresponding Unit of the Other Subject		
Teaching Aids		
Procedure/Contents	Teaching/Learning Activities	Time

다음으로 수업 지도안의 예시를 제시하면 [표 12-5]와 [표 12-6]에 나타난 것과 같다. 아래에는 최대한 다양한 형식을 보여주기 위하여 위에서 제시한 모형과는 다른 형태의 것들을 제시하기로 한다. 이 중 [표 12-6]에 나타난 것은 영어과와 사회과를 통합하여 주제 중심으로 구성한 것으로, 앞으로 우리나라 초등영어교육에서 많이 연구되어야 할 방향을 보여주는 것이라고 할 수 있다.

[표 12-5] 수업 지도안 예시(1)

Date	Mar. 15, —	Class	5-2	Teacher	000
Unit	May I help you?			Period	3/4
Objectives	Students can buy something.				
content	Structures	May I help you?, How much...?, It's ...			
	words	May, help, just, look, want, much			
Steps	Procedures	Teaching-learning Activities		Time	Note
Introduction	Greeting Warm-up	○ Greetings and roll checking ○ Singing a song - Head and shoulders, knees and toes			교사가 색종이를 들어 보여주면 학생이 영어로 답한다.
	TPR	- Listen and do as I say. Stand up, please. Close your eyes. Touch your nose. Point to your ear. Open your eyes. Sit down.		7′	
	Review	- Let's review our last lesson. - Look at this. What color is this? (yellow, red, white, pink, brown, blue, green, black)		3′	
Development	Presen- tation	- Let's begin today's lesson. Open your book to page 92. What shall we study today? 상점에서의 대화를 알아보자.			
	Practice	- Listen to the tape recorder. A: May I help you, ma'am? B: No, thank you. I'm just looking. A: May I help you, sir? B: Yes, how much is this? A: May I help you, Miss? B: Yes, I want a bag.			CD/ Sound file

	Production	- Listen and repeat. - Next, I will ask you, then answer all together. → three times ○ Role-play(Group work) 4명이 한 조가 되어 한 명은 점원이 되고 세 명은 손님이 되어 대화하기 ○ Pair work - You are a shopkeeper, and your partner is a customer. Practice buying and selling. ○Marketing Play - You have $10. You want to buy 3 items. What will you buy and how much are they?	25′	아동의 소지품을 미리 모은다. 충분한 시간을 준다.
Consoli-dation	Wrap-up	- It's time to review now. I'm a shopkeeper, you're customers. T: May I help you, boys? Ss: No, thank you. I'm just looking. T: May I help you, girls? Ss: Yes, I want a bag. ○ 작별인사 - So much for today's lesson. Good-bye, students.	5′	

[표 12-6] 수업 지도안 예시 (2) [5]

Thematic Unit	4. Our Town		
Topic	Our Town	Period	1/4
Language Objectives	Ask and answer about the locations		
Content Objectives	1. Students understand their town. 2. Students put map signs on the map.		
Structures	Where is the ~? It's next to ~. It's across from ~. Turn left/right.		
Vocabulary	next, across from, post office, police station, bank, market, factory		
Corresponding Unit of Other Subject	Social Science : 4. 우리 마을(2-1), 1. 우리 고장의 모습(3-1), 1. 우리 시 · 도의 모습(4-1)		
Teaching Aids	picture map, picture cards, hand puppets, flash cards		
Procedure / Contents	Teaching / Learning activities		Time

5 본 수업 지도안은 신연옥(2000: 71-74)에 제시된 것임.

Introduc- tion	Preparation Greeting Introduction of the topic	▶ Singing the song 'Where is Thumbkin?' ▶ Greetings & Daily Routine • Greeting • Talk about the date, day and weather. ▶ Introduction of the topic • Present a sketch map of our town. • Check the meaning of map signs with children. • Introduce today's topic "Our Town".	
Develop- ment	Sharing the experiences	▶ Talking about the experiences related to our town T : Look over here. What is this? C1 : 우리 마을/동네입니다. C2 : 지도입니다. T : Right. This is our town. What? C : Our town. T : Look, what is this? C : 우체국입니다. T : What is 우체국 in English? C : Post office. T : Yes. 우체국 is post office in English. T : Did you go to the post office? C : Yes.	7′
	Brain- storming Reading	T : Who did? Raise your hand. T : (After counting the numbers) Wow, so many children went there. 영희, for what did you go there? 영희 : 편지 부치러 갔었어요, etc. (They may say details in Korean) T : Oh, I see. You can mail a parcel at the post office. Then, who went to the bank/market ……? ▶ Making a words-web • Ask the children to talk about the places in our town city. T : Let's see. What is there in your town? C : Post office, bank, police station, factory, etc. (Allow the children to speak in Korean and repeat what they say in English.) • Whenever the children say things, stick the corresponding flash cards around the figure as shown on the right.  • Read the letters on the cards. ▶ Telling a story • Tell the story twice with a sketch map of their town and hand puppets. • Have the children listen to the story carefully.	28′

		T : Ok, you did a good job. Now, it's story time. Look and listen carefully. Are you ready? C : Yeah.
		〈Story〉 Yesterday, I was coming to school. An American said to me, "Excuse me, where is the post office?" "Pardon me, it's too noisy." "Where is the post office?" "It's next to the 새마을 bank. And the bank is across from the police station. Go this way, and turn left at that corner. Then you'll find it." "Thank you." • Hand out a set of picture cards.
	Topic exploring activity	• Check their understanding by TPR.
		T : When I say a word, hold up the card with that word. Are you ready?
		Show me post office/ police station/ bank/ market/ factory.
		T : Ok, you did very well. Now, listen carefully and put on the desk the card with the word that I say.
		Where's the post office? It's next to the bank. etc.
		Go, turn left, turn right, etc.
		▶ Reading the map of our town • Read the town map together to make the children familiar with the expressions about locations.
		T : Look at our town map again. Where is the post office in our town?
		C : It's next to the bank.
		T : Very good. Then, where is the ~? etc.
		▶ Treasure hunting • Keeping the same groups, give each child a town map.
		T : Children, we're going to go treasure hunting. Look at the paper. What is it? C : Our town.
		T : Right. It's our town. There's a treasure hidden somewhere in our town. Leaders, mark the place on the map secretly. Did you finish?
		Ls : Yes.
		T : Then, boys and girls, ask the leader, "Where is the treasure?"

		• The leaders direct the other members to the place.	
		Ls: It's across from the ~./ It's next to the ~.	
		• The other children move their finger on the map following their leader's instruction. • Give candies as a treasure to the children who arrived at the point correctly.	
	Language practice Expressing the result	▶ Language practice • Ask and answer the topic. • Correct the errors which were found during the activities. ▶ Checking the result of activity • Ask them where the treasure was and who gave a correct answer.	
Consoli-dation	Round-up	▶ Assignment of homework • Ask the children to bring a half-made invitation card. ▶ Filling in the blank map together • Ask and answer the locations of important facilities and geography of our town, while putting the map signs on the map.	5′

7 수업 관찰과 수업 계획 평가

이 절에서는 수업 관찰이라는 측면에서 수업 계획을 점검하는 방법과 교사 자신이 실제 수업에서 수업 계획이 얼마나 잘 이루어졌는지를 평가해 보는 법을 소개하기로 한다.

1 수업 관찰

교사는 수업을 참관할 다양한 기회를 갖기 마련이다. 교사는 이런 기회를 통해 다른 교사의 수업 계획 관련 자료를 수령하면서 수업을 참관하기도 한다. 수업에서 교사가 중점적으로 살펴볼 점 중 하나는 계획된 내용과 수업 중에 끊임없이 내려지는 결정들이 조화를 이루고 있느냐는 사실이다. 만일 수업 관찰자들이 다음과 같은 목록을 참고한다면 수업이 얼마나 제대로 준비되었으며 효과적으로 진행되는지 구체적으로 파악할 수 있다(Wajnryb, 1992: 75). 특히 수업 담당 교사가 아래의 항목들에 대하여 구체적으로 어떤 방식으로 판단을 내리고 실행에 옮기는지 생각해 보면 자신의 반성적 교수행위에도 도움이 될 것이다.

① 수업 진행에 필요한 면학 분위기가 형성되었는가?
② 학생들이 수업에 임하는 동기를 부여하고 있는가?
③ 교사와 학생이 실제적으로 맥락화된 언어를 사용하는가?
④ 학생들을 참여시키고 이들의 배경지식을 제대로 끌어내고 있는가?
⑤ 무슨 어휘를 언제 어떻게 가르치는지 명료하게 드러나는가?
⑥ 학습 내용 이해와 적용이 원활히 이루어지는가?
⑦ 연습을 위한 적합한 맥락을 제공하는가?
⑧ 학생들이 규칙을 찾아내고 새로운 지식을 구성하도록 도와주는가?
⑨ 상호작용에 초점을 두면서 이를 촉진하는 활동을 단계별로 도입하는가?
⑩ 각각의 의사소통 촉진 활동들이 제대로 제시되고 있는가?
⑪ 학생들이 교사의 도움 없이 활동할 수 있는 틀을 제시해 주는가?
⑫ 수업의 각 단계에 사용할 보충 교재는 어떠한가?
⑬ 언어 기능의 통합 및 언어와 내용의 통합은 어떠한가?
⑭ 교사와 학생 또는 학생 상호간에 정보를 구성하고 공유하는 양상은 어떠한가?
⑮ 수업 종료 방식 및 이전 혹은 이후 수업과의 연계는 어떠한가?

수업 중에서 확인한 위에서 제시된 항목들은 수업 관찰표 형태로 구체화될 수도 있다. 다만 수업을 관찰할 때 주어진 평가 준거에만 지나치게 의존하면 수업의 큰 흐름이나 중요하게 짚고 넘어가야 할 부분을 간과할 수 있으므로 유념해야 한다.

2 수업 관찰 도구

수업 관찰을 위해서는 주관적인 생각보다 객관적으로 평가할 수 있는 수업 관찰 도구를 많이 활용한다. 수업 관찰 도구는 관찰 초점에 따라 다양한 도구가 개발되어 사용되어 왔다. 수업분석에 활용할 수 있는 수업 관찰 평가표는 다양한 연구자에 의해 개발되었는데, 다음과 같이 수업의 흐름, 수업 구성, 교수·학습 활동, 교실영어, 교사 태도 등 5가지 영역 총 20개 항목으로 구성해 볼 수 있다.

[표 12-7] 수업 관찰 평가표 1

총점(20)	평가 내용	핵심어
수업의 흐름 (3)	① 수업할 내용에 대한 동기유발	동기유발
	② 차시 목표를 분명하게 제시	목표제시
	③ 전체적인 수업의 흐름이 유기적으로 진행	수업흐름
수업 구성 (5)	① 목표를 달성하기에 적절한 활동으로 구성	활동의 적절성
	② 학습 활동 조직의 다양성(전체, 조별, 짝, 개인 활동 등)	활동조직
	③ 제반 학습 활동에 대한 적절한 시간 배분	시간
	④ 영어 4가지 언어 기능의 균형성 및 통합성	언어기능
	⑤ 전 차시 복습과 본 차시 학습 평가	평가
교수·학습 활동 (5)	① 적절한 피드백을 통한 학생들 배려	피드백
	② 실제적 자료를 통해 학생의 동기, 흥미 유지	자료
	③ 교사-학습자 또는 학습자-학습자의 상호작용이 활발	상호작용
	④ 학생의 수준을 고려한 다양한 학습 활동	수준
	⑤ 학습자의 영어 사용 참여(기회) 제공	참여
교실영어 (5)	① 초등학생들의 영어 능력 수준에 적절한 영어 구사	교실영어 수준
	② 자연스럽고 실제적인 영어 사용	실제적
	③ 교사 영어의 정확성과 명료성	정확성
	④ 몸짓, 표정 등의 비언어적 요소의 효과적 사용	비언어
	⑤ 학습 활동, 규칙 등에 대한 명료한 안내	안내
교사 태도 (2)	① 교사의 자신감 있는 수업 진행	자신감
	② 수업시연에 임하는 교사의 자세(수업 분위기 조성)	수업 분위기

영어 수업의 주요 구성 요소에 따라 영어 수업을 관찰 및 평가할 수도 있고, 영어 수업 흐름에 따라 도입, 전개, 마무리에 해당하는 요소를 평가할 수도 있다. 예시로 제시한 수업 관찰 평가표 1, 2는 상황에 따라 다양하게 재구성하여 활용할 수 있는데, 관찰의 초점을 어디에 두느냐에 따라 관찰 영역은 달라질 수 있다.

수업 관찰은 수업에 대한 전반적인 이해를 돕고 수업의 강점과 약점을 파악할 수 있는 성찰의 기회를 제공한다는 교육적 효과가 있다. 교사양성 과정이나 교사교육

프로그램의 주요활동으로 활용되고 있는 만큼, 수업 관찰 평가표를 활용하여 다양한 형태의 수업분석을 실시해 볼 수 있다. 또한, 수업 분석에 대한 피드백을 교수, 자신, 동료 등 다각적 형태로 실시해 봄으로써 자신들의 수업에서 무엇을 변화해야 할지 성찰하고 자신들의 교수 행위를 바꾸는 계기를 만들 수 있다.

[표 12-8] 수업 관찰 평가표 2(김우형(2013) 영어 수업 평가 도구 재구성)

영역		평가 내용	점수(1-5점)
수업 시작		인사 및 일상생활에 관한 질문	
		지난 시간의 내용 복습	
		수업 내용에 관한 배경 지식 제시	
수업 전개	목표언어 제시	학습 목표 제시	
		목표 언어에 대한 설명과 예문 제시	
		목표 언어 이해 점검	
	유도연습	목표 언어를 연습하고 발화할 수 있도록 질문	
		기계적, 의미적, 의사소통 활동을 단계적으로 적용	
		학생들의 발화나 답변이 적절한지 확인	
		자발적이고 창의적인 답변 유도	
		적절한 피드백 제공	
	학습 활동 및 과제수행	학습 활동에 대한 분명한 지시와 이해 점검	
		학생과 학생, 교사와 학생 등 다양한 상호작용 제공	
		전체, 조별, 짝, 개인 활동을 균형 있게 시행	
		적절하고도 실제적인 학습 자료 활용	
		학습 활동에 대한 시간 점검	
		학생들이 적극적으로 과제에 참여하도록 유도	
		학생들의 발화의 창의성과 적극성	
수업 마무리		효과적인 수업 마무리	
		수업 내용에 대한 복습	
교사의 교실영어		학생의 영어 능력 수준에 적절한 영어 구사	
		자연스럽고 실질적인 영어 구사	
		문법적으로 정확한 영어 구사	
		명확하고 정확한 발음 구사	

3 수업 성찰

수업을 종료하고 나서 수업이 계획대로 잘 이루어졌는지를 알아볼 때 던질 수 있는 좋은 질문은 '내가 가르치고자 한 내용을 학생들이 제대로 학습하였는가?'이다. 학습이란 일정한 기간이 경과되면서 이루어지는 것이기 때문에 이러한 질문에 명쾌하게 대답하는 것은 쉽지 않다. 그렇지만 교사는 교재의 한 단원이나 한 주제 내용이 끝난 다음에 위와 관련한 물음을 제기해 볼 수 있다. 물론 매번 수업이 끝나고 나서 한 가지씩 자세하게 수업 계획에 대해 점검할 필요는 없다. 경우에 따라 다음 수업을 계획할 때 진도가 어떻게 되는지 어떠한 숙제를 내주었는지 등을 점검하는 정도만으로도 충분할 수 있다. 다시 말해서, 개별 수업 계획과 실행을 평가하는 일에 지나치게 많은 시간을 소비할 필요가 없다는 것이다. 수업 후에 다음과 같은 기본 점검 사항을 중심으로 수업 계획과 수업 실행을 복기하면 시간을 절약하여 더 효과적으로 평가해 볼 수 있을 것이다.

① 원래 계획했던 부분을 제대로 가르쳤는가?
② 학생들이 수업에서 다룬 내용에 흥미를 느꼈는가?
③ 학생들이 수업의 핵심 내용을 제대로 이해했는가?
④ 수업 단계별로 실행한 활동이 학생들에게 적절했는가?
⑤ 수업 실행을 통해 수업 계획이 제대로 구성되었음을 확인했는가?

이상에서 살펴본 바와 같이, 외국어 혹은 제2언어로서 영어를 가르칠 때 필요한 수업 계획은 다양한 단계를 거치며 산출되는 결과물이라고 볼 수 있다. 교사는 훌륭한 수업 계획을 세우기 위하여 무엇보다도 초등영어교육과정, 학생들의 필요(needs analysis), 그리고 외국어 교수 및 학습 원리를 잘 알고 있어야 한다. 교사는 교육과정의 전체적 개요를 파악한 상태로 매시간 수업을 진행하면서 학기 전체의 수업 목표와 세부 목적들을 달성하기 위해 노력해야 한다. 거시적으로 학습과정을 조망한다면, 교사와 학생들은 매 수업 시간을 통해 긴밀한 관계를 맺으며 인지적 차원과 정의적 측면 모두에 걸쳐 교학상장(教學相長)의 기쁨을 만끽하게 될 것이다.

참고문헌

고경석. (1993). 국민학교 영어교육의 세계적 동향과 과제. *영어교육*, 46.

고경석. (1995). *영어음성학*. 서울: 개문사.

곽선영, 심창용. (2013). 반편견 교육을 기반으로 한 문화 포용성 배양 지도 효과. *초등영어교육, 19*(2), 5-24.

교육부. (1995). *국민학교* 교육과정-총론, 영어. 교육부 고시 제 1995-7호.

교육부. (1995). *초등학교 영어교육과정*. 교육부고시 제 1995-7호.

교육부. (1996). 초등학교 교육과정 해설(IV), 영어.

구희산. (1991). 영어 발음 지도. 정동빈(편). *영어교육론*. 서울: 한신문화사.

권오량, 부경순, 신동일, 이경진, 현석분. (2006). 초등영어교육 10년의 성과 분석을 통한 초 · 중등 영어교육 활성화 방한 모색. 교육인적자원부 정책연구결과보고서.

김영숙. (2000). 초등영어 담당 교사의 자질 연구. 월드와이드웹: http://www.kapee.org/file/02-kys.htm. 2004년 10월 22일 검색.

김우형 (2013). 효과적인 TEE 수업을 위한 영어 수업능력 평가 도구 개발. *한국영미어문학회 학술대회 발표 논문집, 1-9*.

김진철, 고경석, 박약우. (1993). *국민학교 영어교육*. 서울: 개문사.

김혜련. (1996). 초등영어교육에서 문화 지도. *초등영어교육, 2*.

김혜련. (2003). 초등영어 문화교육: 문화 간 의사소통 능력의 신장을 위하여. *초등영어교육, 9*.

노경희. (2021). 미래형 초등영어교육 과정을 위한 제언: 학습자 맞춤형 교육을 중심으로. *한국초등교육, 32(3)*, 151-165.

도경수, 차유영. (2008). 시공간 작업기억 용량과 그림 자료의 유형과 내용이 초등학생의 영어 단어 학습에 미치는 영향. *인지과학, 19(4)*, 369-396.

미디어리서치 (1997). 초등학교 영어교육에 대한 교사 의견조사 결과보고서. 미디어리서치.

박약우 (2004). 문화 간 의사소통 능력과 지구어로서의 영어교육. *Foreign Languages Education, 11.*

박약우. (1996). 초등영어교육의 효과적인 교수방법 모형: 활동 중심(Activity-based) 교수법. *초등영어교육, 2.*

박혜경. (1990). *유아를 위한 총체적 언어교육 접근법의 효과에 관한 연구.* 박사학위논문, 이화여자대학교.

배두본. (1997). *초등학교 영어교육: 이론과 적용.* 서울: 한국문화사.

서진아, 윤여범. (2017). 2009 개정 교육과정에 따른 초등영어 교과서의 파닉스 분석. *한국초등교육. 28(2)*, 153-171.

신연옥. (2000). 초등영어에서 주제 중심 통합 학습의 효과, *초등영어교육, 6(1)*, 91-120.

안수웅. (1992). EFL 환경에서의 영어 조기교육. *영어교육, 43.*

양나리, 이제영, 김정렬. (2018). 문화 간 의사소통 능력 신장을 위한 초등영어과 온라인 국제교류 순환학습 모형의 개발. *교원교육, 34(4)*, 107-124.

이옥로. (1982). LAD의 정체와 국민학교 영어교육. *영어교육, 24.*

이완기. (1996). *초등영어교육론.* 서울: 문진당.

이재희, 박약우, 한문섭, 서수현. (1996). 초등학교 영어교육 연구 실태 조사. 한국교원대학교 교과 교육 공동연구소 연구 보고서.

이흥수, 이재희, 차경환, 이재근, 윤유진. (2008). 영어과 교육과정 및 교과용도서 개선 방안 연구. 교육과학기술부 정책연구보고서.

정고은, 손소혜, 장세영, 이대기, 이동환. (2022). 다중모드 리터러시 기반 디지털 스토리텔링 초등영어 수업모형 연구. *교육논총*, 42(3), 47-66.

정동빈(편집). (1991). *영어교육론.* 서울: 한신문화사.

최영인, 노경희. (2020). 초등영어 문화 수업에서 결정적 사건 활동의 효과. *외국어교육연구, 34(3)*, 249-275.

허경철, 이용숙, 최진황, 양미경, 최성욱, 박순경, 이홍배. (1995). *영어 교과 신설을 위한 국민학교 교육과정 개선 기초 연구.* 한국교육개발원.

허은경. (2011). *감각적 보조자료를 활용한 초등학교 영어 강세지도 수업 모형 개발 및 적용.* 석사학위논문, 경인교육대학교.

황적륜 외 (1987). *영어교수법.* 서울: 한신문화사.

Abercrombie, D. (1967). *Elements of general phonetics.* Chicago: Aldine Publishing Co.

Ahser, J. et al. (1974). Learning a second language through commands. *Modern Language Journal 58.*

Allwright, D., & Bailey, K. (1994). *Focus on the language classroom.* Cambridge: Cambridge University Press.

Anderson, A. & Lynch, T. (1991). *Listening.* Oxford: Oxford University Press.

Anderson, T. (1971). Selecting a suitable 'reader': procedures for teachers to assess language difficulty. *RELS Journal*, 2.

Anderson, T. (1976). A preschool biliteracy project. In R. Lado & T. Anderson (eds.), *Georgetown University Papers on Languages and Linguistics*, No. 13. Georgetown University Press.

Anstey, M., & Bull, G. (2006). *Teaching and Learning Multiliteracies: Changing Times, Changing Literacies.* International Reading Association. Newark, DE.

Anthony, E. M. (1963). Approach, method and technique. English Language Teaching, 17, 63-57.

Asher, J. (1977). *Learning another language through actions: The complete teacher's guidebook.* Los Gatos, CA: Sky Oaks Productions.

Ashworth, J. & Clark, J. (1992). *stepping stones* 1-3, *Teacher's book.* London: Nelson.

Bachman, L.F. (1990). *Fundamental Considerations in Language Testing.* New York: Oxford University Press.

Bachman, L F. & Palmer, A. S. (1996). *Language testing in practice.* Oxford: Oxford University Press.

Baddeley, A. (2003). Working memory and language: An overview. *Journal of communication disorders, 36*(3), 189-208.

Barns, D. (1969). Language in the second language classroom. In D. Barnes, J. Britton & H. Rosen (Eds.), *Language, the learner and the school* (pp. 11-77). Portsmouth, NH: Heinemann.

Basco, L., & Han, S. (2016). Self-esteem, motivation, and anxiety of Korean university students. *Journal of Language Teaching and Research, 7*(6), 1069-1078.

Bennett, M. (1996). Intercultural communication in a multicultural society. *TESOL Matters*, 6.

Benson, M. (1985). Collocations and idioms. in R. Ilson (ed.), *Dictionaries, lexicography and language learning*. Oxford: Pergamon Press.

Berlits, M. (1959). *The Cleveland plan for the teaching of modern languages with special reference to French*. Philadelphia: Winston.

Bialystok, E. (1978). A theoretical model of second language learning. *Language Learning*, 28, 69-84.

Bialystok, E. (1982). On the relationship between knowing and using forms. *Applied Linguistics*, 3, 181-206.

Brewster, J., Ellis, G. & Girard, D. (1991). *The primary English teacher's guide*. Penguin English.

Brooks, N. (1968). Teaching culture in the foreign language classroom. *Foreign language Annals*, 1.

Brooks, N. (1975). The analysis of language and familiar cultures. In R.C. Lafayette (ed.), *The Cultural revolution*. Lincolnwood: National Textbook Company.

Brosnan, D., Brown, K. & Hood, S. (1984). *Reading in context*. Adelaide, National Curriculum Resource Center.

Brown, H. D. (1994). *Teaching by Principles. An Interactive Approach to Language Pedagogy*. New Jersey: Prentice Hall Regents.

Brumfit, C. J. & Johnson, K.(Eds.). (1979). *The communicative approach to language teaching*. Oxford: Oxford University Press.

Brumfit, C. et al. (eds.) (1991). *Teaching English to children from practice to principle. London*: Collins ELT.

Byram, M., & Zarate, G. (1994). *Definitions, Objectives and Assessment of socio- cultural competence*. Strabourg, Noel: Council of Europe.

Byram, M. (1997). *Teaching and assessing Intercultural communicative competence*. Clevedon, UK: Multilingual Matters Ltd.

Byrne, D. (1992a). *Teaching oral English*. London: Longman.

Byrne, D. (1992b). *Techniques for classroom interaction*. London: Longman.

Cameron, L. (2001). *Teaching language to young learners*. Cambridge: Cambridge University Press.

Canagarajah, A. S. (1999). *Resisting linguistic imperialism in English teaching*. Oxford: Oxford University Press.

Canale, M., & Swain, M. (1980). Theoretical bases of communicative approaches to second language teaching and testing. *Applied Linguistics 1*(1), 1-47.

Cantoni-Harvey, G. (1987). *Content-area language instruction*. MA: Addison-Wesley Publishing Co.

Carpenter, J. A. & Torney, J. V. (1974). Beyond the melting pot. In P. M. Markun (ed.), *Childhood and intercultural education: overview and research*. Washington, DC: Association for Childhood Education International.

Carroll, J. B. (1965). The prediction of success in intensive foreign language Training. In R. Glaser (ed.). *Training, research and education*. New York: Wiley.

Carroll, J. (1981). Twenty-five years of research on foreign language aptitude. In Diller, K. (ed.), *Individual Differences and Universals in Language Learning Aptitude*. Rowley, MA: Newbury House, 83-118.

Carter, R. & McCarthy, M. (Eds.). (1988). *Vocabulary and language teaching*. London: Longman.

Celce-Murcia, M. (ed.) (1991). *Teaching English as a second or foreign language,* 2nd ed.Boston: Heinle & Heinle.

Chamot, U. & O'Malley, M. (1987). *The Cognitive academic language*. NY: Addison Wesley Longman.

Chan, E., Skehan, P. & Gong, G. (2011). Working memory, phonemic coding ability and foreign language aptitude: Potential for construction of specific language aptitude tests - the case of Cantonese. *Ilha Do Desterro: A Journal of English Language, Literatures and Cultural Studies, 60*, 45-73.

Chaudron, C. (1988). *Second language classrooms*. Cambridge: Cambridge University Press.

Chen, G.-M. & Starosta, W.J. (1998). *Foundations of intercultural communication*. Boston, MA: Allyn & Bacon.

Chomsky, N. (1965). *Aspects of the theory of syntax*. Cambridge: M.I.T. Press.

Claire, E. (1990). *ESL Teacher's holiday activities kit*. West Nyack: The Center for Applied Research in Education.

Clarke, M. A. & Silberstein, S. (1977). Toward a realization of psycholinguistic principles for the ESL reading class. *Language Learning* 27.

Corder, S. P. (1967). The significance of learner's errors. *International Review of Applied Linguistics in Language Teaching, 5*, 161-170.

Coxhead, A. (2000). A new academic word list. *TESOL Quarterly, 34*(2), 213-238.

Cross, D. (1995). *A Practical handbook of language teaching*. Hertfordshire: Phoenix ELT.

Crystal, D. (1997). *English as a global language*. Cambridge: Cambridge University Press.

Cummins, J. (1979). Cognitive/academic language proficiency, linguistic interdependence, the optimum age question and some other matters. *Working Papers on Bilingualism 19*, 121-9.

Cummins, J. (1981). *Bilingualism and minority language children*. Toronto: Ontario Institute for Studies in Education, 1981.

Curran, C. A. (1972). *Counseling-learning: A whole-person model for education*. New York:

Curran, C. A. (1977). *Counseling-learning in second languages*. Apple River, III. Apple River Press.

Curtain, H. & Pesola, C. (1994). *Languages and children: Making the Match*. New York: Longman.

Doff, A. (1992). Teach English: *A Training course for teachers*. Teacher's handbook. Cambridge: Cambridge University Press.

Doman, G. (1964). *How to teach your baby to read.* New York: Random House, Inc. Donaldson, M. (1978). *Children's minds.* London: Fontana.

Dougill, P. (1993). *The primary language book* (2nd Ed.). Oxford: Oxford University Press.

Ellis, R. (1985). *Understanding second language acquisition.* Cambridge: Cambridge University Press.

Ellis, R. (1985) *Understanding second language acquisition.* Oxford: Oxford University Press.

Eskey, D. (1983). Meanwhile, back in the real world ...: accuracy and fluency in second language teaching. *TESOL Quarterly*, 17.

Feng, Y., & Webb, S. (2020). Learning vocabulary through reading, listening, and viewing: Which mode of input is most effective?. *Studies in Second Language Acquisition, 42*(3), 499-523.

Field, J. (2003). Promoting perception: lexical segmentation in L2 listening. *ELT Journal 57*(4). 325-334.

Flanagan, J. C. (1954). The critical incident technique. *Psychological Bulletin, 51*(4), 327-358.

Flanders, N. A. (1970). *Analyzing Teaching Behavior.* MA: Addison-Wesley.

Frazier, C. M. et al. (1995). *Step out 1*, Teacher's book. Singapore: Prentice Hall Asian ELT.

Galloway, V. B. (1984). Communication in a cultural context. *ACTFL Master Lecture Series.* Monterey, CA: Defense Language Institute.

Gardner, B. & Gardner, F. (2000). *Classroom English.* Oxford: Oxford UP.

Gardner, R. C. (1985). *Social psychology and second language learning.* London: Edward Arnold.

Gass, S. (1997). *Input, Interaction and the Second Language Learner.* Mahwah, NJ: Lawrence Erlbaum.

Gattegno, C. (1972). *Teaching foreign languages in schools: The silent way* (2nd ed.). New York: Educational Solutions, Inc.

Goldsborough, R. (1998). Teaching healthy skepticism about information on the Internet. *Technology and Learning, 18*(5), 32.

Goodman, D. (1970). Behind the eye: What happens in reading. In K. Goodman & O. Niles. (eds.). *Reading process and program*. Champaign, IL: NCTE.

Goodman, D. (1970). Reading: A psycholinguistic guessing game. In H. Singer and R. B. Ruddell (eds.) *Theoretical models and processes in reading*. Newark, DE: International Reading Association.

Gouin, F. (1892). *The art of teaching and studying languages*. London: Philip.

Gower, R. et al. (1995). *Teaching practice handbook*. Boston: Heinemann Publishers Ltd.

Grabe, W., & Yamashita, J. (2022). *Reading in a Second Language: Moving from Theory to Practice*. (*2nd ed.*). Cambridge University Press.

Graddol, D. (1997). *The Future of English*? London: British Council.

Graham, C. (1992). *Singing, chanting, telling tales*. New York: Harcourt Brace & Company.

Granger, C. (1993). *Play games with English 1: Teacher's resource book*. Oxford: Heinemann.

Graves, M. F. (2000). A vocabulary program to complement and bolster a middle-grade comprehension program. In B.M. Taylor, M.F. Graves, & P. van den Broek (Eds.), *Reading for meaning: Fostering comprehension in the middle grades* (pp. 116-135). New York:

Grune & Stratton.

Guiora, A. Z., Acton, W. R., Erard, R. & Strickland, Jr., F. W. (1980). The effects of benzodiazepine(valium) on permeability of language ego boundaries. *Language Learning*, 30.

Halliwell, S. (1992). *Teaching English in the primary classroom*. London: Longman.

Hancock, M. (1995). *Pronunciation games*. Cambridge: Cambridge University Press.

Hanvey, R. G. (1987). Cross-cultural awareness. In L.F. Luce & E.C. Smith (eds), *Towards internationalism: Readings in cross-cultural communication*, (2nd ed). New York: Newbury House.

Harmer, J. (1985). *Meridian student's book 1*. London: Longman.

Harmer, J. (1987). *Teaching and learning grammar*. London: Longman.

Harmer, J. (1991). *The practice of English language teaching*. London: Longman.

Harmer, J. (2001). *The practice of English language teaching*. (3rd ed). Edinburgh Gate, England: Pearson Education Limited.

Hayati, A., & Ostadian, M. (2008). The relationship between self-esteem and listening comprehension of EFL students. *Glossa, 3*. 300-312.

Haycraft, J. (1978). *An introduction to English language teaching*. London: Longman.

Hedge, T. (1994). *Writing*. Oxford: Oxford University Press.

Heyde, A. (1979). *The relationship between self-esteem and the oral production of a decond language*. Unpublished doctoral dissertation. University of Michigan.

Heyer, S. (1989). *Picture stories for beginning communication*. NJ: Regents/ Prentice Hall.

Hilgard, E. (1963). Motivation in learning theory. In S. Koch(ed.). *Psychology*: A study of science, 5.

Hinkel, E. (2006). Current perspectives on teaching the four skills. *Tesol Quarterly, 40*(1), 109-131.

Hockett, C. (1958). *A course in linguistics*. New York: Macmillan.

Holder, V. (1995). *Grammar on the Go*. Massachusetts: Addison-Wesley.

Hughes, G. S. (1981). *A handbook of classroom English*. Oxford: Oxford UP.

Hutchinson, T. and Waters, A. (1987). *English for specific purposes: A learning-centered approach*. Cambridge University Press.

Hymes, D. (ed.). (1964). *Language in culture and society*. New York: Harper & Row.

Hymes, D. (1972). On communicative competence. In C. J. Brumfit and K.

Johnson(Eds.). (1979). *The communicative approach to language teaching.* Oxford: Oxford University Press.

Jakobovits, L. (1971). *Foreign language learning: A psycholinguistic analysis of the issues.* Rowley, MA: Newbury House Publishers.

Jenson, E. (2001). *Arts with the Brain in Mind Association for Supervision and Curriculum Development*, Alexandria, VA: Association for Supervision and Curriculum Development.

Jespersen, O. (1933). *Essentials of English grammar.* London: George Allen & Urwin Ltd.

Kachru, B. (1985). Standards. Codification and Sociolinguistic Realism: The English Language in the Outer Circle. In R. Quirk & H. G. Widdowson (Eds.). *In English in the World: Teaching and Learning the Language and Literatures* (pp. 11-30). Cambridge: Cambridge University of Press.

Kagan, J. (1965). Reflection-impulsivity and reading ability in primary grade children. *Child Development*, 36.

Kang, K. H., & Guion, S. G. (2008). Clear speech production of Korean stops: Changing phonetic targets and enhancement strategies. The Journal of the Acoustical Society of America, 124(6), 3909-3917.

Kang, Y. (2014). Voice Onset Time merger and development of tonal contrast in Seoul Korean stops: A corpus study. Journal of Phonetics, 45, 76-90.

Kennedy, C., & Jarvis, J. (1991). *Ideas and issues in primary ELT.* Thomas Nelson and Sons Ltd.

Kenworthy, J. (1987). *Teaching English pronunciation.* London: Longman.

Kenyon, J. S. & Knott, T. A. (1953). *A pronouncing dictionary of American English.* Massachussets: Merriam.

Klippel, F. (1993). *Keep talking*, Cambridge: Cambridge University Press.

Kolb, D. A. (1984). The process of experiential learning. *Experiential learning: Experience as the source of learning and development*, 20-38.

Koosha, B., Ketabi, S., & Kassaian, Z. (2011). The Effects of Self-esteem, Age and Gender on the Speaking Skills of Intermediate University EFL Learners.

Theory & Practice in Language Studies, 1(10). 1328-1337.

Koster, C. J. (1986). English FLES in the Netherlands: How good must a teacher be? *The Modern Language Journal*, 70.

Kramsch, C. and Sullivan, P. (1996). Appropriate pedagogy. *ELT Journal*, 50(3), Oxford University Press.

Krashen, S. D. (1981). *Second language acquisition and second language learning.* Oxford: Pergamon Press.

Krashen, S. D. & Terrell, T. D. (1983). *The natural approach: language acquisition in the classroom.* Oxford: Pergamon and Alemany.

Kress, G. (2003). *Literacy in the New Media Age.* Routledge.

Ladefoged, P. (1982). *A Course in phonetics.* New York: Harcourt Brace Jovanovich, Inc.

Lado, R. (1957). *Linguistics across cultures*: Applied linguistics for language teachers. Ann Arbor: University of Michigan Press.

Lado, R. (1972). Evidence for an expanded role for reading in foreign language learning. *Foreign Language Annals*, 4.

Ladousse, G. P. (1994). *Role play.* Oxford: Oxford University Press.

Lambert, W. E. & Klineberg, O. (1967). *Children's view of foreign people.* New York: AppletonCentury-Crofts.

Lambert, W. (1972). *Language, psychology, and culture. Stanford*, CA: Stanford University Press.

Larsen-Freeman, D. (1986). *Techniques and principles in language teaching.* Oxford University Press.

Larsen-Freeman, D. (1991). Teaching grammar. In M. Celce-Murcia (ed.), *Teaching English as a second or foreign language* (2nd ed). Boston: Heinle & Heinle.

Larson, D. & Smally, W. (1972). *Becoming bilingual: A guide to learning styles.* New Canaan, CN: Practical Anthropology.

Lawrence Erlbaum Associates.

Lazanov, G. (1978). *Suggestology and outlines of suggestopedy.* New York:

Gordon and Breach.

Lemeberg, E. (1967). *Biological foundations of language.* New York: Wiley.

Linse, C. (1983). *The children's response.* Alemany Press.

Long, M. H. (1983). Does second language instruction make a difference? A review of research. *TESOL Quarterly*, 17.

Long, M., & Sato, C. (1983). Classroom foreign talk discourse: Forms and suctions of teacher's questions. In H. W. Seliger & M. H. Long (Eds.), *Classroom oriented research in second language acquisition* (pp. 268-86). Mass.: Newbury House Publishers.

Lozanov, G. (1979). Accelerated Learning and Individual Potential. *Prospects: Quarterly Review of Education*, 9(4), 414-425.

Lyster, R. and Ranta, L. (1997). Corrective feedback and learner uptake: Negotiation of form in communicative. classrooms. *Studies in Second Language Acquisition*, 20, 37-66.

Mantle-Bromley, C. (1992). Preparing students for meaningful culture learning. *Foreign Language Annals* 25(2), 117-127.

Markel, M. (1998). Testing visual-based modules for teaching writing. *Technical communication, 45*(1), 47-76.

May, F. & Eliot, S. (1980). *To help children read: Mastery performance moduls for teachers in training.* Columbus, OH: Charles E. Merrill.

Mayer, R. (2005). *The Cambridge Handbook of Multimedia Learning.* Cambridge university press.

McLaughlin, B., T. Rossman, and B. McLeod. (1983). Second language learning: an informationprocessing perspective. *Language Learning*, 33, 135-57.

McNeil, D. (1966). Developmental psycholinguistics. In F. Smith & G. Miller (eds.), *The genesis of language: A psycholinguistic approach.* Cambridge: The M.I.T. Press.

Medgyes, P. (1994). *The non-native teacher.* Hongkong: Macmillan Publishsers Ltd.

Mikulecky, B. S, (1990). *Teaching reading skills.* Addison-Wesley Publishing

Company.

Moon, J. (2000). *Children learning English.* Oxford: MacMillan Heinemann.

Moran, Patrick R. (2001). *Teaching Culture: Perspectives in Practice.* Boston, MA: Heinle.

Naiman, N., Frohlich, M. & Stern, H. H. (1975). *The good language learner.* Toronto: Ontario Institute for Studies in Education.

Nation, P. (1990). *Teaching and learning vocabulary.* New York: Newbury House.

Nation, P. (2001). *Learning Vocabulary in Another Language.* Cambridge: University Press.

Nation, P. (2006). How Large a Vocabulary Is Needed for Reading and Listening? *The Canadian Modern Language Review, 63*(1), 59-82.

Nation, P. & Newton, J. (2009). *Teaching ESL/EFL listening and speaking.* London: Routledge.

Newton, J. M., & Nation, I. S. P. (2009). *Teaching ESL/EFL Listening and Speaking.* Routledge.

Nord, J. (1980). Developing listening fluency before speaking: an alternative paradigm. *System 8*(1), 1-22.

Nunan, D. (1991). *Language teaching methodology.* Hertfordshire: Phoenix ELT.

Nunan, D. (1991). *Language Teaching Methodology: A Textbook For Teachers.* Prentice-Hall.

Nunan, D. (1998). Approaches to teaching listening in the language classroom. In Proceedings of the 1997 Korea TESOL Conference. Taejon, Korea: KOTESOL.

Ohler, J. B. (2013). *Digital Storytelling in the Classroom: New Media Pathways to Literacy, Learning, and Creativity.* Thousand Oaks, CA: Corwin Press.

Omaggio, A. (1993). *Teaching language in context.* Massachusetts: Heinle & Heinle.

Osgood, C. E.(1957). A behavioristic analysis of perception and language as cognitive phenomena. In Bruner, J. S. et al.(Eds.), *Contemporary approaches to cognition*(pp, 75-118). Cambridge, MA: Harvard University Press.

Palim, J. & Power, P. (1990). *Jamboree. London: Longman.*

Paulston, C. B. & Bruder, M. N. (1978). *Teaching English as a second language: Techniques and procedures.* Winthrop.

Pesola, C. A. (1991). Culture in the elementary foreign language classroom. *Foreign Language Annals, 24.*

Phillips, S. (1993). *Young learners.* Oxford: Oxford University Press.

Piaget, J. (1963). The language and thought of the child. New York: W. W. Norton.

Pica, T. (1983). Adult acquisition of English as a second language under different conditions of exposure. *Language Learning*, 22.

Pienemann, M. (1984). Psychological constraints on the teachability of language. *Studies in Second Language Acquisition, 6.*

Postovsky, V. A. (1975). The priority of oral comprehension in the language acquisition process. *Proceedings of the 4th AILA Congress.* Stuttgart.

Prabhu, N. S. (1990). There is no best methoddf why? *TESOL Quarterly*, *24*(*2*), 161-176.

Rasinski, T. V., & Padak, N. D. (2013). *From Phonics to Fluency: Effective Teaching of Decoding and Reading Fluency in the Elementary School* (3rd ed.). NJ: Pearson Education.

Reilly, V. & Ward, S. M. (1997). *Very young learners.* Oxford: Oxford University Press.

Richards, J. & Rogers, T. (1986). *Approaches and methods in language teaching.* Cambridge University Press.

Richards, J. C. (1998). *Beyond training.* Cambridge: Cambridge University Press.

Richards, J. C., & Lockhart, C. (1996). *Reflective teaching in second language classroom.* New York: Cambridge University Press.

Richards, J., & Rodgers, T. (2001). *Approaches and Methods in Language*

Teaching. Cambridge University Press.

Rivers, W. (1981). *Teaching foreign language skills* (2nd ed.). The University Chicago Press.

Rivers, W. (1983). *Communicating naturally in a second language.* Cambridge: Cambridge University Press.

Rivers, W. M. & Temperley, M. S. (1978). *A practical guide to the teaching of English as a second or foreign language.* Oxford: Oxford University Press.

Rivers, W. M. (1972). *Speaking in many tongues.* Rowley, Massachusetts: Newbury House.

Rivers, W. M. (1973a). From linguistic to communicative competence. *TESOL Quarterly*, 7.

Rivers, W. M. (1973b). *Teaching foreign-language skills.* University of Chicago Press.

Rost, M. (1990). *Listening in language learning.* London: Longman.

Rumelhart, D. E. (1980). Schemata: The building blocks of cognition. In R. J. Spiro, B. C. Bruce, & W. F. Brewer (eds.), *Theoretical issues in reading comprehension.* Hillsdale, NJ:

Santa, C. M. (1988). *Content Reading Including Study Systems: Reading, Writing and Studying across the Curriculum.* Kendall/Hunt Publishing Company, Dubuque, IA 52002.

Scarcella, R. C. & Oxford, R. L. (1992). *The tapestry of language learning.* Boston: Heinle & Heinle.

Schumann, J. H. (1976). Social distance as a factor in second language acquisition. *Language Learning, 26.*

Scott, W. A. & Ytreberg, L. H. (1993). *Teaching English to children.* London: Longman.

Seal, B. D. (1991). Vocabulary learning and teaching. In M. Celce-Murcia (ed.), *Teaching English as a second or foreign language* (2nd ed.). Boston: Heinle & Heinle.

Seelye, H. N. (1984). *Teaching culture.* Lincolnwood, IL: National Textbook

Company.

Shannon, C. E. & W. Weaver (1959). *The mathematical theory of communication.* Urbana, IL: Univ. of Illinois Press.

Shintani, N., Ellis, R., & Suzuki, W. (2014). Effects of written feedback and revision on learners' accuracy in using two English grammatical structures. *Language learning, 64*(1). 103-131.

Simons, G., Vazques, C & Harris, P. (1993). *Transcultural leadership: Empowering the diverse workforce.* Houston: Gulf.

Singapore Ministry of Education. (2020). Eglish Language Syllabus. retrived from https://www.moe.gov.sg/-/media/files/secondary/syllabuses/eng/sec_exp-na_els-2020_syllabus-(1).pdf%EF%BB%BF (Dec, 2022).

Skinner, B. F. (1957). *Verbal Behavior.* Englewood Cliffs, NJ: Prentice-Hall.

Slattery, M., & Willis, J. (2001). English for primary teachers: *A handbook of activities and classroom language.* Oxford: Oxford University Press.

Slobin, D. (1966). Grammatical transformation and sentence comprehension in childhood and adulthood. *Journal of Verbal Learning and Verbal Behavior, 5.*

Smith, F. (1982). *Writing and writer*, London: Heinemann. Smith, F. (ed.) (1973). Psycholinguistics and reading, New York: Holt, Rinehart and Winston.

Spolsky, B. (1989). Communicative competence, language proficiency, and beyond. *Applied Linguistics*, 10.

Stevick, E. (1980). *Teaching languages: A way and ways.* Newbury House Publishers, Inc.

Swain, M. (1984). Large-scale communicative language testing: A case study. In S. J. Savignon & M Berns (Eds.), *Initiatives in communicative language teaching* (pp. 185-201). Reading, PA: Addison-Wesley.

Sweet, H. (1964). *The practical study of language.* Oxford University Press.

Tapper, J. (1996). Exchange patterns in the oral discourse of international students in university classrooms. *Discourse Processes 22*, 25-55.

Teachers College Press; Newark, DE: International Reading Association.

The American Council on the Teaching of Foreign Languages. (1988). ACTFL provisional program guidelines for foreign language teacher education. *Foreign Language Annals*, 21(1), 71-82.

Tomalin, B. & Stempleski, S. (1993). *Cultural awareness.* Oxford: Oxford University Press.

Tomb. J. W. (1925). On the intuitive capacity of children to understand spoken language. *British Journal of Psychology General Section*, *16*(*1*), 53?55.

Tompkins, G. (2010). *Literacy for the 21st Century* (*5th ed.*). Pearson Education.

Underwood, M. (1994). *Teaching listening.* London: Longman.

Ur, P. (1988). *Grammar practice activities: A practical guide for teachers.* Cambridge: Cambridge University Press.

Ur, P. (1996). *A course in language teaching. Cambridge*: Cambridge University Press.

Vale, D. (1991). *Early bird 1-3, Teacher's book. Cambridge*: Cambridge University Press.

Vale, D. & Feunteun, A. (1995). *Teaching children English*. Cambridge: Cambridge University.

Vygotsky, L.(1962). *Thought and language.* New York: Wiley.

Wajnryb, R. (1992). *Classroom observation tasks: A resource book for language teachers and trainers.* Cambridge: Cambridge University Press.

Walker, M. (1990). *Kids.* Massachusetts: Addison-Wesley.

Ward, A. & Holderness, J. A. (1995). *Chatterbox 3*, teacher's book. Oxford: Oxford University Press.

Watcyn-Jones, P. (1995). *Grammar games and activities for teachers.* London: Penguin.

West, M. (1953). *A general service list of English words.* London: Longman.

West, M. (1960). *Teaching English in difficult circumstances.* London: Longman.

Widdowson, H. (1978). *Teaching language as communication.* Oxford: Oxford

University Press.

Widdowson, H. (1984). *Authentic versus purposeful activities.* The Joint Council of Languages Association Conference.

Wilkins, D. A. (1972). *Linguistics in language teaching.* London: Arnold.

Wingate, J. (1993). *Getting beginners to talk.* NJ: Prentice Hall.

Winitz, H. (ed.) (1981). *The Comprehension Approach to Foreign Language Instruction.* Newbury House Publishers, Inc., Rowley.

Wisniewska, N., & Mora, J. C. (2020). Can captioned video benefit second language pronunciation?. *Studies in Second Language Acquisition, 42*(3), 599-624.

Wright, A. (1990). *Pictures for language learning.* Cambridge: Cambridge University Press.

Wright, A. & Haleem, V. (1991). *Visuals for the language classroom.* London: Longman.

Wright, A. et al. (1992). *Games for language learning.* Cambridge: Cambridge University Press.

Yenawine, P. (2013). *Visual Thinking Strategies: Using Art to Deepen Learning Across School Disciplines.* Harvard Education Press.

Zaswita, H., & Meladina, M. P. (2020). *English For Specific Purposes (ESP).* Media Sains Indonesia.

찾아보기

ㅂ

ㅅ

ㅇ

ㅈ

저자와의
합의하에
인지를
생략합니다.

제5판

초등영어교육

지은이 박선호 · 김혜련 · 최희경 · 심창용
이동환 · 강정진 · 황필아 · 성민창
박지현 · 조규희 · 남보라
펴낸이 조경희
펴낸곳 경문사
펴낸날 2005년 2월 15일 1판 1쇄
2023년 3월 2일 5판 1쇄
등 록 1979년 11월 9일 제1979-000023호
주 소 04057, 서울특별시 마포구 와우산로 174
전 화 (02)332-2004 팩스 (02)336-5193
이메일 kyungmoon@kyungmoon.com

값 30,000원

ISBN 979-11-6073-611-3